창업 입문

김영문

집현재

본 저서로 인해 발생하는 저자의 모든 수익금은 사랑나눔회를 통해 장애인, 모자가정 등 소외계층의 경제적 자립과 홀로서기를 지원하는 데 사용됩니다.

머리말

아름다운 삶, 사랑 그리고 마무리...

1997년 11월에 한국이 경제부도의 위기로 내몰리면서 수많은 직장인들이 정든 회사를 떠나 길거리로 쏟아져 나왔었는데, 그 때에 실직자들을 위해 막연히 무엇인가 도움이 되는 일을 해야 하겠다는 생각을 갖고 금훈섭 (주)이야기 대표, 신순희 (주)모든넷 대표, 하태호 사랑넷 대표 등을 만나서 1998년 8월에 한국소호벤처창업협의회(soho.sarang.net)라는 이름으로 모임을 만들었습니다. 무엇인가 거창한 단체를 만들겠다는 생각보다는 삶의 터전을 잃고 희망을 잃어버린 실직자들에게 조그마한 도움이라도 드리고 싶었습니다.

그 이후 1999년 3월에 계명대학교 대명캠퍼스 시청각실에서 당시 대구광역시 곽영길 주임의 도움을 받아서 「'99 소호창업박람회」를 개최하였는데, 아마도 3,000명 정도는 참가한 것으로 기억이 납니다. 부스 40개를 설치하였고 세미나도 진행하였는데, 그 당시 신일희 계명대학교 총장님을 비롯한 참석한 내빈들이 박람회장에 들어가기도 힘들 정도로 많은 예비창업자들이 참석을 하였습니다. 개회사를 하면서 영화 '벤허'를 감독한 윌리엄 와일러가 시사회에서 말한 "하나님, 이 영화를 정말 제가 만들었습니까?"를 인용하면서 감격해 했던 순간이 아직도 생생합니다.

1999년 10월에는 중소기업청으로부터 한국소호진흥협회(www.sohokorea.org)로 명칭을 변경하여 사단법인 인가를 받았는데, 그 당시에 신민철 사무관께서 사단법인 인가를 받을 생각이 없느냐고 했을 때에 처음에는 거절했던 생각도 납니다. 사단법인을 만들기 위해서 창업분야의 일을 하였던 것도 아니었고, 굳이 사단법인이 필요하지 않았던 것입니다. 그 이후 한두 번 정도 더 전화를 받고서야 사단법인을 만들어서 일을 해야 하겠다는 생각을 하였습니다. 그 때에는 소호(soho)라는 말보다는 벤처(venture)라는 말이 더 인기가 있었기 때문에 소호관련 협회를 운영하는 것이 매우 힘들기도 하였습니다.

2001년에 뉴비즈니스연구소(www.newbiz.or.kr) 사이트를 강인호 계명대학교 관광경영학과 교수, 대구테크노파크에 근무하고 계셨던 양현주씨, 소상공인지원센터에 근무하시고 계셨던 최진우, 임현철 영남외식컨설팅 소장, 김귀순 구미1대학 교수, 황윤성 개인사업자 등과 함께 개설하였는데, 그것은 생각하는 창업, 연구하는 창업, 뿌리가 있는 창업의 필요성을 느끼면서, 창업도 조사와 연구를 통해서 발전할 수 있다는 것을 알았기 때문입니다. 다른 사람의 아이템을 베끼거나 대충 시작해서는 절대로 성공창업을 보장받을 후 없기 때문입니다. 개인적으로 볼 때에는 뉴비즈니스연구소(www.newbiz.or.kr) 사이트를 오픈하면서 창업관련 조사 및 연구 활동을 활발하게 진행하였습니다. 물론 뉴비즈니스연구소라는 사이트가 설립 취지에 맞게 성공하였다고는 할 수가 없으나, 창업분야에서 조사 및 연구가 얼마나 중요한가를 깨닫게 된 계기가 되었습니다.

2003년도에는 저에게 전혀 예상하지 못한 일이 일어났습니다. 그것은 계명대학교 벤처창업보육사업단의 설립을 위해 일을 하였지만, 설립 후 전혀 사업단의 운영에 참여하지 못해 많은 서러움을 갖고 있었던 저에게 사업단장이라는 직책이 맡겨지게 된 것입니다. 제가 그 일을 맡게 될 것이라고는 꿈에도 생각하지 않았기에 혼신의 힘을 다 해서 열심히 일을 하였다고 자부합니다.

2003년 2월 1일부터 2007년 4월 30일까지 계명대학교 벤처창업보육사업단(www.kubic.co.kr)의 단장으로 일을 하면서 중소기업청 평가에서 대구경북지역 36개 창업보육센터 중에서 유일하게 7년 연속 최우수 평가를 받았습니다. 2004년에는 정보통신부장관 표창을 받았으며, 그 해 전국 최우수 창업보육센터장으로 선정되어 산업자원부장관 표창을 받기도 하였습니다. 이러한 업적들은 함께 수고한 박신제 매니저, 정태용 매니저, 차재민 매니저, 김미영 등 사업단에 근무하는 모든 분들의 수고 때문이라고 생각하며, 고마움을 전하고자 합니다.

이렇게 창업분야의 일을 하다 보니 방송과도 인연이 많았습니다. 1999년에는 TBC 라디오 박원달 PD와 인연을 맺으면서 「알기쉬운 경제교실」에 1년 6개월간 출연하였으며, TBC TV의 아침방송에서 이학락 PD와 함께 「클릭! 김영문의 인터넷세상」을 6개월간 진행하였으며, KBS 제1라디오에서 김지인 부장과 「창업이 보인다」라는 프로그램 꼭지에 6년 이상 고정 출연을 하고 있습니다.

언론 활동 중에서 아마 가장 기억에 남은 방송이라면 당시 KBS 9시뉴스 진행자였던 황현정 아나운서와 서울 여의도에서 소호창업에 대해 2시간 생방송을 했던 것이었는데, 하도 긴장을 해서 방송 전에 화장실을 10번은 간 것 같았습니다. 처음에는 힘들었던 방송이 그 이후에는 너무 쉽게 느껴졌으나 이제는 말 한 마디에도 책임감을 느끼는 시간들이 되었습니다. 저의 한 마디로 인해 방송을 보고 듣는 분들에게는 알토란 같이 모은 전 재산을 날릴 수도 있다는 것을 알게 되었기 때문입니다.

2004년 4월 20일에는 사랑나눔재단(www.mis.or.kr)을 예수 그리스도의 인도하심으로 설립하고, 2006년 2월 22일에 대구광역시로부터 사랑나눔회(www.mis.or.kr)로 명칭이 변경되어 비영리민간단체(Non-Profit Organization, NPO)로 정식 인가를 받았습니다. 사랑나눔회는 저의 삶에서 가장 중요한 일 중의 하나이기도 하였으며, 거듭나는 삶의 은사를 받는 계기를 마련해 주었습니다. 천상천하유아독존(天上天下唯我獨尊)과 같은 삶에서 낮추고, 덜어내고, 긍휼히 여기는 마음을 갖도록 오래 전에 예수 그리스도께서 저에게 예비하신 일이었다는 것을 굳게 믿습니다.

사실, 1998년부터 무엇 때문에 제가 창업분야의 일을 하게 되었는가에 대해 가끔 스스로에게 궁금하게 생각을 하였는데, 지금 생각해 보면 사랑나눔회를 위한 준비와 훈련을 시키신 것이었다고 생각됩니다. (사)한국소호진흥협회에서 일을 하면서 프랜차이즈 본사와의 갈등이 너무 많아서 협회의 운영에 대해 좌절과 회의가 많았는데, 사랑나눔회에서 봉사를 하면서부터는 나눔의 즐거움과 기쁨의 시간이 너무 많았습니다. 창업이라는 분야에서도 늘 다른 곳에서 방황하다가 이제야 제가 있어야 하는 곳에 왔다는 생각을 하게 되었습니다.

2005년 9월 1일에는 창업길라잡이 카페(cafe.daum.net/isoho2jobs)를 개설하였는데, 예비창업자들을 위해 매주 창업행사를 개최하며 창업상담도 해 드리는 기회를 만들어 보기 위함이었고, 아울러 사랑나눔회를 운영하기 위한 복지기금이 필요했기 때문이기도 하였습니다. 카페 행사에 오시는 모든 분들이 사랑나눔회의 아름답고 따뜻한 후원자라는 것을 생각할 때에 그저 감사한 마음뿐입니다. 그 분들의 참가비는 한 푼의 낭비도 없이 예수 그리스도께서 보시기에 부끄러움이 없도록 장애인, 모자가정, 교도소 수용자 등의 소외계층과 국내외의 선교사업을 위해 사용되고 있습니다.

사실 1998년 8월 이후 창업분야의 일을 하면서 주머니에는 늘 위장약을 갖고 다니면서 복용하였으며, 2003년 5월에 의식을 잃고 택시에 실려 병원에 가기도 하였습니다. 그 때에는 식구들도 몰라보게 되었는데, 택시를 타고 병원에 가면서 조금씩 의식을 회복하게 되었습니다. 다시 건강을 되찾은 덕분으로 창업을 통한 소외계층의 경제적 자립과 홀로서기라는 일에 제가 조금 더 쓰임을 받게 되었다고 생각하니 그저 감사한 마음이 앞섭니다.

한편, 2007년 9월부터는 온라인으로 사회복지사 공부를 시작하였으며, 2008년 12월에 14과목의 수강을 마치고 마침내 사회복지사 2급 자격증 및 사회복지학 전공으로 행정학사 학위를 취득하게 되었습니다. 그것은 남은 삶을 소외계층을 위해 헌신하기 위한 모든 준비를 마쳤다는 것을 의미하는 것이기에 저에게는 큰 기쁨이었습니다.

오랜 시간을 되돌아 가보면, 대학교 3학년 때에 학회장에 출마하면서 선거유세를 위해 강의실을 다니면서 「不義와 타협하지 않겠습니다」라는 글자를 칠판에 적은 기억이 납니다. 그 때의 그 마음이 아직도 그리고 앞으로도 변치 않기를 다짐하면서, 참으로 어지럽고 혼탁한 창업시장에서 아직은 저의 역할이 있음을 생각합니다. 아니, 저를 통해서 이루고자 하는 그 분의 뜻을 더 많이 알기를 원하며, 저에게 주신 재능을 통해 더 많은 분들이 창업을 통해 경제적으로 자립하고, 홀로서기를 하고, 아울러 승리했으면 하는 소망이 있습니다.

사실, 지난 12년 동안 창업분야에서 일을 해 온 경험을 4년간에 걸쳐서 정리하면서 오히려 제가 많은 것을 배운 것 같습니다. 총 19장으로 나누어서 여러 선후배들의 자료를 참고로 정리하였고, 제가 쓴 글이나 설문조사한 자료들을 추가하면서 저 나름대로의 생각들을 담으려고 노력도 하였습니다. 하지만, 실제 창업을 한 경험이 없고 실무경력이 별로 없다보니 보시기에 많이 미흡하고 때로는 다른 분들의 업적을 가로챈 느낌마저 갖게 되어 송구스럽게 생각합니다. 혹시라도 본문 중에 참고문헌을 누락하였다면 고의가 아니었음을 말씀드리면서 용서를 구하고자 합니다.

지난 4년 동안 진행한 이 한 권의 창업학이 누군가에게는 삶의 희망을 주고, 또 누군가에게는 빵이 되어 배고픔을 해결해 주었으면 좋겠습니다. 힘들어서 쓰러지고 싶고 때로는 삶을 포기하고 싶은 작은자들에게 어둠 속의 빛과 소금의 역할을 수행할 수 있었으면 더 이상 바랄 것이 없을 것 같습니다.

지난 12년간 창업분야에서 일을 하면서 기쁜 일도 많았지만, 가슴 아프고 슬픈 일도 참으로 많았음을 고백합니다. 영남이공대학 창업보육센터에서 창업을 하였다가 사업에 실패를 하여 어느 곳에 있는지도 모르는 어느 벤처기업의 대표를 찾아서 다시 모든 것을 정상으로 돌리는 데 마음이라도 보태고 싶은 심정입니다. 늘 점심을 굶으면서 참고 또 기다리면서 다시 재기한 신응섭 대표, 박홍래 실장도 이제는 더 많이 웃으면서 더 행복하게 살아갔으면 좋겠습니다. 그리고 하병환, 임우택씨 등 함께 (사)한국소호진흥협회를 창립하고 일을 한 분들도 하루 빨리 재기하기를 두 손 모아서 기도를 드립니다. 또한 (사)한국소호진흥협회에서 함께 일을 한 이상철 (주)와우코리아 대표, 최현애 (주)홈라이크 대표, 최승혁 (주)코렉 대표, 한승룡씨, 이상호 대표 등 많은 분들의 도움이 있었기에 1998년 이후 오늘까지 창업분야에서 일을 할 수 있었음을 고백하면서 진심으로 고마운 마음을 전합니다.

책의 서문에 무엇을 담을까 생각하다가 1998년 이후 창업분야에 몸을 담으면서 있었던 일들을 조금 정리해 보았습니다. 여기에 다 담지 못한 이야기들도 있고, 감사의 표시를 제대로 하지 못한 분들도 있습니다. 저를 낳아주시고 미국 유학 경비를 보내 주시느라고 고생을 너무 하신 부모님, 그리고 세상에서 저와 소중한 인연을 맺은 가족들에게도 고마움을 전합니다.

그리고 사랑나눔회를 시작하면서 나눔과 선교의 사업을 함께 하도록 예수 그리스도를 통하여 인연을 맺은 참으로 아름답고, 소중한 분들에게도 진심으로 고마움을 전하면서, 사랑나눔회가 대를 이어 계속되기를 소망합니다. 사실, 사랑나눔회의 도메인 중에서 MIS는 management information system의 약어로서 당초 제가 근무하는 경영정보학과의 홈페이지로 사용할 계획이었으나, 2004년에 부산창업박람회를 참관하고 오는 길에서 "mis(mission in sharing and humanity services) for glory of the God"이 갑자기 생각났는데 그것은 그 분의 인도하심이라고 생각합니다. 지금 생각해 보면, 12년간 창업분야에서 일을 하게 된 것도, 그리고 이 책을 쓰게 된 것도 모두 사랑나눔회를 통해 나눔과 선교 사업에 일을 하신 그 분의 뜻이 있었다고 생각합니다.

그리고 살아오면서 때로는 저로 인해 고통을 받았거나 분노한 분들도 많이 있을 것이며, 지면을 빌어 죄송한 말씀과 용서를 구하고자 합니다. 철없던 시절의 잘못된 판단과 생각으로 많은 분들에게 심적·육체적 고통을 주었음을 고백하며, 앞으로는 더 많은 분들에게 희망, 꿈, 소망, 그리고 행복을 드릴 수 있도록 남은 삶을 바치고자 합니다.

한편, 본 저서의 내용과 관련하여 몇 가지를 알려 드리고자 하며, 크게 성공하지는 못하더라도 적어도 실패하지 않는 창업에 많은 도움이 되시기를 원합니다.

1. 본 저서에 있는 모든 통계자료의 원문은 창업길라잡이(cafe.daum.net/isoho2jobs)의 [김영문교수의 창업통계 및 설문조사] 게시판에 있으며, 통계자료의 수집을 위해 사용된 설문지는 [문서&양식&논문◇설문지] 게시판에 있습니다. 본 설문조사에는 계명대학교 학생들의 많은 도움으로 가능했기에 지면을 빌어서 고마운 마음을 전하고자 합니다.

2. 본 저서에 있는 모든 창업칼럼 역시 창업길라잡이(cafe.daum.net/isoho2jobs)의 [김영문교수의 창업칼럼 및 창업실무] 게시판에서 확인하실 수 있으며, 본 저서에 포함되지 않은 칼럼 혹은 창업자료도 등록되어 있습니다.

3. 본 저서에서는 특정 내용에 대해 여러 학자 혹은 창업전문가들의 의견을 포함시키려고 노력하였습니다. 그것은 한 가지 사안에 대해서도 다양한 의견이 존재할 수 있기 때문입니다. 그로 인해 참고한 모든 문헌들의 출처를 본문 중에 표시하였으나, 실수로 인해 누락된 것이 있다면 넓은 마음으로 양해를 구합니다.

4. 본 저서를 집필한 저자와의 대화, 창업상담 및 토론을 원하는 분들은 창업길라잡이(cafe.daum.net/isoho2jobs)에서 만나도록 하겠습니다. 부족함이 많지만, 장애인, 모자가정, 교도소 수용자 등 소외계층뿐만 아니라 예비창업자들의 경제적 자립과 홀로서기를 위해 최선을 다 해서 도움을 드리고자 합니다.

끝으로, 사랑나눔회를 시작하면서 만났던 소중한 분들이 많이 있습니다. 여성노숙자 시설인 '선한 사마리아의 집'을 운영하고 계시는 민경룡 목사님, 여성성인 정신지체 장애인시설인 '대구 작은예수의 집'(cafe.daum.net/ljdaegu)을 운영하고 계시는 이은경 세실리아 수녀님에게도 감사의 말씀을 전합니다. 저에게 어떻게 살아야 하는지를 보여 주시는 분들이시기에 오래오래 뵈면서 더 많은 가르침을 받았으면 좋겠습니다. 그 외에도 대구외국인노동상담소, 북한이주민지원센터, 교도사목후원회, 요셉의 집(무료급식소), 장애인이 만드는 행복한 빵공장, 편지로 여는 세상(교도소 수용자를 대상으로 하는 편지 보내기 모임, www.openletter.co.kr), 한국농아인협회 경산지부, 대구교도소 등 소외된 분들을 위해 사랑나눔을 소박하게 실천하시는 모든 분들에게도 예수 그리스도께서 건강을 허락하시고 더욱 강건함을 주셔서 더욱 더 열심히 봉사할 수 있었으면 좋겠습니다.

어쩌면 이런 저런 책들을 참고로 하여 창업책을 출판하면서 서문을 너무 장황하게 나열하여 많은 분들에게 마음으로 불편함을 드렸는지도 모릅니다. 4년 동안 진행한 창업책이라고 하기에는 너무 내용이 보잘 것 없고 초라할지도 모릅니다. 하지만, 아름답게 시작한 일들이기에 아름답게 마무리하고 싶은 소망을 갖고 보시기에 부족한 점들은 더 낮추면서, 더 배우면서 오늘 하루도 최선을 다 해서 살아가고자 합니다. 책을 구입해 주신 분들과 마음으로 그리고 기도로 도와주시는 모든 분들에게 진심으로 감사를 드립니다. 한 푼 두 푼이 모여서 분명히 더불어 가는 삶이 조금은 더 밝고 희망이 있도록 하는데 소중하게 사용될 것입니나. 감사합니다.

2015년 2월
김영문 드림

차 례

제 1 장

창업의 이해

1. 창업의 개념

창업을 간단하게 설명하면 기업을 새로이 창조하는 일이라고 할 수 있다. 먼저, 학문적으로 보면, 미리 설정된 기업목적을 달성하기 위하여 인적 및 물적 자원을 적절히 결합하여 상품이나 서비스를 조달·생산·판매하거나 그와 관련된 활동을 수행하는 것이라고 정의할 수 있다. 보다 실무적으로 보면, 개인 또는 집단이 자신의 책임하에 자금과 사람을 동원하여 새롭게 사업을 개시하는 것을 말한다(중소기업청, 1999.10). 또한 창업이란 기업가 능력(혹은 정신)을 갖춘 개인이나 집단이 사업 아이디어(혹은 아이템)를 가지고 사업목표를 세우고, 적절한 사업기회에 자본, 인원, 설비, 원자재 등 경영자원을 확보하여 재화(상품, goods)를 생산하거나 또는 용역(서비스, services)을 제공하는 기업을 새롭게 설립하는 것을 말한다(한국경영기술원, www.kimt777.co.kr).

위에서 창업의 개념들을 살펴보았지만, 엄격하게 말하면 창업의 개념은 법률적인 측면에서의 정의와 일반적인 의미에서의 정의로 구분할 필요가 있다. 즉, 정부에서는 창업과 관련된 다양한 지원을 하기 때문에 법률적으로 엄격하게 정의되지 못하면, 창업에 따른 지원을 악용할 가능성이 존재한다는 것이다. 그렇기 때문에, 우리가 일반적으로 창업이라고 정의를 하더라도, 법률적으로는 창업에 해당되지 못하는 경우가 있다. 따라서, 창업을 하기 전에 중소기업청이나 소상공인지원센터를 방문하여, 법률적으로 창업에 해당하는지 그리고 어떠한 정부 지원을 받을 수 있는지에 대해 사전에 상담을 받아보는 것이 중요하다고 할 것이다. 그렇지 않으면, 나중에 법률적인 측면에서 창업으로 인정을 받지 못하게 되고, 그것 때문에 정부의 지원을 받지 못해 낭패를 볼 수가 있다.

성공창업학

다음과 같은 경우에는 법률적인 측면에서 창업으로 볼 수 없다.
① 타인으로부터 사업을 승계하여, 승계 전의 사업과 동종의 사업을 계속하는 경우
② 개인사업자인 중소기업자가 법인으로 전환하거나 법인의 조직변경 등 기업형태를 변경하여 변경 전의 사업과 동종의 사업을 계속하는 경우
③ 폐업 후 사업을 개시하여 폐업 전의 사업과 동종의 사업을 계속하는 경우

2. 창업 전 고려사항

창업을 결심하고 준비를 하게 되면, 준비해야 할 것들이 너무 많다는 것을 알 수 있다. 빈 종이에 준비해야 할 목록을 나열해 가다 보면, 차라리 창업을 그만둘까 하는 생각이 들기도 하겠지만, 창업자 자신이 확고한 신념을 갖고서 하나하나 준비를 해야 한다. 특히 창업을 하게 되면 몇 가지의 요소들이 매우 중요한데, 경기지방중소기업청(2003)에서는 창업을 구체적으로 계획하는 단계에서 생각해야 할 사항들에 대해 [표 1-1]과 같이 9가지로 정리하고 있다.

아직도 많은 예비창업자들은 아직도 '무엇을'에 해당하는 아이템에만 신경을 쓰고 다른 것들에 대해서는 천천히 준비하면 되겠지라는 생각을 갖고 있는 경우가 많다. 즉, 대략 몇 가지만 준비가 되면 나머지는 천천히 준비해도 된다는 것인데, 오히려 대부분 준비가 되었다고 하더라도 1～2가지가 미흡하여 창

표 1-1 창업의 계획단계에서 생각해야 할 사항

제 목	해두어야 할 일
1. 개업 예정일	- 개업 예정일을 설정한다.
2. 자금계획	- 목표를 세우고 개업자금을 마련한다. - 자기자금은 얼마나 만들 수 있는가? - 차입금, 출자금은 얼마나 모을 수 있는가?
3. 보증인	- 보증인 확보를 위한 준비를 한다.
4. 판매전략	- 누구에게 무엇을 팔 것인가? - 어떤 방법으로 팔 것인가? - 점포, 사무실은 어떻게 마련할 것인가? - 어디에서 개업하는 것이 좋은가? - 어떤 가격과 조건으로 팔 것인가?
5. 제조	- 무엇을 제조하고 무엇을 외주로 줄 것인가? - 어떤 공장이나 설비로 제조할 것인가? - 누가 얼마나 제조할 것인가?
6. 종업원	- 종업원 예상 인원수 및 동원방법을 고려한다. - 파트타이머를 쓰는 법을 배운다.
7. 사업전략	- 개인사업인가 법인사업인가? - 유한회사인가 주식회사인가? - 법인의 경우 설립등록준비 및 절차를 알아본다.
8. 은행거래	- 은행거래, 수표, 어음 등에 대한 공부를 한다.
9. 세금	- 세금에 대해 공부한다.

자료: 경기지방중소기업청(2003).

업을 하기도 전에 포기하거나 창업을 했더라도 몇 개월 만에 파산하는 경우가 많다. 예를 들어, 모든 조건이 갖추어져 제품을 생산했더라도 판매전략이 제대로 수립되지 않았다면, 판매가 안되어 결국 도산하게 될 것이다. 이것은 국내 대부분의 벤처기업이 안고 있는 심각한 문제라고도 할 수 있다.

또한 언론의 기사를 작성할 때에 담겨야 할 여섯 가지 기본요소라고 할 수 있는 육하원칙(六何原則, five W's and one H)은 창업의 계획단계에서 생각해야 하는 핵심적인 성공요인(CSF: critical success factor)이라고 할 수 있다. 따라서 창업에 대한 관심이 있고 창업을 해 보려는 예비창업자라면, 다음의 6가지를 깊이 생각하고 꼼꼼하게 준비해야 할 것이다.

① 누가(who): 누가 창업을 하는가 하는 것인데, 쉽게 말하면 창업자가 누

구이냐는 것이다. 즉, 창업자가 어떤 자질과 능력을 갖추고 있는가 하는 것이 매우 중요하다.

② 언제(when): 언제는 바로 창업의 시기 혹은 타이밍이라고 할 수 있다. 창업아이템에도 창업의 시기가 있으며, 시장진입이 너무 빨라도 혹은 너무 늦어도 낭패를 볼 수 있다. 사실, 수많은 벤처기업들이 너무 앞선 생각으로 제품을 만들어 시장에 진입을 한 탓으로 제대로 판매가 되지 않아 시장에서 사라진 경우가 많다는 것을 생각해야 한다.

③ 어디서(where): 어디서라는 것은 창업의 장소(입지)라고 할 수 있는데, 온라인(on-line)과 오프라인(off-line)으로 나누어서 생각할 수 있을 것이다. 예를 들어, 점포 창업의 경우에는 어느 장소에서 창업을 하는가 하는 것이 매우 중요할 것이다.

④ 무엇을(what): 무엇을 만들고 판매할 것인가 하는 문제를 말한다. 이것은 창업아이템과 직결된 것으로서, 관련 분야에서 경험을 쌓은 후에 창업을 하는 것이 필요하다. 외식업을 하겠다는 사람이 조리사자격증 하나도 없거나 음식에 관하여 전문적인 지식이 없다면 곤란할 것이다. 이러한 경우에는 식당 주방에서 몇 개월간 근무를 해 보는 것도 많은 도움이 될 것이다.

⑤ 어떻게(how): 어떻게는 창업의 여러 요소를 어떻게 결합시켜서 경영할 것인가 하는 문제를 말한다. 기술개발, 자금조달, 홍보 및 마케팅, 시장개척, 인사관리 등의 여러 문제를 어떻게 관리하고 운영할 것인가 하는 것을 말하는데, 창업자는 자기 나름대로의 경영철학과 경영전략을 갖고 있어야 할 것이다. 예를 들어, 흔히 마케팅전략으로서 4P가 중요하듯이, 프랜차이즈 시스템에서는 4S(speed, spread, strength, satisfaction)전략도 매우 중요하다. 즉, 시장진입의 속도, 가맹점의 확산전략, 브랜드의 강점 및 차별화, 고객만족이 프랜차이즈 창업 시에 중요하게 고려되어야 할 것이다.

⑥ 왜(why): 왜는 무엇 때문에 창업을 하는가 하는 것과 같이 창업의 목표를 분명하게 해야 한다는 것이다. 또한 창업의 과정에서 일어나는 수많은 문제와 의사결정에 대해서 "왜?"라는 질문을 스스로 하고 또한 자신 있게 대답할 수 있어야 한다.

3. 창업을 위해 필요한 4요소

어떻게 생각하면, 창업을 한다는 것은 별로 어려운 일이 아니다. 그러나 창업을 한다는 것과 창업에 성공한다는 것은 별개의 문제이다. 소자본창업의 경우에 투자금액 대비 수익률을 4~5% 정도만 올려도 언론에 성공사례로 소개되는 현실을 감안할 때, 처음 준비단계부터 주먹구구식 창업을 탈피하여 체계적으로 준비해야 한다. 이러한 측면에서, 창업에 필요한 필수적인 요소를 살펴보면 우선 학자들마다 혹은 자료원마다 약간씩 차이가 있다는 것을 알 수 있다.

가) 먼저 중소기업청(1999.10, 2002.4)에서는 창업에 필요한 요소로서 사업목적, 창업자, 사업 아이디어, 인적 자원, 물적 자원의 5가지를 제시하고 있다.

① 사업목적: 사업목적은 사업의 활동과 방향을 설정해 주며, 다른 창업요소를 하나로 묶어주는 역할을 한다. 따라서, 신규 창업자는 내가 무엇 때문에 창업을 하려는가에 대한 명확한 목표를 설정해야 한다.

② 창업자: 인적·물적 요소를 동원함으로써 실제 사업을 위한 조직을 설립하고 경영하는 사람이라고 할 수 있다. 창업자는 경영자로서의 능력을 갖추어야 함은 물론 기업이라는 조직을 운영하는 데 필요한 여러 요소들을 결합시켜서 사업목적을 효과적으로 달성할 수 있는 능력을 갖추어야 한다.

③ 사업 아이디어: 사업 아이디어는 창업자가 설립하려는 사업체가 무엇을 생산하고 판매할 것인가와 관련되는데, 새롭거나 차별된 사업 아이디어를 기반으로 해야 성공창업의 가능성이 높아진다. 특히 무점포·재택의 형태로 사업을 하는 경우에는 기술보다는 차별화된 아이디어가 더 중요하다.

④ 인적 자원: 인적 자원은 기업과 사업 아이디어를 실현시키는 수단이 되는데, 인사(人事)가 만사(萬事)라는 말도 있듯이 창업기업에 있어서도 사람이 중요하다.

⑤ 물적 자원: 창업을 함에 있어서 물적 자원은 기계, 설비, 건물, 원재료 등으로 구분되는데, 이러한 물적 자원의 조달을 위해서는 자본이 필요하다.

나) 또한 한국경영기술원(www.kimt777.co.kr)에서는 창업의 기본요소로 다음

과 같이 세 가지를 제시하고 있다.

① 사업 아이디어: 무엇을 가지고 창업할 것인가?, 어떠한 물건(재화)을 생산하거나 서비스(용역)를 제공할 것인가?

② 기업가 정신: 위험부담은 있지만 그에 상응하는 보상을 기대하여 가치 있는 새로운 것을 창조하려는 사업의 기회를 파악하고, 제약된 경영자원을 가지고 사업을 일으키려는 기업가 정신이 요구된다.

③ 자본: 인력, 사업장, 설비, 원자재 등 경영자원을 조달하고, 기술개발, 영업조직의 구축 등 유·무형의 자산을 형성하는 것이 필요하다.

다) 위에서 언급한 것들 외에도 창업의 4요소를 살펴보면 창업자, 창업자금, 아이템, 사업장으로 요약할 수 있다(연합뉴스, www.yna.co.kr). 이러한 4가지만 충족되면 창업은 시작되는 것이다. 그러나 경쟁력 있는 점포창업 특히 외식창업자로서 성공하려면 기본인 Q.S.C.(quality, service, clean), 즉 상품의 질, 서비스, 청결에 더 충실해야 한다.

3.1 창 업 자

사실 창업을 함에 있어서 가장 중요한 것은 창업자 자신이다. 1998년의 외환위기 이후에 실직자들이 쏟아져 나오면서 제대로 준비도 되지 않은 상태에서 무작정 창업이라는 시장으로 뛰어들었다가 실패하는 창업자들이 많았는데, 그것은 창업을 너무 쉽게 생각한 창업자들이 많았기 때문이다. 이러한 측면에서 최재희(2003)는 창업자 자신이 가져야 할 원칙 혹은 마인드를 다음과 같이 제시하고 있다.

① 철저하게 장사꾼으로 다시 태어나야 한다. 즉, 예전의 직책과 체면이 성공의 발목을 잡는 경우가 많다. 이러한 것을 착시현상이라고도 하는데, 예전의 직책으로 인한 영향력이 퇴직 후 창업을 할 때에도 그대로 유지될 것으로 생각하지만, 절대로 그렇지 못하다.

② 건강은 본인 스스로 철저히 책임져야 한다. 직장에서는 출근과 퇴근시간이 정해져 있지만, 창업을 하게 되면 고객에게 24시간 서비스를 해야 한다는 것을 생각해야 한다. 그렇기 때문에 항상 튼튼한 체력을 유지해야 할 것이다.

③ 사업이 안정기에 들 때까지 샐러리맨 시절의 몇 배는 노력해야 한다. 사실, 창업을 하게 되면 금방 많은 돈을 벌 것으로 생각하지만, 경기가 불투명하고 경쟁이 치열할수록 예상매출을 달성하는 데에는 많은 노력이 필요하다.

④ 남의 말에 귀를 기울이되, 본인의 원칙에서 벗어나지 않는다. 다른 사람들의 조언을 참고로 하되, 창업자는 본인이 굳건한 신념을 갖고 있어야 한다는 것이다.

⑤ 사업계획 단계부터 영업을 하는 데까지 철저한 사전준비와 계획적인 행동이 필요하다. 쉽게 창업을 하게 되면 쉽게 무너질 수 있다는 것을 생각해야 한다. 소위 사상누각(沙上樓閣)이 되지 않도록 창업이론과 실무지식을 충분히 갖추는 것이 중요하다.

이외에 한 가지 더 언급할 것이 있다면, 본인이 과연 '준비된 창업자이냐?' 하는 것이다. 준비되어 있다 혹은 준비되어 있지 않다 간의 차이는 누구나 쉽게 알 수 있을 것이다. 즉, 창업자로서 갖추어야 할 이론과 실무지식을 얼마나 갖추었고, 창업에 대해 얼마나 준비를 해 왔는가 하는 것으로, 본인이 스스루 판난할 수 있을 것이다.

3.2 사 업 장

개점입지(where)의 선정은 창업자의 주력 상품을 판매하기 쉬운 장소를 선정하는 것을 말하는데, 선택한 업종 또는 아이템이 잘 판매될 수 있는 장소를 정해야 한다. 또한 개점입지에는 상품을 구매하게 될 예상고객이 충분히 잠재해야 하는데, 잠재고객을 파악하기 위해서 통행인구 수, 배후지역의 인구 수, 라이프사이클(life cycle), 연령, 소득수준 등을 조사해야 한다. 이 중에서 통행인구와 배후지역의 인구 수는 점포의 매출을 결정짓는 가장 중요한 요소가 된다. 요즈음은 오프라인의 점포보다는 온라인상의 점포에서 창업을 하는 사례들이 날로 증가하고 있는 실정이다.

3.3 창업자금

창업을 하게 되면, 무엇보다 가장 중요한 것이 창업자금이라고 할 수 있다. 점포의 입지가 중요하다고 생각하여 명당점포를 구하려 해도 사사건건 걸리는 것이 바로 자금인 것이다. 사업은 욕심만으로 되는 것이 아니다. 성장기에는 빚을 내서라도 규모가 있는 창업을 시도해도 별 무리가 없지만, 경기가 불황일 때에는 철저하게 규모를 줄이고 수익성 위주의 창업을 지향해야 한다.

또한 실제 사업을 추진하다 보면 창업과정에서 불확실성 또는 불예측성 요인이 많을 뿐만 아니라, 창업 소요기간의 연장에 따른 가산분, 즉 창업 초기 1~2년 또는 2~3년간의 소요자금 산정만으로는 창업이 본궤도에 오를 수 없는 경우도 허다하기 때문에 어느 정도의 여유자금을 갖고 사업을 시작해야 한다는 의미이다. 즉, 개업준비의 지연, 그리고 매출액 증가에 따른 추가 운전자금 소요 등의 이유로 창업 초기 약 1~2년 동안 소요될 자금을 정확히 산정할 수 없다는 제약점 때문에 이들 요소를 충분히 감안함으로써 창업절차상 부족자금을 사전에 예방해야 한다.

3.4 아 이 템

아이템(item)이란 업종이나 판매할 상품과 서비스의 총칭이다. 예를 들어, 외식업을 준비하는 예비창업자가 가장 먼저 선택해야 할 첫 번째 관문이 바로 아이템 선정에 관한 문제이다. 이는 외식업이 아닌 다른 사업을 준비할 때에도 마찬가지다. 아이템 선정은 창업의 성패가 달려 있다고 할 수 있을 만큼 큰 비중을 차지한다. 따라서 신중한 자세로 여러 가지 아이템과 관련된 정보와 자료를 분석하여 사업에 관한 타당성을 검토한 후에 창업을 결정해야 한다. 사실, 예비창업자들의 최대 관심사는 유망한 아이템을 찾는 것이다.

예비창업자들은 아이템을 잘 선택하면 성공을 보장받는 것처럼 생각하는 경우가 많다. 하지만, 쇠퇴기의 업종이나 경쟁포화 상태인 업종의 선택은 피해야 하며, 유망 아이템을 선정한 경우일지라도 그 선정 자체가 곧바로 성공으로 이어지는 것이 아니라는 것을 인식하고 업종 선택에 임해야 한다. 사실, 남들이 하지 않는 유망 아이템만을 추구하기보다는 본인의 장점을 살리고 단점을 보완하는 아이템의 선택이 바람직할 것이다.

창업의 4요소라고 할 수 있는 창업자, 사업장, 창업자금, 그리고 아이템에 있어서 가장 핵심이 되는 사항들을 요약하여 정리하면 [표 1-2]와 같다.

표 1-2 창업의 4요소

창업자	사업장	창업자금	아이템
건강 · 성격 전문성 · 기술 · 자격증 경험 · 취미 · 적성 가족관계	입지 및 상권 분석 권리금 분석 점포 분석 점포 임대차계약	창업자금의 최소화 자기자본의 확대 사업운영비의 확보 창업자금지원제도 활용	창업자금 고려 상권 · 입지 고려 업종 사이클 고려 창업자와의 조화고려

자료: 최재희(2003).

4. 국내 창업환경과 분위기

한국에서는 1997년부터 이른바 벤처열풍이 시작되었다. 정부에서도 실직자 문제의 해결방안 중의 하나로 벤처기업을 육성하였는데, 그것은 한 개의 벤처기업이 창업되면 당연히 여러 명의 실직자들이 취업을 할 수 있다는 생각이 저변에 깔려 있었다.

하지만, 최근의 상황은 어떠한가? 한때 벤처신화라고 연일 언론에 보도되던 수많은 벤처기업들이 도산하거나 더 이상 수익을 내지 못하고 M&A되고 있으며, 벤처기업을 창업하였거나 벤처기업에 투자를 한 수많은 엔젤(angel) 투자가들의 한숨소리만 여기저기에서 들릴 뿐이다.

최근에는 프랜차이즈 창업이 활성화되면서 모든 창업분야가 프랜차이즈 형태로 전환되고 있는 실정이다. 심지어는 억지로 프랜차이즈 시스템으로 만들어서 가맹점을 모집하고, 이를 통해 가맹비 수익을 확보하려는 투기꾼까지 등장하고 있는 것이 사실이다. 그러다 보니 외식업을 비롯한 다양한 종류의 프랜차이즈 본사를 통해 창업한 가맹점들이 기대했던 수익을 내지 못하고, 매달 엄청난 적자를 보면서 점포 권리금 및 보증금은 물론이고 월세마저도 걱정하는 창업자들이 매우 많은 것이 사실이다.

왜 이러한 일들이 발생하였을까? 그것은 두 가지로 설명할 수 있는데, 첫째는 많은 예비창업자들이 창업을 너무 쉽게 생각하였기 때문이라는 것이다. 돈만 있으면 취업보다는 창업이 쉽고, 특히 외식창업의 경우에 집에서 하는 음식 솜씨에 조금 더 보태면 누구나 쉽게 도전할 수 있다는 생각에서 많은 사람들이 뛰어들었고, 요즈음 외식업이 너무 많이 생겼다는 것을 누구나 공감하고 있다. 소자본 가맹점의 경우에도 "본사에서 알아서 다 해 줄 것이다"는 생각을 갖고 시작했지만, 현실은 전혀 그렇지 못하다는 것이다.

둘째는 최근의 창업환경과 분위기가 예비창업자들을 무작정 창업으로 내몰았는지도 모른다는 것이다. 즉, 제대로 준비도 되지 않은 예비창업자들을 유행따라 바람 따라 창업의 현장 속으로 뛰어들게 하였고, 그로 인해 지금 우리는 수많은 창업자들이 파산하거나 창업실패로 인해 낙담하는 모습을 다시 보고 있다는 것이다. 특히 창업에 자질이나 적성이 맞는지 그렇지 않은지를 고려하지 않고 창업을 하면 쉽사리 많은 돈을 벌 수 있다는 허상을 심어준 것이 아닌가 한번 정도는 반성해 볼 일이다.

실제로 저자가 최근 창업을 원하는 예비창업자 143명을 대상으로 창업자질 테스트를 실시한 결과, 예비창업자들의 62.9%가 창업에 자질(혹은 적성)이 부족한 것으로 조사되어 상당히 놀랐다. 특히 창업자로서 반드시 요구되는 결단력(decision), 인내력(perseverance), 개성 및 열의(personality, enthusiasm), 책임감(responsibility)에서 55% 이상의 예비창업자들이 부족한 것으로 조사되었다. 또한 창업자로서의 자질이 성별·연령별·학력별로도 상당한 차이가 있는 것으로 조사되어, 향후 창업정책을 수립할 때에 창업자로서의 자질을 반드시 고려해야 한다는 것을 제시하였다.

즉, 창업은 '아무나 하는 것'이 아니라 자질과 적성을 갖춘 사람만이 하는 것이고, 그래야 성공률을 높일 수 있다는 아주 평범한 진리를 프랜차이즈 본사, 창업정책을 수립하고 집행하는 정부당국, 그리고 창업관련 기관이나 단체에서는 모르고 있는 것 같아서 현재의 창업환경과 분위기를 매우 우려한다는 것이다. 지금의 창업환경과 분위기를 그대로 방치한다면, 향후에는 벤처대란에 이은 창업대란과 더불어 가계파산을 보게 될 것이다. 사실, 벤처창업의 결과를 표현하라면 어쩌면 다음의 등식이 상당히 적절할지도 모른다.

창업 – 가계파산 + 신용불량자 + 가정파탄

즉, 창업을 하게 되면, 전재산을 날려서 가계가 파산되고 이에 따라 신용불량자 신세로 전락하게 된다는 것이다. 또한 최악의 경우에는 이혼 등으로 가정도 파탄이 날 수 있다는 것이다. 창업 후 대박이라는 성공만을 꿈꾸기에는 현실은 너무 냉혹하고 창업성공이라는 것은 너무 힘들다는 것이다.

성공창업학

창업이라는 시장과 환경에 대해 거시적인 시야를 가져야 한다. 차를 운전할 때에도 길을 갈 때에도 그리고 삶의 긴 여정을 걸어갈 때에도 바로 앞만 보지 말고 멀리 내다 볼 수 있는 안목을 가져야 하는 것이다. 한국의 창업시장을 살펴보면, 너무 자주 변하고 바뀌어서 창업자와 고객 모두가 혼란스러울 정도이다. 이렇게 불확실한 환경에서 창업시장이 어디로 가는지, 고객이 어떻게 변하고 있는지, 시대가 어떻게 흘러가고 있는지를 제대로 살피지 않는다면 창업은 할 수 있으나 결코 오래가지 못해 실패하는 결과를 초래할 것이다. 그렇기 때문에 국내경제, 세계경제의 변화에 대한 정보와 지식을 자주 접해야 하며, 창업관련 통계자료를 자주 읽어보는 것이 좋은 방법이 될 수 있다.

제 2 장

창업자의 마인드와 자질

창업을 하고 성공하기 위해서는 여러 가지의 조건이 맞아야 하지만, 대부분의 창업전문가들은 창업자 자신 즉 최고경영자로서 사장의 자질을 꼽는다. 이러한 관점에서 창업자가 갖추어야 할 기본적인 자질뿐만 아니라 창업분야에서의 다양한 경험을 통해서 저자가 쓴 칼럼들을 통해서 창업자들이 갖추어야 할 마인드와 자질에 대해 살펴보고자 한다.

1. 창업자가 갖추어야 할 자질

1.1 최고경영자가 갖추어야 할 특성

벤처기업이 성공하기 위해서는 여러 가지 요인들이 중요한데, 기존의 연구들이 제시한 주요 성공요인을 요약하면 다음과 같다. 먼저 이장우·장수덕(1998)은 창업자특성, 산업환경, 조직특성, 자원능력, 전략의 5가지를 제시하고 있다. 김갑·한상설(1999)은 국내 118개의 벤처기업을 대상으로 한 연구에서 기업가특성(기능적 경험, 관리적 능력), 산업구조(경쟁구조, 산업성장률), 벤처전략을 제시하고 있다. 안준모 · 김종인(1999)은 정보통신 분야의 벤처기업을 대상으로 한 연구에서 창업자특성(성격, 경험, 지식)과 상황변수(초기자본금, 시장진입장벽, 전략)를 주요 성공요인으로 제시하였다(박영배 · 윤창석, 2001).

위에서 제시한 여러 성공요인 중에서 Herron과 Robinson(1993)은 벤처투자가들의 경우에는 창업자(entrepreneur)를 가장 중요한 요인으로 생각하고 있다고 하였다. 일반적으로 최고경영자의 특성은 심리적 특성, 행위적 특성, 배경 및 지식특성으로 세분할 수 있다(조형래, 1995; 박영배 · 윤창석, 2001; 이장우 · 장수덕, 2001).

(1) 심리적 특성

최고경영자의 심리적 특성은 성취동기, 위험감수성향, 모호함에 대한 인내성향 등으로 세분할 수 있다.

가) 성취동기

성취동기 혹은 성취욕구(need for achievement)는 최고경영자가 벤처경영의 목표를 달성하고자 하는 욕구를 말하며, 정성한 · 김해룡(2001)은 성취동기를 어떤 것을 신속하고 가능한 한 잘 이행하려는 바람 또는 심적 경향이라고 하였다. 한국의 경우에는 많은 벤처기업들이 창업자 혹은 최고경영자가 가진 기술력과 아이디어를 기반으로 창업된 경우가 많기 때문에, 최고경영자의 강한 성취동기는 벤처기업의 성장에 강한 영향을 미친다고 할 수 있다. 이에 대하여, Sexton과 Bowman(1985)은 성공적인 창업자들은 높은 성취동기를 갖고 있다는 것을 밝혔다. 또한 Smith와 Miner(1983), 조형래(1995), 이장우(1998), 박영식 · 윤창석(2001)의 연구에서도 성취욕구와 성과 간에 유의한 관계가 있는 것으로 조사되었다.

나) 위험감수성향

위험감수성향(risk-taking propensity)은 위험을 감수하려는 의지를 말한다. 일반적으로 벤처기업을 'high risk, high return'이라고 말하는 것에서 보듯이, 벤처기업이 성공하기 위해서는 높은 위험을 감수하려는 최고경영자의 의지가 중요하다. 이와 관련하여, Smith와 Miner(1983)는 높은 성과를 지향하는 창업자일수록 위험감수성향이 높다고 하였으며, Begley와 Boyd(1987), 이장우(1998)

도 높은 위험감수성향을 가진 창업자가 높은 성과를 달성한다고 하였다(박영배 · 윤창석, 2001).

다) 모호함에 대한 인내성향

Budner(1962)에 의하면, 모호함은 생소함 · 복잡성 등에서 나오며, 모호함에 대한 수용력은 모호한 상황을 바람직한 것으로 지각하는 경향을 의미한다고 하였다. 또한 모호함에 대한 인내성향(tolerance of ambiguity)은 지각된 불확실한 상황에 대한 인내의 정도를 말하는데(박영식 · 윤창석, 2001), Sexton과 Bowman(1985)은 창업자들이 일반인들보다 모호함에 대한 인내성향이 강하다고 주장하였다.

(2) 행위적 특성

창업자의 행위적 특성에 대해서는 창업동기, 실패가능성이나 위험에 대한 대처노력, 리더십 등이 중요한 요인으로 연구되고 있다(박영식 · 윤창석, 2001).

가) 창업동기

창업동기는 어떤 동기에 의해 창업을 했는지를 말하는 것인데, 이것은 창업자의 비전(vision)과 창업목표의 명확성 및 차별성으로 구체화될 수 있다. 즉, 벤처기업의 최고경영자는 많은 돈을 벌기 위해서, 샐러리맨에서 독립하여 자기만의 사업을 이루기 위해서, 혹은 자신의 비전을 실현하기 위해 창업을 한다는 것이다.

Baum(1995)은 창업자의 명확한 동기적 특성이 벤처기업의 성과와 정(+)의 관계가 있다는 것을 보여 주었다. 또한 Hollenbeck과 Whitener(1988), Herron과 Robinson(1993), Naffziger, Hornsby, Kuratko(1994), 박영식 · 윤창석(2001) 등도 명확한 창업동기가 성과에 영향을 미친다고 주장하였다. 특히 이장우(1998)는 벤처기업에 대한 사례연구를 통해서 창업자의 분명한 비전과 목표, 그리고 경영이념과 같은 동기적 특성이 벤처기업 성공의 중요한 요인이라고 하였다.

나) 실패가능성이나 위험에 대한 대처노력

실패가능성이나 위험에 대한 대처노력은 실패가능성에 대한 인식 및 대처정도를 말하는데, 조형래(1995)는 벤처기업 창업자의 실패가능성에 대한 인식정도와 위험대처정도는 성과에 영향을 미치는 중요한 변수라고 하였다(박영식 · 윤창석, 2001).

다) 리더십

벤처기업의 경우에는 기업특성상 매우 불안정한 환경에서 경쟁을 해야 하는데, 이러한 상황에서 카리스마적 리더십은 매우 효과적이라는 것이다(Bass, 1985).

라) 신뢰성

신뢰성은 최고경영자의 정직성, 언행의 일치, 그리고 약속에 대한 신념의 정도를 말한다. 즉, 신뢰성은 최고경영자가 대내외적으로 믿음을 갖도록 하는 행동적 특성이라고 할 수 있으며, 벤처기업의 성장단계에 상관없이 성공창업을 위해 매우 중요한 요인이라는 것이다(이장우 · 장수덕, 2001).

(3) 배경 및 지식특성

배경 및 지식특성은 연령, 과거 창업경험, 경영경험, 관련산업에서의 경험, 학력 및 전공 관련성, 고객, 공급자, 경쟁자, 그리고 관련 산업에 대한 지식정도로 구분할 수 있다. 이와 관련하여, 이진주 · 윤정한(1987)은 창업자의 연령, 학력, 창업경험, 가족배경 등을 배경 및 지식특성에 포함하였다.

가) 연령과 성

벤처기업의 최고경영자의 경우에는 대체적으로 연령이 낮으며, 연령이 낮은 남성의 경우가 여성에 비하여 위험감수성향이 높은 것으로 조사되고 있다(Smith와 Miner, 1983). 박영식 · 윤창석(2001)의 연구에서도 연령별로 경영성과에 유의한 차이가 있는 것으로 나타났으며, 창업자의 나이가 적을수록 경영성과가 높다고 하였다.

나) 학력 및 전공

벤처기업 최고경영자의 학력 및 전공의 관련성은 성과에 영향을 미친다고 할 수 있다. 즉, 벤처기업의 경우에는 고부가가치 기술이 필요하며, 이를 위해서는 높은 학력과 전공의 관련성이 중요하다는 것이다.

Birley와 Norburn(1987)에 의하면, 벤처기업 최고경영자의 학력은 일반기업의 경영자와 비교하여 볼 때에 높은 것으로 조사되었으며, 이것은 성과에 유의한 영향을 미친다는 것이다. Gartner(1985), Van De Vem et al.(1984), 조형래(1995), 백경래(1996)도 학력이 벤처기업의 성과와 유의한 관계가 있는 것으로 조사되었다. 이장우(1998)는 성공한 벤처기업 최고경영자의 경우에 학력수준이 높은 것 같다고 하였으며, 이장우 · 장수덕(2001)의 연구에서도 전공과의 관련성이 벤처기업의 창업단계에서 매우 중요하다고 하였다.

다) 창업 및 경영경험

창업 및 경영경험이란 과거에 기업을 창업하고 경영했던 경험 혹은 관련 산업에서의 경영경험을 모두 포함한다. 특히 벤처기업의 최고경영자가 창업과 관련된 업무에서의 경험이 풍부하면, 그만큼 경영관리에 도움을 줄 수 있다는 것이다. 그것은 창업자에게 기회를 인식하고 위험을 평가·관리하는 데 필요한 주요 역량 및 내부정보를 제공하기 때문이다(정성한 · 김해룡, 2001).

이와 관련하여, Stuart와 Abetti(1990), Sandberg와 Hofer(1987) 등에 의하면, 창업경험이 벤처기업의 성과와 유의한 관계가 있는 것으로 조사되었다. 또한, Roure와 Maidique(1986), Cooper와 Bruno(1977), Van De Vem et al.(1984), 이장우(1998) 등의 연구에서는 관련 산업에서의 경험이 성공적인 창업을 위해 중요한 특성이라고 지적하고 있으며, 비성공적인 기업보다 성공적인 기업에서 관련 경험이 풍부한 창업자가 많은 것으로 나타나고 있다(원종하 · 이도화, 2001).

라) 지식정도

벤처기업 최고경영자의 고객, 공급자, 경쟁자, 그리고 관련 산업에 대한 지식정도 역시 벤처기업의 성과에 중요한 영향을 미칠 것이라고 생각된다. 이장우(1998), 이장우 · 장수덕(2001)에 의하면, 창업 당시 지식의 정도는 벤처기업의 성숙단계에 있어서 매우 중요한 역할을 수행한다고 하였다. 즉, 창업 당시 풍부한 지식기반을 가지고 출발한 벤처기업일수록 방만한 경영을 하기보다는 관련 분야에 집중하여 성숙단계에서 성공을 거둘 가능성이 더 높다는 것이다.

1.2 창업가 정신

일반적으로 창업가 정신(entrepreneurship)은 새로운 사업기회를 파악하고, 이 기회를 이용하기 위하여 다양한 자원을 독자적으로 결합하여 가치를 창출하는 과정이라고 할 수 있다. 이러한 창업가 정신을 개인적인 속성과 주요 행동적 측면으로 분류하면 다음과 같다(중소기업청, 1999.10).

가) 개인적 속성

① 높은 성취욕구

② 독립성의 희구

③ 자신감

④ 미래지향성

⑤ 자기희생

나) 행동적 특성

① 기술적 능력

② 대인관계 능력

③ 의사결정 능력

1998년 이후 수많은 예비창업자들을 만났는데, 대부분은 세계적인 경영자처럼 크게 성공하고 싶다는 목표를 갖고 있다. 하지만, 저자의 입장에서 본 가장 심각한 문제 중의 하나는 바로 자신감이 부족하다는 것이며, 자신의 목표를 이루기 위한 노력이 절대적으로 부족하다는 사실이다. 다른 사람에게 의지하고 도움부터 요청하기보다는 자신의 의지와 노력으로 하나하나 만들어 가는 것이 무엇보다 필요하다는 것이다.

1.3 Baumback(1985)이 제시한 창업자의 자질

Baumback(1985)은 창업자가 갖추어야 할 자질을 다음과 같은 10가지로 제시하고 있으며, 창업자가 이러한 자질을 제대로 갖추고 있는가를 검증하기 위해서 자질 테스트도 개발하였다.

① 개성 및 열의(personality, enthusiasm): 열정과 영감의 방식을 다른 사람에게 전염시킬 수 있는 능력이 있는 사람이 되어야 한다.

② 비판 수용도(acceptance of criticism): 비판의 수용도가 높은 사람은 어떤 도움을 줄 수 있는 건설적인 것을 환영한다. 또한 좋은 소스를 배우길 열망한다.

③ 학습 능력(ability to learn): 학습능력이 뛰어난 사람은 쉽게 아이디어나 방법을 포착한다. 또한 상황을 분석하고 변화에 주의를 게을리 하지 않는 성질이 있다.

④ 근면성(industry): 근면성을 가진 창업자는 최대 효율의 비즈니스를 유지할 필요가 있을 때는 자나깨나 일하지만 그렇지 않은 창업자는 시간과 노력을 최소한으로 투자하고 작업 외 책임을 회피하는 특성이 있다.

⑤ 진취성(initiative): 창업자의 자질 중 진취성은 재치가 있고 창의력이 풍부하며 독립성이 강한 특징이 있다. 진취성이 있는 창업자는 도움 없이 어려운 일을 스스로 해결할 수 있고, 좋은 아이디어를 가지고 행동을 취한다.

⑥ 결단력(decision): 창업자는 중요한 순간에 결단력을 발휘해야 하는데, 결단력이 있는 창업자는 즉각적이며 용감하지만 무모하지는 않다.

⑦ 책임감(responsibility): 창업자는 자신이 스스로 책임을 찾고 기꺼이 받아들여야 한다. 창업자질이 부족한 창업자는 언제나 책임을 회피하려 한다.

⑧ 인내력(perseverance): 창업자 자질 중 인내력, 즉 끈기가 있어야 하는데, 이를 갖춘 창업자는 확고한 목적을 가지고 쉽게 실망하지 않는다.

⑨ 계획능력(planning ability): 창업자는 훌륭한 조직사이다. 일을 계획하는 데에 선견지명이 있어야 하며, 조직적으로 일을 계획하는 능력이 필요하다.

⑩ 리너십(leadership): 모든 종업원이 우수한 능력을 발휘하도록 하고, 회사에 대하여 스스로 충성심이 생기게 한다. 또한 종업원에게 권한을 위임할 수도 있다.

2. 창업자의 자질 및 적성 테스트

최근 몇 년 동안에 많은 창업자들이 실패를 했다. 실패의 고통은 엄청나서 평생 동안 아픔을 간직하고 살아야 한다. 직장에서 퇴직을 했다는 이유로, 남편이 직장을 잃었다는 이유로 창업에 뛰어든 수많은 사람들이 무엇 때문에 실패를 했는가? 여러 가지로 설명이 가능하겠지만 그 중의 하나를 든다면 창업자로서의 자질과 적성에 문제가 있었을 것이라고 판단이 된다. 그렇기 때문에 창업을 하기 전에 본인이 창업에 자질이 있는지에 대해 검사를 해 볼 필요가 있다. 무작정 창업은 결코 성공할 수 없다는 것이 이미 언론보도를 통해서 수없이 확인되고 있다.

창업자질테스트를 위한 다양한 검사방법은 계경목장(www.kyekyong.co.kr), 한국경영능력개발원, 소상공인지원센터뿐만 아니라 여러 단체, 회사 등에서 제공하고 있다. 하지만, 과연 이러한 검사방법들이 객관성을 확보하고 있으며, 신뢰성이 있는가에 대해서는 더 많은 연구가 필요할 것이다. 그럼에도 불구하고 여러 형태의 창업자질테스트를 이용하여 본인의 자질을 검사해 보는 것은 의미가 있다고 할 것이다.

2.1 Baumback의 테스트

창업자 자질을 알아보기 위하여 미국의 Baumback이 개발한 테스트이다. 각 항목에 그렇다(3점), 간혹 그렇다(2점), 그렇지 않다(1점)로 답한 후 점수를 합산하여 창업자 자질을 알아보는 방법이다.

- 다른 사람과의 경쟁 속에서 희열을 느낀다. ( )
- 보상이 없어도 경쟁이 즐겁다. ( )
- 신중히 경쟁하지만 때로는 허세를 부린다. ( )
- 앞날을 생각해 위험을 각오한다. ( )
- 업무를 잘 처리해 확실한 성취감을 맛본다. ( )
- 일단 하기로 결심한 일이면 뭐든 최고가 되고 싶다. ( )
- 전통에 연연하긴 싫다. ( )
- 일단 일을 시작하고 나중에 상의하곤 한다. ( )
- 칭찬을 받기 위해서라기보다는 업무 자체를 중요하게 생각한다. ( )
- 남의 의견에 연연하지 않고 내 스타일대로 한다. ( )
- 나의 잘못이나 패배를 잘 인정하지 않는다. ( )
- 남의 말에 의존하지 않는다. ( )
- 웬만해서는 좌절하지 않는다. ( )
- 문제가 발생했을 때 직접 해결책을 모색한다. ( )
- 호기심이 강하다. ( )
- 남이 간섭하는 것을 못 참는다. ( )
- 남의 지시를 듣기 싫어한다. ( )
- 비판을 받고도 참을 수 있다. ( )

－일이 완성되는 것을 꼭 봐야 한다. (　)
－동료나 후배가 나처럼 열심히 일하기를 바란다. (　)
－사업지식을 넓히기 위해 독서를 한다. (　)

[평가결과]

① 63점: '매우 좋은' 창업자 자질을 갖추고 있다.

② 52～62점: 창업자로 '좋은' 자질을 갖고 있다.

③ 42～51점: 창업자로서 '보통'의 자질을 갖고 있다.

④ 41점 이하: 창업자로서 자질이 '매우 부족'하다.

2.2 대학생들의 창업적성검사

아래의 물음에 ① 그렇지 않다, ② 보통이다, ③ 그렇다 중의 하나로 체크한 후에 ①에는 1점, ②에는 2점, ③에는 3점을 곱한 후에 총점을 구하면 된다.

－주변 사람들로부터 성격이 좋다는 말을 자주 듣는다.
－무슨 게임이든 지기를 싫어한다.
－지금 다니고 있는 학교 생활이 마음에 안 든다.
－나는 건강해서 활동하는 데 전혀 지장이 없다.
－주변 사람들을 자주 만나는 편이다.
－약속은 무슨 일이 있어도 지키는 스타일이다.
－평소 장사를 해야겠다는 생각을 자주 가졌다.
－창업을 하는 것이 그래도 체질에 맞는다고 생각한다.
－주변 청소가 안 되었다거나 정리가 안 돼 있으면 그냥 지나치지 못한다.
－꼼꼼한 성격이기 때문에 좀처럼 실수를 하지 않는다.
－평소 복장에 많은 신경을 쓰는 편이다.
－예의에 어긋한 행동을 하는 것을 보면 몹시 불쾌해진다.
－평소 사람들과 이야기할 때 자주 웃는 편이다.
－평소 신문을 읽을 때 경제부문에 관심을 갖는다.
－남의 이름을 한번 듣고도 기억한다.
－가족들과 함께 대화를 자주 한다.
－창업정보에 관심을 자주 갖는다.
－직업에는 귀천이 없다는 것에 전적으로 동의한다.

－학교에서 친구들과 자주 어울린다.
－주위에 창업을 한 사람들을 보면 질투를 느낀다.
－창업을 하는 것이 최고라고 생각한다.
－창업은 누구도 할 수 있다고 생각한다.
－돈을 벌면 불우한 사람들을 위해서 써야 한다고 생각한다.
－평소 친구들의 경조사에는 꼭 참가한다.
－남에게 신세지는 것을 도저히 못한다.
－자주 재테크 방법을 생각한다.
－남으로부터 싫은 소리를 들어도 참을 수 있다.
－사람들을 사귀는 데는 문제가 없다고 생각한다.
－다른 사람이 장사해서 돈을 벌면 부러워 한다.
－인내심이 많은 편이라고 생각한다.
－장사에서 가장 중요한 것은 서비스라고 생각한다.
－당장 현금 300만원을 친구에게서 빌릴 수 있다.
－장사에 필요한 기본자금이 마련되면 당장 시작할 수 있다.

[평가결과]

① 90점 이상: 창업에는 소질이 뛰어나다고 생각되며, 성공의 확률이 매우 높다.

② 70～89점: 창업에 다소 흥미가 있는 성격이며, 조금만 노력한다면 매우 좋은 결과를 가져올 수 있다.

③ 69점 이하: 창업을 하기에는 다소 적극적인 사고방식과 서비스 기질이 요구된다. 이 점수를 취득한 사람은 부단히 자기개발을 하여 어려울 때 돌파구를 찾을 수 있는 적극적인 사고방식의 전환훈련이 필요하다.

3. 성공하는 창업자의 마인드 및 자세

3.1 월드컵에서 배우는 '히딩크 창업학'

2002년 6월 전국민이 열광하는 월드컵에서 히딩크(Guus Hiddink)와 한국선수들이 선전하는 모습을 보면서, 창업자들에게 도움이 될 만한 '히딩크의 창업학 10가지'를 추천한다. 히딩크 감독의 뛰어난 리더십을 통해서 창업자가 어떤 자세를 가져야 하는지를 배울 수 있다. 사실, 축구와 창업이 무슨 관계가 있느냐고 말하는 사람들도 있지만, 축구감독은 사장(CEO), 코치들은 임원, 선수들은 직원이라고 상정할 수도 있다. 상대팀은 경쟁회사라고 할 수 있으며, 관중은 고객들이라는 것이다. 또한 심판들은 공정한 경쟁을 관리하고 감독하는 정부기관 및 단체들의 담당자라고 생각할 수 있을 것이다.

(1) 인내를 갖고 노력하며, 마지막까지 최선을 다한다.

이탈리아와의 경기에서 거의 진 경기였지만, 끈기를 가지고 마지막까지 최선을 다한 결과로 종료 3분 전에 설기현이 극적인 동점골을 넣고, 결국 안정환의 골든골로 이겼다. 대부분의 사람들은 경기에 졌다고 생각하였지만, 선수들은 결코 포기하지 않았다. 미국과 스페인과의 경기에서도 한국 선수들은 운동장에서 쓰러질 각오로 최선을 다하는 모습을 우리에게 보여 주었다.

창업은 취입과는 비교도 할 수 없을 만큼 많은 어려움이 있고, 성공보다는 실패할 확률이 매우 높다. 인력, 자금, 마케팅, 기술개발 등 수 많은 어려움이 있고, 때로는 포기하고 싶은 생각을 수 없이 하게 된다. 하지만, 절대로 물러설 수 없다는 배수진의 심정으로 포기하지 않고 노력한다면 결국 성공할 수 있다는 것이다.

(2) 멀티플레이어(multi-player)가 되어야 한다.

한국 선수들의 가장 큰 강점은 한 선수가 다양한 역할을 수행할 수 있다는 것이다. 즉, 미드필더가 수비 혹은 공격수의 역할을 수행할 수 있으며, 다양한 위치에서도 무리 없이 자신의 역할을 수행한다는 것이다.

요즈음 예비창업자들은 적은 돈을 들여서 많은 수입을 원한다. 하지만, 소자본으로 성공하기 위해서는 자신이 다양한 역할을 수행하면서, 다양한 수입원을 만들어 가는 것이 중요하다. 1,000만원으로 창업을 한다고 하면, 한 가지 아이템만을 선택하지 말고, 2~3가지의 창업아이템을 선택하여 동시에 진행하라는 것이다. 예를 들어, 인쇄편의점(창업비용 150~300만원), 판촉물 창업(창업비용 500

만원), 쇼핑몰창업(창업비용 연 50~100만원)을 동시에 재택창업의 형태로 진행할 수 있을 것이다.

그리고 초기 창업자의 경우에는 인력의 측면에서도 충분하지 못하기 때문에 최고경영자나 직원들이 다양한 업무를 수행할 수 있도록 해야 한다. 즉, 한 사람이 영업, 기획, 총무, 경리 등의 업무 중에서 적어도 2가지 이상을 수행할 수 있도록 해야 한다는 것이다.

(3) 선수들의 기초체력을 중시한다.

월드컵 기간 중에 한국선수들은 후반전에도 강인한 체력을 자랑하였다. 그래서 상대팀에 대해 줄기차게 공격을 하여 결국에는 승리할 수 있었다. 이것은 기초적인 체력훈련을 충실히 하였기 때문이며, 체력에 대해서는 세계 최고를 자랑하고 있다.

예비창업자들도 마찬가지이다. 창업을 할 때에 필요한 기초 이론과 실무 지식을 갖추어야 한다. 하지만, 대부분의 예비창업자들은 이러한 것을 간과하면서, 막연히 돈이 되는 아이템만을 찾는 경향이 있다. 서점에만 가도 창업에 대한 많은 책들을 만날 수 있으며, 인터넷 검색을 해서 창업관련 정보를 수집하고 정리하는 노력이 절대적으로 요구된다는 것이다.

(4) 잠재적 경쟁자에 대한 정보를 확보하고, 대비해야 한다.

이탈리아와의 경기를 앞둔 히딩크는 스페인과 아일랜드의 경기를 관전하고 있었다. 한국이 스페인-아일랜드전 승자와 8강전을 치르게 되는 만큼 히딩크는 16강전을 넘어서 8강전까지도 마음에 두고 있음을 보여준 셈이다.

창업을 하기 전에는 관련 업체나 인터넷 사이트를 수없이 검색하지만, 정작 창업을 하고 난 이후에는 자신의 일을 하기에도 너무나 바쁘다는 것이다. 그러다 보면, 잠재적 경쟁자에 대해 관심을 두지 않거나, 경쟁정보의 수집에도 소홀히 할 수 있다. 창업에는 나 홀로 독점할 수 있는 분야는 없으며, 늘 새로운 경쟁자가 등장한다는 것을 잊지 말아야 한다.

(5) 팀워크를 중시하고, 선수들을 신뢰한다.

히딩크가 부임하면서 한 일은 선배와 후배 선수들이 함께 모여 식사를 하도록 하였다는 것이다. 그리고 연장전을 기다리고 있는 선수들에게 일일이 자상하게 웃으면서 대화를 하고, 어깨를 다독거리는 등 선수들에게 전폭적인 지지를 보내는 모습을 자주 목격하게 된다.

창업을 하고 난 후에 최고경영자(CEO)가 해야 하는 일은 바로 구성원간의 팀워크를 다지는 것이고, 직원들에게 신뢰를 보내는 것일 것이다. 한국의 수많은 벤처들이 불화로 인해 회사를 떠나고, 급기야 파산을 맞는 경우를 수없이 보았다. 소수의 인력으로 창업을 하는 경우에 특히 구성원들간의 팀워크는 매우 중요하다. 이를 위해서는 정기적으로 자리를 만들어 의견을 교환하고, 친목을 다지는 것도 필요할 것이다.

(6) 실패를 두려워하지 않는다.

이을용 선수가 미국 전에서 페널티킥을 실축했을 때에 히딩크는 "페널티킥 키커는 미리 예정이 돼 있었다. 첫번째로 예정된 선수는 박지성이었는데 이을용이 찼고 결국 실패했다. 하지만 경기란 원래 다 그런 것 아닌가. 그것도 경기의 한 부분이다"라고 하였다.

창업의 분야에서도 성공한 창업가에 대해서는 TV나 신문 등에서 크게 다루고 영웅시하면서, 실패를 하면 방만한 경영, 사생활, 자질 등을 거론하면서 비난을 한다. 사실 창업에 실패하였다고 해서 모든 것을 잃은 것은 아니라는 것이다. 오히려 성공했을 경우보다 더 많은 것을 배울 수 있고, 좋은 경험을 할 수 있다.

(7) 능력 위주로 선수를 발굴한다.

지금까지 한국 대표선수들의 선발은 학연 · 지연 등으로 인해 배분하는 경우가 많았고, 선수의 실력이나 자질보다는 유명세에 의존하여 선발한 사례들이 많았다. 하지만, 히딩크는 철저하게 선수들의 능력과 실력 등을 기초로 선수를 선발하였고, 그 결과 세계가 놀랄 만한 성공을 거두었다.

수많은 예비창업자들이 창업아이템을 선정할 때에 창업박람회, 창업설명회,

TV/신문 등의 기사에 지나치게 의존한다. 소위 많이 들어본 아이템들을 유망하다고 신뢰하고 있다는 것이며, 관심 있는 아이템에 대한 수익성, 경제성, 발전 가능성에 대한 철저한 분석을 제대로 하지 않는다.

(8) 12번째 선수의 도움이 절대적으로 필요하다.

히딩크 사단의 성공은 비단 선수들의 능력뿐만 아니라 12번째 선수라고 할 수 있는 '붉은 악마'(Red devil)들의 응원과 한국인들의 절대적인 성원이 있었기 때문에 가능했다는 것이다. 창업에 성공하기 위해서는 최고경영자와 직원들의 노력뿐만 아니라 주변 사람들의 성원이 절대적으로 필요하다. 따라서 창업을 한 후에는 전국적으로 인적 네트워크를 구축하여 효과적으로 활용해야 한다.

(9) 더 뛰어난 팀도 두려워하지 않는다.

한국이 포르투갈, 이탈리아, 스페인 등 우승 후보들을 줄줄이 이겼다. 경기 전에는 대부분의 전문가들도 한국의 승리를 예상하지 않았다. 하지만, 할 수 있다는 자신감과 한번 해 보자는 오기가 승리를 이끌었다는 것이다.

예비창업자의 경우에는 모든 면에 있어서 기존 창업자에 비해 부족하다. 초라한 사무실, 취약한 장비, 적은 자본 등에서 부족함이 많을 것이지만, 반드시 승리한다는 각오로 덤벼야 할 것이다. 지금까지 만난 많은 예비창업자들은 권투경기에서의 눈싸움에서 이미 진 상태에서 경기를 하는 모습을 보여주고 있다는 것이다. 그렇게 하면 제대로 시작도 해보지 못하고 쉽게 주저앉게 될 수도 있다.

(10) 작은 승리에 흥분하지 않는다.

한국이 경기에 이길 때마다 관중은 환호하고, 선수들은 승리의 기쁨을 만끽한다. 하지만, 히딩크는 어느새 운동장을 벗어나 총총히 운동장 밑의 라커룸으로 사라졌다. 오늘의 승리에 만족하지 않겠다는 것이다.

요즈음 일부 창업자의 경우에는 매출이 증가되고, 언론에 유명세를 타면서 지나치게 성공에 도취되는 경우가 있다는 것이다. 투자가 들어오면 새로운 사무실로 이전을 하고, 많은 돈을 들여서 사무실의 인테리어에 관심을 갖기 시작한다는 것이다. 창업은 평생 하는 것이며, 2~3년 하고 그만두지 않는다는 것을 기억할 필요가 있다.

3.2 이런 사람, 창업하지 마라

지난 10년간 창업분야에서 일을 하면서 수많은 예비창업자들을 만났는데, 사소한 것에서부터 준비가 부족하여 아직은 창업을 하지 않았으면 좋겠다는 생각을 갖게 하는 경우를 많이 보게 된다. 물론 이런 것이 뭐 문제가 되겠느냐고 할 수도 있지만, 작은 것에서부터의 준비부족 혹은 미흡한 점이 결정적인 순간에 심각한 문제를 낳을 수도 있다. 그러한 측면에서 다음의 10가지 유형을 스스로 점검해 보는 것이 필요하다고 판단된다.

(1) 유형 1: 창업책 한 권도 읽지 않는 사람

창업을 하겠다고 생각을 하였다면, 우선적으로 창업이론과 실무지식을 갖추는 것이 중요하다. 그러기 위해서는 창업에 관한 책을 구매하여 적어도 2~3번 읽으면서 정리하는 것이 필요하다. 본인이 특정 창업분야 혹은 아이템을 선정했다고 하더라도 창업 전반에 대한 이해가 선행되어야 하는데, 창업책 한 권도 읽지 않다 보니 본인이 알고 있는 제한된 지식만으로 창업 준비를 할 수밖에 없게 된다. 이로 인해 결국은 몇 달도 못 가서 파산하거나 매출이 점점 더 떨어져서 도저히 버틸 수 없는 상황을 맞이하게 되는 것이다.

(2) 유형 2: 창업정보와 창업기사를 읽지 않는 사람

아직도 신문기사 혹은 광고만을 보고 창업행사에 참석하는 사람이 많은데, 이러한 사람들의 대부분은 평소에 창업관련 기사를 읽거나 창업정보의 검색을 거의 하지 않는다는 것이다. 그렇기 때문에 창업시장의 최신동향이나 거시적인 트렌드에 대한 이해가 절대적으로 부족하다는 것이며, 그로 인해 창업아이템 선정단계에서부터 스스로 해결하지 못하고 다른 사람에게 의존하려는 경향이 강하다는 것이다. 때로는 창업트렌드에 전혀 맞지 않는 아이템을 선택할 수도 있다는 것이다.

(3) 유형 3: 무료 창업행사만 쫓아다니는 사람

현재 무료로 진행하고 있는 창업행사들을 보면 대부분 초보적인 이론수준의 행사들이거나 3~4시간으로 진행되는 형식적인 행사들이 많다. 그러한 행사에만 참석하는 사람들을 보면 교재를 무료로 제공하지 않으면 구입조차도 꺼린다. 사실, 몇 시간의 창업교육으로 창업을 준비한다는 것은 거의 불가능하다고 할 수 있는데, 할 수 있다는 것과 안다는 것보다는 잘 할 수 있어야 하고 잘 알아야 한다는 것이다. 그러기 위해서는 한 가지 분야에서라도 적어도 수십시간의 전문교육을 받는 것이 중요할 것이다. 창업을 준비하는 단계에서부터 공짜로 하겠다고 하면, 정작 많은 자금이 투입되어야 하는 시점에서는 아무런 결정도 못하고 결국 기회를 놓칠 수밖에 없게 된다.

(4) 유형 4: 창업상담도 공짜로 받겠다는 사람

소위 말하는 창업전문가에게 몇 마디 물어보거나 잠깐 만나서 창업에 대한 조언을 받겠다는 것은 곤란하다는 것인데, 그렇게 해서는 제대로 컨설팅을 받을 수 없다는 것이다. 아직도 대부분의 예비창업자들은 "창업전문가가 알고 있는 지식을 잠시 말해주는 데 돈까지 지불해야 하느냐?"고 생각하는 경향이 있다는 것이다. 전체 창업자금의 5% 정도로 창업컨설팅 비용을 준비하는 것이 필요하다고 할 수 있다.

(5) 유형 5: 창업단체(커뮤니티) 활동을 하지 않는 사람

창업을 준비함에 있어서는 먼저 창업한 사람들의 경험과 노하우를 벤치마킹하는 것이 중요하다고 할 수 있는데, 그렇게 하기 위해서는 다양한 창업단체 혹은 커뮤니티에 가입해서 활동하는 것이 필요하다. 그러한 창업관련 모임에 가게 되면 정보도 습득하고, 제휴할 기회도 모색할 수 있을 것이다. 또한 창업은 인맥을 활용한 비즈니스라고 할 수 있는데, 성공창업을 하기 위해서는 고객만 알아서는 안 된다. 때로는 언론, 공무원, 경쟁자 등뿐만 아니라 긴급할 때에 도움을 받을 수 있는 다양한 인맥을 구축할 필요가 있다. 하지만, 휴대폰 번호를 알려주는 것조차도 꺼리는 사람, 명함도 없는 사람들의 경우에는 인맥의 형성에 제한적일 수밖에 없다. 인맥은 오프라인뿐만 아니라 온라인에서도 만들어갈 수 있는데, 창업단체(커뮤니티)에 적극 참여함으로써 다양한 분야의 인맥을 구축하도록 노력해야 한다.

(6) 유형 6: 자신의 홈페이지를 운영하지 않는 사람

요즈음 휴대폰이나 이메일 주소가 없는 사람이 없듯이, 이제는 사이버 공간에 자신의 사이트를 갖는 시대가 되었다. 하지만, 대부분의 예비창업자들은 다른 사람의 사이트를 접속하는 데에만 만족하고 있는 실정이다. 사실 웹사이트, 카페(cafe), 블로그(blog), 인터넷쇼핑몰 등을 전혀 운영하지 않고 있는 사람들의 경우에는 사이버 공간에서의 홍보와 마케팅에 감각이 거의 없다고 해도 과언이 아니다. 오프라인에서의 홍보와 마케팅에 비해 온라인 홍보와 마케팅은 비용도 거의 들지 않으면서 장기적인 효과가 있는데, 자신의 홈페이지를 운영하면서 많은 경험과 노하우를 축적할 수 있을 것이다.

(7) 유형 7: 전화 한 통으로 모든 것을 해결하려는 사람

인터넷으로 필요한 정보를 검색하면 되는데, 그저 전화 한 통으로 본인이 원하는 것들을 해결하려는 경우에는 너무 편리함만 추구하는 경우라고 할 수 있다. 창업은 그렇게 내가 원하는 때에 내가 원하는 문제들에 대해 쉽게, 빠르게 준비하거나 해결하려는 생각으로는 할 수가 없는 것이다. 시간이 걸리더라도 때로는 짜증이 나더라도 최대한 자신의 노력으로 해결해 보려는 의지와 자세가 필요하다.

(8) 유형 8: 창업행사에서 엉뚱한 것에 관심을 갖는 사람

창업박람회, 전시회 등에서 개별 아이템에 대해 상담을 하거나 본인이 궁금한 사항에 대해서 알아보기보다는 공짜로 주는 시식회, 무료 상품 혹은 사은품에 더 많은 관심을 갖는 사람들이 많다. 비록 가맹점 계약을 하지 않더라도 다른 회사의 아이템을 분석하고 벤치마킹할 기회로 삼는다면 의외로 많은 정보를 수집할 수 있다. 참가업체의 부스에서 나눠주는 전단지를 받기보다는 간단한 몇 가지의 질문을 함으로써 오히려 더 많은 정보를 얻을 수 있을 것이다.

(9) 유형 9: 컴퓨터와 인터넷 지식이 부족한 사람

모든 창업분야에서 컴퓨터와 인터넷의 활용은 필수적이라고 할 수 있는데, 컴퓨터와 인터넷은 생산성 향상과 경쟁력 강화를 위한 전략적 도구라는 것을 명심해야 한다. 자신이 뛰어들고자 하는 창업분야에서 컴퓨터와 인터넷을 어떻게 활용할 것인가를 생각해 보는 것이 중요하다는 것인데, 선택의 문제가 아니라 무조건 그리고 필수적으로 배워야 하는 것이다. 짧은 기간에 준비해서 몇 년 하고 그만둘 창업이 아니라면, 컴퓨터와 인터넷의 활용을 통해 장기적인 관점에서 준비하고 실천하는 노력이 필요할 것이다.

(10) 유형 10: 부정적인 생각이 많은 사람

창업에 대해서 보고 들은 것은 많지만, 제대로 아는 것이 없는 탓에 어떤 아이템을 제안해도 쉽게 받아들이지는 못하는 사람들이 많다. 자신이 정답을 가지고 있어서 오히려 창업전문가를 설득하려는 사람들이 있는데, 매사에 부정적이다 보니 아무 것도 시작하지 못하는 것이다. 이것은 이래서 안 되고, 저것은 저래서 안 된다는 주장만 펼치다 보니, 다른 사람의 생각을 받아들일 수 있는 여지가 너무 부족한 것이다.

위의 10가지 사항 중에서 본인은 몇 가지에 해당이 되는지를 살펴봐야 할 것이다. 또한 해당이 되는 것이 있다면 교육과 훈련을 통해서, 그리고 생각의 변화를 통해서 고치면 될 것이다. 문제는 자신의 생각은 바꾸지 않으면서, 창업환경을 자신의 생각에 맞게 변화시키려고 하는 태도라고 할 수 있다. 간혹 창업상담을 하다보면 내가 상담을 하는 것이 아니라 상담을 받는다는 느낌을 가질 때가 있듯이, 창업자 자신이 고정된 생각을 갖고 있어 절대로 변화하려는 의지가 없는 경우가 있다. 이러한 사람들은 절대로 창업을 해서는 안 된다. 창업이라는 환경은 점점 더 복잡하게 변화하고 있으며, 이에 유연하게 그러면서도 신속하게 적응하려는 노력과 자세가 필요한 시기라고 할 수 있다.

3.3 이순신에게 배우는 성공창업학 10계명

과거 2004년 9월 4일부터 2005년 8월 28일까지 KBS에서 방송했던 '불멸의 이순신'을 보면, 장수이자 최고경영자(CEO)로서의 자질과 특징들을 발견하게 된다. 성공신화를 꿈꾸며 뛰어든 창업시장에서 개발한 기술과 제품을 제대로 판매도 못한 상태에서 가계도 파산하고 신용불량자로 전락하고 있는 수많은 실패한 창업자들을 보면서, 이순신을 통해 성공창업의 길이 무엇인지 알아보고자 한다.

(1) 계명 1: 경쟁정보를 수집하고 관리한다.

이순신은 전쟁을 하기 전에 탐방선을 이용하여 반드시 일본군에 대한 동태 혹은 정보를 수집하고 철저하게 분석을 하였다. 즉, 지피지기 백전불태(知彼知己百戰不殆)라는 말도 있듯이, 적을 알고 나를 알면 많은 전쟁터에서도 위태롭게 되지 않는다는 것이다. 창업에서도 현재 혹은 잠재적 경쟁자에 대한 정보를 관리할 필요가 있다는 것인데, 생각하지도 않은 곳에서 경쟁자는 존재하고 또한 나타난다는 것을 잊어서는 안 될 것이다.

(2) 계명 2: 조직 구성원간의 역할분담 및 팀워크를 구축한다.

이순신은 부하들의 전문성을 살려서 역할을 분담하고, 신뢰를 바탕으로 팀워크를 구축하였다. 즉, 적재적소의 인사배치를 통해서 개인의 생산성을 극대화시킴과 동시에 상호 긴밀한 협조체계를 구축하도록 하였다. 이를 위해서 거북선의 건조 책임자였던 나대용(羅大用) 등 유능한 인재를 신분을 가리지 않고 선발하여 개인의 장점을 살리도록 하였으며, 부하의 아주 작은 장점이라도 잘 끌어내고 활용해 그것을 전력으로 만들 줄 아는 훌륭한 최고경영자였다.

(3) 계명 3: 차별화를 통해 경쟁력을 극대화한다.

이순신은 부하들의 목숨을 잃으면서도 결국 세계 최초의 돌격용 철갑전선인 거북선이라는 비장의 무기를 건조함으로써 일본군과 차별화를 시켰고, 군선과 군사의 수가 적었음에도 불구하고 울돌목(명량해협) 등 몇 개의 전투에서 바다 물길의 흐름을 효과적으로 이용하여 전력을 극대화시켰다. 즉, 거북선, 바다 물길의 전략적 활용, 한치의 오차도 없는 전략수립 등을 통해 블루오션(blue ocean) 전쟁환경으로 조성함으로써 23전 23승의 신화를 만들어갔다.

(4) 계명 4: 절대로 서두르지 않는다.

이순신은 어렵고 불리한 전쟁환경에서도 냉정함을 잃지 않고 침착하게 대응하도록 하였는데, 1592년 5월 7일에 임진왜란 중 처음으로 출전한 옥포해전을 앞두고 공포심과 전쟁경험 부족을 극복하고 전장에서의 여유와 냉철함을 가질 수 있도록 물령망동 정중여산(勿令妄動 靜重如山, 가벼이 움직이지 말라. 침착하게 태산같이 무거이 행동하라)이라는 말로 부하들을 격려하였다. 또한 선조의 명령을 어기고 목숨이 위태로운 상황에서도 지휘자로서 침착하게 대처하였으며, 완벽하게 준비가 되지 않고서는 결코 전쟁에 나서지 않았다. 요즈음 창업자들이 제대로 준비도 하지 않은 상태에서 많은 돈을 벌겠다는 욕심으로 무턱대고 창업시장에 뛰어 들어 몇 개월도 못 버티고 결국 쓰러지는 것을 보면, 아무리 많은 시간이 들더라도 철저한 계획과 준비가 얼마나 중요한가를 알 수 있다.

(5) 계명 5: 이론과 실무지식을 튼튼히 갖춘다.

군사들에 대한 기초훈련을 혹독하게 함으로써 실전을 대비하였는데, 오합지졸도 훈련을 통해서 강군으로 거듭날 수가 있다는 것을 보여 주었다. 또한 이순신은 최초로 함 대 함전의 함포전술을 고안해 냈는데, 일본군과의 함포전을 예상하고 그에 맞는 전술과 함포사격훈련 및 진법을 구상하였다. 이를 통해서 군사의 수에 있어서는 절대 열세였지만, 전력에 있어서는 강군으로 만들었다. 창업을 준비하는 과정에서도 창업이론과 실무지식을 튼튼히 갖추는 것이 창업실패를 줄이는 최소한의 요건이 될 것인데, 창업서적 1권도 제대로 읽지 않고 그저 직장에서의 경험이나 본인의 현재 여건만으로 창업에 나서는 것은 위험천만하다는 것을 알아야 할 것이다.

(6) 계명 6: 좌절하거나 실패를 두려워하지 않는다.

아버지가 역모사건에 연루되어 과거시험을 비롯하여 삶의 여러 과정에서 실패를 겪었지만 결코 좌절하지 않았다. 또한 칠천량해전 이후 다시 통제사로 돌아왔을 때에 남은 배가 12척밖에 없었지만, “신에게는 아직 12척의 배가 있습니다”(금신전선 상유십이, 今臣戰船 尙有十二)라는 말로 아직은 포기할 때가 아니라고 하였다. 즉, 희망이 조금이라도 남아 있다면, 결코 좌절하거나 포기해서는 안 된다는 것이다. 많은 예비창업자들이 창업 후 일주일만 매출이 떨어지거나 경기가 어렵다는 언론보도만 보고도 실패에 대한 두려움 혹은 알토란 같이 모은 창업자금을 잃지나 않을까 하는 두려움으로 움추러든다면 오히려 더 큰 낭패를 볼 수도 있다는 것이다.

(7) 계명 7: 자신을 믿으며, 끝까지 책임을 다한다.

이순신은 최고경영자로서 자신을 믿으면서, 강력한 리더십으로 일사불란한 지휘체계를 구축하였다. 또한, 1598년 11월 19일 아침, 노량해전에서 전사하는 순간에도 전방급 신물언아사(前方急 愼勿言我死, 싸움이 한창 급하다. 내가 죽었다는 말을 하지 말라)라는 말로 지휘관으로서 마지막까지 책임을 다하려고 노력하였다.

(8) 계명 8: 12번째 선수들을 통해서 심리적으로 안정된 환경을 조성한다.

이순신은 왜선 133척을 전선 12척으로 싸워야 하는 명량해전을 앞두고, 전투력의 절대 열세를 정신력으로 극복하기 위해, 필생즉사 사필즉생(必生卽死 死必卽生, 싸움에 있어 죽고자 하면 반드시 살고 살고자 하면 죽는다)라는 말로서 장수들의 전투의지 분발과 ‘결사구국’의 각오를 통해서 심리적으로 안정된 환경을 조성하기 위해 노력한다. 즉, 축구에서도 12번째 선수(서포터즈)의 도움이 절대적으로 필요하듯이 백성들의 성원과 지원으로 부하들에게도 심리적으로 유리한 환경을 만들었다. 창업에 있어서도 창업자를 둘러싸고 있는 가족, 친지, 지인 등의 심리적인 지원은 창업자에게 자신감을 갖게 한다.

(9) 계명 9: 공과(功過)를 엄격히 구분한다.

아무리 승리한 장수라고 할지라도 과실이 있거나 명령을 어기는 경우에는 그 책임을 반드시 묻는다. 예를 들어, 이순신은 옥포, 합포, 적진포에서 큰 승리를 거뒀지만 진중으로 돌아온 직후, 승리를 자축하기에 앞서 녹도만호 정운(鄭運, 1543-1592)을 곤장부터 친다. 섣부르게 준동하다 아군을 위험에 빠뜨릴 뻔했다는 것이 그 이유이다. 즉, 최고경영자(CEO)는 부하 직원에게 친절하거나 편하게 해 주는 위치에 있기보다는 엄격하게 평가하고 관리하는 위치에 있어야 한다는 것이다.

(10) 계명 10: 부족한 것은 아웃소싱과 전략적 제휴를 통해 해결한다.

이순신은 수군이 안심하고 전쟁을 수행할 수 있도록 권율이 이끄는 육군과 곽재우, 김시민 등이 이끄는 의병이 일본군을 맞이하여 싸우도록 상호 협력하였는데, 이것은 혼자서는 결코 전쟁에서 승리할 수 없다는 것을 알았기 때문이다. 이와 마찬가지로 창업도 모든 것을 갖추고 할 수는 없는 것이며, 설사 경쟁기업이라고 할지라도 전략적 제휴를 통해서 비용은 절감하고 생산성은 높일 수 있다. 초창기 창업자들은 모든 것들을 갖춘 상태에서 창업을 하였으나, 요즈음은 꼭 필요한 것 외에는 아웃소싱(outsourcing)과 전략적 제휴를 통해 조달하는 것이 시간 및 비용절감, 생산성 향상 등을 위해 더 유리하다.

3.4 WBC에서 배우는 사자성어와 성공창업학 10계명

2006년 3월에 개최된 WBC(World Baseball Classic)에서 한국팀의 활약은 강한 인상을 주었다. 대회가 시작되기 전 한국팀에 대한 객관적인 평가에 비해 한국팀은 좋은 성적을 거두었는데, 창업을 준비하는 예비창업자들에게 시사하는 점이 많다.

(1) 계명 1: 기본에 충실할 필요가 있다.

한국팀의 경우를 보면 수비에서 전혀 실책이 없었다. 즉, 전체 야구팀 중에서 가장 기본에 충실한 야구를 하였다는 것이다. 거기에 비하여 미국은 세계 최고수준의 메이저리그 선수들로 구성된 팀으로서 우승은 당연한 것 같이 득의양양한 태도로 경기에 임하다 보니 오히려 결정적인 순간에 실책을 범하는 경우가 많았고, 그로 인해서 마이너리그 더블에이(AA) 수준으로 평가한 한국팀에게도 처참하게 무너지고 말았다. 창업도 마찬가지이다. 창업이론 및 실무지식을 충실하게 쌓고 준비하면 크게 성공하지는 못하더라도 적어도 실패하지 않는 창업은 가능하다. 막연히 준비된 창업자라는 생각만으로 창업에 뛰어들었다가는 몇 개월도 지나지 않아서 문을 닫는 결과를 초래할 수 있는 것이다.

(2) 계명 2: 자신의 위치에서 자신의 일에 충실해야 한다.

제1회 월드베이스볼클래식(WBC)에 출전할 당시에는 8강이 목표였지만, 당초의 기대를 넘어서 4강에 우뚝 섰다. 그것은 개별 선수들이 본인이 해야 하는 일을 충실히 수행하기 때문에 가능했으며, 그 결과 한국 야구 대표팀 선수 중 11명이 무망지복(毋望之福)이라고 할 수 있는 뜻밖의 병역면제 혜택을 받게 되었다. 창업도 마찬가지인데, 쉽게, 공짜로, 그리고 싸게 얻어지는 것은 아무 것도 없다. 자신의 위치에서 자신의 일을 묵묵히 하다 보면 주변에서 도와주는 사람들이 많아지고 결국 뜻밖의 성과를 올릴 수 있는 것이다.

(3) 계명 3: 경험과 노하우를 공유하는 조직문화가 필요하다.

한국은 국내파와 해외파로 구성되어 있었지만, 신구조화(新舊調和)가 잘 되었기 때문에 좋은 성과를 낼 수 있었다. 특히 고참선수들이 솔선수범하면서 젊은 선수들을 이끌었고, 해외파들의 경우에는 자신들의 경험과 노하우를 후배들에게 전수함으로써 아무도 생각하지 못한 4강의 신화를 만들었다. 창업도 마찬가지이다. 조직 구성원들간의 조화, 정보공유를 할 수 있는 지식경영의 도입을 통해서 일사불란한 모습이 필요한 것이다.

(4) 계명 4: 일 자체를 스스로 즐겨야 한다.

미국과 멕시코의 경기 그리고 한국과 일본과의 3차전은 야구 자체를 즐기지 못하고 무조건 이겨야 한다는 강박관념이 어떤 결과로 이어지는가를 잘 보여주고 있다. 창업도 마찬가지이다. 투자자금을 날리면 어떡하나 하는 걱정과 초조함이 결국 실패로 이어질 수 있는 것이다. 자신이 선택한 창업분야를 평생 동안 해야 하는 일이라는 생각을 가져야 하며, 마음의 여유를 갖고 창업 자체를 스스로 즐길 수 있도록 노력해야 할 것이다.

(5) 계명 5: 최고경영자(CEO)로서의 자질과 리더십이 있어야 한다.

선수들에 대한 믿음의 야구, 코치들간의 철저한 역할분담, 대한민국을 대표한다는 선수들의 자신감으로 인해 4강의 신화를 이루었다. 창업을 함에 있어서도 최고경영자, 임원, 직원 등 구성원 모두가 하나되는 신뢰경영이 불가능을 가능하게 하는 원동력이 될 것이다.

(6) 계명 6: 최악의 상황에서도 결코 포기하지 않는 자세가 있어야 한다.

멕시코는 이미 탈락이 확정되었지만, 미국과의 경기에서 마지막까지 분골쇄신의 자세로 최선을 다하는 아름다운 모습을 보여 주었다. 창업도 마찬가지이다. 요즈음처럼 불황이 지속되고 매출이 계속 떨어지더라도 고객의 마음과 생각을 살피면서 최선을 다하는 자세가 필요한 것이다.

(7) 계명 7: 사전에 철저한 조사와 분석이 필요하다.

비록 두 번이나 한국에 패하였지만, 일본은 와신상담의 자세로 한국과의 3번째 경기를 철저하게 대비하였다. 미국이 멕시코에 지는 바람에 기사회생하였지만, 철저한 분석의 야구로 일본이 한국과의 3번째 경기에서는 이겼다. 창업을 준비하는 과정에서 창업환경과 동향, 경쟁자에 대한 철저한 조사와 분석이 필요하며, 이러한 분석결과를 바탕으로 자신의 장점을 극대화할 수 있는 창업전략의 선택이 필요한 것이다.

(8) 계명 8: 조직구성원들간의 팀워크가 있어야 한다.

아무리 개별 선수들이 우수해도 팀워크가 없다면 조직은 사상누각처럼 허무하게 무너진다는 것을 미국팀에서 보았다. 창업도 마찬가지이다. 돈을 많이 들여서 다른 회사의 인재를 스카우트하겠다는 생각보다는 내부 인력에 대해 교육과 훈련을 통해서 자질을 향상시키는 것이 팀워크를 위해서도 훨씬 더 중요한 것이다.

(9) 계명 9: 수단과 방법은 반드시 가려야 한다.

WBC의 경기방식에서부터 그리고 일본과 멕시코와의 경기 등에서 미국은 소탐대실하는 부끄러운 모습을 보여 주었다. 수단과 방법을 가리지 않고서라도 이겨야 하겠다는 생각에 지나치게 집착한 나머지 야구 종주국(suzerain state)을 자처하는 미국은 큰 것을 잃었다. 창업도 마찬가지인데, 창업을 하여 비록 실패를 하더라도 당당할 수 있어야 한다는 것이다. 아름답게 실패를 해야 나중에 재기를 위해 다시 시작할 때에도 주변으로부터 많은 도움을 얻을 수 있는 것이다.

(10) 계명 10: 교만하면 많은 것을 잃을 수 있다.

일본의 이치로 선수와 미국의 윌리스 투수, 미국의 한국 야구수준에 대한 폄하 등에서 보듯이 교만하면 많은 것을 잃을 수 있다는 것을 보여주었다. "한국이 일본을 30년간 이길 생각을 못하게 만들겠다"고 말한 이치로의 말은 삼십년간(三十撚諫, 교만을 부리다 크게 망신당함을 비유하는 말)이라는 사자성어를 만들었으며, "공 50개로 한국 잡겠다"라던 미국 투수 돈트렐 윌리스는 결국 한국에 패하고 말았다. 창업도 마찬가지이다. 매출이 좀 오르고 투사하겠다는 사람들이 여기저기에서 나타나면서 많은 창업자들은 스스로 교만에 빠지는 것을 볼 수 있다. 스스로 성공한 창업자라고 생각하면서 연구개발, 판로개척 등 회사의 일보다는 남들에게 보여주기 위한 엉뚱한 일에 관심을 갖게 되면서 결국 파산하게 되는 것이다.

성공창업학

아무나 창업을 해서도 안 되며 또한 할 수도 없는 것이다. 그야말로 준비된 창업자여야 한다는 것이다. 창업을 하면 무엇을 알아야 하고 무엇을 준비해야 하는지에 대해 꼼꼼하게 생각해 보아야 한다. 그냥 하면 되겠지라고 생각하거나 창업이나 해 볼까라는 생각으로 시작한다는 것은 너무 위험하다. 한국사람을 냄비근성에 비유하는 경우를 이미 알고 있을 것인데, 이러한 성격으로 인해 실패하는 창업자들이 너무 많은 것이 사실이다. 따라서, 창업은 천천히 시작하고, 빠진 것이 없는가를 하나하나 체크하면서 준비를 해야 한다. 시간이 3개월, 6개월, 아니면 1년이 걸리면 어떠한가? 앞으로 30~40년을 가야 하는 길인데, 몇 개월 늦는 것이 무슨 큰 문제가 될 것인가? 아주 어린 시절에 읽은 토끼와 거북이의 경주는 창업을 준비하는 사람들에게 많은 교훈을 주고 있음을 기억해야 한다.

제 3 장

창업의 절차와 고려사항

1. 창업의 절차

창업의 절차를 논하기 전에 한 가지 생각해 보아야 할 것은 본인이 창업을 하기에 필요한 자질을 갖추고 있으며, 창업하고자 하는 업종이 적성이 맞는가 하는 것이다. 그냥 취업이 안 되니까 창업을 하겠다고 나서거나 직장에서 명예퇴직을 하였기 때문에 이제는 창업을 해야겠다고 나서는 것은 곤란하다는 것이다. 즉, 창업자 스스로 판단하기에 창업을 하기에 적합하다고 생각이 되어야 한다는 것이다. 창업자로서 스스로에 대한 확신이 서게 되면 본격적으로 창업을 준비하게 된다.

1.1 중소기업청에서 제시하는 창업의 절차

중소기업청(1999.10, 2002.4)에서는 창업의 과정을 다음과 같이 7단계로 구분하고 있다.

(1) 창업예비분석

자신의 창업자질 및 적성 등을 분석하여 창업을 하는 것이 타당한가를 생각해야 한다. 또한 자신이 갖고 있는 자원이 창업하기에 충분한지 혹은 창업시기가 적당한지를 생각해야 한다는 것이다. 물론 어느 누구도 충분한 자금·기술 등을 갖추고 창업을 하는 것은 아니지만, 부족한 자원을 어떻게 조달할 것이며 충분히 조달할 수 있는지를 생각해야 한다. 또한 창업의 시기는 시장진입에 대한 타이밍으로 생각할 수 있는데, 너무 일찍 시장에 진입을 해도 곤란하고 너무 늦게 뛰어들어도 낭패를 볼 수 있다.

(2) 사업목적의 정의

창업예비분석을 통해 창업을 하기로 결정을 하였으면, 창업하려는 기본적인 목적과 창업방향에 대해 명확하게 해 두어야 한다. 즉, 창업을 통해 달성하려는 것이 무엇인지 혹은 추구하고자 하는 것이 무엇인지를 확실하게 정의해야 하는데, 그것은 창업이념 혹은 미션(mission)으로 표현될 수 있다. 막연히 돈만 많이 벌자는 것을 창업의 목표로 설정하는 것은 재고할 필요가 있다. 돈 그 자체가 목표가 되어서는 곤란하다는 것이다. 자신의 생각, 삶의 철학 등이 창업을 통해 구현될 수 있는 분명한 목표가 설정되어야 할 것이다.

(3) 사업분야의 결정과 사업 아이디어의 모색

사업분야는 바로 창업업종 혹은 창업아이템이라고도 할 수 있으며, 사업 아이디어가 타당성이 있는가를 분석해야 한다. 사업 아이디어를 모색하고 타당성을 분석하기 위해서는 다음과 같은 5가지 기준을 고려할 수 있다.

① 경영할 수 있는 능력

② 시장의 규모와 성장성

③ 자본

④ 기술개발 가능성

⑤ 홍보 및 마케팅 능력

또한 사업 아이디어를 탐색하는 과정에서 창업자는 다음의 조건을 만족시키는 제품을 찾는 것도 필요할 것이다.

① 현재 만족되지 않은 욕구를 만족시킬 수 있는 제품 혹은 서비스

② 공급의 부족을 만족시키는 제품 혹은 서비스

③ 유리한 조건 때문에 기존 상품과 성공적으로 경쟁할 수 있는 제품 혹은 서비스

(4) 사업성 분석

위에서 발견한 사업분야와 아이디어가 사업성이 있는가를 분석하기 위해서는 수익성, 시장성, 기술성뿐만 아니라 공익성도 고려해야 한다. 사실, 초보자의 경우에는 사업성을 분석하는 것이 쉽지 않기 때문에 동일한 사례 혹은 유사한 사례를 벤치마킹(benchmarking)하는 것이 좋을 것이다. 즉, 이미 동일한 혹은 유사한 사업을 하고 있는 사례의 사업성 분석을 통해 자신이 하고자 하는 사업의 사업성을 유추할 수 있다는 것이다. 벤치마킹을 하기 위해서는 성공한 창업자와의 면담, 홈페이지 분서, 현장방문, 관련 자료의 섬색 등의 방법을 이용하면 될 것이다.

(5) 인적 · 물적 자원의 조달과 구성

인적 자원과 물적 자원의 핵심은 창업멤버를 구성하는 일과 창업에 필요한 자금을 조달하는 것이라고 할 수 있다. 특히 자금의 경우에 자기자본과 타인자본으로 구성할 수 있는데, 창업의 초기에 타인자본을 무리하게 조달하는 경우는 피하는 것이 좋다. 즉, 창업초기에는 수익성이 좋지 않은데, 그러한 상태에서 타인자본을 무리하게 빌리면 자금압박을 받게 된다는 것이다.

(6) 사업계획서의 작성과 조직구조의 설정

사업계획서의 중요한 사항으로는 제품계획, 판매계획, 생산 및 설비계획, 일정계획 등의 세부 계획들이 수립되어야 한다는 것이다. 또한 앞에서 확보된 인적 자원을 기업의 주요 기능에 따라 배치하는 것도 필요하다.

(7) 사업개시

모든 준비가 끝났으면 사업을 시작하면 된다. 설사, 사업을 개시하였다 하더라도 얼마나 할 수 있을지에 대해서는 아무도 장담을 할 수가 없다. 한국에서 창업시장은 수명주기가 너무 짧고, 고객들의 취향이 너무 자주 변하는 특징이 있다. 그렇기 때문에 사업을 개시했다고 하더라도 향후 고객의 수요 변화에 따른 신규 수익모델의 추가 혹은 업종전환을 염두에 둔 경영이 필요하다고 할 것이다.

1.2 창업의 8단계 과정

노기엽(2004.2)은 예비창업자가 창업을 준비하는 것에서부터 점포를 오픈하기까지의 전반적인 창업과정을 8단계로 세분하였다.

(1) 기초정보를 수집한다.

예비창업자가 진출하려는 창업시장의 동향을 파악해야 한다. 예를 들어, 김밥전문점 창업을 하려면 점포를 개설하려는 지역에서의 김밥전문점의 수 및 매출현황 등을 조사해야 할 것이다. 기초정보의 수집에서 간과할 수 없는 것은 바로 창업의 추세에 대한 분석 및 이해라고 할 수 있다. 예를 들어, 경제전망, 소비자의 기호 변화, 창업동향 등에 대한 거시적인 시각을 가질 수 있어야 한다는 것이다. 이를 위해서는 경제신문의 구독, 인터넷 검색, 설문조사의 실시 등의 방법이 활용될 수 있을 것인데, 창업의 큰 트렌드를 간과하게 되면 갑작스러운 변화에 적시 대응이 늦게 될 우려가 있다.

(2) 창업계획서를 작성한다.

대부분의 예비창업자들은 유망한 아이템만 있으면 된다고 생각한다. 하지만, 본인이 창업을 하고자 결심을 했다면, 창업계획서의 양식에 의거해서 전체적인 사업계획서를 작성해 볼 필요가 있다. 그렇게 함으로써 무엇이 부족하고 무엇을 더 준비해야 하는지에 대해서 알 수가 있을 것이다. 사실, 창업을 막상 해 보면 미처 예상치 못한 문제들에 부딪치게 되는데, 사업계획서를 꼼꼼하게 작성해 봄으로써 이러한 문제들에 대해 미리 대책을 마련할 수 있다. 사업계획서의 양식은 인터넷 검색을 통해 쉽게 찾을 수 있다.

(3) 창업아이템을 선정한다.

어떤 창업아이템을 선정할 것인가 혹은 어떤 창업아이디어로 창업할 것인가를 생각해야 한다. 즉, 단순히 아이템의 문제가 아니라 어떤 아이디어 혹은 컨셉트(concept)를 가지고 창업할 것인가를 생각해야 한다는 것이다. 예를 들어, 창업아이템으로 돼지고기 삼겹살 전문점을 생각하는 정도로는 안 된다는 것이다. 삼겹살을 어떤 아이디어를 담아서 판매할 것인가를 생각해야 한다는 것이다. 묵은 김치 삼겹살 전문점, 돼지등갈비 전문점, 제주유채 삼겹살, 한방 삼겹살, 녹차 삼겹살 등 다양한 아이디어로 삼겹살이 차별화되고 있다는 것이다.

(4) 사업장을 선정한다.

사업장을 선정할 때에는 사업장이 위치하고 있는 지리적인 요인과 환경적인 요인을 비교·분석하는 작업인 입지선정과 상권분석을 하게 된다. 아직도 부동산중개소에 의뢰하여 점포를 구하는 창업자들이 있는데, 운이 좋아서 좋은 점포를 구할 수는 있겠지만 상권분석 및 입지선정을 반드시 해야 할 것이다.

또한 점포를 구한 후에 무엇을 할 것인가를 생각하는 예비창업자들이 많은데, 무엇을 할 것인가를 생각한 후에 그 아이템 혹은 업종에 맞는 점포를 구해야 한다. 벤처기업의 경우에도 마찬가지이다. 제품을 생산한 후에 판로를 개척하는 것이 아니라, 누구에게 그리고 어떻게 판매할 것인가를 생각하고 판로개척을 한 후에 제품을 생산해야 한다는 것이다. 소위 말하는 "닭이 먼저냐, 달걀이 먼저냐?"하는 논쟁을 하기보다는 창업에서 결정해야 하는 것들의 순서가 틀리면 안 된다는 것이다.

(5) 사업장을 꾸민다.

사업장에 대한 인테리어는 선정된 아이템과 실내 분위기가 조화를 이루도록 해야 하며, 향후 업종의 변경에 대한 고려도 동시에 필요할 것이다. 경기불황이 심할수록 인테리어는 융통성을 가질 수 있도록 하는 것이 좋다는 것인데, 향후 사업변경 혹은 업종전환을 고려한 인테리어의 설계가 필요하다는 것이다.

(6) 현장 실습을 통한 실무교육이 필요하다.

조리실습, 접객요령과 관련한 서비스교육, 사업장 관리방법 등 창업실무에 필요한 교육을 통하여 현장감 있는 실무진행 요령을 터득해야 한다. 외식업을 포함하여 모든 창업분야에서는 체험창업 프로그램을 통해서 일정기간 현장에서 근무를 해 보는 것이 좋을 것이다. 예를 들어, 명함 · 전단지 · 카탈로그 등을 만들어주는 인쇄편의점 창업의 경우에는 실제로 근무를 해 보면서 실제 제품도 만들어 보고 고객에게 영업을 해 보면서 일정기간 경험을 쌓은 후에 창업을 하는 것이 필요하다는 것이다. 이렇게 체험창업을 하다 보면, 본인이 정말 그 아이템에 적성이 맞는지도 확인할 수 있고, 그렇게 함으로써 창업실패에 대한 위험성도 줄이면서 본인이 부족한 부분을 보완할 수 있는 기회도 갖게 된다는 것이다.

(7) 개점 준비를 한다.

개점에 필요한 서류(사업자등록증, 영업허가증 등)를 구비해야 하며, 향후 영업 활성화를 위한 기초전략(판매, 사업장 홍보, 종업원 교육, 이벤트 계획 등)을 수립해야 한다. 개점 준비 또한 고객에게 첫선을 보이는 것으로 생각하여 체계적으로 준비를 해야 한다. 단순히 본인의 생각만 고집하지 말고 전문가의 도움을 받는 것도 좋은데, 개업이벤트 대행업체들의 컨설팅을 받는 것도 좋을 것이다.

(8) 개점한다.

개점을 할 때에는 사전에 철저한 예행연습을 통하여 개점과 관련한 여러 사항들을 점검하고 보완하여 개점에 따른 시행착오를 최소한으로 줄여야 한다. 예를 들어, 음식점의 경우에는 개업 후 일주일 이내의 기간 동안에 고객의 평가를 체크하여 부족한 부분을 신속하게 보완하지 않으면 고객은 다시 재방문을 하지 않을 것이다. 그러한 경우에는 설문조사에 응답한 고객에게는 개업선물을 준비하되, 설문지의 구성은 철저하게 고객의 생각이 담길 수 있도록 해야 한다.

2. 창업과정상의 주요 고려사항

오랜 기간 동안 직장에서 생활을 하다가 막상 창업을 결심하고 나면 준비해야 할 것들이 너무 많은 것이 사실이다. 이러한 경우에는 백지와 연필을 준비하여 하나하나 나열해 보는 것도 좋은 방법이 된다. 창업과정상의 주요 고려사항에 대해서 중소기업청(1999.10, 2002.4)에서는 창업을 준비하는 과정에서 고려해야 할 주요 사항들을 다음과 같이 제시하고 있다.

2.1 창업규모와 형태의 결정

창업에 있어서 사업규모 혹은 창업규모라는 것은 결국 자금과 관련된 사항이라고 할 수 있다. 사업의 규모가 크면 클수록 많은 자금과 인력이 필요하게 되는데, 창업의 초기단계에서부터 무리하게 사업의 규모를 확상하는 것은 매우 위험한 일이라고 할 수 있다. 특히 경기전망이 불확실한 상황일수록 사업의 규모는 경제적으로 가져가야 하며, 최대한으로 고정비의 지출을 줄이도록 하는 것이 필요하다. 일반적으로 사업규모를 결정함에 있어서 고려해야 할 사항들은 다음과 같다.

① 창업하고자 하는 업종이 고려되어야 한다. 즉, 창업하고자 하는 업종에 따라 사업의 규모가 결정될 수 있다는 것이다.

② 취급하고자 하는 제품과 상품을 고려해야 한다.

③ 경쟁자의 사업규모를 고려해야 한다.

④ 자금조달능력의 정도를 고려해야 한다.

⑤ 금융지원 등 각종 정부 지원제도의 선정 가능성을 고려해야 한다.

⑥ 본인의 경영능력을 고려해야 한다.

위에서 언급한 고려사항을 토대로 예비창업자들이 고려할 수 있는 사업의 형태는 대체로 다음과 같이 생각할 수 있다.

(1) 독립점포를 이용한 창업

창업자가 하나 혹은 그 이상의 점포를 직접 구입 혹은 임대하여 창업을 하는 경우를 말한다. 독립점포를 이용하여 창업을 하는 경우에는 업종 및 입지선정, 원재료(혹은 식자재)의 매입, 기타 인력채용 등을 모두 창업자가 부담해야 한다. 사실, 창업에 경험이 있거나 충분히 준비를 한 경우에는 본인이 원하는 형태로 할 수 있다는 장점이 있으나, 초보창업자의 경우에는 독립점포를 이용한 창업은 어느 정도의 위험(risk)이 따르는 방식이라고 할 수 있다.

(2) 프랜차이즈 가맹점 창업

프랜차이즈 본사에서 창업에 대한 제반 사항을 지원 받아서 창업을 하는 경우를 말하는데, 초보자의 경우에 유리한 창업형태라고 할 수 있다. 하지만, 본사가 부실하거나 계약시에 유의하지 않으면 본사에 일방적으로 끌려가게 되는 경우가 많다.

또한 프랜차이즈 본사 창업 후에 5년 이상 수익을 내면서 존속되는 본사가 5~10%도 되지 않는다는 것을 감안하면, 본사만 믿고 창업해서는 안 될 것이다. 즉, 본사는 항상 도산할 수 있고, 그러한 상황이 발생했을 때에 가맹점 자체가 생존할 수 있는가를 생각해야 한다. 이러한 경우 경영 노하우 및 비법 전수, 업종 전환, 새로운 상품 및 서비스의 개발 등을 통하여 계속 존속할 기회를 모색할 수 있을 것이다. 어떻게 보면, 요즈음 국내 프랜차이즈 본사들의 상황이 너무 어려워서 프랜차이즈 형태의 창업을 권하기도 어려운 실정이다. 그렇기 때문에 언론에서 기사를 자주 접했다고 해서 혹은 신문광고를 자주 봤다고 해서 좋은 본사라고 생각해서는 안 된다.

(3) 무점포 재택창업

요즈음은 점포도 없이 집에서 창업을 할 수 있는데, 소호창업(SOHO)의 일종이라고도 할 수 있다. SOHO는 Small Office Home Office의 약어인데, 현재 국내에는 중소기업청에서 인가한 사단법인 한국소호진흥협회(www.sohokorea.or.kr)가 있다. 무점포 재택창업의 경우에는 장애인, 모자가정 등 외부 활동이 쉽지 않은 예비창업자들이 도전하면 좋으며, 창업비용 및 각종 지원서비스 등에서 많은 장점이 있다. 하지만, 수익성은 상대적으로 떨어지는 단점이 있기 때문에 투잡스(two jobs) 형태로 진행하는 것이 좋다. 또한 무점포 재택창업은 본격적인 창업을 하기 전에 일종의 예행연습의 단계로서 활용하는 것도 좋을 것이다.

(4) 온라인창업

온라인창업은 말 그대로 인터넷이라는 사이버 공간에서 창업을 하는 것인데, 인터넷쇼핑몰 혹은 전자상거래가 대표적인 아이템이라고 할 수 있다. 온라인창업은 점포를 기반으로 하는 온라인창업과 무점포 재택형태의 온라인창업으로 구분할 수 있다. 몇 년 전에는 인터넷쇼핑몰과 같은 온라인창업이 상당한 인기가 있었으나, 월 10만원도 벌지 못하는 온라인 창업자들이 대부분이라는 것을 고려할 필요가 있다.

(5) 숍인숍(더부살이) 창업

숍인숍(shop in shop)은 점포 안의 또 다른 점포라는 의미인데, 다른 사람의 점포 안의 공간을 이용하여 창업을 하는 경우를 말한다. 숍인숍은 더부살이 창업이라고도 하지만, 엄격하게 구분되기도 한다. 예를 들어, 대형식당 내에 아이스크림 코너를 운영할 수 있으며, 남성 의류매장 내에 화장품 코너 등을 설치할 수 있다. 사실, 자판기 창업도 대부분 다른 사람의 점포 내부 혹은 외부에 설치하여 운영하기 때문에 숍인숍 창업의 일종이라고 할 수 있다.

(6) 이동형(게릴라형) 창업

이동형 혹은 게릴라형 창업은 말 그대로 한 장소에서 창업을 하는 것이 아니고, 고객이 있는 곳을 이동하면서 판매를 하는 형태를 말한다. 길거리 창업이라고 하는데, 문제는 불법이라는 단점이 있다. 그럼에도 불구하고 이동형 창업은 점포가 필요 없기 때문에 제반 비용이 매우 저렴하며, 고객이 많은 곳을 옮겨 다니면서 창업을 할 수 있다는 장점도 있다. 요즈음은 다양한 형태로 이동형 창업을 지원하는 프랜차이즈 본사들도 많이 생겨나고 있다.

2.2 창업시의 소요자금

창업에 필요한 자금은 점포 개업시까지의 자금과 초기 운영자금으로 크게 구분하여 생각할 수 있다. 또한 창업 전에 필요한 자금과 창업 후에 필요자금으로도 구분할 수 있는데, 점포창업의 형태를 가정한 소요자금은 다음과 같다(중소기업청, 2002.4).

가) 창업 전에 필요한 자금

① 점포구입비용: 권리금, 보증금, 중개수수료 등

② 점포 꾸미기 비용: 내장공사비, 외장공사비, 공기조화기(공조기), 조명공사비, 통신공사비, 간판 등

③ 집기, 비품, 물품: 탁자 · 의자, 케이스, 기계, 설비, 컴퓨터, 사무용품, 차량, 재료비, 초도 물품, 문구, 봉투, 인감 등

④ 광고선전, 개점준비: 판촉물품, 기념품, 전단지, 팜플렛, 광고선전비, 개점 이벤트비용, 인허가 비용, 기타

나) 창업 후에 필요한 자금

① 점포유지비: 월 임차료, 수도광열비, 통신비, 수선유지비

② 인건비: 종업원 급료, 복리후생비 등

③ 재료(상품)비: 재료(상품)비, 외주가공비

④ 영업 제경비: 교재비, 교통비, 운송비 등

⑤ 금융비용: 차입금이자, 리스 또는 렌탈비 등

⑥ 용품: 소모품, 사무용품

⑦ 기타 비용: 보험료, 광고선전비, 잡비 등

위에서 나열한 창업자금은 온라인 관련 비용이 포함되지 않았으며, 최근에는 창업시에 인터넷관련 비용들이 많이 소요된다는 것을 감안할 필요가 있다. 예를 들어, 홈페이지의 제작 및 관리비용, 웹 프로모션(web promotion) 비용 등이 필요하다.

창업과 관련된 비용들은 엑셀(excel) 프로그램을 이용하여 관리하면 편리한데, 선정한 창업분야 혹은 창업아이템에서 중요한 항목부터 나열해 가면서 목

록을 만들어 가는 것이 필요하다. 또한 매월 자금의 지출이 어떻게 변화되는가를 관리하며 자금관리를 해야 한다.

2.3 기업형태의 결정

기업의 형태란 개인기업 혹은 법인기업으로 창업할 것인가를 말하는 것인데, 법인기업은 다시 합명회사, 합자회사, 주식회사, 유한회사의 4가지로 구분된다. 대부분 창업자들은 개인기업의 형태로 창업을 하지만, 향후 투자유치 등을 고려하면 법인으로 창업을 하는 것이 좋다고 할 수 있다.

(1) 합명회사

합명회사(合名會社, partnership)란 2인 이상의 무한책임사원으로만 구성된 회사를 말한다. 무한책임사원이란 회사의 모든 채무에 내하여 연대하여 무한책임을 짐으로써 경영에 직접 참여하는 사원을 말한다. 2인 이상의 사원이 정관을 공동으로 작성해야 하며, 총사원이 기명날인해야 한다.

(2) 합자회사

합자회사(合資會社, limited partnership)란 무한책임사원과 유한책임사원으로 구성된 회사를 말한다. 유한책임사원이란 출자액의 한도에서만 회사의 채무에 대한 책임을 지며, 경영에 직접 참여하지 않는 사원을 말한다. 합자회사는 정관 작성과 설립등기시에 합명회사의 규정에 준하되 각 사원의 무한책임과 유한책임 여부를 구분하여 설립등기를 해야 한다.

(3) 유한회사

유한회사(有限會社, private company)란 출자액의 한도 내에서 회사의 채무에 대한 변제책임을 지는 유한책임사원으로 구성된 회사를 말한다. 출자 1좌의 금액은 100원 이상으로 균일하여야 한다. 유한회사를 설립함에는 사원이 정관을 작성해야 하며, 각 사원이 기명날인 또는 서명해야 한다. 정관은 공증인의 공증을 받은 것만이 효력을 지닌다. 정관에 이사 선임에 대한 내용이 없는 경우는 회사설립 이전에 사원총회를 통하여 이사를 선임해야 한다. 유한회사는 자본의 납입이 완료된 후 2주일 이내에 관할 사업등기소에 설립등기를 해야 한다.

(4) 주식회사

주식회사(株式會社, company limited by shares)는 대규모 기업의 설립시 필요한 자본을 조달하고, 소유와 경영이 분리된 효율적인 기업활동을 하기 위한 법인체이다. 주식회사는 유한책임을 지는 주주, 자본의 증권화, 소유와 경영의 분리를 특징으로 한다. 이러한 주식회사는 국내 법인형태의 대부분을 차지하고 있다.

한편, 개인기업과 법인기업의 장단점은 [표 3-1]과 같다. 창업자가 개인기업으로 할 것인가 아니면 법인기업으로 할 것인가를 결정할 때에 고려해야 할 사항 중의 하나는 바로 투자에 대한 것이다. 즉, 향후 투자유치를 원할 때에는 개인기업보다는 법인기업 형태로 설립하는 것이 유리하다. 하지만, 투자를 유치하는 순간에 주식의 일부는 투자가에게 넘어가게 되고 그들이 실질적으로 경영에 참여 혹은 간섭을 하게 된다는 점을 유의해야 한다. 국내에서도 벤처기업들이 분쟁이 발생하여 회사가 파산하거나 분리되는 사례를 많이 볼 수 있는데, 이것은 투자유치 과정에서의 지분 및 경영권이 그 원인의 중심에 있다고 할 것이다.

표 3-1 개인기업과 법인기업(주식회사)의 장·단점

	장 점	단 점
개인기업	• 이윤을 기업주가 독점 • 설립 용이 • 적은 자금 소요 • 신속한 의사결정 • 영업상 비밀유지 가능 • 인적 관계 긴밀	• 기업주의 무한책임 • 기업 영속성 부족 • 자본조달능력의 한계 • 경영능력의 한계 • 납세상 불리
법인기업	• 대자본 조달 용이 • 주주의 유한책임 • 주식의 양도·매입 자유 • 소유와 경영의 분리 • 높은 공신력	• 설립절차의 복잡 • 대표자의 이윤 축소 • 의사결정의 지연 • 주주간의 대립 우려

자료: 중소기업청(1999.10).

2.4 창업멤버 · 인원의 구성

나홀로 창업자가 아니라면 당연히 기업의 운영에 필요한 인력을 확보해야 한다. 사실, 창업기업은 창업자의 능력도 중요하지만, 창업지기 기업의 구성원이라고 할 수 있는 직원들과 얼마나 팀워크를 맞추는가 하는 것이 매우 중요하다. 이러한 창업멤버 및 인원을 구성하는 것은 어떠한 방식으로 창업을 하느냐에 따라 달라진다.

① 한 사람이 1인기업으로 시작

② 한 사람의 사업아이디어 발안 및 주도하에 동료를 규합

③ 여러 명이 공통된 아이디어 경험 및 친분을 바탕으로 팀을 형성

④ 가족들이 참여하여 멤버를 구성

즉, 창업과정의 방식에 따라 정규인력, 임시 및 아르바이트, 가족 등의 참여형태가 결정되게 된다는 것이다. 특히 재택 및 무점포 형태로 창업을 하는 경우에는 1인기업으로 시작을 하지만, 가족들의 참여와 지원이 절대적으로 필요할 것이다.

2.5 경영기능의 습득

창업을 하고 난 후에 기업을 효과적으로 운영하기 위해서는 다양한 경영지식과 기능을 필요로 하는데, 이러한 것들은 교육훈련을 통해 충분히 얻을 수도 있다. 경영지식 및 기능을 습득할 수 있는 다양한 방법들은 다음과 같다.

① 업계의 전문지 혹은 전문서적을 읽는다. 예를 들어, 창업 혹은 프랜차이즈에 종사하는 사람이라면 창업 전문서적을 구독해서 읽을 필요가 있다는 것이다.

② 기존 점포의 관리방식을 눈여겨본다. 즉, 장사를 잘 하고 있는 점포를 벤치마킹(benchmarking)하라는 것이다.

③ 현재 운영자의 실제 경험을 청취한다. 이미 동일하거나 유사한 업종에서 창업을 하고 있는 사람들을 직접 만나서 창업과정상의 애로 혹은 경험담을 들어보는 것도 필요하다.

④ 미리 실제 경험을 쌓는 기회를 갖는다. 창업을 하고자 하는 업종에 아르바이트 혹은 견습생의 형태로 취직하여 경험을 쌓는 것이 매우 중요하다.

⑤ 경영에 필요한 실무교육 혹은 워크숍에 참여하는 것도 필요할 것이다.

⑥ 종사하고 있는 업종 관련 단체 혹은 커뮤니티에 참여해서 배우면 된다. 현재 국내에서는 창업관련 커뮤니티가 활성화되어 있는데, 자주 그리고 적극적으로 참여하면 많은 것을 배울 수 있다.

3. 사업자등록 및 회사설립

예비창업자가 창업을 하는 경우에는 대략 개인기업으로 창업을 하거나 여러 사람이 출자하는 법인기업으로 창업을 하게 된다. 사실, 처음 창업을 하면서 법인기업으로 하는 것은 쉽지 않으며, 우선 개인기업으로 창업을 하여 어느 정도 시간이 경과하고 성과가 나타나면 법인으로 전환을 해도 무방할 것이다.

또한 사업자등록에 대한 준비는 어려운 것은 아니지만, 이제 막 창업을 준비하는 사람에게는 좀 까다롭고 귀찮은 작업임에 틀림이 없다. 이러한 경우에는 법무사, 세무사 및 공인회계사의 도움을 받으면 편리하다. 즉, 회사의 운영과 관련하여 담당 법무사, 세무사 혹은 공인회계사, 변리사를 지정해 두면, 회사경영에 필요한 다양한 업무에 대한 지속적인 도움을 받을 수 있다.

3.1 개인기업의 창업절차

개인기업은 개인이 출자자인 동시에 경영자로 직접 기업을 운영하는 형태로서 사업 활동에 대한 모든 권리·의무의 법률효과가 전부 대표자 개인에게 귀속된다. 따라서, 개인기업을 창업하는 데는 별도의 상업등기절차가 필요 없으므로 사업장을 갖추고 사업장 소재지의 관할세무서에 사업자등록을 신청하여 영업을 개시하면 된다. 다만, 영위하고자 하는 업종이 법령에 의한 허가사업인 경우에는 사업자등록 신청 전에 사업허가증을 발급 받아야 한다.

개인기업의 사업자등록은 다음과 같이 신청하면 된다. 먼저 사업장이 확보되고 소관 관청으로부터 사업허가증이 나오면 소정의 서류를 갖추어 본인의 사업장소재지 관할세무서에 사업자등록을 신청하면 되고, 등록증은 신청일로부터 3일 이내에 교부 받게 된다. 사업자등록 신청기한은 사업 개시일로부터 20일 이내이며, 필요한 경우 사업개시 전에도 사업자등록을 신청할 수 있다. 사업자등록증 신청서류는 다음과 같다.

① 사업자등록신청서 1부

② 사업허가증 사본 1부(약국, 음식점, 개인택시 등 법령에 의한 허가 혹은 등록을 해야 하는 사업의 경우)

③ 주민등록등본 1부

④ 임대차계약서 사본 1부

사업자등록신청서에 기재할 사항으로는 인적 사항과 사업의 종류(업태, 종목 등), 개업일, 종업원 수 등과 사업장 명세(자가, 타가 및 임대인 명세, 임차료 지급사항), 부가세 과세유형(일반과세자, 간이과세자) 등을 기재하여야 한다. 사업자등록신청서 기재 사항에 있어서 업태 및 종목의 구분은 향후 부가가치세 신고 및 종합소득신고시 세액의 결정에 영향을 줄 수 있으므로 본인이 영위하는 사업이 어떤 업종, 어떤 종목에 속하는지를 면밀히 검토하는 것이 좋다. 이 부분에 대해서는 세무서에서 상담을 받으면 된다. 또한 일반과세자로 할 것인지 아니면 간이과세자로 할 것인지에 대해서도 본인이 영위하고자 하는 사업의 종류 및 형태와 연간 공급대가(부가가치세액을 포함한 금액) 예상액을 고려하여 부가가치세 과세유형을 적용하여야 할 것이다.

한편, 현재 한국에서는 2004년 7월 1일부터 개인사업자의 사업규모에 따라 부가가치세 과세유형이 전환되는 제도를 실시하고 있는데(연합뉴스, 2004.6.14), 지난해 연간 매출액이 4천 800만원에 미달한 사업자는 일반과세자에서 간이과세자로 전환시키고, 지난해 매출액이 4천 800만원을 넘은 사업자들은 간이과세자에서 일반과세자로 변경시키고 있다. 이에 따라, 기존 간이과세자에 대해서는 업종별 부가가치율에 따라 매출액 대비 2~4%의 세율이 적용되지만, 일반과세자가 되면 세율이 10%로 높아지고 세금계산서 교부도 의무화된다. 이러한 방침에 따라 해당 사업자에 대해서는 과세유형전환 통지서를 발송하고 있다.

간이과세자와 일반과세자 간의 차이는 [표 3-2]에 요약되어 있다.

표 3-2 간이과세자와 일반과세자의 차이

	간이과세자	일반과세자
적용	연간 공급대가가 4,800만원 미만인 사업장	연간 공급대가가 4,800만원 이상인 사업장
배제항목	있음	없음
세금계산서	교부할 수 없음	교부 가능
환급 여부	환급 안 됨	환급 가능
면제대상	6개월간 공급대가가 1,200만원 미만(부가가치세 면제)	면제대상 없음
기장의무	면제됨	있음
일반적 규모	소규모 사업자	소규모를 제외한 사업자

3.2 법인기업의 창업절차

법인기업은 개인기업과는 달리 법인 그 자체가 독립된 인격체로 모든 권리와 의무의 주체가 되는 형태의 회사를 말한다. 따라서, 법인을 설립하기 위해서는 회사의 실체를 구성하는 절차를 거쳐 최종적으로 관할 법원에 설립등기를 함으로써 그 효력이 발생하게 된다. 주식회사의 경우에 법인설립 과정을 좀 더 구체적으로 살펴보면, 발기인을 구성하여 정관을 작성하고 공증을 받은 다음에 주식발행 사항과 관련된 여러 가지 회사 실체 구성절차를 거치게 된다. 법인설립 절차는 개인기업 창업과는 달리 그 절차가 다소 복잡하기 때문에, 대부분은 법무사, 변호사 혹은 공인회계사 사무실에 설립절차 대행을 의뢰하게 되는데, 이 경우 회사에서 사전에 준비할 서류와 소요비용을 보면 다음과 같다.

첫째, 회사에서 준비할 서류는 다음과 같다.

① 회사설립사항 명세서(상호, 본점소재지, 사업목적, 자본금 등)

② 발기인 인적 사항 및 주식인수사항

③ 이사, 감사 인적 사항

④ 인감증명서 및 주민등록등본(발기인, 이사, 감사 등)

⑤ 주주납입증명서

둘째, 법인설립시 소요되는 비용으로는 세금(등록세, 지방교육세)과 채권매입 비용 및 기타 부대비용(공증인의 인증료, 법무사 수수료, 기타 제세금과 실비 상당액 등)이 들게 되는데, 이들 비용 중 가장 많은 부분이 세금으로 지출된다. 법인설립시 부과되는 세금은 지방세에 속하는 등록세 및 지방교육세로서 이 세금은 설립등기 과정에서 본점소재지 관할 시군구에 납부하여야 하는데, 기본세율은 등록세가 자본금의 0.4%, 지방교육세는 등록세의 20%이며, 이를 합한 총세금은 자본금의 0.48%에 해당한다.

셋째, 등록세가 3배 중과되는 경우가 있다. 등록세가 3배 중과되는 경우란 서울특별시를 포함한 수도권(일부지역 제외)에서 법인을 설립하는 경우를 말한다. 따라서 본인이 법인을 설립하고자 하는 지역이 수도권에 해당되는지를 사전에 검토하는 것이 좋다. 법인설립지가 수도권이라 할지라도 업종이 지방세법상 등록세 중과규정 적용이 배제되는 경우에는 등록세가 기본세율만 적용된다.

넷째, 법인기업의 사업자등록 신청은 다음과 같이 하면 된다. 소정의 절차에 따라 법인을 설립하여 설립등기가 완료되면, 사업장소재지 관할세무서에 다음 서류를 갖추어 사업자등록 신청을 하여야 한다. 다만, 영위하고자 하는 사업이 법령에 의한 허가사업의 경우에는 사업자등록 신청 전에 사업허가증을 발급 받아야 한다.

① 법인설립신고 및 사업자등록신청서(소정양식)
② 법인등기부등본 1부
③ 정관사본 1부
④ 개시 대차대조표 1부
⑤ 주주 또는 출자자 명세서 1부
⑥ 현물출자명세서(현물출자시)
⑦ 사업허가증 사본(법령에 의한 허가사업의 경우)

이렇게 법인기업의 경우에는 개인기업과는 달리 설립절차가 복잡한 것이 사실이다. 먼저 법인을 설립한 다음에 사업자등록을 해야 하는데, 개인창업자가 모든 업무를 처리하기에는 시간이 많이 소요되고 각종 서류를 만들어야 한다. 그렇기 때문에 법인설립은 법무사, 세무사, 공인회계사, 변호사 등의 도움을 받는 것이 좋다.

성공창업학

길이 멀다고 해서 돌아갈 생각은 하지 말아야 하며, 무작정 지름길만 찾아서도 안 된다. 많은 예비창업자들은 여러 가지의 이유를 대면서 소위 말하는 창업전문가의 도움부터 요청하는 경우가 많다. 본인이 하나하나 체크하고 준비해야 하는데, 창업책 한 권도 읽지 않다 보니 무엇을 준비해야 하는지를 알 턱이 없다. 조금만 준비해도 알 수 있는 것을 일단 전화기 다이얼을 돌려서 말 한마디로 손쉽게 해결하려 한다는 것이다. 요즈음은 인터넷 검색만 해도 본인이 원하는 정보를 쉽게 찾을 수 있는데, 뭐가 그리도 급해서 다른 사람의 도움으로 한번에 모든 것을 해결하려는지 알 수가 없다는 것이다. 창업은 처음부터 끝까지 창업자가 모든 것을 책임지고 챙겨가야 하는 것인데, 창업을 준비하는 단계에서부터 너무 많은 것을 다른 사람에게 의지하려는 마음은 버려야 하는 것이다.

제 4 장

사업타당성 분석과 사업계획서 작성

1. 사업타당성 분석

1.1 사업타당성 분석의 의의

사업타당성 분석이란 사업을 시행하기 이전에 특정 사업의 성공가능성에 대한 정보를 파악하기 위해 사업추진능력, 기술성, 시장성, 경제성, 위험정도 등을 분석하고 평가하는 총체적인 과정을 말한다. 즉, 사업타당성 분석은 특정 사업을 추진하는 내부주체 또는 그 사업의 투·융자와 관련되는 외부관계자가 사업주체의 사업추진능력, 제품의 생산과 판매에 따르는 제반의 기술적인 문제, 시장조사와 판매가능수요의 예측, 손익추정 및 경제성 등에 관한 정보를 입수하기 위해서 행하는 일련의 활동을 말한다(중소기업지식나눔터, www.digitalsme.com).

사업타당성 분석을 필요로 하는 집단은 다양하지만 크게 두 유형으로 나누어 볼 수 있다. 하나는 직접 사업의 주체가 되는 창업자 또는 새로운 사업을 계획하고 있는 기존사업자이며, 다른 하나는 사업의 주체는 아니지만 사업에 필요한 자본을 투·융자하거나 정부의 예산을 배분해야 할 입장에 있는 금융기관과 정부기관 등이다. 전자를 내적 사업성분석, 후자를 외적 사업성검토라 할 수 있는데, 이들 평가주체들은 모두 특정 사업의 성공가능성에 대한 정보를 필요로 하기 때문에 사업성검토에 관한 강한 필요성을 갖게 된다.

내적 사업성검토는 창업자 또는 기존사업자의 입장에서 계획하고 있는 사업을 추진하는 데 있어서 제기되는 제반의 문제와 위험요소를 사전에 점검해 보고, 계획 중인 사업이 수익성 있는 해볼 만한 사업인지를 확인하려는 데 기본적인 관심이 놓여진다. 이에 반하여, 외적 사업성검토는 계획사업에 투·융자된 원금과 이자가 차질 없이 회수될 수 있을 만큼 충분히 경제적인 사업인지 또는 국가자원의 효율적인 배분에 기여할 수 있는 사업내용인지를 확인하려는 데 기본관심을 두게 된다.

1.2 사업타당성 분석의 중요성

자본주의경제가 발전하고 산업화가 진전되면 될수록 사업성분석의 문제는 경영의 주요 과제로 등장하게 된다. 따라서 현대 기업경영에서 사업성분석 능력은 기술, 자본, 정보 등과 같이 기업 성패의 핵심요인으로 되고 있다. 이는 최근의 경영환경에서 사업성분석의 필요성이 그만큼 커지고 있는데, 사업성분석이 다음과 같은 중요성을 갖고 있기 때문이다.

첫째, 살아 숨쉬는 생물과도 같이 변화하는 환경에 적응하지 못하면 기업은 생명을 유지할 수 없기 때문에 변화된 시장환경에 적응하기 위한 노력을 계속해야 한다. 기존 제품의 생산을 확대하거나 시장을 확장해야 하고, 소비자의 변화된 욕구에 부응할 수 있는 신기술과 신제품을 개발해야 한다. 그리고 부단히 새로운 시장을 개척해야 하며, 새로운 사업분야를 추가해 다각화를 추진해야 한다. 그러나 이러한 모든 행위에는 필연코 자본, 인력 등의 희생이 따르게 마련이다. 그리고 그 결과가 반드시 기업에게 유리한 것으로만 나타나는 것이 아니므로, 이를 시행하기 전에 면밀한 분석이 요망되는 것이다.

둘째, 창업이나 신규투자에는 대부분 거대한 자본의 희생이 따르게 마련이다. 이러한 희생은 반드시 상응하는 보상이 전제될 때 정당화되는 것이다. 만약 잘못된 사업성 분석이나 주먹구구식 투자로 인해 거대한 자본이 회수 불가능하게 된다면 개인이나 사회 전체적으로 볼 때 큰 손실이 아닐 수 없다. 따라서 창업이나 신규투자에 앞서 반드시 그 성공가능성에 대한 다각적인 분석이 필요하게 된다. 분석된 정보에 의해 가능성이 낮은 투자를 회피함으로써 성공할 수 있는 확률을 높일 수 있기 때문이다.

셋째, 사업성 분석에서 얻은 정보는 사업을 추진하는 주체가 지니고 있는 약점을 보완하고 미래의 위험상황에 대비할 수 있도록 하는 전략정보로 이용될 수 있다. 예를 들어 그런대로 수익성은 있으나 기술, 경쟁력, 자금 등이 경쟁기업에 비해 취약하다는 분석정보를 입수했다면 향후 무엇을 집중적으로 보완해야 할 것인지가 보다 분명해진다.

넷째, 사업성 분석을 통해서 사업을 계속할 것인지 아니면 포기할 것인지를 결정할 수가 있다. 포기도 대안 중의 하나이며, 포기는 빠를수록 좋다는 것이다. 실패한 창업자들을 살펴보면, 특정 사업을 포기해야 할 시점을 놓쳐서 낭패를 보는 경우가 많다.

요약하면, 사업타당성 분석은 창업자가 생각한 창업분야 혹은 창업아이템으로 장업을 하기 전에 반드시 실시해야 하는 것이며, 주관적인 판단보다는 객관적인 기준에 의거하여 실시해야 한다. 또한 창업자 혼자보다는 외부 창업전문가들의 도움을 받아서 분석하는 것도 좋을 것이다.

1.3 사업타당성 분석의 기본체계

사업타당성 분석은 크게 나누어 1단계 사업성 분석(예비사업성 분석)과 2단계 사업성 분석으로 나누어 볼 수 있다. 예비사업성 분석은 소수의 특정 프로젝트 선정 전에 다수의 예비 프로젝트를 선별해 가는 과정이라 볼 수 있다. 예비사업성 분석은 후보사업 아이디어의 발견, 예비사업성 분석 및 후보사업 아이디어의 1차 선정으로 이어진다.

제2단계 사업타당성 분석은 예비사업성 분석에서 1차적으로 선정된 후보사업 아이디어의 상세한 분석, 즉 아이템 적응성 분석, 시장성 및 판매전망 분석, 제품 및 기술성 분석, 수익성 및 경제성 분석, 국민경제적 분석, 공익성 분석 등을 통해 사업 성공가능성을 확인하는 과정이라 볼 수 있다.

그림 4-1 **사업타당성 분석의 기본절차**

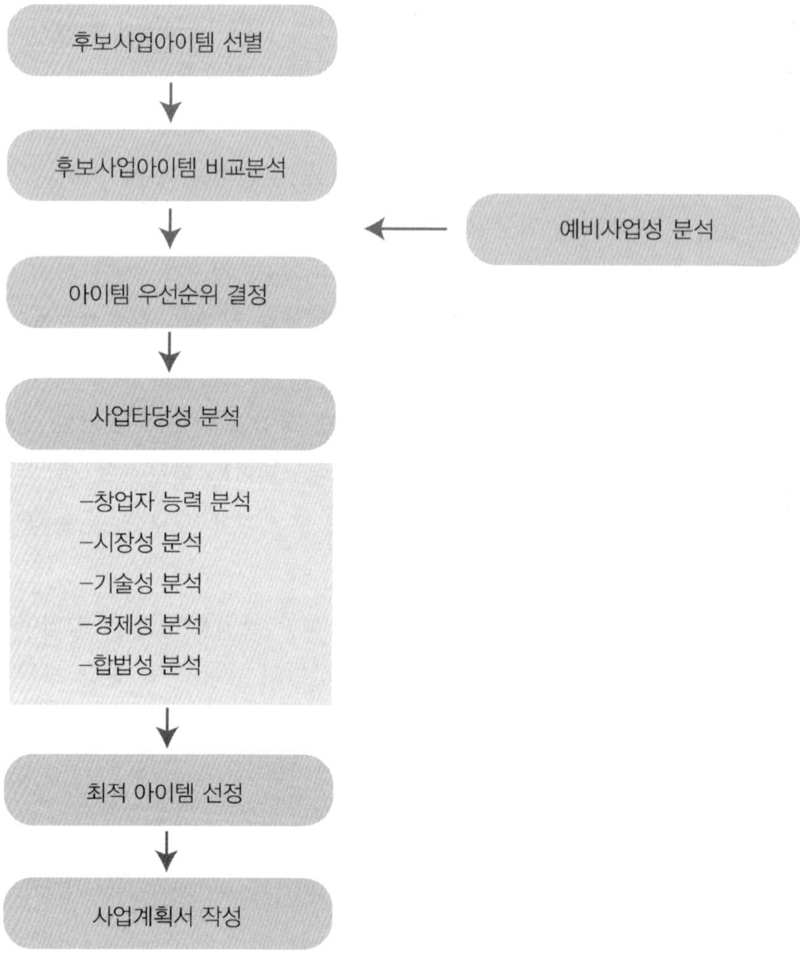

자료: 중소기업정보은행(www.digitalsme.com).

[그림 4-1]에서는 중소기업정보은행이 제시한 사업타당성 분석의 기본절차를 보여주고 있는데, 문제는 후보 사업아이템을 어떻게 비교 분석할 것인가 하는 것이다. 즉, 비교할 항목을 무엇으로 할 것인가 하는 것인데, 창업비용, 본사지원, 상품 및 서비스의 가격 등이 가능할 것이다. 사업타당성 분석 역시 정성적(qualitative)인 평가항목과 정량적(quantitative)인 평가항목으로 세분할 필요가 있다.

그런데, 이렇게 평가항목의 수 및 평가방법에 따라서 평가결과에 상당한 영향을 미치게 되는데, 이러한 경우에는 전문가들의 도움을 받는 것이 필요할 것이다. 많은 예비창업자들이 합리적인 평가절차를 거치지 않고, 소위 말하는 생각 혹은 느낌만으로 결정을 하는 경우가 많다는 것이다.

1.4 사업타당성 평가요소

사업성 평가요소란 사업타당성 분석을 위해 분석해 보아야 할 항목을 말하며, 이는 사업타당성 분석 목적에 따라 해당 항목에 약간의 차이가 있다. 엄격하게 말하면 어떤 목적으로 사업타당성 분석을 하느냐에 따라 사업성 평가의 요소와 요소별 가중치가 달라질 수 있음을 의미한다. 그러나 근본적으로 사업의 성공가능성을 분석한다는 목적은 같은 것이며, 결국 이 평가항목의 차이란 사업성평가 각 요소의 차이라기보다는 어느 정도 심층적인 사업성 분석이 가능한가로 생각할 수 있는 측면도 있다.

가) 계획사업의 성공가능성을 체계적이고 합리적으로 분석, 평가하기 위한 사업성 평가항목은 일반적으로 다음과 같다.

① 창업자의 사업 수행능력 평가: 기업가로서의 적성과 자질(장단점 파악), 창업자의 경험과 경력 그리고 이것에 의한 업종선택의 적합성 등을 분석한다.

② 시장성 분석: 시장의 특성 및 구조, 잠재수요, 유통경로, 판매시장 환경, 경쟁상태, 시장진입 가능성 및 중장기적인 수급전망 등을 분석한다.

③ 기술성 분석: 제품의 기술수준, 품질·성능 분석, 생산시설 계획, 기술 및 기능인력 확보 등을 분석한다.

④ 경제성(수익성) 평가: 수익전망, 소요자금의 규모 및 조달가능성, 자금운용계획, 사업의 위협요소, 성장가능성 등을 분석한다.

⑤ 법률적 평가: 법률적으로 문제가 없는지를 분석한다.

나) 중소기업청(1999.10, 2002.4)에서는 사업타당성 분석을 위한 요소로 다음과 같이 제시하고 있다.

① 시장의 규모 및 시장개척 가능성: 창업자는 현재뿐만 아니라 미래의 시장 확보 가능성을 고려해야 한다. 시장의 규모와 잠재성은 어떠한지, 시장 경쟁에서 성공할 가능성은 어느 정도인가를 반드시 파악할 필요가 있다.

② 제품 및 기술개발 가능성: 초창기 벤처의 경우에는 제품 혹은 기술개발 가능성이 매우 중요한 요소라고 인식이 되었지만, 아웃소싱을 활용한다면 직접 개발하지 않아도 창업이 가능하다. 다만, 아웃소싱(outsourcing)을 하는 경우에는 제품 혹은 기술개발과 관련된 중요한 정보가 유출될 수가 있다는 것을 고려해야 한다.

③ 수익성 및 자금조달 가능성: 창업을 통해 적정한 수익률과 현금 흐름을 보장받게 될 것인가를 고려한다. 또한 필요한 시설 및 운전자금의 확보와 계속적인 자금수지 예상을 사업성 검토에서 실시해야 한다.

④ 기타: 창업자의 사업수행 능력, 장기적인 관점에서의 경영환경 및 시장추이 전망, 소비패턴, 경제상황, 국내외 경제동향에 대한 분석도 필요하다.

다) 위에서 언급한 사업타당성 분석의 절차 및 요소를 보면, 사업타당성 분석이 얼마나 힘들고 많은 시간이 소요될 수 있는가를 알 수 있다. 하지만, 대부분의 예비창업자들은 이러한 절차를 제대로 준수하지 않겠다는 생각이 많으며, 소위 말하는 유명 창업전문가들에게 아이템을 하나 얻겠다는 생각을 한다는 것이다. 아무런 노력이 없이 그저 얻어지는 것이 없는 법인데, 너무 급하게 생각하고 판단하여 쉽게 창업하려는 마음들을 버렸으면 좋겠다. 마지막 호흡의 순간까지 해야 하는 일로 생각하고 창업할 것이라는 생각을 가지게 되면, 위험도 줄일 수 있고 하나하나 다지면서 갈 수 있을 것이다.

2. 사업계획서의 이해

사업에 대한 타당성이 인정되면 그 다음에는 사업계획서를 작성해야 한다. 그런데, 많은 예비창업자들은 본인이 생각해서 작성하면 되겠지 하는 판단만으로 사업계획서를 작성하는 경우가 많다는 것이다. 그렇게 되면 부실한 사업계획서가 될 수밖에 없고, 그것은 바로 부실한 사업으로 이어지게 된다. 또한 일부 예비창업자들의 경우에는 어디 부탁해서 사업계획서를 만들 수는 없느냐 하는 질문을 하는 경우도 있다. 사업계획서는 자신의 생각과 창업의 철학을 담아야 하는 것임을 잊지 말아야 한다.

2.1 사업계획서의 필요성과 목적

사업계획서(business plan document)는 사업의 내용, 경영방침, 기술문제, 시장성 및 판매전망, 수익성, 소요자금 조달 및 운영계획, 인력 충원계획 등을 정리한 서류를 말한다(중소기업청, 2002.4). 창업에 있어서 사업계획서의 필요성 혹은 목적은 다음과 같이 설명할 수 있다.

① 계획적인 창업을 가능케 하여 사업성공의 가능성을 높여 준다.

② 창업준비기간을 단축시켜 준다.

③ 창업에 도움을 줄 수 있는 외부인 및 기관에 창업내용을 쉽게 설명할 수 있다.

④ 투자유치를 위해 활용할 수 있다.

⑤ 창업과정 중의 시행착오를 줄여준다.

또한 최재희(2003)는 사업계획서가 필요한 이유를 다음과 같이 설명하고 있다.

① 사업계획서는 체계적인 사업준비를 하는 데 유리하다.

② 사업성공 가능성을 높여 준다.

③ 사업계획서는 자본조달수단이다.

④ 점포경영의 지침서다.

⑤ 사업계획서는 경영자의 인격이다.

위에서 사업계획서는 '경영자의 인격이다'라는 구절을 잘 생각할 필요가 있다. 너무 부풀려져 있고 과장된 사업계획서는 결국 드러나게 된다는 것이며, 창업자에 대한 신뢰성에 치명적인 상처를 줄 수 있음을 유념해야 한다. 우선 사업에 선정되기 위해서 아니면 자금을 유치하기 위해서 사실에 바탕을 두지 않은 사업계획서를 제출하게 되면, 나중에는 더 큰 문제로 부메랑이 되어 돌아온다는 것이다.

한편, 육외수(2004)는 사업계획서의 목적 혹은 용도를 대내적 용도와 대외적 용도로 구분하여 설명하고 있다. 대내적 용도는 창업자 자신을 위해서 필요함과 동시에 가족의 동의를 얻기 위해 필요하다는 것이다. 또한 대외적 용도는 자금을 조달하기 위하여 그리고 수요자나 공급자의 신용확보를 위해서 필요하다는 것이다.

아직도 대부분의 예비창업자들은 사업계획서 한 번도 작성해 보지 않고 창업을 하려고 한다. 그것은 본인이 창업하고자 하는 분야에 대해 전반적인 검토 혹은 분석을 하지 않은 상태에서 '그냥 하면 되겠지'라는 생각을 하고 있다고 할 수 있다. 사실, 사업계획서를 작성해 보면 본인이 미처 생각하지 못했던 문제들이 나타날 수 있으며, 성공창업을 위해 무엇이 부족하며, 무엇을 더 준비해야 하는지에 대해 파악할 수도 있는 것이다.

2.2 사업계획서의 종류

김진영 · 유명철 · 고정소 · 권태형 · 박승민(2003)은 사업계획서를 요약 사업계획서, 서술형 사업계획서, 프레젠테이션용 사업계획서의 3가지로 분류하고 있다.

가) 요약 사업계획서

요약 사업계획서는 A4를 기준으로 1～2장 분량으로 작성되며, 사업의 핵심 내용을 설명한 것이라고 할 수 있다.

① 개조식 요약 사업계획서: 가장 일반적인 유형으로 회사의 현황과 강점을 중심으로 설명한 사업계획서이다.

② 도식형 요약 사업계획서: 비즈니스모델(business model)을 중심으로 하는 사업에 적합한 사업계획서이다.

③ 도표비교형 요약 사업계획서: 경쟁제품이나 경쟁회사가 분명한 경우에 각자의 장점과 단점을 하나의 표로 비교 설명한 사업계획서이다.

나) 서술형 사업계획서

투자가나 관련 고객 등을 직접 만나지 않고 사업계획서만을 보낼 때에 사용하며, 이 경우 알기 쉽고 편안한 서술형 사업계획서가 효과적이다. 서술형 사업계획서는 사업의 세부 내용에 대해 구체적으로 그리고 이해하기 쉽도록 쉬운 용어를 사용하는 것이 중요하다.

다) 프레젠테이션용 사업계획서

발표를 위한 목적으로 사용되며, 보통 파워포인트를 사용하여 작성된다. 프레젠테이션용 사업계획서는 핵심 내용을 중심으로 작성하되, 20~30분 정도에서 발표를 할 수 있도록 만들어야 하며, 분량이 너무 많지 않도록 작성하는 것이 중요하다.

2.3 사업계획서 작성시 유의사항

창업자가 사업계획서를 작성함에 있어서 고려해야 할 사항들은 다음과 같다.

① 계획서는 살아 있어야 한다. 사업계획서는 한 번 만들면 그만인 것이 아니라 경영 내적 혹은 외적 환경변화에 따라서 새로운 요소가 발견되면 항상 수정해야 한다. 그리고 계획 사업에 잠재되어 있는 문제점에 대해 항상 점검하고 필요하면 다시 작성해야 한다.

② 사업계획서는 자신감을 바탕으로 작성되어야 한다. 창업자 자신이 가지고 있는 창업의 목표를 제3자에게 설득력 있게 납득시키는 것이 사업계획서의 제1의 목표이다. 사실, 사업계획서는 창업보육센터에 입주할 때, 금융기관에서 자금을 조달할 때, 투자를 받을 때 등 다른 기관에 제출해야 할 경우가 많다는 것이다.

③ 객관성이 결여되어서는 안 된다. 자신감이 너무 지나쳐 자만심이 되거나 자신의 의견에 몰입되어 갇혀버린다면 사업계획서의 신뢰성에 큰 타격을 미칠 수 있다. 사업계획서는 정확한 자료에 의거한 객관적인 것이어야 한다. 아직도 상당수의 창업자들이 사업계획서를 지나치게 과장되게 작성하는 경우가 있는데, 나중에 더 큰 문제를 일으킬 수 있다는 것을 생각해야 한다.

④ 핵심내용을 강조, 부각시켜야 하며 전문용어의 사용을 피하고 보편적으로 설득력 있게 작성되어야 한다. 다른 기업과는 차별되는 자신의 아이템의 핵심을 중점 부각시키고, 그것이 기술적 내용일 경우라도 투자자 및 관련 당사자가 알기 쉽게 작성되어야 한다. 사실, 사업계획서에 너무 전문적인 용어를 많이 사용하면, 제3자가 제대로 이해를 하지 못한 상태에서 때로는 불이익을 당할 수도 있다. 즉, 제대로 이해하기 어려운 용어 때문에 때로는 대충 보고 넘어갈

수가 있다.

⑤ 자금조달 운용계획은 정확하고 실현가능성이 있어야 한다. 사업계획서를 작성할 때에는 가정(assumption)을 최대한 배제해야 한다. "이렇게 되면 자금조달은 순조로울 것이다. 무엇이 어떻게 된다면 판매에는 아무 문제가 없을 것이다."라는 식의 가정을 바탕으로 작성되어서는 안 된다. 특히 자금조달 및 운용부분에 있어서는 더욱 그 원칙이 중요하다. 또한 자금조달에 대한 부분은 최악의 경우를 고려하여 작성해야 하는데, 자금의 흐름은 당사자뿐만 아니라 거래상대방의 문제로 인해서 계획대로 되지 않는 경우가 많기 때문이다.

3. 사업계획서의 구성

사실, 사업계획서는 창업하는 업종에 따라 달라질 수 있을 것이다. 제조업, 도·소매업, 서비스업, 소호, 인터넷창업 등에 따라 그 구성과 핵심적으로 다루어야 할 내용이 다르다.

3.1 요약 및 순서

요약은 사업계획서의 가장 중요한 부분이다. 벤처 자본가를 포함한 이해 당사자는 이 요약을 보고 다음을 읽을 것인지 아닌지를 판단한다. 벤처 자본가나 자문에 응하는 사람은 대부분 주어진 모든 서류를 읽을 시간이나 의지가 충분하지 않다. 이 요약부분에서 그들을 끌어당길 포인트를 발견하지 못하면 다른 서류로 눈길이 가게 된다는 것이다.

요약에서는 사업의 간략한 스케치가 있어야 하고 계획서의 핵심이 강조되어야 한다. 그리고 목차의 큰 제목에 해당하는 부분을 압축 제시해 주어야 한다. 왜 이 제품은 다른 것과 다르고 성공할 것인지 보여주어야 한다. 요약부분에서 구체적으로 설명할 필요는 없다. 사업계획서를 읽는 사람이 요약에 흥미를 느낀다면 구체적으로 설명된 뒷부분을 읽을 것이기 때문이다.

목차는 사업계획서의 내용에 대해서 한 장 한 장 자세히 살피기보다는 관심 있는 부분을 건너뛰며 읽을 독자에게 편리를 제공하기 위함이다. 대부분의 투자 예상자들은 창업 팀에 관한 부분을 먼저 본다. 창업하는 사람들이 어떤 사람이고, 사업하려는 아이템과 관련하여 어떤 일을 해 왔으며, 어떤 자격을 갖추었는지 보고 싶어하기 때문이다. 그리고 기술에 관한 부분, 시장성, 마케팅 전략, 투자자금의 회수가능성을 중점적으로 본다.

3.2 회사의 소개와 조직

회사에 관한 일반적인 사항을 소개하는 부분으로서 다음과 같은 내용이 포함된다.

① 회사개요(기업명 및 형태, 설립 예정지역, 주요 생산품 등)
② 회사 연혁(창업 동기 및 사업의 기대효과)
③ 조직 기구도
④ 주주 현황
⑤ 경영진 및 기술진
⑥ 금융거래 현황
⑦ 조업 현황
⑧ 관련기업 현황
⑨ 기타

기타 항목에서는 구체적으로 차입금 및 담보(거래은행, 대출금리, 담보내용, 담보자격 등), 재무상태, 기술보유 현황(기술개발실적, 기술인력, 국내외 기술수준, 기술제휴 현황 등)이 포함된다. 회사의 소개와 조직 항목에서 투자자 및 사업계획서의 독자들은 경영자의 인성 즉 통찰력, 예측능력, 사업 교섭력, 위기 대응력, 조직관리능력 등을 파악하며, 경영자·경영진의 능력 및 재력에 주목한다. 또한 여기에는 창업자 또는 투자자들의 주식 배분, 지분의 변화과정, 주식의 종류(보통주, 우선주) 등을 명시하고, 사업 시행 이후의 회사발전 전망을 소개하면서 지금 추가자본이 필요한 이유를 명시하여 설득하여야 한다.

3.3 시장분석

창업 팀이 아무리 유능하고 좋은 경험을 가지고 있다고 하더라도 생산하는 제품이나 서비스의 시장 전망이 좋지 않으면 좋은 성과를 얻기 어렵다. 특히 벤처기업을 창업하는 사람이 엔지니어 출신인 경우가 많은데, 그러한 창업자들이 시장분석을 어떻게 하고 있느냐 하는 부분은 투자자의 주요 관심대상이다. 사실상 시장분석은 사업계획서에서 창업 팀에게 가장 새로운 도전을 요구하는 부분이다. 시장분석을 함에 있어서는 외부에 자문을 구하든, 신문 · 잡지 · 서적 · 인터넷 등을 활용해 구한 자료로 분석을 하든 숫자로 된 구체적 자료를 수집하고 분석해야 한다.

(1) 도전하고자 하는 산업의 분석

창업자가 뛰어들고자 하는 산업을 소개하는 부분으로 이런 소개는 주로 다음과 같은 질문에 답하는 형식으로 이루어질 수 있다. 어떤 산업인가? 현재 이 산업의 시장 규모는 얼마인가? 5년 후, 10년 후에는 시장의 규모가 얼마나 될까? 이 산업의 가장 중요한 특성은 어떤 것인가? 누가 현재 이 산업에서 가장 중요한 소비자인가? 새로 생산될 제품이나 서비스가 적용되거나 이용될 주요 분야는 어떤 것이 있는가? 산업의 변화추세는 어떤가? 사업에 영향을 줄 산업의 내적 · 외적인 변화는 어떤 것이 일어나고 있는가? 예를 들어 일반적 항목을 제시하자면, 수요실적 및 현황, 공급실적 및 현황, 제품의 용도와 성격, 시장규모 등을 수치로 제시할 수 있을 것이다.

(2) 목표시장

일반적으로 사업을 시작할 때는 넓은 소비자 계층을 대상으로 하지 않고 시장의 범위를 세분한 후에 확실한 소비자들을 대상으로 하는 것이 유리하다. 이를 특정한 니치마켓(niche market, 틈새시장)이라 하는데, 다음과 같은 질문을 통해서 파악할 수 있다.

새로운 회사가 뚫고 들어가야 할 시장은 어떤 것인가? 즉, 어떤 소비자 그룹을 대상으로 제품을 만들고 마케팅 전략을 세워야 하는가?

이러한 내용은 다음과 같은 질문에 답하는 가운데 정리될 수 있다. 누가 이 제품(서비스)을 살 것인가? 소비자는 왜 다른 것을 사지 않고 이 제품을 살 것인가? 경쟁자들은 어떻게 할 것인가? 즉 목표시장을 확정할 때에는 계획제품의 시장침투 가능성 및 수요전망을 제시해야 한다.

(3) 소비자 분석

사업의 성패는 결국 소비자들의 반응에 달려 있기 때문에 투자자를 포함한 모든 사람들은 소비자들의 반응에 관심이 있을 수밖에 없다. 수요 계층, 소득, 나이 등 소비자에 대한 일반적 분석은 물론 수요예측과 그러한 수요예측의 근거를 제품별로 구체적으로 제시하여 신뢰를 주어야 한다.

(4) 경쟁자 분석

경쟁 역시 사업의 성패에 결정적 영향을 미치는 요소이다. 어떤 산업은 경쟁이 이미 치열하거나 경쟁자가 너무 강력해 승산이 없는 분야일 수도 있다. 기본적으로 동종업계 현황 및 경쟁제품을 자사와 비교하여 장점과 단점을 분석해야 하고, 진출하고자 하는 업계의 경쟁강도를 분석해야 한다. 그리고 다음과 같은 질문에 대한 대답을 생각해 보아야 한다.

창업 후 제품이 히트할 경우 대기업이 뛰어들 가능성은 얼마나 있는가? 기존 경쟁자들 사이에 끼어 들기 위해 또는 새로운 경쟁자가 나타났을 때 경쟁자보다 우위에 서기 위해 가지고 있는 '색다른 무엇'이 있는가?

시장은 항상 고정적인 것이 아니라 동적인 특성을 가지고 있다. 수많은 경쟁자와 소비자들이 어떻게 움직일지 정확히 예측한다는 것은 사실상 불가능하다. 그러므로 항상 시장 동향과 신기술 동향으로부터 눈을 떼지 않도록 주의해야 한다.

3.4 마케팅 계획

가) 마케팅의 4P(product, price, promotion, place) 측면에 따른 전략을 제시한다.

① product(제품정책)

② price(가격정책)

③ promotion(촉진정책)

④ place(유통정책)

마케팅 전략은 사업화하려는 제품이나 서비스가 어떠한 것인가에 따라 달라지므로 여기서 구체적으로 논하기 어려움이 있으나, 위에서 언급한 4P의 측면을 모두 고려하여 효과적인 마케팅 전략을 수립·구사하여야 사업의 성공을 이룩할 수 있을 것이다.

나) 여기에서 한 가지 더 언급하고 싶은 것은 전통적으로 당연한 것으로 받아들이고 있는 4P는 어떤 창업을 하는가에 따라 다음과 같은 4S로 변화될 필요도 있을 것이다. 특히 프랜차이즈 창업을 할 때에는 4S전략이 더 효과적일 수 있다는 것이다.

① 스피드(speed): 시장 진입의 속도를 어떻게 할 것인가?

② 확산(spread): 가맹점의 확산은 어떻게 진행할 것인가?

③ 강점(strength): 유사 프랜차이즈와 비교한 자사 브랜드의 강점은 무엇인가?

④ 만족(satisfaction): 본사 및 가맹점의 공동만족을 위해 필요한 것은 무엇인가?

3.5 기술 및 연구개발

이 부분에서는 창업 대상 기술의 내용 및 특성(기술의 우위성)을 제시한다. 기술의 핵심내용을 그 분야에 대해 잘 모르는 사람이 읽더라도 이해할 수 있도록 쉽게 설명하고, 아이템 선정과정 및 기술현황, 사업화 가능성 및 전망 그리고 향후 R&D 투자계획을 개발목표, 개발인력 구성, 개발소요자금, 개발일정 등으로 설명한다.

투자자 및 사업계획서의 독자는 이 부분에서 창업자의 제품개발 가능성 및 기술능력(기술인력 현황, 핵심기술 내역, 기술 도입 및 협력 가능성)과 제품의 특성 및 경쟁력(유사품 대비 기술적 우위성, 가격 경쟁력, 대체기술 출현 가능성, 기술 특허

현황, 기술도입 가능성, 기술변화 등)을 파악하기를 원한다.

3.6 생산과 시설계획

가) 창업아이템이 세품을 실제로 생산해야 하는 경우라면 다음과 같은 형태의 생산계획안이 제시되어야 한다.

① 총괄

② 연차별 가동계획

③ 제품별 생산공정도 및 공정 설명

④ 원·부자재 소요 및 조달계획

• 소요량 계획

• 주요 원재료 수급계획(현황)

⑤ 생산 및 시설 투자계획

• 생산에 필요한 시설 및 설비

• 투자계획

나) 이러한 생산과 시설계획은 다음과 같은 요소로 평가된다.

① 생산능력: 기술 및 생산인력 보유정도, 시설 확보정도 및 능력, 원·부자재 조달능력, 생산기술 확립 및 설계 개발능력, 유지보수 계획 등

② 원가추정: 원 단위 산출, 원가의 유동상태 등

③ 공장건설: 설비 구입 및 레이아웃, 공사일정, 설비계약관련 사항

④ 생산형태: 양산 가능성, 생산규모 등

3.7 경영과 소유, 인력계획

여기에서는 창업조직을 소개한다. 벤처자본가의 세계에서는 사람에게 투자한다는 것이 정설로 되어 있다. 아무리 사업 아이템이 좋고 시장전망이 좋아도 그 사업을 시작하고 굴러가게 하는 것은 결국 사람이기 때문이다. 그리고 핵심적인 사람이 있는 것도 중요하지만 무엇보다도 창업'팀'이 좋아야 한다. 당연히 팀은 완벽할수록 좋다. 기술개발자, 재무관리자, 영업담당자, 생산현장에서 감

독할 사람 등과 그리고 그런 각 분야에 대해 어떤 경험과 지식을 쌓아왔는지 밝히는 것이 좋다.

대부분의 벤처창업이 그런 것처럼 이런 각 분야의 모든 사람을 확보하고 출발하지 못했다면, 언제 어떤 자격을 가진 사람을 확보할 예정인가에 대해 언급한다. 그리고 누가 가장 중요한 경영자인가? 그들을 어떻게 회사에 붙잡아 둘 것인가? 보수는 어떻게 할 것인가? 그동안 투자한 사람은 누구이고 얼마씩 몇 차례(라운드) 투자했는가? 그들의 지분은 얼마인가? 발행된 주식은 어떤 종류이며 어떻게 평가되고 있는가? 누가 이사회에서 대표이사가 될 것인가? 이사회의 구성은 어떻게 할 것인가? 등의 질문에 대한 대답이 포함되어야 한다.

그리고 경영진이나 투자자를 제외한 우수인력에 대한 계획도 언급하는 것이 바람직하다. 어떻게 중요한 인력을 찾을 것인가? 어떤 방법으로 그들을 채용하고 붙잡아 둘 것인가? 보상은 어떻게 하는가? 회사의 조직 구조 내에서 어떻게 직능을 분리할 것인가? 등에 대하여 답변할 준비가 되어 있어야 한다.

3.8 자본 및 재무계획, 자본금 회수방안

이 부분에서는 창업자가 필요로 하는 자본에 대해서도 언급한다. 필요한 액수와 시기에 대해서 설명한다. 현재 얼마가 필요한가? 향후 5년간 어느 시점에 얼마가 필요한가? 만약 필요 자본금보다 적은 돈이 투자되면 어떻게 할 것인가? 현재 회사의 가치는 얼마로 평가하고 있으며, 이에 따라서 신규 투자가에게는 주식당 가격을 얼마로 책정할 것인가?

여기서는 회사의 가치를 평가한 방법을 투자자들이 이해할 수 있도록 설명할 필요가 있다. 따라서 매출액, 보유기술의 중요성, 인력의 우수성, 성장 가능성 등을 잘 보여주어야 한다. 신규투자가 이루어지면 기존 투자자의 지분에 어떤 변화가 일어나는가? 물론 이때 기존 투자자의 지분과 주식보유량은 물론이고 간단한 인적 사항도 필요하다.

그리고 여기서는 기존의 회사라면 지난 5년간 재무제표, 새로 시작하는 회사라면 향후 3~5년 동안 예상되는 재무제표(추정 대차대조표, 추정 손익계산서 등)를 제시해야 한다. 그리고 예상되는 현금흐름을 제시할 수 있어야 한다. 현금흐름분석은 매우 중요한 자료인데, 서류상의 흑자회사가 부도나는 경우는 현금관리를 잘못했기 때문이다. 향후 수입에 대한 전망도 필요하다.

그리고, 조달된 자금을 어떻게 사용할 것인지에 대한 소요자금 명세 및 용도와 차입금 상환계획을 제시해야 한다. 투자자들이 자금을 회수하는 방안은 크세 세 가지로 나눌 수 있는데, 첫째 주식시장에 상장, 둘째 상장 전 주식을 파는 방안으로 회사를 다른 사람에게 파는 방법도 이에 포함되며, 셋째 기존의 상장회사에 합병시키는 방법이다. 이 중 어떤 방법을 통해 어느 시점에 투자자가 돈을 회수할 수 있도록 해주겠다는 방안이 제시되어야 한다.

이 부분은 사업계획서의 독자가 매우 관심을 기울이는 부분이며, 다음과 같은 평가요소로써 평가한다.

① 자금규모
② 투자 수익성(ROI: return on investment)
③ 경제적 타당성의 정도
④ 미래 경영상태 예측
⑤ 경영환경 변화에 따른 재무석 성과의 변동 정도

3.9 부 록

여기에서는 앞에서 삽입하지 못했던 자료, 시제품의 사진, 신문 스크랩 등을 첨부한다. 제출 첨부서류를 예시하면 다음과 같다. 대표자 및 임원 이력서, 기술진 이력서, 최근 3년간 결산서류, 담보 제공시 담보물 감정서, 도시계획 확인원, 등기부 등본, 보증 관련 서류, 사업자등록증 사본, 정관, 법인등기부 등본, 제품 카탈로그, 기타 필요하다고 인정되는 서류 등이다.

성공창업학

창업은 생각으로 하는 것이 아니다. 꿈은 이상이되, 창업은 현실이라는 것이다. 그러기에 창업을 준비하는 사람이라면 반드시 창업계획서를 직접 작성해 봐야 하며, 어떤 내용을 포함시켜야 할지를 잘 모른다면 아직도 창업을 하기에는 이르다는 것을 생각해야 한다. 또한 자신이 아무리 오랜 기간 동안에 준비를 했다고 하더라도 정말 그것으로 돈을 만들 수 있는가를 냉정하게 분석하고, 창업전문가들의 유료 컨설팅을 받아야 한다. 가장 단순한 논리는 투입(input), 처리과정(process), 결과(output)의 관점에서 생각하면 된다. 무엇을 투입해서 어떤 처리과정을 거쳐서 어떤 결과를 산출할 것인가를 철저하게 분석해 볼 필요가 있다. 이를 위해서 필요한 것이 바로 사업타당성 분석과 사업계획서 작성이라고 할 수 있는데, 창업을 대충 감으로 할 수 없다는 것이다.

제 5 장

업종 및 창업아이템의 선정

1. 업종 및 창업아이템의 선정기준

많은 예비창업자들이 창업을 결심하고도 막상 실행에 옮기지 못하는 이유 중의 하나가 바로 창업할 업종이나 아이템을 결정하지 못했기 때문이다. 사실 창업박람회 혹은 설명회에 가서 살펴보면, 창업아이템이 없기 때문이 아니라 너무 많은 창업아이템 때문에 고민하고 있다는 것이다. 즉, 창업아이템의 홍수라고 할 만큼 아이템들이 너무 많다는 것이다. 그러한 수많은 아이템 중에서 결국은 1~2가지를 선택하여 창업을 해야 하는데, 업종 혹은 아이템의 선정은 평생의 배우자를 선택하는 것만큼이나 어렵고 또한 신중해야 한다.

가) [표 5-1]에 제시되어 있듯이 중소기업지식나눔터(www.digitalsme.com)에서는 창업업종 및 창업아이템의 주요 평가항목으로 상품성, 시장성, 수익성, 그리고 안정성의 4가지로 항목을 제시하였다. 또한 세부 평가요소는 다시 상품의 적합성, 시장의 규모, 경쟁성, 시장의 장래성, 제품생산비용의 효익성, 적정이윤 보장성, 위험수준, 자금투입의 적정성, 그리고 재고수준의 9가지를 제시하고 있다.

표 5-1 창업업종 및 창업아이템의 평가항목

주요항목	평가요소	세부 검토사항
상품성	상품의 적합성	- 창업자가 잘 아는 제품인가 - 상품이 비필수품이거나 사치품은 아닌가? - 정부의 인·허가 등에 의한 제한이나 독점은 없는가?
시장성	시장의 규모	- 예상되는 고객의 수는 어느 정도인가? - 국내 및 해외시장 규모는 금액으로 어느 정도인가?
	경쟁성	- 경쟁자의 세력 및 지역별 분포는 어떤가? - 경쟁제품과 비교했을 때 품질과 가격관계는 유리한가? - 판매 유통이 용이하며, 물류비용이 저렴한가?
	시장의 장래성	- 잠재 고객수의 증가는 있는가? - 새로운 창업기업의 침투 가능성은 어느 정도인가? - 소비자 성향이 안정적이고, 필요성이 증가하는가?
수익성	제품생산비용의 효익성	- 적정비용으로 제품을 생산할 수 없는 요인이 있는가? - 생산공정이 복잡하지 않고, 효율성은 있는가?
	적정이윤 보장성	- 원자재 조달이 용이하고, 값은 안정적인가? - 필요한 노동력 공급이 용이하며 저렴한가? - 적정이윤이 보장되는가?
안정성	위험수준	- 경제순환 과정에서 불황 적응력은 어느 정도인가? - 기술적 진보수준은 어느 정도이며, 기술적 변화에 쉽게 대처할 수 있는가?
	자금투입의 적정성	- 초기 투자액은 어느 정도이며, 자금조달이 가능한 범위인가? - 이익이 실현되는 데 필요한 기간은 어느 정도이며, 그 동안 자금력은 충분한가?
	재고수준	- 원자재 조달, 유통과정상 평균 재고수준은 어느 정도이며, 재고상품의 회전기간은 어느 정도인가?

자료: 중소기업지식나눔터(www.digitalsme.com).

나) 중소기업청(1999.10)에서는 창업할 업종을 선택하는 기준으로 다음과 같은 사항들을 제시하고 있다.

① 당신의 성격에 맞는 업종인가?

② 지금까지의 경험이나 지식을 살릴 수 있는 업종인가?

③ 가족의 찬성과 협력을 얻을 수 있는 업종인가?

④ 개업 시점에서 일정한 수익이 예상되는 업종인가? 장래성은 있는가?

⑤ 고도의 기술이나 전문적인 지식을 필요로 하는가? 만일 그렇다면 배울

방법은 있는가?

⑥ 경험이 없는 사람이 개업하기에 위험한 업종은 아닌가?

⑦ 면허, 허가, 등록, 신고 등을 필요로 하는 업종은 아닌가? 법적 규제는 없는가? 만일 그렇다면 조건을 충족시킬 수 있는가?

⑧ 개업에 어느 정도의 자금을 필요로 하는 업종인가? 그 조달은 가능한가?

다) 위에서 창업할 업종 혹은 아이템을 선정하는 방법 혹은 고려사항에 대해 설명을 하였으나 한 가지 더 부연하고 싶은 것은 바로 '창업자의 몸에 맞아야 한다'는 것이다. 신토불이(身土不二)라는 말도 있다. 즉, 몸과 땅은 둘이 아니고 하나라는 뜻으로, 자기가 사는 땅에서 산출한 농산물이라야 체질에 잘 맞음을 이르는 말이다. 창업도 마찬가지이다. 남들이 아무리 유망한 아이템이라고 하더라도 창업자 자신에게 맞아야 한다는 것인데, 억지로 맞추려고 해서는 안 된다는 것이다.

2. 창업아이템 선정 7단계

요즈음 경제적 환경이 나빠지면서 창업에 관심을 갖고 있는 사람들이 매우 많다. 하지만, 예비창업자들의 관심은 어떻게 유망한 창업아이템을 발견하는가 하는 문제이다. 먼저, 중소기업청(1999.10)에서 제시하는 창업업종 및 아이템을 선정하는 순서는 다음과 같다.

① 창업희망업종에 대한 정보 수집

② 체험자 또는 종사자의 면담

③ 후보사업아이템의 구체적 정보 수집

④ 후보아이템에 대한 정밀분석, 검토

⑤ 사업타당성 분석

⑥ 최적 업종 및 사업아이템 선정

저자의 경험으로 볼 때에 창업아이템을 성공적으로 발견하기 위해서는 다음과 같은 7단계를 따라 가는 것이 가장 좋다고 생각된다.

(1) 1단계: 창업정보를 수집한다.

창업박람회 및 창업설명회, 소상공인지원센터(www.sbdc.or.kr) 및 창업컨설팅 회사를 비롯하여 인터넷 검색을 통해 창업아이템에 대한 정보를 수집해야 한다. 특히 인터넷의 경우에는 네이버(www.naver.com), 다음(www.daum.net), 네이트(www.nate.com) 등의 포털사이트에 접속하여 [뉴스] 메뉴를 클릭한 후에 [창업]이라는 검색어를 입력한 후에 엔터키(↵)를 누르면, 매일 언론에 보도되는 수많은 창업아이템들을 검색할 수 있다. 이러한 정보수집을 적어도 한 달 이상 해야 한다는 것이다. 단순히 다른 사람들에게 아이템 하나를 얻겠다는 생각을 하면 쉽게 아이템은 얻겠지만, 나중에는 그만큼 더 고통스럽고 후회스러운 시간을 보내야 할 것이다.

한편, 최재희(2003)는 창업정보를 수집하기 위한 전략으로 다음의 7가지를 제시하고 있다.

① 인터넷과 친해져라. 인터넷에 있는 수많은 정보를 검색한다.

② 언론매체를 활용하라.

③ 광고를 분석하라. 프랜차이즈 본사들의 광고를 살펴보고 나름대로 분석한다.

④ 전문서적을 정독하라.

⑤ 창업강좌에 참여하라.

⑥ 아는 사람의 도움을 받아라.

⑦ 전문컨설팅사의 도움을 받아라.

여기에서 한 가지 언급할 것은 창업아이템에 대한 정보를 수집할 때에는 본인의 노력이 많이 필요하다는 것이다. 단순히 소위 말하는 창업전문가 혹은 창업컨설턴트의 도움을 받아서 시작하겠다는 것은 매우 위험하다는 것이다. 그러한 전문가 역시 제한된 범위 내에서 조언해 줄 수밖에 없을 것이다.

(2) 2단계: 1단계의 과정을 통해 본인이 관심 있는 아이템 3~5개를 선정한다.

다양한 채널을 이용하여 창업정보를 검색한 후에 본인이 관심 있는 3~5개 아이템을 선정해야 하는데, 3~5개의 아이템을 선정하는 기준으로는 경영(관리)

능력, 시장성, 홍보 및 마케팅, 자금, 기술의 수준에서 평가를 해야 한다. 즉, 본인이 경영 혹은 관리할 수 있어야 하고, 시장성이 있어야 하며, 자신 있게 홍보 및 마케팅을 할 수 있어야 한다. 또한 자금과 기술의 측면에서 수용 가능한 아이템들을 선정해야 한다. 여기에서 시장성은 관심 있는 이이템에서의 시상규모와 성장성을 의미한다.

(3) 3단계: 2단계에서 선정한 3~5개의 아이템을 직접 확인한다.

현재 본인이 관심을 갖고 있는 창업아이템으로 창업을 하고 있는 창업자들을 만나서 실제 수익이나 투자금액을 직접 확인하고, 애로사항이나 주요 문제점도 파악해야 한다. 그리고 각 아이템간의 장점과 단점도 메모하는 것이 필요하다. 또한 실제 손님이 어느 정도인지, 고객이 어느 정도로 만족하는지에 대해서도 확인할 수 있을 것이다. 프랜차이즈의 경우에는 가맹점 2~3곳을 직접 방문하여 가맹점주와 진지하게 대화를 나누어보는 것이 중요할 것이다. 현장 확인을 하기 위해서는 부지런히 발품을 파는 것이 중요하며, 본인이 확신이 설 때까지 직접 확인하는 노력이 필요할 것이다.

(4) 4단계: 전문가의 조언을 듣는다.

소상공인지원센터 혹은 창업컨설턴트를 통해서 본인이 선정한 3~5개의 아이템에 대한 조언 혹은 평가를 받아보는 것이 필요하다. 이를 통해 본인이 미처 생각하지 못했던 사실들을 발견할 수 있을 것이다. 이때 중요한 것은 창업전문가에게 모든 것을 공짜로 상담을 하겠다는 생각을 버리고, 어느 정도의 컨설팅 비용을 지불하는 것이 필요하다. 그래야 조언을 해 주는 사람도 그만큼 관심과 열의를 보일 것이다.

(5) 5단계: 최종적으로 1개의 아이템을 선택한다.

이때에는 선택되지 못한 아이템에 대한 미련을 버리고, 선택된 아이템에 대해 자신감과 긍적적인 시각을 갖는 것이 매우 중요할 것이다. 최종적으로 선택을 하고도 선택하지 못한 다른 아이템에 대해 계속 미련을 갖는 것은 사업의 추진에도 결코 도움이 되지 않는다. 최종적으로 한 개의 아이템을 선택할 때에는 본인의 장점을 잘 살릴 수 있는 아이템을 선택해야 한다. 또한 최종 선택된 아이템에 대해 사업계획서를 작성하는 것도 잊지 말아야 한다. 물론 사업계획서의 작성과정에서 예상하지 못한 문제가 나타나게 되면, 무리해서 진행을 하기보다는 전문가들의 조언을 다시 받아보는 것이 필요하다.

(6) 6단계: 사업준비를 하고 개시한다.

최종 선택된 아이템을 중심으로 사업에 필요한 모든 준비를 하고, 사업을 개시하면 된다. 이때 중요한 것은 신속하고 과감한 추진력이 필요하다는 것이다. 그리고 가능하면 빠른 시간 내에 시장에 진입하고 확산시켜야 한다. 수많은 예비창업자들이 창업을 하고도 실패를 하는 이유는 초기단계에서 너무 머뭇거린다는 것이다.

(7) 7단계: 불확실성에 대비하고, 창업동향을 항상 주시한다.

현재 특정 아이템으로 창업을 하고 있더라도 늘 경쟁자가 등장하게 마련이며, 예상하지 못했던 문제들이 나타날 수 있다. 또한 창업의 흐름 혹은 동향도 항상 체크해야 한다. 그리고 때가 되면 업종전환을 한다는 가정하에 가능한 아이템들도 생각해 두어야 한다. 여기에서 중요한 것은 2~4단계에서 선정하였지만 선택되지 못한 다른 아이템을 대안으로 고려하지 말라는 것이다. 즉, 새로운 아이템을 고려할 때에는 1단계부터 다시 시작하는 것이 중요하다. 그만큼 시간도 흘렀고, 창업의 환경도 바뀌었기 때문이다.

이렇듯, 창업이라는 것은 끊임없는 도전의 연속이며, 끊임없는 의사결정의 연속인 동시에 처음부터 끝까지 내가 모든 것을 책임지고 가야 하는 것이다. 또한 최종적으로 한 가지의 아이템을 결정하기 위해서는 전체적으로 수많은 시뮬레이션을 해봐야 하고, 하나하나에 대해 직접 확인하고 검증하는 것도 잊지 말아야 한다.

성공창업학

유망업종이 정말로 있는 것인가?

창업애로사항을 묻는 모든 설문조사에서 항상 1위로 조사되는 것은 창업아이템의 선정이다. 즉, 어떤 아이템을 선정해야 할지를 모르겠다는 것이다. 이것은 어떤 아이템이 유망한지 아니면 어떤 아이템은 유망하지 않는지를 모른다는 것이다. 이러한 연유로 인해서 몇 년 동안 유망한 창업아이템을 찾기 위해 고민하는 예비창업자들이 많다.

그런데, 여기에서 한번 생각해 볼 것은 유망한 업종이 정말로 따로 있는 것인가 하는 문제이다. 각종 조사에서 분야별 유망 아이템을 선정하고 있는데, 많은 예비창업자들이 이러한 조사결과에 많은 관심을 갖고 있는 것도 사실이다. 하지만, 유망한 창업아이템은 그 아이템을 갖고 누가 창업을 하는가에 따라 다른 것이라는 것도 생각해 볼 일이다.

예를 들어, 경기가 좋지 않은 시점에서는 가격이 높은 반면에 서비스가 좋은 음식점 아니면 가격이 저렴하면서 양이 푸짐한 음식점 중의 하나를 선택해야 한다고 한다. 하지만, 어떤 예비창업자가 가격이 특별히 저렴하면서 양이 푸짐한 칼국수 식당을 했다고 해서 성공하리라는 보장은 없다는 것이다. 즉, 창업에는 단수히 아이템으로만 성패가 결정되지 않는다는 것을 말하는데, 그 중에서도 특히 창업자의 경영능력이 특별히 중요하다는 것을 명심해야 한다.

3. 관심업종 및 창업아이템에 대한 추가 정보수집

창업하고자 하는 업종이나 아이템에 대한 선정을 마치고 나면, 또 다시 관련 정보들을 수집해야 하는데, 여기에는 대체로 5가지의 정보를 수집해야 한다(중소기업청, 1999.10).

3.1 업종별 시장정보 수집 및 비교분석

새롭게 창업을 하는 경우에 시장조사 및 시장성 분석은 매우 중요한데, 그것은 생산하고자 하는 제품 및 서비스를 필요로 하는 소비자가 충분히 존재하고 있는가를 알아야 하기 때문이다. 따라서, 창업을 하고자 하는 업종에서 시장의 규모 혹은 성격을 이해하기 위해서는 다음과 같은 조사가 필요하다.

① 시장의 크기(전체시장 및 상권 내 가능고객의 수)

② 시장성장률(예상고객의 증가율)

③ 시장의 성숙도(제품수명주기단계)

④ 시장 내 제품의 다양성

⑤ 외적 산업환경에 대한 민감성

⑥ 가격에 대한 민감성

⑦ 계절성

⑧ 독과점적 단합정도

⑨ 시장진입 및 탈퇴의 용이성

⑩ 기술수준

사실, 예비창업자의 입장에서 위에서 나열된 10가지를 조사하는 것은 현실적으로 무리가 있다고 할 것이다. 따라서, 우선은 신문이나 방송 혹은 인터넷 검색을 통해 관련 정보를 수집하는 것이 필요할 것이다. 특히 매일 하루에 30분~1시간 정도 인터넷 포털사이트의 뉴스에서 제공하는 창업관련 정보를 검색하는 방법이 매우 효과적이다.

3.2 상품조사

창업이라는 것은 결국 고객에게 유형 혹은 무형의 제품을 생산하여 상품으로 판매하거나 서비스하는 것이라고 할 수 있다. 점포 창업의 경우에는 유형의 상품을 진열해 놓고 판매하게 되며, 사이버 공간에서는 무형의 서비스 상품을 판매하게 되는 경우가 많다.

하지만, 중요한 것은 나만이 독점적으로 유형 혹은 무형의 상품이나 서비스를 판매할 수가 없으며, 결국은 경쟁해야 한다는 것이다. 그러나, 가능하면 수요가 많거나 고정적인 매출을 올릴 수 있는 상품이어야 하는데, 그러한 상품들은 대체적으로 다음과 같은 특징을 갖고 있다.

① 현재 만족되지 않은 욕구를 새로이 만족시키는 상품과 서비스

② 공급의 부족을 해소시키는 상품과 서비스

③ 유리한 조건 때문에 기존 상품과 성공적으로 경쟁할 수 있는 상품과 서비스

- 기존 상품의 개선: 성능 개선, 특징 추가, 원가절감, 외형 개선, 품질·서비스 개선, 신뢰도 증가 등
- 저렴한 가격: 혁신적 신기술, 원자재비용 절감, 관리비용 감소 등

3.3 소비자 조사

소비자 조사란 소비자에 대한 각종 정보를 체계적으로 수집·기록·분석하는 제반 활동을 말한다. 소비자 조사는 창업 전 및 창업과정 중에 항상 이루어져야 하는데, 조사방법으로는 면접조사, 설문조사, 사례조사 등이 이용될 수 있다. 일반적으로 소비자 조사를 위해서는 설문조사를 많이 이용하는데, 이러한 조사에서 유의할 점은 다음과 같다.

① 질문은 간결해야 하며, 쉬운 질문부터 해야 한다.

② 쉬운 단어를 사용해야 한다.

③ 질문내용이 명확하고 구체적이어야 한다.

④ 불쾌한 질문은 피하도록 해야 한다.

⑤ 질문에 응답하는 방법을 쉽게 알 수 있어야 한다.

사실, 판매하는 상품이나 서비스에 대한 소비자의 의견 혹은 만족도 등을 조사하는 경우에는 설문지를 만드는 방법, 설문조사 결과의 코딩, 그리고 통계분석 및 처리 등에 대한 지식을 가져야 한다. 특히 통계분석으로서는 SPSS(statistical package for the social sciences)를 많이 사용하는데, 통계에 대한 많은 지식을 필요로 한다. 간단하게 빈도분석만 하는 경우에는 엑셀(excel)의 피벗테이블(pivot table) 기능을 이용하면 된다.

3.4 경쟁분석

손자병법에 보면, '지피지기 백전불태(知彼知己 百戰不殆)'라는 말이 있다. 즉, 상대를 알고 나를 알면 백 번을 싸워도 위태롭지 않다는 의미이다. 즉, 경

쟁자에 대해 파악하는 것이 얼마나 중요한가를 잘 말해주는 용어이다.

경쟁분석에 있어서 중요한 내용은 경쟁자의 목표, 전략, 경영성과, 재무자원, 공급업자와의 관계, 입지 등에 관한 사항이며, 경쟁자의 장점과 단점을 자신의 장점과 단점과 비교해 보는 것도 좋을 듯하다. 이렇게 경쟁분석을 하는 가장 큰 이유는 경쟁력 향상 혹은 경쟁적 우위의 확보라고 할 수 있을 것이다. 경쟁분석은 다음과 같은 방법을 활용할 수 있다.

① 경쟁점포의 방문 및 이용을 통한 분석
② 경쟁점포에서 운영하는 인터넷 홈페이지의 방문
③ 경쟁점포에 대한 이용고객의 면담을 통한 의견청취
④ 신문, 방송 등 언론 보도자료의 분석
⑤ 기타

3.5 자금소요의 조사확인

창업을 하게 되면 항상 준비해야 할 것이 바로 자금이다. 창업계획서를 작성할 때에 생각했던 소요자금은 대부분 다르게 마련이며, 예측하지 못한 상황으로 인해 초과되는 경우가 대부분이다. 이러한 자금소요는 다음의 세 가지로 요약될 수 있다(중소기업청, 2002.4).

(1) 설비자금과 운전자금의 산정

설비자금은 창업을 할 때에 임차하는 점포나 사무실의 권리금, 보증금, 개장비 외에 설비나 집기부품의 구입비용 등을 합한 것이다. 설비자금의 대부분은 차입시, 공사완료시 혹은 구입시 등에 현금으로 즉시 지출하게 된다.

이에 반하여, 운전자금은 매입자금과 경비, 생활비 등 매월 지출이 되는 자금을 말하는데, 창업과정 상에서 자금의 지출시기가 달라진다. 경비에는 임금, 임대료, 그 밖의 매입자금 이외의 비용이 포함된다.

(2) 창업자금의 조달원천에 대한 조사

창업자금은 창업자 스스로가 보유한 자금으로 충당할 수도 있고 아니면 외부로부터 조달할 수도 있다. 하지만, 창업초기에는 외부 자금의 조달이 쉽지 않기 때문에 창업자의 자기자본을 이용하게 되는데, 이 경우 무리한 자금계획을 수립하는 것은 피해야 할 것이다. 창업을 준비하는 단계에서부터 다른 사람의 돈으로 시작하려는 상당수 예비창업자들을 만나게 되는데, 한국의 경기가 장기 침체로 이어질 가능성이 있다는 것을 생각해야 할 것이다. 30~40년을 해야 하는 창업이라면 몇 달 혹은 1~2년 정도는 실험창업이라고 생각해도 좋다는 생각을 갖는 것이 필요할 것이다.

(3) 권리금, 임대료의 조사

먼저, 권리금(權利金, foregift)은 지금까지 장사를 하면서 알려진 위치나 단골손님으로 확보한 무형자산 및 시설비의 투입에 대한 보상금이라고 할 수 있다. 권리금은 영업권이라는 법적 용어로 그 가치를 인정받고 있으나, 어떤 때에는 전혀 보호를 받을 수 없는 경우도 있나. 예를 들어, 점포 주인이 직접 창업을 하거나 임대인을 내 보내려고 할 경우에 법적으로 권리금을 보장받을 수 없을 것이다.

이렇게, 권리금은 특별한 약정이 없는 한 돌려 받을 수 없는 것이 원칙이다. 통상 권리금은 새로운 임차인과 인계하는 임차인과의 관계로, 승계 받는 임차인이 승계하는 임차인에게 지불하는 영업권의 평가액이다. 따라서 권리금을 수수한 임대인 또는 임차인에게서 반환 받을 수 없는 것이 관행이기 때문이다. 그러나 아주 예외적인 판례가 있다. 일정기간 이상 임차권 보장 약정을 맺은 뒤 건물주에게 권리금을 지불했으나 건물주의 사정으로 임대차가 중도 해지되어 당초 약정된 기간을 이용 내지 사용할 수 없다면 건물주는 수수한 권리금의 반환의무를 져야 한다는 판례가 있다(blog.naver.com/yuph).

이에 비하여, 임대료는 보증금이라는 형태로 법적인 보호를 받을 수 있으며, 계약기간이 만료되면 점포 주인으로부터 받을 수 있다. 같은 임대료를 지급하더라도 점포입지에 따라 창업의 성과가 크게 달라질 수 있으므로, 점포를 계약할 때에는 단순히 권리금만 보지 말고 유망한 입지의 점포를 계약하는 것이 중요할 것이다.

4. 다양한 기준에 의한 창업의 분류

4.1 창업의 형태에 따른 분류

(1) 프랜차이즈 창업과 독립형 창업

프랜차이즈(가맹사업) 창업은 프랜차이즈 본사로부터 가맹점 계약을 한 후에 가맹점 형태로 창업을 하는 것인데, 최근 몇 년 사이에 수많은 프랜차이즈 본사들이 설립되었다. 이에 반하여 독립형 창업은 창업 초기 단계인 입지선정부터 업종선정, 점포준비, 상품의 구입과 판매, 운영, 홍보 등의 모든 업무를 창업자 스스로 판단하고 창업을 하는 형태를 말한다(최재희, 2003).

요즈음 한국의 창업시장을 보면, 프랜차이즈 창업이 매우 활성화되는 것처럼 보이는데, 실상은 부실하게 만들어진 프랜차이즈 본사로 인해서 멋모르고 계약한 예비창업자들만 알토란 같이 모은 전재산을 날리는 피해를 보는 경우가 많다. 그렇기 때문에 프랜차이즈 본사로부터 가맹점 계약을 하는 경우에는 상당한 주의가 요망된다. 예비창업자가 판단할 능력이 부족하다고 생각될 때에는 창업전문가에게 컨설팅을 받아 가맹점 계약을 하는 것이 위험을 낮출 수 있는 방법이 될 것이다.

(2) 무점포 · 재택창업과 점포창업

점포를 보유하고 창업을 하는가 아니면 점포 없이 창업을 하는가 하는 것을 말한다. 과거에 창업이라고 하면 점포 혹은 사무실을 보유한 상태에서 하는 창업을 말하는데, 요즈음은 컴퓨터와 인터넷기술의 발달로 점포가 반드시 있어야 하는 것은 아니다.

(3) 1인 창업과 기업형 창업

혼자서 창업을 하는가 아니면 여러 명이 함께 창업을 하는가 하는 것을 말한다. 여러 명이 함께 하는 기업형의 경우도 1인 대표 혹은 2인 이상의 공동대표로 창업을 할 수가 있다. 다만, 한국에서 공동창업의 경우에는 공동창업자간의 이해관계로 인해 도중에 분산되는 경우가 많고 법적 분쟁으로 가는 경우도 많은 것이 사실이다.

(4) 온라인 창업과 오프라인 창업

인터넷이라는 사이버 공간에서 창업을 하는가 아니면 오프라인에서 창업을 하는가 하는 것을 말한다. 과거 IT벤처기업들의 경우에는 온라인상에서만 창업을 하는 경우가 많았으나, 요즈음은 온라인과 오프라인이 결합하는 온·오프라인 창업형태가 많다고 할 수 있다.

4.2 창업의 업종에 따른 분류

어떤 업종으로 창업을 하는가 하는 측면에서 분류를 해 보면, 외식, IT신기술, 점포, 제조, 서비스, 유통 등으로 분류가 가능하다.

① 외식 창업분야
② IT신기술 창업분야
③ 유통업 창업분야
④ 제조업 창업분야
⑤ 서비스업 창업분야
⑥ 퓨전(fusion) 창업분야

사실, 창업업종의 다양성 혹은 상호관련성 등의 이유로 인해 창업의 업종에 대한 분류를 하는 것이 쉽지 않다. 또한 퓨전창업(fusion business)이라고 해서 서로 다른 두 종류 이상의 창업분야를 합쳐서 새로운 창업분야가 탄생되기도 한다.

또한 고객의 요구가 점차 개별화되어 감에 따라서 고객별로 맞춤 서비스를 강화하는 방향으로 창업이 발전되고 있다. 누구에게나 동일한 서비스보다는 차별화되고 특별한 서비스를 원하는 고객이 점차 늘어나고 있다는 것인데, 이에 따라 창업업종 역시 복합화·개성화되고 있다는 것이다.

4.3 창업 방법에 따른 분류

① 신규 독립사업: 창업자 스스로가 아이템을 발견해서 본인의 의사대로 경영하는 것을 말한다(blog.daum.net/tosama).

② 대리점 사업: 본사로부터 경영에 대한 지원을 받지만 소유권 면에서는 독립사업 형태로 창업을 하는 것을 말한다.

③ 기존 사업의 인수: 기존 독립점이나 대리점을 인수하여 창업하는 것을 말한다.

만약에 자신만의 노하우로 사업을 전개할 자신이 있다면 신규 독립창업을 하는 것이 유리하고, 경험이 부족하고 자신이 없는 경우는 대개 프랜차이즈 본사에 가맹점 계약을 하여 창업하는 것이 쉬운 편이나 본인의 의지보다는 본사 주관대로 움직이게 되는 경우가 많다. 따라서 각각 창업 형태별로 장·단점이 있으므로 창업자 스스로가 정확한 판단 하에 선택해야 실패를 줄일 수 있을 것이다.

4.4 원잡과 투잡스

몇 년 전부터 직장인들이 퇴근 후 혹은 주말을 이용하여 부업을 하는 경우를 투잡스(two jobs)족이라고 하였다. 즉, 경기침체, 실질소득의 감소, 고용환경의 불안 등으로 두 번째의 직업을 갖는 경우를 말한다. 대부분의 직장인들은 하나의 직업을 갖는 원잡(one job)이지만, 최근에는 두 가지의 직업을 갖는 투잡스(two jobs) 혹은 쓰리잡스(three jobs)의 형태로 발전하고 있는 실정이다.

향후 국내경기의 불황이 지속될 것으로 전망되고, 직장인들의 실질소득이 계속 감소할 것이라는 예상을 해 보면 투잡스에 관심 있는 직장인들이 늘어날 것이다. 다만, 한국의 많은 직장에서 투잡스를 아직도 불법으로 규정하고 있는 경우가 많다는 문제가 있다.

성공창업학

자신을 가장 잘 아는 사람은 결국 자기 자신이다. 창업할 업종을 정하든 창업할 아이템을 정하든, 먼저 자신을 되돌아봐야 한다. 살아오면서 어떤 일을 하였고, 특히 어떤 분야에서 경험을 많이 하였는지를 생각해 보면 된다. 그저 다른 사람에게 동냥을 하듯이 아이템을 얻는 것은 아니다. 쉽게 얻는 것은 가치도 없을 뿐더러 쉽게 사라지는 법이다. 또한 창업할 업종이나 아이템을 생각했다면, 객관적인 요소들에 의거하여 냉철하게 평가를 해야 한다. 분위기에 편승하거나 생각이나 느낌만으로 하는 것이 아니라는 것인데, 자신의 기준이 아닌 창업전문가들이 만든 기준 혹은 요소를 가지고 평가한 후에 업종이나 아이템을 최종 선정해야 한다.

제 6 장

자 금 조 달

1. 창업자금 조달시의 고려사항

창업을 함에 있어서 누구나 화두로 삼는 것이 돈 이야기이다. 물론 자기자본 한도 내에서 창업을 하는 것이 가장 바람직하고, 가능하다면 여유자금으로 20~30% 정도를 남겨 두는 것이 최선의 방법임에는 틀림없다. 그러나 현실적으로 창업에 임하다 보면 여유자금은 고사하고 항상 자금이 부족해 돈을 빌리는 데 급급한 현실에 직면하게 되는 것이다. 창업자금이 부족한 경우는 대체로 다음과 같다.

① 창업규모를 너무 크게 잡는 경우

② 가까운 사람에게 빌려주었다가 자금의 회수에 차질이 생기는 경우

③ 부동산을 매도하려는데 계획대로 팔리지 않는 경우

④ 운전자금 등 예상치 못한 비용이 초과되는 경우

⑤ 좋은 목의 점포 또는 인테리어, 시설 등을 선호하는 경우

위와 같이 창업자금이 부족한 경우 불가피하게 이를 해결하기 위해서는 돈을 빌려야 한다. 그러나 외환위기 이후 가까운 사람들로부터 돈을 빌린다거나

보증을 서주는 현상은 사라졌다. 이처럼 돈에 관한 문제들을 해결하기 위해 가장 먼저 계획을 세워야 하는 일은 바로 자금계획이다. 우선 창업에 소요되는 비용과 자기자본 조달가능 규모를 점검하고 필요한 자금이 얼마인지 확인해야 한다. 계획성 없이 자금을 조달한다면 실패와 직결되기 때문이다. 자금조달과 관련하여 생각해야 하는 3가지를 제시하면 다음과 같다.

① 자기 자금의 보유형태를 점검한다.

② 대출가능 여부를 확인한다.

③ 매출추정을 통해 상환계획을 수립한다.

2. 창업자금의 수지분석

2.1 소요자금추정

창업자는 우선 필요한 자금이 얼마인지를 추정하는 것이 필요한데, 물론 창업의 초기단계에서 전체 소요자금을 추정하는 것은 쉽지 않는 일이다. 또한 본인이 보유하고 있는 자금을 이용하지 않고 일부를 외부에서 조달하는 경우에 소요자금의 추정은 외부 자금의 조달 가능성과 연계시켜야 한다.

최재희(2003)는 창업에 필요한 소요자금을 시설자금(유형 · 무형 고정자산), 운전자금(인건비, 재료비, 경비 등), 예비자금(시설 및 운전자금의 20% 정도 책정)의 3가지로 세분하고 있다. 하지만, 일반적으로 창업을 할 때에 소요되는 자금은 다음과 같이 분류할 수 있다(김진영 · 유명철 · 고정소 · 권태형 · 박승민, 2003).

신규사업 소요자금 = 초기 투자자금 + 운전자금 + 시설자금

① 초기 투자자금: 사무집기, 비품, 사무실 임차료, 통신비 등을 말한다.

② 운전자금: 재료비, 인건비, 운반비, 유지보수비 등 실제 매달 지출이 요구되는 제조비용과 일반관리비 및 판매비 등을 말한다.

③ 시설자금: 고정자산을 구입하는 데 필요한 자금을 말하며, 유형고정자산

과 무형고정자산으로 분류할 수 있다. 예를 들어, 기계나 각종 설비를 구입하는 비용을 말한다.

2.2 자금조달 능력여부 검토

창업을 하게 되면, 끊임없이 자금이 필요한 것이 사실이다. 초기자금 외에도 기술개발에 대한 자금, 시장개척을 위한 자금, 인력의 충원을 위한 자금, 전략적 제휴를 위한 자금, 홍보 및 마케팅을 위한 자금 등 사업을 하는 동안에 계속 자금이 필요하다고 할 수 있다.

자금과 관련하여 한 가지 생각해 볼 것은 아직도 많은 예비창업자들이 잘못 생각하는 것 중의 하나가 적자가 나면 망한다는 것이다. 하지만, 벤처는 적자가 난다고 해서 망하는 것이 아니라 돈이 떨어지면 망한다는 것이다. 이것은 분명히 차이가 있는데, 아무리 적자가 나더라도 지속적으로 자금이 조달될 수 있으면, 아무런 문제가 없는 것이다.

그런데, 문제는 사업을 하는 동안 지속적으로 자금을 조달할 수 있는 능력이 있는가 하는 것이다. 벤처가 시작된 1990년대에만 해도 벤처기업에 대한 투자가 많이 이루어졌지만, 요즈음은 전혀 그렇지 않다. 아무리 좋은 기술과 아이템을 갖고 있더라도 다른 사람 혹은 기관으로부터 투자를 받으려고 하면, 비록 소액이라고 해도 쉽지 않다. 그렇기 때문에 창업 후 어느 정도의 기간 동안에는 수익이 저조할 것을 예상하여 예비자금에 대한 고려가 필요하다는 것이다. 이제 막 창업을 하면서 무리한 대출을 하게 되면 시작부터 자금압박을 받게 되어서 조그마한 환경의 변화에도 사업을 더 이상 지속할 수 없는 상황에 부딪치게 될 수 있다.

2.3 자금조달 및 운용계획표 작성

소요자금이 추정되고 자금조달 능력이 있다고 판단이 되면, 자금조달 및 운용계획표를 작성해야 한다. 즉, 자금을 어떻게 조달하고, 어떻게 운용할 것인가에 대한 계획을 수립해야 한다는 것이다. 또한 계획표는 단기, 중기, 장기로 구분하여 작성할 수도 있을 것이다.

사실, 대부분의 예비창업자들은 자금조달에 있어서 어떻게 해야 할지를 제대로 알지 못한다. 막상 자금을 조달하려고 할 때에야 그것이 쉽지 않다는 것을 알게 된다. 따라서, 창업초기단계에서부터 너무 무리한 자금조달을 계획하면, 나중에 낭패를 볼 수 있다는 것을 알아야 한다.

소요자금 중에서는 소요시설자금 내역서와 소요운전자금 내역서를 작성해 보는 것이 필요하며, 창업자금조달 내역서는 자기자금조달 내역서와 타인자금 조달 내역서로 구분하여 작성하는 것이 필요하다. 이러한 내역서의 형식은 인터넷 검색을 통해서 쉽게 찾을 수 있다. 사실, 예비창업자들이 인터넷 검색만 잘 활용하여도 창업아이템에 대한 정보뿐만 아니라 창업과 관련된 여러 서식들을 쉽게 찾을 수 있다.

3. 창업자금 조달방법의 종류

창업자금을 조달하는 방법은 크게 자기자금과 타인자금의 두 가지로 구분할 수 있다. 자기자금은 창업자 자금(적금, 퇴직금, 유가증권, 부동산 매각자금), 현물출자금(창업자·투자가가 보유한 현물 : 사업장, 차량, PC 등), 투자가자금(후원금, 주주출자금, 동업자자금, 기관투자가 자금)의 3가지로 분류할 수 있으며, 타인자금은 정책금융(창업지원자금), 일반금융(은행, 저축은행, 보험사, 리스), 사채(친·인척, 동료, 사금융)로 분류할 수 있다.

김진영·유명철·고정소·권태형·박승민(2003)은 창업자금의 조달방법으로 창업자의 자기자본, 동업자에 의한 자금확보, 가족과 친지에 의한 자금, 금융기관 및 벤처캐피탈(venture capital)에 의한 자금, 그리고 정부에서 제공하는 지원자금의 5가지로 구분하고 있다.

또한 금융방법에 따라 분류하면, 직접금융과 간접금융으로 구분할 수도 있다. 먼저 직접금융이란 자금의 공급자가 직접 기업의 주식이나 사채(社債, corporate bond)를 매입함으로써 이루어지는 금융거래를 말하는데, 직접금융이 이루어지는 시장을 증권시장 또는 자본시장이라 한다. 이에 비하여, 간접금융은 은행이나 금융기관을 통해 대출을 받는 방법을 말한다. 여기에서 직접금융은 다시 다음과 같이 소액공모, 유상증자, 사채발행, 외자조달의 4가지로 나누어진다(김진영 · 유명철 · 고정소 · 권태형 · 박승민, 2003).

가) 소액공모: 공모금액이 20억원 미만인 유가증권(일반적으로 유가증권이라 함은 재산적 권리(가치)가 표창된 증서로서 유통을 원활히 하기 위하여 권리를 증권으로 표시한 것이다. 이에는 화폐증권, 상품증권, 자본증권 등이 있다)에 청약을 권유하는 활동을 말한다. 즉, 공모금액이 20억원 미만에 해당하는 유가증권을 취득하도록 신문, 방송, 잡지 등을 통한 광고, 안내문 등 인쇄물 배포, 투자설명회 개최, 전자통신 등의 방법으로 유가증권을 발행 또는 매도한다는 사실을 알리거나 취득의 절차를 안내하는 일체의 활동 등으로 청약을 권유하는 행위를 말한다. 소액공모의 예로서 전환사채(CB: convertible bond)를 들 수 있다. 전환사채는 향후 정해진 가격에 주식으로 전환할 수 있는 권리가 부여된 채권인데, 소액공모의 공모 금액은 19억 9,900만원까지만 가능하다. 유가증권신고서 제출이 면제되는 소액공모는 20억원 미만만 가능하기 때문에 이런 식으로 기준의 '턱밑'에서 금액이 맞춰지는 경우가 많으며, 기업 입장에서는 유가증권신고서 제출이 면제되면 여러모로 편리하다. 무엇보다 절차를 신속하게 진행하여 자금을 즉시 조달할 수 있다는 장점이 있다.

나) 유상증자(신주발행): 자금조달을 위하여 신주를 발행함으로써 주식의 증가와 동시에 회사의 자산을 증가시키는 실질적인 증자를 말한다. 즉, 회사를 설립한 후에 부족한 자금을 조달하기 위해 주식을 발행하는 것으로 공모발행(capital increase by public offerings)과 사모발행(capital increase by private offerings)으로 구분한다.

① 공모발행: 회사와 관련이 없는 불특정 다수를 대상으로 모집하는 것을 말한다.

② 사모발행: 회사의 임원, 회사와 관련된 은행 및 특정 거래처만을 대상으로 유가증권을 발행하는 것을 말한다.

다) 사채발행(bond issue): 투자자로부터 장기자금을 조달하기 위해 채권발행의 형식으로 기업의 설비투자 및 거액의 운영자금 조달수단으로 이용하는데, 기업의

재무구조를 개선하는 효과가 높다. 사채발행은 다시 전환사채와 신주인수권부사채로 구분한다.

① 전환사채(CB: convertible bond): 주식으로 전환시킬 수 있는 권리가 부여된 사채를 말하는데, 주식으로 전환하기 이전에는 이자를 받을 수 있는 장점이 있다.

② 신주인수권부사채(BW: bond with warrants): 소정의 기간이 지난 후 일정한 가격으로 신주를 인수할 수 있는 권리가 부여된 사채를 말한다.

라) 외자조달: 외자조달에는 외화차입과 증권발행의 두 가지 방법이 있다.

또한, 마이창업(www.mychangup.co.kr)에서는 창업자금의 조달에 대해서 정부에서 지원하는 정책자금의 활용, 투자자금, 특허기술을 이용한 자금조달, 신용보증서(credit warranty card)를 이용한 자금조달, 개인 투자가의 창업자금의 5가지를 제시하고 있다. 여기에서 신용보증서는 신용보증제도에 의한 자금지원을 말하는데, 신용보증제도의 기본적인 구조를 보면 기업(채무자), 금융기관(채권자) 및 신용보증기금(보증인) 간의 삼각관계에 의한 금융중개의 구조로 이루어져 있다. 신용보증기금은 정부와 금융기관의 출연에 의하여 조성되는 기본재산을 재원으로 하여 신용은 있으나 담보가 부족하여 자금조달에 어려움을 겪는 중소기업에 신용보증서를 발급하고 있다.

4. 창업자금 지원기관의 소개

현재 국내에는 다양한 형태의 창업자금을 지원해 주는 기관들이 있는데, 자금지원의 형태 및 조건들이 자주 변경되기 때문에 정기적인 인터넷검색 혹은 상담을 통해서 지원조건 등에 대해 알아봐야 한다.

4.1 창업자금지원기관의 총정리

앞에서도 일부 언급이 되었지만, 창업자금지원기관 혹은 창업자금에 대한 정보를 종합적으로 제공하고 있는 웹사이트들을 정리해 보면 다음과 같다. 물론 개별 기관별로 자금지원의 대상 및 조건이 다르다는 것을 생각해야 한다.

(1) 중소기업청(www.smba.go.kr)
(2) 중소기업진흥공단(www.sbc.or.kr)
(3) 기술보증기금(www.kibo.or.kr)
(4) 신용보증기금(www.kodit.co.kr)
(5) 신용보증재단(지역별로 설립되어 있음)
 ① 서울신용보증재단(www.seoulshinbo.co.kr)
 ② 경기신용보증재단(www.kgsb.co.kr)
 ③ 제주신용보증재단(www.jejusinbo.co.kr)
 ④ 인천신용보증재단(www.icsinbo.or.kr)
 ⑤ 부산신용보증재단(www.busansinbo.or.kr)
 ⑥ 대구신용보증재단(www.ttg.co.kr)
(6) 소상공인지원센터(www.semas.or.kr)
(7) 한국여성경제인협회(www.womanbiz.or.kr)
(8) 근로복지공단(www.welco.or.kr)
(9) 한국장애인고용촉진공단(www.kepad.or.kr)
(10) 여성부(www.mogef.go.kr)
(11) 마이크로크레디트(Microcredit)
 ① 사회연대은행(www.bss.or.kr)
 ② 신나는 조합(www.joyfulunion.or.kr)
(12) 중소기업을 위한 종합정보서비스(www.bizinfo.go.kr, www.spi.go.kr)
(13) 전국 창업선도대학(sundo.kised.or.kr)
(14) 전국의 창업보육센터(www.bi.go.kr)
(15) 창업진흥원(www.kised.or.kr)

(16) 창업넷(www.changupnet.go.kr)

최근에 와서 창업자금지원에 대해서는 언론에 수시로 발표가 되기 때문에 자주 언론기사를 검색하는 것도 많은 도움이 된다. 또한 창업자의 거주 지역에 있는 위의 기관들의 위치를 잘 파악해 두고, 수시로 방문을 하는 것도 필요하다. 한편, 위에서 제시한 창업자금지원기관들의 홈페이지를 방문하면서 조사하고 확인해야 할 사항들은 다음과 같다.

① 무상으로 받을 수 있는 창업자금이 있는가?

② 투자형태로 지원받을 수 있는 창업자금은 있는가?

③ 창업자금을 받기 위한 조건 및 자격은 무엇이며, 준비가 되어 있는가?

④ 중복하여 받을 수 있는 창업자금은 있는가?

⑤ 지원하는 창업자금의 주요 용도는 무엇인가?

⑥ 이미 창업자금을 지원받은 사람들을 만나볼 수는 있는가?

4.2 소상공인지원센터

중소기업청에서는 소상공인들의 창업활성화 및 경영개선을 촉진하기 위해 1999년부터 '소상공인 창업 및 경영개선자금'을 지원해 오고 있는데, 자영업자들이 가장 손쉽게 창업자금을 지원받을 수 있는 제도라고 할 수 있다. 소상공인지원센터에서는 사업계획 및 개인신용정보 등 기초정보에 대한 간단한 평가와 조회를 거쳐 자금추천서를 발급 받을 수 있으며, 은행별 대출조건과 금리 등을 토대로 가장 유리한 조건의 은행을 선택할 수 있다.

소상공인지원센터의 자금지원대상은 소상공업을 창업하고자 하는 제조업, 광업, 건설업, 운송업, 도소매업, 기타 서비스업에 해당된다. 또한 창업 외에도 경영개선을 하고자 하는 기존 사업체 인수, 이전·확장 또는 업종·업태 변경, 사업장 시설개선 또는 설비구입 등이 해당된다. 다만, 사치 성향적 소비나 투기를 조장하는 업종, 금융기관의 불량거래자 혹은 불량거래처로 규정 중인 예비창업자는 제외된다.

소상공인지원센터에서 지원하는 자금의 대출한도는 5천만원이며, 전국 소상공인지원센터에 대한 자세한 정보는 소상공인시장진흥공단(www.semas.or.kr)에서 확인할 수 있다.

4.3 근로복지공단

(1) 자립점포 임대지원

근로복지공단에서는 창업을 희망하는 산재근로자에게 확고한 자립기반을 구축해나갈 수 있도록 임대점포를 지원하고 있는데, 서울시 및 광역시는 전세금 1억원 이내의 전세점포를, 기타지역은 전세금 7천만원 이내의 전세점포를 지원하고 있다. 다만, 월 80만원 이내의 월세가 포함된 경우 지원자 부담으로 지원이 가능하다. 지원기간은 임대차 계약기간 1년 또는 2년을 단위로 최장 5년까지 연장이 가능하다.

신청자격은 먼저 안산·광주재활훈련원 수료(예정)자, 식업훈련비용지원사업에 의한 소정의 직업훈련과정을 수료한 자, 진폐증으로 산업재해보상보험법에 의한 장애급여를 지급 받은 자, 사석기본법 또는 국가기술자격법에 의한 자격증(공인 받지 아니한 민간자격증과 도로교통법에 의한 운전면허증 제외)을 취득한 자로서, 채권확보 및 전세권 설정이 가능한 점포에 한하고 있다. 자세한 내용은 근로복지공단 홈페이지(www.welco.or.kr)의 공단사업안내 내에 있는 재활사업(자립점포 임대지원)에서 확인할 수 있다.

(2) 장기실업자 자영업 창업지원

신청자가 희망하는 1억원 이내의 전세점포(전세권설정이 가능한 점포에 국한)를 공단이 임차(계약)하여 이를 대여하며, 월세점포의 경우 공단이 정한 한도액 범위 내에서 본인부담의 보증보험 가입 또는 월세(관리비 포함) 보증금 납부시 지원이 가능하며, 전세점포와 마찬가지로 공단의 점포지원금에 대해서는 전세권 설정이 가능해야 한다.

신청자격은 3개월 이상 실업상태에 있는 장기실업자로서 아래의 각 호에 해당해야 한다.

① 전직실업자로서 세대주인 자

② 전직실업자로서 실업기간 중 이수한 창업훈련관련 직종, 본인 보유의 국가기술 자격증 또는 실직전 1년 이상 종사한 관련 업종으로 창업하고자 하는자(부양가족 및 세대주요건 불필요)

③ 신규 청년실업자로서 전공 및 보유 국가기술자격증 관련업종으로 창업을 희망하는 자

(3) 실직여성가장 자영업지원

신청자가 희망하는 1억원 이내의 전세점포(전세권설정이 가능한 점포에 국한)를 공단이 임차(계약)하여 이를 대여하는데, 2001. 7. 1.부터는 월세가 일부 있는 점포의 경우에도 해당월세를 본인이 직접 부담할 경우에 한하여 지원하고 있다. 다만, 월세점포의 경우 공단이 정한 한도액범위 내에서 본인부담의 보증보험 가입 또는 월세(관리비포함)보증금 납부시 지원이 가능하며, 전세점포와 마찬가지로 공단의 점포지원금에 대해서는 전세권 설정이 가능하여야 한다.

신청자격은 배우자의 사망 또는 이혼 후 가족을 부양해야 하는 여성가장, 배우자가 심신(정신)장애·사고·질병 등으로 노동능력이 상실되어 가족을 부양해야 하는 실직여성가장, 배우자가 교도소(형 확정일로부터 6월 이상 경과) 등의 사유로 배우자를 대신하여 가족을 부양하여야 하는 실직여성가장(미혼모, 임산부 포함), 그리고 미혼여성가장으로 가족을 사실상 부양하여야 하는 여성가장이어야 한다.

4.4 한국여성경제인협회

신청자가 원하는 점포를 한국여성경제인협회가 계약당사자로 직접 임차하여, 신청자에게 대여하는데, 채권확보를 위해 전세권(근저당권) 설정, 전세보증보험 가입 및 이행(지급) 보증보험의 가입 등이 필요하다. 또한 점포임차금에 한하여 지원하며, 기타 인테리어 비용, 권리금 등은 지원하지 않는다.

한국여성경제인협회에서 지원하는 창업자금은 창업을 희망하는 저소득 여성가장으로 아래에 해당하는 여성에 한하게 된다.

① 소득기준: 월 170만원 이하/재산기준: 7천만원 이하

② 여성가장: 배우자의 사망, 이혼, 장기실직 1년 이상의 경우 또는 노동능력 상실 등으로 사실상 가족을 부양하는 여성. 미혼여성일 경우에도 부양가족이 있는 경우는 가능(부모님의 경우 63세 이상)

③ 부양가족 중 자녀가 25세 미만인 경우 해당

④ '국민기초생활보장법'에 의한 기초생활보장수급권자 및 한부모가족지원법상의 모자가정, 국가보훈대상자 가산점 부여

한국여성경제인협회에서 지원하는 여성가장 창업자금 지원사업에 대한 자세한 내용은 한국여성경제인협회 홈페이지(www.womanbiz.or.kr)의 주요사업에서 확인할 수 있다.

4.5 한국장애인고용촉진공단

(1) 자영업 창업자금 융자

자영업 창업융자대상자는 창업을 희망하는 모든 장애인이다. 하지만, 만 20세 미만인 자, 재직근로자, 사업주(사업자등록증상의 개업일을 기준으로 하여 1년이 경과한 사업주) 또는 창업자금을 융자받은 후 원리금 상환 중에 있거나 영업장소 전대지원을 받고 있는 경우는 제외된다. 금액은 1인당 5천만원 이내에서 융자를 받을 수 있는데, 융자금은 은행을 통하여 대출이 이루어지므로 은행의 여신규정에 따라 채권보전조치(담보제공 등)를 받게 된다.

(2) 영업장소 전대지원

창업을 희망하나 담보능력이 부족하여 융자금을 받기 어려운 장애인에게 공단이 영업장소를 빌려주는 제도이며, 자영업 창업을 희망하는 모든 장애인이 신청자격이 있다. 하지만, 만 20세 미만인 자, 재직근로자, 사업주(사업자등록증상의 개업일을 기준으로 하여 1년이 경과한 사업주) 또는 창업자금을 융자받은 후 원리금 상환 중에 있거나 영업장소 전대지원을 받고 있는 경우는 제외된다.

장애인을 위한 자영업 창업자금 융자와 영업장소 전대지원에 대한 자세한 내용은 한국장애인고용촉진공단 홈페이지(www.kepad.or.kr)의 서비스안내에서 참고하면 된다.

4.6 중소기업진흥공단

중소기업진흥공단에서는 기술력과 사업성을 갖춘 예비창업자와 중소·벤처기업을 적극 발굴, 지원하여 중소·벤처기업의 창업을 촉진하고, 창업초기 중소기업을 육성함으로써 산업발전 및 고용창출을 도모하고자 중소벤처창업을 지원하고 있다. 지원대상은 창업을 준비 중인 자 또는 중소기업창업지원법시행령 제3조에 의한 사업 개시일로부터 3년 미만(신청·접수일 기준)인 중소기업이며, 제조업을 영위하거나 영위하고자 하는 자는 공장등록증을 보유하거나 소유할 수 있어야 한다.

중소벤처창업자금의 지원범위는 크게 시설자금과 운전자금으로 세분된다.

① 시설자금

- 생산 및 연구개발시설, 공공 s/w, 중고시설
- 임차보증금 및 사업장 매매자금
- 법원, 자산관리공사, 금융기관을 통한 경락자금
- 사업장 건축공사비(토지구입비 제외)

② 운전자금

- 연구개발비용, 생산에 필요한 원부자재 구입비용

중소벤처창업자금에 대한 자세한 내용에 대해서는 중소기업진흥공단 홈페이지(www.sbc.or.kr)의 자금융자를 참고하면 된다.

성공창업학

뭐니뭐니 해도 머니(money)가 문제인가? 이제 겨우 시작하면서부터 다른 사람의 돈으로 시작해야 하는 이유는 무엇인가? 자금이 부족하면 규모를 줄이는 것이 좋다. 현재 보유하고 있는 자금 중 일부만 사용해서 시작해야 위험을 줄일 수 있는데, 제대로 알지도 못하는 창업시장에 뛰어들면서 무리하게 여기서 빌리고 저기서 빌리면 얼마나 힘이 들지를 생각해 봐야 한다. 본인의 생각대로 잘 되면 다행인데, 요즈음처럼 경기전망이 어둡고 한치 앞도 제대로 모르는 상황에서 투자를 받아서 하면 된다든지 아니면 어디 돈 좀 빌릴 곳이 없는가 하는 생각부터 하는 것은 안 된다는 것이다. 돈 한푼 없어도 시작할 수 있는 창업이 얼마든지 많은데, 크고 화려한 창업만 생각하는 사람들이 너무 많다는 것이다.

제 7 장

세무회계 및 재무관리

1. 회계의 중요성

김진영 · 유명철 · 고정소 · 권태형 · 박승민(2003)은 회계의 중요성을 다음과 같이 설명하고 있다. [그림 7-1]에 제시된 것과 같이, 창업기업에서의 회계는 경영자와 이해관계자들과의 커뮤니케이션을 위한 도구라고 할 수 있다. 기업을 둘러싸고 있는 다양한 이해관계자들이 궁금해하는 다양한 사항에 대해 쉽게 설명을 해 줄 수 있는 도구라는 것이다.

따라서, 일단 창업을 하면, 기업과 관련된 다양한 이해관계자들에게 기업의 실태를 정확하게 알려 주어야 하는 책임이 있다는 것이다. 그렇지 않을 경우에는 기업의 경영에 애로를 겪을 수도 있고, 법적인 책임이 따를 수도 있다는 것을 명심해야 한다.

사실 대부분의 예비창업자들은 세무와 회계의 중요성은 인정하지만, 실제로 전문적인 지식이 부족하여 세무와 회계를 소홀히 하는 경우가 많다. 나중에 세무조사를 받게 되거나 엄청난 세금에 깜짝 놀라는 경우가 많은데, 평소에 세무사 혹은 공인회계사와 계약을 체결하여 장부의 정리라든가 세금문제에 대해 자

그림 7-1 창업기업에서 회계의 중요성

이해관계자		정보이용목적
경영자	⇨	회사의 경영실적은 얼마나 될까?
종업원	⇨	올해 임금은 얼마나 더 오를까?
채권자	⇨	돈을 빌려 주어도 되는 회사일까?
주 주	⇨	올해 배당금은 얼마나 될까?
투자자	⇨	이 회사에 투자해도 될까?
거래처	⇨	이 회사와 계속 거래해도 안전할까?

문을 받는 것이 매우 중요하다. 현실적으로 창업을 하게 되면, 언제든지 자문을 받을 수 있는 공인회계사 혹은 세무사가 반드시 있어야 하는 것이며, 세금을 적게 내겠다는 생각을 버리고 번 만큼 낸다는 생각을 가져야 할 것이다.

2. 장부기장

먼저 장부기장이란 사업자(개인 혹은 법인)가 각종 거래에서 발생하는 모든 거래의 내역을 증빙서류에 의거하여 장부에 기록하는 것을 말하는데, 장부기장에는 반드시 작성해야 하는 주요장부와 주요장부의 부족부분을 보완해 주는 보조장부로 구분한다.

2.1 주요장부

주요장부란 전표(분개장, 모든 거래내용을 분리해서 발생 순서대로 기록하는 장부) 및 총계정원장(general ledger, 기업회계상의 모든 계정을 수록한 장부)과 같이 회계처리상 반드시 작성해야 하는 장부를 말하는데, 사업을 할 때에 자산의 증감, 부채의 증감, 자본의 증감, 이익의 발생, 손실의 발생이 생길 때마다 반드시 전표를 작성해야 한다.

전표의 작성시에 현금입금거래는 입금전표, 현금출금거래는 출금전표, 현금의 입금과 출금이 수반하지 않는 대체거래는 대체전표(transfer slip)를 작성해야 한다. 이때 출금전표는 지출결의서와 겸용할 수가 있다.

한편, 총계정원장은 각 계정과목을 집합시킨 장부를 말하는데, 이를 이용하여 재무제표(손익계산서, 재무상태표)를 작성하게 된다.

① 진표(분개장): 진표(slip)는 일정한 양식에 거래의 내용을 기입하기 위한 종이 쪽지를 말한다.

② 총계정원장: 기업회계상의 모든 계정을 수록한 장부를 말한다.

2.2 보조장부

보조장부는 총계정원장의 부족함을 보완해 주는 명세장으로 주요장부인 총계정원장은 개별 거래내역을 구체적으로 알 수가 없으므로, 자세한 거래내용을 알고 있어야 할 필요가 있는 경우에 회사의 실정에 맞춰 필요한 보조장부를 사용하면 된다(김진영 · 유명철 · 고성소 · 권태형 · 박승민, 2003). 일반적으로 많이 사용하는 보조장부는 다음과 같다.

① 현금출납장: 현금의 수입과 지출을 기장한다.

② 거래처원장: 매출처별 외상채권의 발생과 소멸사항을 기재한다.

③ 받을어음기입장: 어음의 수입과 지출을 기재한다.

④ 재고원장: 재고자산의 입고와 출고사항을 기재한다.

⑤ 지급어음기입장: 거래에서 발생한 어음상 채무의 발생과 소멸을 기재한다.

⑥ 매출장: 매출품목, 수량, 단가 등을 기재한다.

⑦ 매입장: 매입품목, 수량, 단가 등을 기재한다.

⑧ 원가원장: 원가계산기간별 원가원장을 말한다.

⑨ 판매비와 일반관리비명세장: 급료, 여비 · 교통비 등을 항목별로 발생내용을 기재한다.

⑩ 제조경비명세장: 제조에 필요한 여비 · 교통비, 소모품비 등을 항목별로 발생내용을 기재한다.

⑪ 기타 손익부: 영업외수익 · 비용, 특별이익 · 비용, 법인세 등의 항목을 기재한다.

2.3 복식부기 의무자와 간편장부 대상자

장부기장은 크게 복식부기에 의한 기장과 간편장부에 의한 기장으로 구분하게 된다. 여기에서 먼저 복식부기에 대해서 살펴보면, 복식부기(bookkeeping by double entry)는 기업의 자산과 자본의 증감 및 변화하는 과정과 그 결과를 계정과목을 통하여 대변(creditor: Cr)과 차변(debtor: Dr)으로 구분하여 이중기록·계산이 되도록 하는 부기형식을 말하는 것으로, 단식부기와 상대되는 개념이다. 복식부기는 거래의 이중성 또는 대칭관계를 전제로 하였고, 한 거래를 계정기입법칙에 의거하여 대차양변에 동시에 기입함으로써 대변과 차변의 각 합계가 일치되어 대차평균의 원리가 성립되며, 이 원리에 의하여 복식부기가 자기통제기능 또는 자동검증기능을 수행할 수 있는 것이다.

원칙적으로는 모든 사업자는 복식부기에 의한 기장을 해야 한다. 하지만, 복식부기에 의한 기장은 누구나 할 수 있는 쉬운 작업이 아니다. 회계에 대한 기초적인 지식을 갖추어야 하고, 또한 세법에 대해서 어느 정도 알고 있어야 복식부기에 의한 기장을 할 수 있는 것이다. 그러므로, 복식부기에 의한 기장을 하기 위해서는 인건비, 프로그램 구입비 등 추가적인 비용지출이 필요하게 되는 것이다.

그런데, 수입금액이 일정 수준에 미달하는 소규모 사업자의 경우, 이렇게 복식부기에 의한 기장을 한다는 것은 또 하나의 큰 부담이 아닐 수 없다. 이 때문에, 정부에서는 수입금액이 일정 수준에 미달되는 소규모 영세사업자를 세법으로 정하여 간편장부에 의한 기장을 하도록 하고 있는데, 이를 간편장부 대상자라고 한다. 간편장부에 의한 기장은 복식부기에 의한 기장과는 달리, 사업자라면 누구나 쉽고 편리하게 작성할 수 있도록 만들어진 간편장부를 이용하여 사업과 관련된 거래 내용을 기록하는 것으로서, 아주 기초적인 작성방법만을 익히면 누구든 그리 어렵지 않게 작성할 수 있다. 간편장부 대상자의 기준은 [표 7-1]과 같다.

현행 세법은 직전년도 수입금액이 [표 7-1]에 제시된 금액에 미달할 경우 및 당해 연도 신규사업자인 경우에는 이들을 간편장부 대상자로 정하고 있다. 그리고, 간편장부 대상자가 아닌 모든 사업자는 복식부기 의무자로 하여, 반드

표 7-1 간편장부 대상자 기준

업종 기준	직전년도 수입금액
도매업, 소매업, 부동산매매업, 농업, 축산업, 임업, 어업, 수렵업, 기타업종	3억원
제조업, 건설업, 음식·숙박업, 전기·가스 및 수도사업, 운수업, 창고업, 통신업, 금융·보험업	1억 5천만원
부동산임대업, 서비스업	7천 5백만원

시 복식부기에 의한 기장을 하도록 하고 있다(blog.empas.com/iksancom).

3. 사업자등록에 따른 세금

창업자가 사업자등록을 하게 되면 세금을 납부해야 하는데, 크게 개인사업자 또는 법인사업자에 따라 달라진다. 국세청 홈페이지(www.nts.go.kr)에서는 개인사업자, 법인사업자, 신규사업자, 영세사업자 등으로 구분하여 신고 및 납부해야 하는 세금에 대하여 자세하게 알려주고 있다. 또한 한국에서는 세법이 자주 변경이 되는데, 조세연구원(www.kipf.re.kr)의 [정보광장]－[조세제도]에서 최신 세무정보를 확인할 수 있다.

3.1 개인사업자

개인사업자의 경우에 반드시 알아야 할 중요한 세금은 소득세와 부가가치세라고 할 수 있다.

(1) 소 득 세

소득세는 매년 주소지 관할세무서에 신고하여야 하는데, 사업자가 매년 1월 1일부터 12월 31일까지의 연간 얻은 소득에 대하여 다음해 5월 1일부터 5월 31일까지 주소지 관할세무서에 신고하면 된다. 또한 매년 11월에 소득세 중간예납세액(전년도 납부한 세금의 1/2)을 납부하여야 하고(납부할 세금이 20만원 미만이면 납부하지 않음), 사업에서 손실이 발생하여 납부할 세액이 없는 경우에도 종합소득세 신고는 해야 한다.

소득세는 납세자 스스로가 장부에 의해 자기가 내야 할 세금을 계산하고 납부하여야 하는데, 기업회계기준에 의하여 장부 및 증빙서류를 작성·비치하여야 하며 이를 근거로 표준재무제표와 조정계산서를 작성하여 소득세 신고서에 첨부하여야 한다.

가) 소득세의 개념

소득세는 사업을 통해 얻은 소득에 대하여 내는 세금을 말한다. 여기서 소득이란 1년간 총수입금액에서 원가 등 필요경비를 공제한 금액을 말한다.

소득금액 = 연간 총수입금액 − 필요경비

연간 총수입금액은 당해 사업연도 1년 동안의 상품, 제품 등의 판매가액, 용역을 제공하고 받은 대가 등 당해 사업에서 발생한 1년간의 총매출액이 대부분을 차지하게 되는데, 일반적으로 매출장에 그 기록을 유지한다. 이 밖에 소득세법은 판매장려금수입, 외상매입금 결제시 발생하는 매입할인액 등 사업과 관련하여 당해 사업자에게 귀속되거나 귀속될 모든 금액의 합계액을 총수입금액으로 규정하고 있다.

한편, 각 사업연도의 총수입금액에 대응되는 필요경비는 판매한 상품의 매입가격과 부대비용(제조기업의 경우에는 판매한 제품에 투입된 원료의 매입가격과 부대비용), 종업원 인건비 및 사업을 위해 지출한 판매비와 일반관리비 등이고 매입장 및 경비장에 그 기록을 유지한다.

나) 과세표준 및 산출세액의 결정

사업소득만 있는 사업자의 당해 사업연도의 과세표준은 사업소득금액에서 기본공제, 추가공제, 특별공제 등 소득공제를 한 금액이다.

과세표준 = 사업소득 − 소득공제

여기에서 소득공제는 세금부담을 줄여주기 위해서 생활에 필요한 최소한의 경비를 소득금액에서 차감하여 과세표준을 계산하도록 하고 있는데, 이를 종합소득공제라고 한다. 종합소득세 신고시 소득공제 대상을 정확히 알고 챙겨서 공제를 받는 것도 절세의 한 방법이다. 종합소득공제는 근로자의 경우와 근로자가 아닌 경우의 공제 내용이 다르게 되어 있는데, 사업자의 경우 기본공제, 추가공제, 연금보험료공제, 표준공제, 기부금공제, 연금지축공제 등으로 구성되어 있다(blog.naver.com/kyh1335).

사업소득만 있는 사업자의 종합소득 산출세액은 과세표준에 기본세율을 적용하여 계산한다.

산출세액 = 과세표준 × 기본세율

기본세율은 초과누진세율로 다음의 [표 7-2]와 같이 최저 6%부터 최고 38%까지 5단계로 되어 있어 소득이 많을수록 더 많은 세금을 내게 된다.

표 7-2 세율(2015년 현재)

종합소득과세 표준	세율
1천 200만원 이하	6%
1천 200만원 초과 4천 600만원 이하	15%
4천 600만원 초과 8천 800만원 이하	24%
8천 800만원 초과 1억 5천만원 이하	35%
1억 5천만원 이상	38%

다) 장부가 없는 경우의 소득세 계산

사업자가 자신의 매입매출액에 관한 내용을 장부에 빠짐없이 기록하고 있는 경우에는 비치 기장된 장부에 의하여 소득금액을 산출하여 소득세를 계산한다. 그러나 장부가 없는 경우에는 단순경비율 혹은 기준경비율에 의하여 소득금액을 추정하고 이 소득금액에 의하여 소득세를 계산한다. 여기에서 단순경비율을 적용하는 제도는 장부나 증빙이 없더라도 일정 금액을 자동으로 경비로 인정해 주는 방법으로 소득금액을 계산하게 된다.

또한 기준경비율을 적용하는 제도에서는 사업자라면 당연히 증빙서류를 받아야 할 사업에 기본적 경비인 주요 경비(매입비용, 인건비, 임차료)는 증빙서류

표 7-3 기준경비율제도의 적용대상자

업 종	직전연도 수입금액	당해연도 수입금액
농업 및 임업, 어업, 광업, 도·소매업, 부동산매매업 및 기타 아래에 해당하지 아니하는 업	6,000만원	3억원
제조업, 숙박 및 음식점업, 전기·가스 및 수도사업, 건설업, 운수업, 통신업, 금융 및 보험업	3,600만원	1억 5천만원
부동산임대업, 사업서비스업·교육서비스업, 보건 및 사회복지사업, 오락·문화 및 운동관련 서비스업과 기타 공공·수리 및 개인서비스업, 가사서비스업	2,400만원	7천 5백만원

[적용례] 한식점을 운영하는 사업자의 '08귀속 수입금액이 5천만원인 경우 2010년 5월('09 귀속) 신고시 '08 귀속 기준수입금액이 3천 6백만원 이상이므로 기준경비율 적용대상자임.

에 의해 인정하고, 나머지 비용은 정부가 정한 기준경비율에 의해 필요경비를 인정하게 된다. 한편, 직전연도 수입금액의 합계액이 업종별로 [표 7-3]의 금액 이상인 사업자는 '기준경비율 적용대상자'에 해당된다.

(2) 부가가치세

가) 부가가치세의 개념

부가가치세(value added tax: VAT)란 물건 값에 부가가치세가 포함되어 있어 물건을 팔 때 받은 세금에서 물건을 살 때 지불한 세금을 차감한 차액을 납부하는 것이다. 소득세는 사업 결과 얻어진 소득(이익)에서 내는 세금으로 소득이 없으면 세금을 내지 않을 수 있지만, 부가가치세는 소비자가 부담한 세금을 잠시 보관했다가 국가에 내는 세금으로 사업자가 가져야 할 이윤에서 내는 세금이 아니다. 즉, 부가가치세를 요약하면 아래와 같다.

① 분기별로 1년에 2차례 사업자의 신고에 의하여 정부에 납부하는 세금이다. 단, 법인사업자는 1년에 4번 신고해야 한다.

② 부가가치세는 사업장별로 사업자등록을 하고 사업장별로 납부한다.

③ 기본적으로 매출세액에서 매입세액을 차감한 금액이 납부할 세액이다.

④ 매출세액은 거래 상대방에게 매출할 때 물품(혹은 서비스) 대금에 10%를 붙여서 거래 징수한 금액이다.

⑤ 매입세액은 거래 상대방으로부터 공급받은 재화와 용역의 대가에 포함되어(역시 10%) 상대편에게 거래 징수당한 금액이다.

나) 부가가치세의 계산방법

납부할 세액(부가가치세) = 매출세액 – 매입세액

부가가치세는 일반과세자와 간이과세자에 따라 매출세액과 매입세액의 계산방법이 다르게 적용된다. 자세한 사항은 [표 7-4]를 참고하면 된다.

[표 7-4]에서 매출세액을 계산할 때에 공급가액(value of supply)과 공급대가(amount of supply)라는 용어가 있는데, 이것은 재화나 용역을 제공하고 지급받은 대가를 말한다. 공급대가는 공급가액과 유사한 개념이지만 부가가치세법은 공급가액과 공급대가를 구분하여 사용하고 있다. 먼저, 공급가액이란 부가가치세액을 포함하지 않은 순수한 재화 또는 용역의 교환가치만을 말하는 것으로 일반과세사업자의 과세표준이 되는 금액이다. 그러나 공급대가란 재화 또는 용역의 교환가치와 그에 따른 부가가치세액을 포함한 금액으로서 간이과세자는 공급대가를 과세표준으로 하여 부가가치세액을 계산한다(네이버 용어사전, terms.naver.com).

또한 간이과세자에게 적용하는 업종별 부가가치율을 살펴보면, 제조, 전기·가스업, 소매업의 경우 20%, 농·어업, 건설, 부동산 임대는 30%, 음식·숙박·운수·통신업의 경우 40%(소매업은 5%, 음식점 및 숙박업은 10% 인하)이다. 한편, [표 7-4]에서 보면 의제매입 세액공제라는 것이 있는데, 의제매입 세액이라는 것은 부가가치세가 면제되는 재화를 구입하여 매입세액이 없는 경우에도 일정

표 7-4 부가가치세의 계산방법

구분	일반과세자	간이과세자
매출세액	공급가액×10%	공급대가×업종별 부가가치율×10%
세금계산서 발행	의무적으로 발행	발행할 수 없음
매입세액 공제	전액 공제	매입세액×업종별 부가가치율
의제매입 세액공제	모든 업종에 적용	음식업 사업자만 적용
기장의무	매입, 매출장 등 기장의무	주고받은 영수증 및 세금계산서만 보관하면 기장한 것으로 봄

한 요건에 해당하는 때에는 그 매입가액 중에 일정한 매입세액이 포함되어 있는 것으로 간주하여, 계산한 일정액을 매출세액에서 공제하는 세액을 말한다(네이버 용어사전, terms.naver.com). 예를 들어, 쌀이나 고기, 야채 등 원재료를 구입해 음식을 판매하는 경우 구입비용의 5/105(일반업종은 매입가액의 2/102)를 매입세액으로 공제받을 수 있다.

나) 부가가치세가 면제되는 경우

국민의 기초생활과 관련된 것이나 저소득층의 세금부담 경감 혹은 기타 정책적 목적으로 일부 재화(상품) 혹은 용역(서비스)의 공급에 대해서는 부가가치세를 면제하고 있다. 즉, 생활필수품을 판매하거나 의료 · 교육관련 용역(서비스) 등을 제공하는 경우에 대해서는 부가가치세가 면제된다. 예를 들어, 다음과 같은 경우에는 부가가치세가 면제된다. 하지만, 부가가치세 면세사업자는 부가가치세는 신고할 의무가 없으나 1년에 한 번(매년 1월 1일부터 1월 31일까지) 사업장 현황신고는 해야 한다.

① 기초생활 필수품

- 가공되지 아니한 식료품(쌀, 채소, 육류, 어류, 건어물 등)
- 국내에서 생산된 식용이 아닌 농산물 · 축산물 · 수산물 · 임산물
- 수돗물, 연탄, 여객운송용역(항공기, 고속버스, 택시 등 제외)

② 국민후생용역

- 의료보건용역(의료용역, 장의용역 등)
- 교육용역(정부의 인가 또는 허가를 받은 학원, 교습소 등)
- 주택(국민주택규모 이하)

③ 문화관련 재화 · 용역: 도서, 신문, 잡지, 방송(광고 제외)

④ 생산요소

- 토지(토지의 임대는 과세)
- 저술가 · 작곡가 등이 직업상 제공하는 인적 용역
- 금융 · 보험용역

⑤ 기 타: 우표, 판매가격이 200원 이하인 담배 등

성공창업학

부가가치세를 잘못 신고하였거나 신고하지 못한 경우

부가가치세를 잘못 신고한 경우에는 수정신고나 경정청구의 방법을 통해서 해결할 수 있는데, 수정신고는 이미 신고한 과세표준 및 세액 등이 실제보다 적게 신고된 경우에 이를 정정하여 신고하는 것이다. 경정청구는 이미 신고, 결정된 과세표준 및 세액 등이 정당한 과세표준 및 세액 등에 비하여 과다한 경우에 이를 정정하여 결정하여 줄 것을 촉구하는 납세의무자의 청구를 말한다. 한편, 기한 내에 부가가치세를 신고하지 못한 경우에는 불성실가산세가 부과된다.

(3) 원천징수하는 세금

원천징수(withholding)란 상대방의 소득 또는 수입이 되는 금액을 지급할 때 이를 지급하는 자(원천징수의무자)가 그 금액을 받는 사람(납세의무자)이 내야 할 세금을 미리 떼어서 내는 제도이다.

① 직원에게 급여를 지급할 때 원천징수를 하여야 한다. 매월 급여를 지급할 때마다 간이세액표에 의해 소득세를 떼어 납부하고 다음해 1월분 급여를 지급할 때(미지급시는 1/31일까지) 연말정산을 해야 한다. 연말정산이란 1년간 지급한 급여총액에 대하여 내야 할 소득세를 계산하여 매월 원천징수한 소득세의 합계금액과 비교하여 남거나 모자라는 세액을 되돌려 주거나 더 떼는 절차를 말한다.

② 임직원 퇴직금을 지급할 때 원천징수하여야 한다.

③ 상금 등 기타소득을 지급할 때 원천징수하여야 한다.

한편, 최재희(2003)는 원천징수를 하여야 하는 소득을 다음과 같이 정리하고 있다.

① 이자소득

② 배당소득

③ 봉급, 상여금 등의 갑종근로소득

④ 퇴직급여 등의 갑종퇴직소득

⑤ 상금, 강연료 등 일시적 성질의 기타소득

⑥ 원천징수 대상 사업소득

⑦ 음식, 숙박업소 등의 봉사료

(4) 개별소비세

개별소비세(특별소비세가 2008년에 명칭 변경)는 사치성 상품의 소비에 중과하기 위해서 부과되는 소비세인데, 다음과 같은 사업을 하는 경우에 납부해야 한다. 따라서, 일반적인 창업에는 거의 해당이 없다.

① 카바레, 나이트클럽, 요정, 살롱, 디스코클럽 등 과세유흥장소를 이용하는 사업

② 보석, 귀금속판매

③ 고급가구, 모피의류 등의 제조

성공창업학

재화 또는 용역의 거래시 증빙서류

(1) 일반과세자: 세금계산서, 신용카드매출전표, 영수증

(2) 간이과세자: 신용카드매출전표, 영수증

(3) 면세사업자: 계산서, 영수증

세금계산서의 필요적 기재사항

(1) 공급하는 사업자의 등록번호와 성명 또는 명칭

(2) 공급받는 자의 등록번호

(3) 공급가액과 부가가치세액

(4) 작성연월일

3.2 법인사업자

개인이 얻은 소득에 과세하는 것이 소득세라면 법인세는 법인이 얻은 소득에 과세하는 것이다. 소득세법상 소득세의 과세대상이 되는 소득은 열거하여 규정하므로 열거되지 않은 소득에 대해서는 납세의무가 없지만, 법인세는 법인이 얻은 모든 순자산의 증가액에 대하여 과세를 한다. 법인사업자의 경우에 법인세 외에 부가가치세 및 원천징수는 개인사업자와 같은 방법으로 신고·납부한다([표 7-5]를 참고).

표 7-5 부가가치세 및 소득세의 신고, 납부

신고구분	대상자	신고대상	신고, 납부기간
부가가치세	법인사업자	1.1~3.31간의 사업실적 4.1~6.30간의 사업실적 7.1~9.30간의 사업실적 10.1~12.31간의 사업실적	4.1~4.25 7.1~7.25 10.1~10.25 다음해 1.1~1.25
	일반사업자	1.1~6.30간의 사업실적 7.1~12.31간의 사업실적	7.1~7.25 다음해 1.1~1.25
		※ 4월, 10월은 신고없이 세무서장이 고지하는 예정고지 세액만 납부 – 예정고지된 사업자라도 조기환급을 받고자 하는 경우 및 직전과세기간 공급가액 또는 납부세액의 1/3에 미달하는 경우에는 예정신고 가능	
	간이과세자	10.1~12.31간의 사업실적	다음해 1.1~1.25
		※ 7월은 신고없이 세무서장이 고지하는 예정고지 세액만 납부 – 예정고지된 사업자라도 직전년도 공급가액 또는 납부세액의 1/3에 미달하는 경우에는 예정신고 가능	
사업장현황신고	부가가치세 면세사업자	1.1~12.31간의 사업실적	다음해 1.1~2.10
소득세	개인	1년간의 소득금액	다음해 5.1~5.31
	성실신고확인 대상사업자	1년간의 소득금액	다음해 5.1~6.30

*자료: 굿맨행정사(blog.naver.com/goodjungmo).

(1) 법인세 납세의무 범위

가) 각 사업연도소득에 대한 납세의무

법인이 계속해서 사업을 할 때, 당해 사업과 관련하여 발생한 소득에 대해 사업연도별로 납세의무를 지는 가장 통상적인 납세의무를 말한다.

나) 청산소득에 대한 법인세

기업이 계속된다는 전제하에 각 사업연도소득에 대한 법인세를 규정한다면, 기업이 청산하여 완전히 소멸되는 경우에는 청산소득에 대해 납세의무를 진다. 예를 들면, 각 사업연도소득에 대한 법인세는 시가 상승분을 인정하지 않고 청산시 시가 상승분 등을 고려하여 과세한다.

다) 토지 등 양도소득에 대한 법인세

부동산투기의 재발에 신속히 대응하기 위하여 투기지역으로 고시하는 지역에 소재하는 토지와 건물의 양도소득에 대해서는 법인세와 합산하여 과세한다. 양도가액에서 장부가액을 차감하여 계산한 양도소득의 10%(미등기자산 20%)로 한다(주택의 양도 차익에 대하여는 30%). 토지 등 양도소득에 대한 법인세는 정규법인세에 합산하여 신고·납부하여야 한다.

(2) 법인세 과세기간

법인세는 법인의 사업연도 단위로 소득을 집계하여 과세표준 및 세액을 산출하여 계산한다. 사업연도는 법인의 정관 등에 규정하거나 사업연도신고를 해서 정할 수 있으며(1년을 초과할 수 없음), 정관 등에 규정 없이 사업연도신고도 없는 경우는 매년 1월 1일부터 12월 31일까지를 사업연도로 본다.

(3) 법인세 과세표준

과세표준에 세율을 곱하면 산출세액이 되는데, 각 사업연도 소득금액에서 이월결손금·비과세소득금액·소득공제액을 차감하면 과세표준이 된다. 각 사업연도 소득금액은 순자산의 증가액에서 순자산의 감소액을 차감하여 구하게 된다. 과세형평 등의 사유로 순자산이 감소했더라도 일정 범위 내에서만 인정하는 경우도 있다.

각 사업연도 소득 = 순자산의 증가액(익금) − 순자산의 감소액(손금)

*익금: 사업에서 생기는 수익금액 외에 사업과 관련하여 발생하는 자산의 양도금액, 자산의 평가차익, 무상으로 받은 자산의 가액 등도 익금에 포함된다.
*손금: 제품의 원가 및 인건비 외에 사업과 관련하여 지출한 접대비, 복리후생비 등을 포함하며 세법에서 특별히 정책목적으로 인정하는 특정손금이 있다.

그러나 실질적으로는 손익계산서상의 당기순이익에서 세무조정을 하여 각 사업연도의 소득금액을 산출하게 된다.

결산서상 당기순이익 (+) 익금산입 및 손금불산입 = 각 사업연도 소득금액
(−) 손금산입 및 익금불산입
세 무 조 정

(4) 법인세 세율

2005년 1월 1일 이후 개시사업연도에 대해서는 과세표준금액 1억원을 기준으로 하여 1억원까지 금액에 대해서는 13%를 적용하고, 1억원을 초과하는 금액에 대해서는 25%를 적용한다.

① 과세표준금액이 1억원 이하: 과세표준×13%

② 과세표준금액이 1억원 초과: 1,300만원+(과세표준−1억원)×25%

(5) 신고 · 납부기산 및 가산세

납세의무가 있는 법인은 각 사업연도의 종료일이 속하는 달의 말일부터 3개월 이내에 당해 사업연도의 소득에 대한 법인세의 과세표준과 세액을 납세지 관할세무서장에게 신고하고 당해 세액을 관할세무서 등에 납부하여야 한다. 12월말 법인인 경우 3월 31일까지 신고 · 납부하여야 한다. 법정기간내 신고 · 납부하지 않는 경우는 가산세의 제재가 있다.

가) 법인세 신고기한

사업연도 종료일이 속하는 달의 말일부터 3개월내 '법인세 과세표준 및 세액신고서'를 작성하여 납세지 관할세무서장에게 신고해야 한다.

나) 법인세 신고시 꼭 제출하여야 할 서류

① 재무상태표와 포괄손익계산서

② 이익잉여금처분계산서

③ 세무조정계산서

④ 기타 부속서류

다) 법인세의 납부

법인세 신고서에 기재된 납부세액을 법인세 신고기한 내에 가까운 은행 또는 우체국에 납부하여야 한다.

라) 법인세의 분납

납부할 세액이 1천만원을 초과하는 경우에는 1천만원 초과분을 납부기한과 그 다음달 1개월 이내(중소기업의 경우 2개월 이내)로 나누어 납부할 수 있다.

4. 창업과 관련된 세금 및 세제혜택

4.1 점포관련 세금

(1) 점포매입시

① 지방세: 취득시에는 등록세와 취득세를 납부해야 하고, 보유시에는 종합토지세와 재산세를 납부해야 한다.

② 국세: 사업자등록을 필한 후 점포집기, 사무용품, 인테리어, 주방기구 등을 구입시에 세금계산서를 받아두면, 나중에 부가가치세의 환급이 가능하다. 위 자산의 가액은 소득세 계산시 비용처리를 하거나 자산 계상 후 점차 감가상각하여 비용으로 계산하면 소득세의 절감이 가능하다.

(2) 점포임차시

① 지방세는 없다.

② 점포임대차 계약서의 확정일자를 관할세무서에서 받아야 한다.

③ 국세: 시설투자 및 재고매입분은 부가가치세를 환급(공제)받을 수 있으며, 소득세 절감도 가능하다.

④ 기타: 매출과표관리를 위해 카드 체크기를 설치해야 하며, 장부 기장으로 절세 근거를 마련해야 한다.

4.2 창업기업의 세제혜택

현재 정부에서는 창업기업에 대해 다양한 세제혜택을 부여하고 있다. 그렇기 때문에 창업준비 단계에서부터 어떤 혜택이 있는지를 알아보는 것이 필요한데, 대부분의 예비창업자들이 세무지식이 부족한 것을 감안하여 공인회계사 혹은 세무사의 도움을 받는 것이 필요할 것이다.

5. 재무제표(재무상태표와 손익계산서)의 이해

5.1 재무제표의 개념

사업자는 수시로 사업과 관련한 재산상태와 부채상태를 점검하여야 한다. 그럼으로써 현재의 부채상태가 적절한 수준인지 파악하고, 재산의 구성내용이 적절한지에 대하여도 고려할 필요가 있다. 사업과 관련한 특정시점의 재산상태와 부채상태를 일정기준에 따라 일목요연하게 나열한 표를 재무상태표(혹은 대차대조표)라고 한다.

또한 사업자는 사업을 통한 영업활동의 결과로 일정기간 동안 얼마만큼의 소득을 올렸는지 파악할 필요가 있다. 영업활동의 구성내용이 건전한지를 판단하고 당연히 가사를 위한 인출은 소득금액의 범위 내로 제한하여야 한다. 일정기간 동안의 영업활동의 내용을 일정기준에 따라 일목요연하게 나열한 표를 손익계산서(income statement)라고 한다.

이러한 대차대조표, 손익계산서 등을 재무제표(financial statement)라고 하는데, 재무제표는 회계실체의 일정기간(회계기간) 동안의 경제적 사건과 그 기간말에 있어서의 경제적 상태를 나타내기 위한 일련의 회계보고서라고 할 수 있다(네이버 백과사전, 100.naver.com). 이러한 재무제표가 하는 중요한 역할은 다음과 같다(중소기업청, 2002.4).

가) 개별자산의 수익률과 위험을 파악할 수 있다. 창업기업이 투자가의 입장에서 어떤 자산에 일정 금액을 투자하면 그로부터 일정한 투자수익이나 현금흐름을 얻게 되는데, 이것을 원래의 투자금액과 비교함으로써 계산되는 것이 투자수익율이다.

투자수익률 = (투자수익 – 투자액) / 투자액

이러한 수익률은 다시 이미 발생한 수익률(실현수익률)과 미래에 발생할 수익률(기대수익률)로 구분할 수 있다.

나) 기업 포트폴리오(portfolio)의 위험성을 분석할 수 있다. 기업 자산들의 조합이라고 할 수 있는 포트폴리오의 수익률과 위험에 대해 파악할 수 있는데, 특히 포트폴리오의 구성으로 인한 위험감소효과를 평가할 수 있다는 것이다. 이러한 위험감소효과는 크게 다음의 두 가지로 구분한다.

① 체계적 위험(systematic risk): 위험감소효과는 그 한계가 있어서 어느 단계에 이르면 더 이상의 위험감소는 일어나지 않는데, 이때 포트폴리오에 포함되는 자산의 수를 아무리 늘려도 더 이상 제거할 수 없는 위험을 말한다. 체계적 위험은 시장위험(market risk) 혹은 분산불가능 위험이라고도 한다. 체계적 위험은 인플레이션, 금리변동, 유가인상 등 경제전반의 영향 때문에 발생하는 위험이다.

② 비체계적 위험(unsystematic risk): 포트폴리오를 구성하여 제거할 수 있는 위험을 말하며, 분산가능위험이라고도 한다. 비체계적 위험은 특정 기업에만 존재하는 기업 고유의 위험을 말한다.

다) 이외에도 재무제표는 다음과 같은 목적을 위해 사용된다(중소기업청, 2002.4).

① 방금 끝난 회계기간 동안의 영업결과의 결정

② 채권자에 의한 소매기업의 건전성의 평가

③ 세금계산서나 정부에 제출하는 보고서의 작성에 필요한 정보제공

5.2 대차대조표

K씨는 오로라상사라는 이름으로 천체망원경 사업체를 경영하고 있다. K씨는 1999년 1월 1일 사업을 개시하였으며, 최초에 조달한 2억원으로 점포 임차보증금을 5천만원 지급하였고, 망원경을 1억원어치 구입하였다. 또 점포 인테리어 및 책상, 사무용 컴퓨터 등 집기비품 구입비로 3천만원을 지출하였다. 나머지 2

천만원은 예금으로 보유하고 있다. 이 시점의 재산 및 부채 상황표 즉, 대차대조표를 만들어 보자(박두진, 2006).

일반적으로 재무관리에서는 임차보증금, 판매할 상품 재고, 집기비품 등 재산적 가치 있는 유형·무형의 재산권을 총칭하여 자산이라고 한다. 그리고 재무관리에서 말하는 부채는 우리가 일상적으로 쓰고 있는 부채와 거의 동일한 개념이다. 대차대조표를 왼쪽과 오른쪽으로 구획을 갈라 작성할 때 자산은 대차대조표의 왼쪽에 기재하고 부채는 오른쪽에 기재한다. 그리고 자산은 위에서부터 빨리 현금화할 수 있는 순서대로 기재하고 반대로 부채는 빨리 갚아야 하는 순서대로 기재한다. 그리고 재고자산은 판매가격이 아닌 매입원가로 기록하고 파손 및 진부화로 가치가 감소한 부분이 있으면 그 부분만큼 재고자산에서 감액시켜야 한다. 이 원칙에 의하여 오로라상사의 대차대조표를 작성하면 아래와 같다.

대차대조표

오로라상사 1999년 1월 1일

자 산	금 액	부채와 자본	금 액
현금과 예금	20,000,000	단기차입금	50,000,000
재고자산	100,000,000	사채	50,000,000
임차보증금	50,000,000	부채총계	100,000,000
집기비품	30,000,000	자본금	100,000,000
자산총계	200,000,000	부채와 자본총계	200,000,000

대차대조표의 왼편을 차변(debtor: Dr)이라 하고 오른편을 대변(creditor: Cr)이라 한다. 대차대조표의 차변 기록은 자산의 구성내용을 표시해 주고, 대변은 총자산의 조달원천이 어떠한지를 표시해 준다. 위에 작성한 오로라상사의 대차대조표에 의하면 현금과 예금(혹은 현금등가물, 현금과 동등한 실현가치를 가진 재산), 재고자산 등 총자산은 200,000,000원이고 그 조달 원천은 단기차입금, 사채 및 자기자본이 각각 50,000,000원, 50,000,000원 및 100,000,000원임을 알 수 있다.

한편, 사업 개시 시점부터 1년이 경과한 후 오로라상사의 1999년 12월 31일

현재의 자산상태와 부채상태를 파악한 자료는 다음과 같다. 이 자료에 의하여 대차대조표를 만들어 보자.

자산상태

현금과 예금 25,000,000

외상 채권 65,000,000

망원경 재고 70,000,000

임차보증금 50,000,000

집기비품 24,000,000

자산총계 234,000,000

부채상태

은행 단기차입금 80,000,000

미지급금 12,000,000

사채 50,000,000

부채총계 142,000,000

대차대조표

오로라상사 1999년 12월 31일

자 산	금 액	부채와 자본	금 액
현금과 예금	25,000,000	단기차입금	80,000,000
외상매출금	65,000,000	미지급금	12,000,000
재고자산	70,000,000	사채	50,000,000
임차보증금	50,000,000	부채총계	142,000,000
집기비품	24,000,000	자본금	100,000,000
자산총계	234,000,000	총 계	242,000,000

전통적으로 대차대조표는 차변의 자산총계와 대변의 부채와 자본 총계가 일치하게 작성한다. 여기서는 설명을 위하여 의도적으로 대차일치를 시키지 않았다.

사업 개시 시점과 대비하여 1년이 지난 연말 시점의 자산·부채상황을 볼 때 자산은 34,000,000원 증가하였고 부채는 단기차입금 30,000,000원, 집세, 전기요금, 인건비 등 각종 미지급채무 12,000,000원으로 총 42,000,000원이 증가하였다. 따라서 자산의 증가액보다 부채의 증가액이 8,000,000원 더 많다. 이것은 영업활동의 결과 순손실이 발생했거나 순이익을 초과하는 수준으로 인출하여 가사 경비로 사용하였거나 둘 중의 한 가지 이유이나. 원인 분석을 위해서는 손익계산서의 작성이 필요하다.

5.3 손익계산서

오로라상사의 1999년 1년 동안의 연간 수지현황을 항목별로 집계한 결과가 다음과 같다.

연간매출액 420,000,000원
지출
1. 매입원가 300,000,000원
2. 판매비관리비 40,000,000원
3. 지급이자 18,000,000원
지출합계 358,000,000원
세전이익 62,000,000원

판매비와 일반관리비는 인건비, 집세, 전기 및 수도료, 전화 및 통신비 등으로 구성된다. 오로라상사의 1999년 1년 동안의 영업활동의 결과를 손익계산서 서식에 맞추어 표시하면 아래와 같다. 손익계산서의 구성내용은 지속적으로 과거 자료와 비교하고 동종의 다른 업체 자료와도 비교하여 미래를 위한 피드백 자료로 삼아야 한다.

손익계산서

오로라상사 1999.01.01~1999.12.31

매출액	420,000,000
매출원가	300,000,000
매출총이익	120,000,000
판매비와 일반관리비	
인건비	26,000,000
복리후생비	3,000,000
지급임차료	5,000,000
감가상각비	6,000,000
접대비	×××
차량유지비	×××
운반비	×××
통신비	×××
수도광열비	×××
지급수수료	×××
판매비와 일반관리비 합계	40,000,000
영업이익	80,000,000
영업외비용	
지급이자	18,000,000
세전이익	62,000,000
소득세비용(20%로 가정)	12,400,000
당기순이익	49,600,000

6. 재무관리

6.1 재무관리의 개념

재무관리는 기업가치의 극대화 목표를 달성하기 위하여 필요한 자금을 조달하고, 조달된 자금을 운용하는 것과 관련된 재무의사결정을 보다 효율적으로 수행하기 위한 기법이라고 할 수 있다(창업넷, www.changupnet.go.kr). 즉, 재무관리는 자금의 조달 및 조달된 자금의 운용에 대한 업무를 수행하게 된다.

6.2 재무관리의 목표

전통적으로 이익극대화는 그 개념이 단순하여 이해하기 쉽고 합리적인 사고를 할 수 있는 사람은 누구나 수긍할 수 있다는 점에서 기업의 목표로서 널리 받아들여지고 있다. 그러나 이익극대화가 기업의 목표로서 과연 타당한가에 대해서는 회계적 이익 개념의 모순, 현금흐름의 발생시기 무시, 미래현금흐름의 불확실성 무시 등의 논란의 여지가 있어 기업의 목표로서 적합치 못하다는 의견이 대두되었다.

따라서 전통적인 이익극대화 목표의 개념상의 문제점을 극복하여 보다 타당한 재무관리 목표로 정립된 것이 기업가치 극대화의 목표이다. 기업가치는 투자결정을 통하여 기업이 벌어들일 미래의 기대현금흐름을 그 실현시기와 불확실성을 적절히 고려하여 할인한 현재가치의 합을 말한다(창업넷, www.changupnet.go.kr).

6.3 재무관리의 기능과 의사결정

재무관리는 금융시장을 통하여 투자에 필요한 자금을 조달해서 조달된 자금으로 기업의 목표를 달성할 수 있도록 효율적으로 투자활동을 전개함으로써 새로운 가치를 창출하고자 하는 것이므로, 재무관리의 핵심적인 재무의사결정은 투자결정과 자본조달결정으로 요약할 수 있다(창업넷, www.changupnet.go.kr).

한편, 중소기업청(2002.4)에서는 재무관리의 주요 기능을 다음과 같이 설명하고 있다.

① 어떤 자산을 보유하여 기업활동을 할 것인가를 결정한다. 창업을 할 때에는 유동자산(재고자산, 현금, 예금, 유가증권 등)과 고정자산(부동산, 기계설비 등)을 보유하게 되는데, 특히 고정자산의 종류와 구성에 대한 결정을 기업의 투자결정이라고 한다.

② 자산의 보유에 소요되는 자본을 어떤 방법으로 조달할 것인가에 대하여 결정한다. 먼저, 주식회사의 경우에는 주식발생을 통한 자본의 조달이 가능한데, 이것을 자기자본이라고 한다. 또한 은행으로부터의 차입 등을 통한 자본의 조달이 가능한데, 이것은 타인자본 혹은 부채라고 한다. 즉, 재무관리는 자기자본과 타인자본의 구성, 고정부채(장기부채)와 유동부채(단기부채)의 구성 등에 대해 결정을 하게 된다.

③ 자산으로부터 발생하는 현금흐름의 배분에 관한 결정을 한다. 창업 후 창출한 현금은 소위 말하는 기업의 성과 혹은 이익이라고 할 수 있다. 이러한 현금흐름은 각종 지급이자와 법인세를 우선 납부하는 데 사용되게 될 것이며, 나머지는 기업에서 자의적으로 처리할 수 있다. 여기에는 대체로 두 가지의 방법이 있는데, 이렇게 기업내부에 유보되는 현금흐름과 배당금의 규모를 결정하는 과정을 배당정책이라고 한다.

- 기업내부에 유보시킨다.
- 주주들에게 배당한다.

④ 기업의 자산과 자본을 적절하게 조화시킨다. 즉, 기업은 자산을 유동자산과 고정자산으로 분류하고, 자본을 단기자본(유동부채)과 장기자본(자기자본과 고정부채)으로 분류를 한 후에 어떤 자산을 어떤 형태의 자본을 사용하여 보유할 것인지를 결정한다.

이때에 유동자산과 고정자산의 구성, 즉 총자산 중에서 얼마만큼의 유동자산을 보유할 것인가에 대한 의사결정을 운전자본관리라고 한다. 또한 운전자본관리에 의하여 유동자산의 규모를 결정하고, 이를 기초로 유동자산 중에서 얼마만큼을 장기자본으로 조달할 것인가를 결정하는 과정이 순운전자본관리이다.

성공창업학

창업을 하게 되면 돈이 들어가게 되고 돈이 들어오게 된다. 즉, 투입된 자금이 어떻게 사용되어 어떤 결과를 발생시키는지에 대해 잘 관리할 수가 있어야 한다. 세금 또한 반드시 납부해야 하는 것이지만 세법을 잘 알면 절세할 수 있는 방법 또한 많은 것이 사실이다. 또한 적어도 1년, 3년 혹은 5년 정도의 기간을 두고 창업기업의 자금

흐름이 어떻게 될 것인가에 대해 늘 체크를 해야 하는데, 적자가 나더라도 자금의 흐름이 끊기지 않도록 해야 한다. 그렇기 때문에 창업자는 세무회계 그리고 재무관리에 대한 지식을 갖추어야 하며, 재무제표를 읽고 이해할 수 있는 능력을 가져야 한다.

제 8 장

창업자가 알아야 하는 법률

많은 예비창업자들이 간과하기 쉬운 문제 중의 하나가 바로 창업과 관련된 각종 법률이다. 잘 모르고 있기도 하지만, 창업 준비단계에서부터 해당되는 법률에 위반되지 않는가를 철저하게 점검하지 않는다는 것이다. 따라서 로앤비(www.lawnb.com) 혹은 국가법령정보센터(www.law.go.kr)에서 창업분야와 관련된 법률들을 찾아서 구체적으로 확인하는 것이 필요하며, 또한 해당 법률이 언제, 어떻게 개정되었는가도 살펴보는 것이 필요할 것이다.

1. 상가건물임대차보호법

2002년 11월에 중소상인(소상공인)의 임대보증금을 보호하려는 취지에서 시행되었다. 상가건물임대차보호법은 임대인에 비해 상대적으로 약자인 영세상인들이 안정적으로 생업에 종사할 수 있도록 지난 2001년 12월 29일 제정되어 2002년 11월 1일부터 시행하게 되었는데 임차인의 권익보호를 위한 법령의 주요내용은 다음과 같다.

① 임대차 존속기간 보장: 최대 5년간의 계약갱신 요구권을 보장받는다.

즉, 특별한 사유가 없는 한 최장 5년 동안 자동연장이 가능하게 되었다.

② 대항력 발생: 임차인이 건물을 인도 받고 사업자등록을 신청하면, 이후 건물소유주가 바뀌어도 새로운 소유주에 대해 임차권을 주장할 수 있다.

③ 임대료 인상 상한선 설정: 연 9%의 범위 내에서 인상이 가능하도록 하였다.

④ 우선변제권 보장: 일정보증금액(서울지역 2억 4천만원) 범위에 해당하는 임차인이 대항력을 취득하고, 확정일자를 받은 경우 전세권 등기와 같은 효력을 인정하여 경매·공매시 후순위 채권자보다 우선 변제받을 수 있다.

⑤ 최우선변제권 보장: 최우선변제권의 보호범위 안에 해당하는 임차인이 건물을 인도받고 사업자등록을 하여 대항력이 발생하였을 때, 건물주가 부도가 나더라도 경매가액의 1/3 범위 안에서 보증금 중 일부를 찾을 수 있다는 것이다. 즉, 점포의 세입자들은 일반 담보권자들에 우선하여 건물가액의 33%(3분의 1) 범위 안에서 최우선변제권을 갖게 되었다.

하지만, 이 법의 보호를 받으려면 보증금과 월세 규모, 건물에 설정된 담보권리 관계 등을 따져 건물을 정하는 등 절차적 조건을 갖추어야 한다(동아일보, 2003년 6월 10일).

① 일정액을 초과하는 보증금 및 월세 금액은 보호대상에서 제외된다. 예를 들어, 대구지역은 월세에 100을 곱한 금액과 보증금을 더한 금액이 1억 6,000만원 이하일 때 보호된다.

② 임차한 건물에 저당권이 설정되어 있을 경우는 권리보호에 어려움이 많다. 건물이 팔려 소유자가 변경되면 괜찮지만 경매물건이 되면 권리보호가 어렵다. 이 법 시행일 이전에 저당권이 설정된 경우 그 이전부터 입주해 있던 임차인이라도 건물이 경매되면 보증금을 받기 어렵다.

③ 상가 임차권을 주장하려면 관할 세무서에 사업자등록을 하는 것도 필수다. 사업자등록 때 해당 건물의 주소와 호수까지 정확히 기입해야 한다. 일부 건물은 출입문에 적힌 호수와 건축물대장의 호수가 달라 사업자등록이 잘못될 수도 있다. 폐업신고를 하면 사업자등록이 반납되고 상가 임차권도 상실된다. 보증금을 돌려 받을 때까지 폐업보다 휴업으로 처리하는 것이 좋다.

④ 이 법은 임차건물에서 계약기간 연장을 통해 최소 5년간 영업할 수 있도

록 보장하고 있다. 그러나 법 시행일 전에 세든 임차인은 건물주가 재계약 또는 연장을 해야 이 혜택을 받을 수 있다.

한편, 상가건물임대차보호법은 2013년 8월 13일자로 영세자영업자의 보호를 좀더 강화하는 방향으로 개정되었다.

성공창업학

상가건물임대차보호법을 제대로 알고 계시나요?

얼마 전에 대학원에 재학 중인 학생이 유리제품 전문점을 창업했다고 해서 방문한 적이 있다. 차량이 많이 다니는 대로변에 점포를 오픈하였고, 인테리어가 무척이나 잘 된 것 같았다. 유리제품 전문점이라서 그런지 조명이 밝아서 지나가는 사람들이 점포 내에 진열된 유리제품들을 구경도 하고, 밝은 조명에 주변의 점포들과는 차별되게 눈에 띄었다.

지열된 제품구경도 하면서 보증금, 권리금, 월임대료 등을 물어보았다. 그것은 2002년 11월 1일부터 시행되고 있는 상가건물임대차보호법에 대해 제대로 알고 계약을 하였는지가 궁금했기 때문이다. 상가건물임대차보호법은 사회적·경제적 약자인 임차인을 보호하기 위해 시행되고 있지만, 모든 상가건물의 임대차에 대해 적용되는 것은 아니고 지역에 따라 다르게 정해진 일정한 보증금액 이하인 임차인의 경우에만 적용된다는 사실을 알아야 한다.

즉 상가건물을 임차한 임차인의 보증금액이 서울시의 경우에는 4억원 이하, 수도권 과밀억제권역(인천·의정부·구리·하남·남양주 일부지역·고양·과천·성남·안양·부천·광명·수원·의왕·군포·시흥)의 경우에는 3억원 이하, 광역시(인천시·군지역 제외)의 경우에는 2억 4천만원 이하, 그리고 나머지 지역의 경우에는 1억 8천만원 이하의 경우에만 상가건물임대차보호법의 적용을 받는다는 것이다(상가건물법 제2조 제1항, 시행령 제2조 제1항).

예를 들어, 대구광역시에 있는 점포의 보증금이 6천만원이고, 월 임차료가 110만원인 경우를 살펴보자. 여기에서 임차인이 지급한 보증금 이외에 차임이 있는 경우에는 이를 월 단위로 환산한 금액에 100을 곱해 산출한 금액을 기존의 보증금에 포함시켜서 계산, 보증금액을 산출하게 된다(상가건물법 제2조 제2항, 시행령 제2조 제2항·제3항). 따라서, 월차임 110만원에 100을 곱해 산출된 1억 1천만원을 보증금 6천만원과 합산한 1억 7천만원이 보증금액이 되는 셈이다. 즉 대구광역시의 경우 1억 6천만원 이하에서만 상가건물임대차보호법이 적용되므로, 이 경우에는 상가건물임대차보호법의 적용을 받지 못한다는 것이다. 따라서, 이러한 경우에는 월 임차료 및 보증금을 조정하여 상가건물임대차보호법의 보호를 받을 수 있도록 하는 것이 필요할 것이다.

2. 특허출원

새로운 물건이나 방법을 최초로 발명했을 경우 권리를 갖기 위해서는 특허청에 출원해 등록을 받아야 한다. 그러나 출원신청을 하기 전에 타인에 의해 이미 등록이 되었는지 여부와 시중에 공지되거나 쉽게 창작할 수 있는 기술인지 등을 알아보아야 한다. 특허청 심사과정에서 국내외의 선행기술 등을 모방한 출원은 등록되지 않고 거절되기 때문이다. 또한 지폐위조기와 도박기구·아편흡입기구 등 공공질서와 풍속을 문란하게 하거나 공중위생을 해칠 염려가 있는 발명 및 국방상 필요한 경우에는 특허로 등록되지 않는다(문화일보, 2003년 6월 9일).

특허와 실용신안·의장(2006년 7월부터 디자인으로 변경), 상표 등 산업재산권을 출원하려면 우선 특허청에 출원인이나 대리인(변리사) 코드부여 신청을 해 자신의 고유번호를 받아야 한다. 이후 출원서와 요약서, 명세서, 도면, 수수료 납부영수증 등을 제출해야 된다.

출원방법은 특허청 종합민원실과 서울사무소를 직접 방문하거나 우편으로 제출해도 되며, 특허청 홈페이지(www.kipo.go.kr)를 통한 온라인 출원도 가능하다. 접수된 서류는 기술담당 분야별로 심사관이 출원기술의 신규성과 창작성 등을 심사해 등록 여부를 결정하게 된다.

심사처리 기간은 특허와 실용신안의 경우 약 21개월, 의장(디자인)은 9개월, 상표는 11개월 정도 소요된다. 그러나 타인이 무단으로 이용하거나 긴급처리가 필요한 출원으로 우선심사 신청대상일 경우 심사청구 순서에 관계없이 우선적으로 심사하는 우선심사제도를 이용하면 2개월 이내에 심사에 착수하게 되어 훨씬 빨리 등록 여부를 알 수 있다.

사실, 특허출원은 창업자가 직접 하기에는 어려움이 많기 때문에 변리사(patent attorney)에 의뢰하여 출원하는 것이 좋다. 또한 가능하면 전담 변리사를 정해서 자주 협의를 하는 것이 필요할 것으로 생각한다. 다만, 지적재산권을 출원했다고 해서 당연히 권리가 보장받는다고 생각해서는 안 된다는 것인데, 늘 새로운 것들이 나오고 그러한 것들이 특허로 등록되기 때문이다.

3. 가맹사업거래 공정화에 관한 법률

프랜차이즈 사업이 활성화되는 시대적 추세에 따라 프랜차이즈 본부와 가맹점주간의 분쟁을 규율하기 위해 2002년에 제정된 법인데, 프랜차이즈 본사가 난립하고, 경험이 없는 소자본 창업자들이 본사 말만 믿고 창업했다가 실패의 나락으로 빠지는 경우를 막자는 취지에서 제정되었다. 이 법에는 가맹본부가 가맹사업자에게 정보공개서를 제출할 의무가 있음을 명시하고 있으며, 정보공개서에는 회사 및 임직원에 관한 사항, 가맹사업자의 부담, 영업활동 조건 및 제한, 가맹본부의 가맹사업 현황, 가맹영업개시와 상세 절차, 소요시간, 교육훈련 프로그램, 점포 예정지 근처의 사업자 10군데의 명칭과 소재지, 전화번호 등의 내용이 담겨야 한다는 것을 규정하고 있다.

따라서, 프랜차이즈 본사를 통해서 가맹점 형태로 창업을 하려는 예비창업자들은 이 법에 의해서 사전에 본사에 대한 충분한 정보를 제출 받은 후에 철저한 분석을 실시한 후에 가맹점 계약을 해야 할 것이다. 특히 예비창업자의 입장에서는 본사와의 문제가 발생했을 때를 생각하여 가맹비의 반환 여부에 관심이 있을 것인데 다음의 경우에는 가맹비의 반환이 가능하다(박경환, 2006).

① 가맹계약을 맺기 전: 가맹본부가 허위 또는 과장광고를 제공하였거나 정보공개서에서 중요한 사항을 빠뜨린 경우에 가맹희망자가 가맹금의 반환을 요구하는 경우

② 가맹계약을 맺은 뒤: 허위 또는 과장된 정보나 정보공개서에 빠뜨린 내용이 계약 체결에 중대한 영향을 준 것으로 인정되어 가맹사업자가 계약을 맺은 날부터 2월 이내에 가맹금의 반환을 요구하는 경우

③ 가맹본부가 사업을 그만둔 경우: 가맹본부가 정당한 사유없이 가맹사업을 중단하고 가맹사업자가 중단일로부터 3월 이내에 가맹금의 반환을 요구하는 경우

현재 가맹사업거래 공정화에 관한 법률은 2008년도에 크게 개정이 되어 가맹점 계약자에 대한 보호를 강화하는 측면에서 프랜차이즈 본사가 정보공개서를 공정거래위원회의 가맹사업거래 홈페이지(franchise.ftc.go.kr)에 등록하게 하는 등 여러 측면에서 보완이 이루어졌다.

4. 개인사업자등록 신청

창업 후 사업을 개시하였다면 20일 안에 관할 세무서에 사업자등록을 신청해야 한다. 물론 사업개시 전에도 사업자등록을 신청할 수 있다. 개인사업자등록을 낸다는 것은 사업과 관련한 모든 권리와 의무 활동의 주체가 자기 자신에게 귀속된다는 것을 의미한다. 점포를 임대했다든지, 집에서 소호 창업을 했다든지, 타인의 점포 및 사무실 일부를 재임대했다든지 등 여러 가지의 경우에 관계없이 해당 사업장 소재지 관할 세무서에 사업자등록을 신청하면 된다.

요즈음 창업상담을 해 보면, 집에서 소호형태 혹은 사이버 공간상에서 상품을 판매하는데 굳이 사업자등록을 할 필요가 있느냐고 반문하는 사람들이 많다. 즉, 점포도 없이 장사를 하는데, 사업자등록을 하지 않아도 문제가 되지 않는다고 생각하는 예비창업자들이 많다는 것이다. 하지만, 일단 창업을 한다면 반드시 사업자등록은 해야 하고, 그렇지 않으면 나중에 낭패를 볼 수 있다는 것이다.

5. 허가 · 등록 · 신고업종

창업하고자 하는 업종이 허가, 등록, 신고를 필요로 하는 사업일 경우는 관련 법규를 검토한 후 해당 관청에 신청서를 제출해야 한다. 예를 들어 필요한 최소 시설을 갖추고 일정 면적을 초과하는 경우 관련 면허증을 가진 사람을 채용하거나, 관련 교육 이수증을 첨부해야 하는 등의 절차가 필요한 업종도 있다. 어떤 업종은 일정한 자격요건을 갖추지 않으면 그 사업을 할 수 없도록 제한하는 경우도 있다.

5.1 인허가의 종류

(1) 허가업종

허가업종이란 정부에 사업을 시작하겠다고 신고를 한 후 사업자가 일정한 요건을 갖추었다고 판단되면 허가를 내주는 업종이다. 예를 들어, 식품제조 및 가공업, 의약품제조업, 화장품제조업, 먹는샘물제조업, 의료용구 및 위생용품제조업, 고압가스판매업, 용역경비업, 소방용기계기구제조업, 숙박업, 식품접객업, 음식점업, 유기장업, 유료노인복지시설, 유료직업소개소업, 석유판매업(주유소), 의약품도매업, 전당포업, 폐기물처리업, 중고자동차매매업, 인터넷 컴퓨터 게임방 등이 있다.

(2) 신고업종

해당 행정기관에 사업내역을 신고하기만 하면 영업이 가능한 업종을 말한다. 소규모 창업 업종은 신고업종이 대부분이다. 또한 기존의 허가업종들도 규제개혁 차원에서 점차 신고업종으로 바뀌어가고 있는 추세이다. 예를 들어, 장난감제조업, 세척제제조업, 건설기계매매업, 무역업, 무역대리업, 먹는샘물수처리제 및 용기수입업, 기술관련서비스업, 결혼상담업, 교습소, 노래연습장, 동물병원, 만화대여업, 목욕탕업, 세탁업, 옥외광고업, 위생관리용역업, 이미용업, 장례식장업, 체육시설업, 혼인예식장업 등이 있다.

(3) 등록업종

정부나 지방자치단체에 사업자로 등록이 되어야만 사업을 시작할 수 있는 업종이다. 예를 들어, 부동산중개업, 비디오감상실, 안경업소, 약국, 자동차운전알선업, 음반판매업, 창고업, 전기용품제조업, 공해방지시설업, 승강기 및 부품제조업, 출판인쇄업, 계량기제작수리업, 농약제조판매업, 다단계판매, 외국간행물수입업, 여행업, 전문서비스업, 학원 등이 있다.

(4) 지정업종

방위산업에 관한 특별조치법 제4조에 의거한 방산물자생산업(제조업), 제조담배소매업(도소매업) 등이 있다.

(5) 면허업종

판매면허를 받아야 영업을 할 수 있는 업종을 말하는데, 주류 판매업이 이에 속하며 취급기관은 세무서이다.

(6) 인가업종

영육아보육시설이 대표적인데, 시·군·구의 인가를 받아야 한다.

(7) 인증업종

의료기사 등에 관한 법률 시행규칙 제2조의 규정에 의해 치과기공소가 예인데, 시·군·구의 인증을 받아야 한다.

(8) 통보대상

목욕장업, 세탁업, 이미용업, 숙박업 등이 그 예이다.

5.2 인허가에 따른 주요 체크항목

① 해당 업종이 인허가 대상인지를 파악한다. 즉, 업종을 선택하기 전에 인허가 여부와 담당 행정기관을 미리 파악해야 하며, 법규 및 행정기관에 대해 미리 알아보는 것이 좋다.

② 창업 업종의 법적 규제 및 이행지침을 확인한다. 예비창업자들은 법규나 시행령의 변화에도 관심을 가져야 한다. 법규 등의 변화에 따라 영업시간, 점포내부시설, 출입가능 연령 등이 바뀌기도 하기 때문이다. 심야영업제한, 청소년 출입규정이나 법규에 대해 자세히 알고 있어야 한다.

③ 법규에 따라 시설, 위치 등에 제한이 있음을 파악한다. 소자본 창업 업종은 대부분 허가가 필요 없는 신고업종이지만 몇몇 업종들의 경우에는 시설, 위치 등에 제한이 따른다는 것을 고려해야 한다.

④ 기존 업종 중에서도 정부의 허가나 선 등록을 요구하는 업종의 경우에 지침을 정확히 이행하지 않으면 영업 활성화 유무에 상관없이 강제적으로 영업정지, 세무조사, 형사조치 등을 당하게 된다.

⑤ 허가 업종이 아니더라도 신고나 등록시에는 신청서, 임대차계약서사본, 평면도 등 업종에 따라 필요한 서류가 다르므로 사전에 파악해 두는 것이 좋다.

⑥ 약국, 부동산, 미용실, 안경점 등의 자격증 사업은 제3자를 고용하여 대리 창업할 수 없다는 것을 알아 두어야 한다.

⑦ 업종에 따라서는 창업 전 미리 숙지 혹은 파악해 두지 않으면 낭패를 볼 만한 항목들이 많다. 하지만, 인허가 업종은 점차 해제되어 가는 추세이므로 시·군·구청에 사전에 문의를 하는 것이 가장 좋다.

6. 학교정화구역내 금지업종

학교보건법에 명시되어 있는 학교정화구역 안에서는 단란주점, 유흥주점, 노래연습장, 컴퓨터 게임장, 만화대여업 등의 행위를 해서는 안 되도록 규정되어 있다. 일반적으로 학교 정문 반경 50m 이내를 절대정화구역이라 하며 200m까지는 상대정화구역으로 분류한다.

상대정화구역 안에서 일부 업종은 교육청 사회체육과에 심의신청을 해서 허가를 받을 수도 있으나 허가기준에 적합한지 여부를 확인하기 전까지는 계약이나 시설을 설치하지 말아야 한다. 학교정화구역 내에서 금지된 업종은 컴퓨터 게임장, 증기탕, 노래연습장, 무도학원, 무도장, 비디오감상실, 호텔, 여관, 여인숙, 사행행위장 및 경마장, 담배자동판매기, 극장(소극장) 등이다.

7. 벤처기업육성에 관한 특별조치법

벤처기업육성에 관한 특별조치법에 대한 자세한 내용은 로앤비(www.lawnb.com)에서 확인할 수 있으며, 이번에 개정된 주요 내용은 다음과 같다(프라임경제, 2014. 12. 9).

① 대학 또는 연구기관이 신기술창업전문회사를 설립하는 경우 의무적으로 보유해야 하는 해당회사 주식의 비율을 20%에서 10%로 완화해 설립에 따르는 재정적 부담을 줄였다.

② 엔젤펀드(자본이 부족한 벤처기업에 자금을 지원, 성공할 경우 투자자금을 회수하는 고위험 고수익 자본) 참여자격을 기존 '개인'에서 대학 · 연구소가 설립한 신기술창업전문회사 · 한국벤처투자조합 등으로 확대하였다.

③ 엔젤펀드에 대한 모태조합의 출자를 허용해 창업초기 기업의 투자유치여건을 개선하고 기존 대학교원, 국 · 공립연구원, 정부출연 · 전문생산기술연구소 연구원 외 공공기관 운영에 관한 법률상 공공기관 연구원도 창업을 위한 휴직을 허용한다.

④ 교수 · 연구원 외에 벤처기업 창업자(창업 후 7년 이내 벤처기업)도 대학 및 연구소 내에 실험실 공장을 설립할 수 있도록 하고, 개별 실험실 공장의 바닥면적 제한(3,000m^2 한도) 및 연구소 건물 내 실험실 공장이 차지하는 총면적에 대한 제한(해당 건물 총면적의 50% 이내)도 폐지하였다.

8. 제조물책임법(PL법, Product Liability)

제조물책임법은 제조물의 결함으로 인하여 발생한 손해로부터 피해자를 보호하기 위해 제정된 법률(2000.1.21, 법률 6109호)이며, 2013년 5월 22일에 개정되었다.

8.1 개 념

제품의 결함이나 사용설명서의 설명부족 등으로 소비자가 생명 · 신체 · 재산에 손해를 입었을 때 제조업자나 판매업자에게 책임을 지우는 법 제도로, 기업은 제품의 품질 · 기능 · 효용에 대한 책임은 물론 해당제품의 사용 중 또는 사용 후의 환경에 대한 영향까지 책임져야 한다는 기업의 자세와 기본 이념을 표현한 것이다.

또한 미국('62), EU('88-'94), 필리핀('92), 중국('93), 일본('95.7) 등 세계 30여개국에서 이미 시행되고 있는 제도로서, 소비자 피해구제의 원활화와 제품안전 향상을 통해 소비자권익을 강화하기 위하여 추미애 의원 등 105명에 의해 의원입법 추진으로 1999년 11월 5일 국회에 제출한 '결함제조물 책임법안'이 1999년 12월 16일 국회를 통과하여 '제조물책임법'(법률 제6109호)으로 확정되어 2000년 1월 12일 공포되어 2002년 7월 1일부터 시행되었다(blog.naver.com/kawaiijy).

8.2 주요 내용

미국은 1960년대 이후 각 주에서 제조물책임법이 정비되어 무과실책임주의를 채용하고 있는데, 소송의 빈발과 지나침(85년 배상책임보험 위기가 발생하여 사회문제화 됨)이 산업 경쟁력과 기술개발 의욕을 약화시키고 있다는 지적도 있다. 영국 · 독일 등 유럽의 여러 나라도 입법화를 완료하였다. 한국에서는 제조물책임을 묻는 법적 근거로서 상품 하자에 중점을 두어 매도인의 하자담보책임을 묻는 것과 불법행위의 책임을 묻는 것(민법 750조)이 있다. 근래에 이 법제도에 근거하여 소비자보호 운동이 활발해졌다.

8.3 민법과의 차이

표 8-1 민법과 제조물책임법과의 차이

구 분	민 법	제조물책임법
책임요건	- 제조업자의 고의/과실 (불법행위/보증책임)	- 제조물의 결함 (무과실/엄격책임)
입증범위 (소비자)	- 제조업자의 고의/과실 - 손해발생과의 인과관계	- 제조물의 결함 여부 - 손해발생과의 인과관계
소멸시효	- 불법행위를 한 날부터 10년 - 손해 및 가해자를 안 날부터 3년	- 제조물 공급일부터 10년 - 손해 및 손해배상책임자를 안 날부터 3년

자료: blog.naver.com/kawaiijy.

8.4 사　례

위에서도 언급하였듯이 제조물책임법(product liability)은 제조물의 결함(설계상의 결함, 제조상의 결함, 표시상의 결함)으로 인하여 재산상 및 신체상의 피해를 입은 소비자가 제조업자를 상대로 손해배상청구를 할 수 있게 하는 법인데, 제조업자가 책임을 면하려면 결함과 사고 사이에 인과관계가 없음을 입증하여야 한다.

예를 들어, 미국 맥도날드의 사례는 뜨거운 커피를 쏟아서 발생한 경우인데 커피잔의 설계상의 결함 및 표시상의 결함에 해당된다. 근본적으로 뜨거운 커피를 담아둔 커피 용기는 충분히 손으로 들고 있을 정도로 열의 전도를 막을 수 있어야 하는데 그렇지 못했던 것이다. 또한 뜨거우므로 조심히 들고 있어야 하며 흘릴 경우 화상을 입을 수 있다는 경고를 표시했어야 했다. 근래에 들어와서 take-out 커피잔에 덧잔을 씌어 두껍게 하는 게 이 사고와 관계가 있는 것 같다(네이버 지식in, kin.naver.com).

9. 창업기업의 의무신고사항

창업준비 업무가 끝나게 되면 곧 바로 생산활동에 돌입할 수 있으나 행정적인 절차를 이행하여야 하기 때문에 등기소를 비롯하여 노동부 지방사무소, 근로복지공단, 국민건강보험공단, 국민연금관리공단 등에 등기 또는 신고해야 할 업무가 많다. 주요 내용들을 살펴보면 다음과 같다(경기지방중소기업청, 2003).

그림 8-1 창업기업의 주요 의무신고사항

부동산 등기 (관할지방법원/등기소)	⇨	- 신청서, 등기원인 증빙서류 - 주민등록등본, 법인등기부등본 - 대리인 신청시 권한 증빙서류 - 등기의무자의 권리에 관한 등기필증 (부동산등기법 제40조)
취업규칙 신고 (노동부지방사무소)	⇨	- 신고서, 취업규칙, 의견서: 근로자 1인 이상 사업장 (근로기준법 제96조)
사업장 설치계획 신고 (노동부지방사무소)	⇨	- 신고서 - 유해위험방지계획서, 각층의 건물평면도 - 기계 설비 배치도면 - 제조공정 및 기계설비구조의 표시도면 (산업안전보건법 제48조)
산업재해보험관계 성립신고(근로복지공단)	⇨	- 신고서 : 근로자 1인 이상 사업장 (산업재해보상보험법 제12조)
국민건강보험공단 관련신고 (국민건강보험공단)	⇨	- 신고서 : 보험관계 (국민건강보험법)
고용보험신고 (지방노동청/사무소)	⇨	- 신고서 (고용보험법)

9.1 건강보험

건강보험은 피보험자 또는 피부양자의 질병, 부상, 분만 및 사망 등에 대하여 보험급여를 실시함으로써 국민건강을 향상시키고 사회보장의 증진을 그 목적으로 하고 있다. 또한 건강보험은 상병이라고 하는 생활상의 사고와 분만 또는 사망이라고 하는 가계지출상의 기복으로 인하여 통상적 가계지출 외에 일시에 많은 가계지출을 하게 됨에 따라 가계가 파탄되는 것을 방지하기 위하여 보험이라는 조직기술을 통하여 가계지출의 위험을 분산함으로써 국민생활의 안정을 도모하기 위한 제도이다. 상시근로자 1인 이상 사업장은 당연적용 사업장에 해당한다.

9.2 산재보험

산재보험제도란 근로자가 사업장에서 업무상으로 부상, 질병 또는 사망한 경우에 사업주의 보상책임을 대신하여 정부에서 신속하고 공정하게 보상해 줌으로써 근로자와 그 가족들을 보호해 주는 사회보장제도이다. 사업주는 산재보험에 가입하고 소정의 보험료만 납부하면 근로기준법상 보상책임을 면하게 되므로 안심하고 기업경영을 할 수가 있다.

산재보험은 당해 사업을 개시한 날로부터 14일 이내에 사업장 관할 근로복지공단에 보험관계성립신고서를 제출하여야 한다. 또한, 사업의 폐지·종료로 인하여 보험관계가 소멸한 때에는 소멸일로부터 14일 이내에 사업장 관할 근로복지공단에 보험관계소멸신고서를 제출하여야 한다.

9.3 취업규칙 신고

상시 1인 이상의 근로자를 사용하는 사용자는 취업규칙을 작성하여 노동부장관에게 신고하여야 하며, 이를 변경하는 경우에 있어서도 또한 같다. 만약 사업장에 근로자의 과반수로 조직된 노동조합이 있는 경우에는 노동조합, 노동자의 과반수로 된 노동조합이 없는 경우에는 근로자 과반수의 의견서를 첨부하여 노동부 지방사무소에 제출한다. 이러한 취업규칙은 사업장의 모든 근로자에게 적용되므로 상용직을 대상으로 한 취업규칙만 작성하고 임시직에 관한 별도규칙을 마련하지 않는다면 임시직 역시 이미 작성·시행되고 있는 취업규칙의 적용을 받게 된다. 근로기준법 제96조에 의거 취업규칙에 포함되어야 할 주요 사항은 다음과 같다(부산광역시, 2004).

① 시업·종업의 시각, 휴식시간, 휴일, 휴가 및 교대근로에 관한 사항

② 임금의 결정·계산·지급방법, 임금의 산정기간·지급시기 및 승급에 관한 사항

③ 가족수당의 계산·지급방법에 관한 사항

④ 퇴직에 관한 사항

⑤ 퇴직금, 상여 및 최저임금에 관한 사항

⑥ 근로자의 식비, 작업용품 등 부담에 관한 사항

⑦ 근로자를 위한 교육시설에 관한 사항

⑧ 안진과 보건에 관한 사항

⑨ 업무상과 업무 외의 재해부조에 관한 사항

⑩ 표창과 직제에 관한 사항

⑪ 기타 당해 사업 또는 사업장의 근로자 전체에 적용될 사항

9.4 고용보험

고용보험은 실업의 예방, 고용의 촉진 및 근로자의 직업능력의 개발·향상을 도모하기 위하여 실시하는 것으로서, 고용보험 적용대상 사업장이 1998년 10월 1일부터 4인 이하 영세사업장을 포함한 모든 사업장으로 확대됨에 따라 사업주는 당해 보험관계가 성립한 날로부터 14일 이내에 관할 지방노동청(사무소)에 신고하여야 한다. 고용보험은 의료보험·국민연금·산업재해보상보험과 함께 4대 사회보장제도의 하나로, 1995년 7월 1일부터 시행되었다. 이에 따라 사업주와 근로자는 각각 월정급여액의 일정비율(0.3%)을 보험료로 납부해야 하며, 전국적인 고용보험 전산망 구축에 따라 지방노동사무소와 시·군·구에서 구인·구직 정보를 제공받게 된다(네이버 백과사전, 100. naver.com).

9.5 국민연금

대표이사 등 상근임원과 종업원을 합해서 1인 이상인 회사(법인)를 설립한 때에는 당연적용사업장이 되어 국민연금법 시행령 제19조의 규정에 의하여 국민연금에 의무적으로 가입하여야 한다. 그러나 임원·종업원이 4인 이하의 사업장 근로자 및 농·어민, 자영업자, 일용근로자, 주부 등은 신청에 의하여 가입할 수 있다. 국민연금에 가입하려면 '당연적용사업장해당신고서', '사업장가입자 자격취득신고서'를 법인의 사업소 소재지 관할 국민연금관리공단에 제출하여야 한다(동국대학교 창업보육센터, dvic. dgu.ac.kr).

9.6 근로자명부와 임금대장 작성

근로기준법 제40조 및 제47조의 규정에 의하여 상시근로자가 1인 이상인 경우 근로자명부와 임금대장을 작성하여야 한다. 사업자는 근로기준법 시행규칙 제19조에서 정하는 서식에 각 사업장별로 근로자의 성명, 생년월일, 이력 등을 기재한 근로자명부와 임금과 가족수당 계산의 기초가 되는 사항, 임금액 등을 기재한 임금대장을 작성하여 보존하여야 한다.

10. 기타 창업자가 알아야 하는 법률

위에서 언급한 법률 외에 창업자들은 아래의 법률에 대해서도 알아두어야 하는데, 자세한 내용은 로앤비(www.lawnb.com) 혹은 국가법령정보센터(www.law.go.kr)에서 확인할 수 있다. 아울러, 창업자가 이러한 법률들의 내용을 파악하는 것은 쉽지 않은 일이지만, 약간의 내용 혹은 기본개념 정도는 알아두는 것이 필요하다.

① 전자상거래 등에서의 소비자보호에 관한 법률

② 소득세법

③ 가맹사업 진흥에 관한 법률
④ 상표법
⑤ 소기업 및 소상공인 지원을 위한 특별조치법

성공창업학

창업은 법률에서 시작되어 법률로 마무리가 된다고 할 수 있다. 창업 자체도 법률적인 근거에 의해서 시작하듯이 각종 법률의 규제를 받게 되고, 각종 법률을 준수해야 하는 의무가 있다. 사실, 앞장에서 살펴본 세무회계도 법률에 의해 정해진 사항이다. 요즈음은 재택 창업자들이 많이 늘어나고 있는데, 일단 영리사업을 하게 되면 창업관련 법률을 준수해야 한다는 것을 명심해야 한다. 초보창업자들이 창업관련 법률에 대해 가장 손쉽게 자문을 받을 수 있는 곳은 지역 세무서, 구청 세무과, 소상공인지원센터 등이라고 할 수 있는데, 창업을 하기 전에 본인의 업종이 어떤 법률과 관련되어 있는지를 확인하고, 로앤비(www.lawnb.com) 등과 같은 사이트에서 관련 법률을 확인하거나 자문을 받는 것이 좋다.

제 9 장

지적재산권의 이해

지적재산권(知的財産權)은 지적소유권(intellectual property)이라고도 하며, 발명·상표·디자인 등의 공업소유권과 문학·음악·미술작품 등에 관한 저작권을 총칭하는 말이다. 지적재산권에 관한 문제를 담당하는 국제연합의 전문기구인 세계지적소유권기구(WIPO, World Intellectual Property Organization)는 이를 구체적으로 "문학·예술 및 과학작품, 연출·예술가의 공연·음반 및 방송, 발명, 과학적 발견, 공업의장·등록상표·상호 등에 대한 보호권리와 공업·과학·문학 또는 예술분야의 지적 활동에서 발생하는 기타 모든 권리를 포함한다"고 정의하고 있다. 이것은 인간의 지적 창작물을 보호하는 무체(無體)의 재산권으로서 공업소유권과 저작권으로 크게 분류된다. 공업소유권(industrial property)은 특허청의 심사를 거쳐 등록을 해야만 보호되고, 저작권(copyright)은 출판과 동시에 보호된다(네이트 백과사전, 100.nate.com). 지적재산권의 종류는 [표 9-1]과 같이 요약할 수 있다.

표 9-1 지적재산권의 종류

산업재산권	저작권 및 저작인접권	신지적재산권
- 특허 - 실용신안 - 디자인(의장) - 상표	- 시, 소설, 음악, 미술, 영화 등 창작물 및 복사본 - 저작자의 권리(무단복사를 금지할 수 있는 권리) - 저작인접권(실연가의 권리, 음반 제작자의 권리, 방송사업자의 권리)	- 컴퓨터프로그램 - 데이터베이스 - 생명공학 - 식물기술 - 인공지능 - 색체상표 - 소리상표 - 캐릭터

자료: 킹로드 특허법률사무소(www.kingroadpatent.com).

1. 저 작 권

김진영 · 유명철 · 고정소 · 권태형 · 박승민(2003)에 의하면, 저작권은 문학, 학술, 예술의 범위에 속하는 창작물(혹은 저작물) 중에서 독창성이 있는 저작물을 보호하는 권리를 말한다. 저작물의 대상은 서적, 가요, 연극, 그림, 조각, 사진, 영화, 비디오, 컴퓨터 프로그램 등인데, 저작권은 별도의 등록절차가 필요 없이 저작물을 창작함과 동시에 생겨나는 특징이 있다. 이러한 저작권은 저작자가 살아있는 동안에 계속 저작자의 권리로서 지속되며, 사망한 후에도 70년 동안 존속된다.

2. 산업재산권(공업소유권)

2.1 특 허 권

가) 특허권(patent right)이란 발명을 독점적으로 이용할 수 있는 권리를 말하는데, 다음과 같은 요건을 갖추어야 한다(김진영 · 유명철 · 고정소 · 권태형 · 박승민,

2003).

① 발명일 것. 즉, 특허는 자연법칙을 이용한 기술적 사상의 창작으로서 고안한 것에 한하여 취득할 수 있다는 것이다.

② 산업상 이용할 수 있을 것.

③ 새로울 것.

④ 진보적일 것.

나) 한편, 특허권의 주요내용은 다음과 같다(네이버 지식in, kin.naver.com).

① 내용: 특허권을 가지는 자, 즉 특허권자는 물건의 특허발명에 있어서는 그 물건을 생산·사용·양도·대여·수입 또는 전시하는 권리를 독점하고, 방법의 발명인 경우에는 그 방법을 사용하는 권리를 독점하며, 물건을 생산하는 방법의 발명인 경우에는 그 방법에 의하여 생산한 물건을 사용·양도·대여·수입 또는 전시하는 권리를 독점한다(특허법 100조). 연구 또는 시험을 하기 위한 특허발명의 실시, 특허출원 당시부터 국내에 있었던 물건 등에 대하여는 득허권의 효력이 미치지 못한다(96조). 특허출원 당시 그 특허출원된 발명의 내용을 알지 못하고 국내에서 그 발명의 실시사업을 하고 있던 자 등은 계속하여 그 사업을 할 수 있다(103조). 특허권자는 그 권리를 양도할 수 있으며(99조), 타인에게 전용실시권 또는 통상실시권을 허락할 수 있다(100·102조). 특허권자는 위와 같은 권리를 가지는 반면에, 국내에서 성실하게 발명을 실시할 의무를 진다. 특허발명을 실시하고자 하는 자는 특허권자가 특허권 설정 후 3년 이상 국내에서 발명을 실시하지 아니하는 경우에는 특허권자 또는 전용실시권자에 대하여 통상실시권의 허락에 관한 협의를 청구할 수 있으며, 협의가 성립되지 않거나 협의를 할 수 없을 때에는 특허청장에게 통상실시권 설정에 관한 재정(裁定)을 청구할 수 있다(107조).

② 특허를 받을 수 있는 발명의 범위: 특허는 산업상 이용할 수 있는 자연법칙을 이용한 기술적 사상의 고도한 창작으로서, 특허출원 전에 국내에 공지되었거나 공연히 실시된 것이 아니고, 국내외에 반포된 간행물에 기재된 것이 아니어야 받을 수 있다. 그러나 원자핵 변환방법에 의하여 제조될 수 있는 물질의 발명과 공공의 질서 및 선량한 풍속에 위반되거나 공중의 위생을 해할 우려가 있는 발명은 특허를 받을 수 없다(29·32조).

③ 출원: 특허를 받고자 하는 자는 특허출원서를 특허청장에게 제출하여야 한다(42조). 동일한 발명에 대하여는 먼저 출원한 자만이 특허를 받을 수 있다. 동일한 발명에 대하여 같은 날에 둘 이상의 출원이 있는 경우에는 출원인 간의 협의에 의하여 그 중 하나의 출원만을 특허하며, 협의가 이루어지지 아니하거나 이루어질 수 없으면 어느 출원도 특허를 받을 수 없다(36조).

④ 특허권의 존속기간: 특허권의 존속기간은 특허권을 설정등록한 날부터 특허출원일 후 20년이 되는 날까지로 한다(88조).

2.2 실용신안권

실용신안권(utility model)은 물품의 형상, 구조, 조합으로 이루어지는 고안에 깃들여 있는 기술적 사상을 보호하는 권리를 말한다. 예를 들어, 전동타자기의 구성 자체가 특허권의 대상이라면, 전동타자기의 구성 중에서 문자 휠을 쉽게 교체할 수 있는 문자 휠과 본체와의 결합구조를 새롭게 고안한 경우는 실용신안권의 대상이 된다(김진영 · 유명철 · 고정소 · 권태형 · 박승민, 2003). 즉, 실용신안권은 발명, 고안된 것을 개량하여 보다 편리하고 유용하게 쓸 수 있도록 물품의 형상, 구조 또는 조합에 관한 고안을 하였을 경우에 해당되며, 방법 및 물질 등은 대상이 안 된다(안경주, 2006). 특허권과 실용신안권의 중요한 차이는 [표 9-2]와 같다.

표 9-2 특허권과 실용신안권의 차이

	특허권	실용신안권
권리의 내용	국내에서 특허발명의 실시를 독점	국내에서 등록고안의 실시를 독점
권리의 존속기간	출원일로부터 20년	출원일로부터 10년
권리침해시의 조치방법	침해금지 청구, 손해배상 청구, 형사고소	침해금지 청구, 손해배상 청구, 형사고소
영업상 효과	과시효과가 큼	과시효과가 특허보다 작음

자료: 김진영 · 유명철 · 고정소 · 권태형 · 박승민(2003).

2.3 디자인(의장권)

디자인은 물품의 외관, 형상, 모양, 색채 또는 이들이 결합되어 있는 디자인을 보호하는 권리를 말한다. 가령 선동타자기의 기술적 구성 및 원리와는 관계없이 전동타자기의 외관 형태를 의장으로서 보호받게 되면, 동일한 기능을 갖는 전동타자기라고 할지라도 외관이 네모난 것, 둥근 것 혹은 세모난 것 등은 각각 의장권을 취득할 수 있다. 디자인은 설정 등록일로부터 14년간 보호를 받게 된다.

2.4 상 표 권

상표권(trademark)은 특정 영업을 하는 사람이 자기의 상품을 다른 사람의 상품과 구분하기 위하여 상품에 붙이는 기호, 문사, 도형 등을 보호하는 권리이다. 따라서, 먼저 등록되어 있는 다른 사람의 상표와 같거나 유사하면 등록을 받을 수 없다. 상표는 등록일로부터 10년간 보호를 받게 되는데, 존속기간 갱신출원을 통해 영구적으로 권리를 보호받을 수 있다(안경주, 2006). 상표는 반드시 출원을 해야 보호를 받을 수 있는데, 상표등록출원이란 누가, 어떠한 상표를, 어떠한 상품에 대하여 등록 받기를 원하는지를 기재하여 특허청에 서류를 제출하는 행위를 말한다.

위에서 산업재산권을 특허권, 실용신안권, 디자인(의장권), 상표권의 4가지로 구분하였는데, 좀더 쉽게 설명하면, 산업재산권은 산업을 보호하고 육성하기 위해 새로운 발명, 발견, 기술 등을 보호하는 것이라고 할 수 있다. 또한 특허권은 큰 발명을 보호하는 것이고, 실용신안권은 작은 발명을 보호하는 것이고, 디자인(의장권)은 편리하거나 심미적으로 고안된 외형을 보호하는 것이고, 상표권은 등록된 상표를 보호하는 것이라고 생각하면 이해가 빠를 것이다.

성공창업학

상표와 상호

상표(trademark)는 상품을 생산, 가공, 증명 또는 판매하는 자가 자신의 상품과 타인의 상품을 구별하기 위해 사용하는 표장이며, 상호(trade name)는 상인이 영업상 자기를 표시하는 명칭이다. 즉, 상표는 상품에 붙이는 이름이며, 상호는 주체를 나타내는 것을 말한다. 특히 상호는 명칭이므로 문자로써 표현되어야 하고 호칭할 수 있는 것이어야 하며, 기호·도형 등은 상호가 될 수 없다.

3. 저작권과 산업재산권의 비교

3.1 공 통 점

저작권과 산업재산권은 모두 지적재산권이라는 점에서 그리고 권리보호의 대상이 인간의 정신적 창작활동의 결과라는 점에서 공통점이 있다.

3.2 차 이 점

저작권과 산업재산권간의 중요한 차이는 [표 9-3]과 같다. 저작권의 경우에

표 9-3 저작권과 산업재산권의 차이

	저작권	산업재산권
권리보호의 대상	문학, 학술 또는 예술의 범위에 속하는 창작물	발명, 디자인, 상표 등이 대상
권리발생	창작이 완성되는 즉시 발생	출원, 심사, 등록의 절차를 거쳐서 권리가 발생
권리보호의 정도	동일한 내용의 저작물이 우연히 독창적으로 창작된 경우에는 저작권의 침해가 되지 않음	발명, 의장, 상표를 침해하는 타인은 고의·과실이 없었다 하더라도 사용을 중지하여야 함
권리보호의 기간	저작자가 생존하고 있는 동안과 사망 후 50년간 지속	권리마다 다르지만 보통 10~20년 동안 지속

는 등록한 필요가 없이 권리가 보호된다는 것이며, 산업재산권은 반드시 특허청에 등록을 해야 권리를 보호받을 수 있다는 것이다.

4. 신지적재산권

첨단기술의 발달에 따라 새로운 분야의 지적재산권이 등장하고 있는데 이를 신지적재산권(new intellectual property right)이라고 부른다. 신지적재산권은 기존의 지적재산권체계로는 보호하기 어려운 경우가 많고, 나라마다 보호범위, 방식 등이 상이하여 국제적인 통일규범을 마련하기 위한 논의가 세계지적재산권기구(WIPO, World Intel- lectual Property Organization)를 중심으로 진행되고 있다. 신지적재산권의 종류는 다음과 같다(킹로드 특허법률사무소, www.kingroad patent.com).

① 반도체 집적회로 배치설계: 반도체집적회로배치설계에 관한 법률로 보호되며 1차적인 보호대상은 설계도면이지만 실질적으로는 배치설계를 이용하여 제조된 반도체칩, 반도체칩이 내장된 최종제품(컴퓨터, 통신기기 등)이 보호된다.

② 컴퓨터 프로그램: 저작권의 일종인 컴퓨터 프로그램보호법으로 보호되나 그 보호의 정도가 약하다. 컴퓨터 프로그램은 특허법에 의해서도 보호되고 있으며, 특허법에서는 방법발명(시계열적으로 연결된 일련의 처리 또는 조작과 같은 절차), 물건발명(하나 또는 둘 이상의 기능에 의해 표현될 수 있을 때), 기록매체(프로그램을 기록한 매체 또는 데이터구조를 기록한 매체) 등이 보호된다. 그러나 컴퓨터로 읽을 수 있는 기록매체에 기록되지 않은 데이터구조, 컴퓨터 프로그램 리스트 자체는 특허대상이 되지 않는다.

③ 생명공학 발명: 생명공학을 이용한 발명은 미국이 1980년에 미생물에 대한 특허성을 인정한 후 최근까지 그 특허성을 인정하고 있는 추세이다. 그 예로서 하버드마우스(암유전자를 도입시킨 유전자변이의 쥐), 식물변종, 복제양 돌리 등이 있으며, 우리나라는 미생물을 이용한 발명과 미생물 자체에 대해 특허를 부여하고 있다. 그러나 생명공학 분야의 특허는 윤리성 문제가 따르고 있다.

④ 전자상거래 기술: 정보통신기술의 발달로 전자상거래에 관한 특허출원이 늘고 있는 추세인데, 인터넷상의 전자화폐 관련 기술, 인터넷상의 광고기술, 전자상거래에 관한 비즈니스 모델 등에 대해서는 특허를 부여하고 있다.

⑤ 상표분야: 인터넷 도메인 네임, 소리, 색채, 캐릭터 등이 신지적재산권으로 보호되고 있는 추세이다.

5. 특허출원시 유의해야 할 10가지

최근 세계 1위 제약사인 화이자와 국내 제약사 간의 특허분쟁, 한·미·일 간 반도체 특허소송 등 특허분쟁이 급증하고 있으며, 특히 한·미 자유무역협정(FTA) 협상에서 보듯, 외국기업의 특허공세가 더욱 확대될 것으로 예상된다. 이러한 시점에서 특허청에서는 우수한 기술이 작은 실수로 사장되지 않도록 '특허출원시 유의해야 할 10가지'를 발표하였다(특허청, www.kipo.go. kr). '특허출원시 유의해야 할 10가지'는 특허소송 등에서 접하기 쉬운 특허출원의 실제 사례들을 종합적으로 분석하여 유형별로 정리한 것으로, 특허출원에 있어서 특히 유의하여야 할 사항을 추려서 10가지로 알기 쉽게 정리한 것이다.

이것은 특허출원 경험과 특허제도에 대한 이해가 부족한 중소기업이나 개인출원인들의 작은 실수로 인해 우수한 발명이 특허로서 등록 받지 못하는 일이 발생하지 않도록 하기 위해 특허심사·심판이나 소송단계에서 개인발명가나 중소기업이 자주 실수하는 사례를 분석·정리한 것이다. 그 동안의 특허분쟁의 경험으로 지재권의 중요성에 대한 인식이 크게 높아졌으며, 중소기업이나 개인출원인에 의한 특허출원도 비약적으로 늘어나고 있다. 그러나 대기업처럼 특허전담부서를 두고 체계적으로 특허관리활동을 할 수 없는 중소기업이나 개인출원인의 경우 특허출원 자체가 부담일 수밖에 없다. 자금이나 법적 인프라가 부족한 우리 중소기업이나 개인출원인이 복잡한 지재권제도를 제대로 이해하고 이를 바탕으로 전략적으로 지재권을 확보하여 분쟁의 소지를 미연에 방지하거나 효과적인 특허를 획득하는 데에는 한계가 있는 것이 사실이다. 특허청에서 발표한 특허출원시 유의해야 할 10가지를 살펴보면 다음과 같다.

5.1 제품 출시/논문 발표보다 특허출원이 우선이다

특허제도는 발명을 공개하는 대가로 특허권을 부여하는 제도이므로 이미 일반에 알려진 발명에 대하여는 특허권을 부여하지 않는다. 그렇기 때문에 개발한 기술을 특허출원 전에 제품 출시 또는 논문 발표 등을 통하여 공개하게 되면 추후에는 특허를 받을 수 없으므로, 공개 이전에 특허출원을 먼저 하는 것이 무엇보다 중요하다.

또한 특허출원 전에 본인이 발표한 논문에 의하여 특허가 거절될 수 있지만, '공지예외적용' 대상인 경우에는 예외적으로 특허등록이 가능하다. 즉, 특허출원 전에 특허출원인이 행한 모든 공지행위(논문 발표 등)를 특허 거절이유에서 제외하는 것으로 논문발표 등 공개시점으로부터 6개월 이진에 특히 출원해야 하고, 출원서에 '공지예외적용' 대상임을 기재하면 된다. 하지만, '공지예외적용' 대상 요건을 갖추고 있어도 발표 논문을 특허출원 전에 제3자가 다른 수단으로 공개하면 특허가 거절되므로 논문을 발표하기 전에 특허출원을 하는 것이 우선임을 명심해야 한다.

5.2 의료행위 발명은 특허 대상이 아니다

인간에 대한 수술방법, 치료방법, 진단방법 등의 의료행위 발명은 산업상 이용가능성이 없는 것이어서 특허의 대상이 아니다. 즉, 의료행위 발명은 특허가 될 수 없지만 의료기기 발명은 특허가 가능하므로 의료기기 발명으로 특허출원을 하면 된다.

사람에 대한 의료행위 발명에 대하여 특허를 부여하지 않는 이유는 인간의 생명이나 건강을 유지·회복하기 위한 방법에 관하여 독점적 지위를 부여함으로써, 치료·진단·질병 예방행위를 자유로이 할 수 없도록 하는 것은 특허제도 목적에 우선하는 인간의 존엄이라는 절대적 가치에 반하기 때문이다.

5.3 특허출원 전에 선행기술 검색은 필수이다

기술개발에 대한 중복 투자 및 연구를 예방하고, 기술개발 동향 파악 및 기술개발 방향 설정을 위하여 연구개발단계 초기에 선행기술 검색은 필수라고 할 수 있다. 특허출원명세서 작성시 선행기술과의 차이점을 강조하면서 출원발명의 우수성을 부각하면 특허 가능성이 높아진다.

특허문헌에 대한 선행기술 검색을 하면 기술개발 동향을 알 수 있고 새로운 기술에 대한 아이디어도 얻을 수 있다. 특허기술 정보를 검색할 수 있는 곳으로서 무료로 이용할 수 있는 KIPRIS 서비스(www.kipris.or.kr)를 적극 활용하는 것이 필요하다. 혹은 변리사의 도움을 받아서 검색해도 될 것이다.

5.4 공동발명, 출원 전에 권리관계를 명확히 해야 한다

특허 받을 수 있는 권리는 원칙적으로 발명자에게 있으나, 이 권리는 타인에게 양도가 가능하다. 그렇기 때문에 발명을 공동으로 하여 특허 받을 수 있는 권리가 공유인 경우에 공유자 전원이 공동으로 특허출원을 해야 한다.

예를 들어, 직무발명인 경우 특허 받을 수 있는 권리에 대한 예약승계 계약이 없으면 특허권은 직원에게 있고 회사는 통상 실시권만 가지게 된다. 또한 공동발명인 경우 특허출원 전에 특허 받을 수 있는 권리의 양도계약을 반드시 작성해 두거나 공동명의로 출원해야 추후 분쟁을 방지하고 등록된 특허가 무효화되는 것을 예방할 수 있다.

5.5 출원명세서를 충실하게 기재하라

특허출원 명세서는 당업자(當業者, 사업을 직접 경영하는 사람)가 그 명세서에 기재된 내용을 보고 해당 발명을 용이하게 실시할 수 있을 정도로 충실하게 기재한다. 즉, 특허출원 후 당업자가 용이하게 실시할 수 있도록 명세서를 보정하는 것은 허용되지 않으므로, 특허출원 당시에 명세서를 정확하게 기재하는 것이 중요하다고 할 수 있다.

특허제도는 새로운 기술을 개발하여 그것을 공개한 자에게 국가가 독점권을 부여함으로써 발명을 보호하는 것이므로, 특허를 받기 위해서는 공개된 기술 내용이 제3자가 발명을 용이하게 반복 재현할 수 있도록 정확하게 기재하여야 한다. 또한 우수한 기술이라도 특허 명세서를 잘못 기재하여 특허를 못 받게 되는 경우가 많이 발생하므로 명세서 작성시 유의해야 한다. 즉, 출원 공개 이전이라면 해당 출원을 취하하고, 잘 작성된 명세서로 다시 출원해도 된다. 하지만, 출원 공개 이후에는 다시 출원해도 공개된 본인의 발명으로 특허등록이 거절된다.

5.6 우선심사제도를 적극 활용하라

조기에 특허권을 확보할 필요가 있는 경우에는 우선심사제도를 적극 활용하면 된다. 특허출원의 심사순위는 심사청구 순위에 의하는 것이 원칙이나, 공익 및 발명의 적절한 보호가 필요한 경우 예외적으로 우선적으로 심사할 수 있다.

예를 들어, 특허출원인이 특허출원된 발명을 생산·판매 등 실시 중인 경우 등 특허권의 조기 확보가 필요한 경우에는 우선심사제도를 적극 활용할 필요가 있다. 따라서 출원발명이 우선심사 대상이 되는 경우 누구든지 우선심사를 신청할 수 있으며, 우선심사 신청설명서와 증빙서류를 첨부하여 '우선심사신청서'를 특허청에 제출하면 된다.

5.7 외국에서 특허를 향유하려면 외국에도 출원하라

특허권의 효력은 각 국가마다 독립적으로 존재하므로(속지주의), 한국에서 획득한 특허는 한국에서만 효력이 있다. 수출을 염두에 두고 설비투자를 하는 경우에는 수출하고자 하는 각 나라에서 독립적으로 특허권을 획득해야 한다.

5.8 해외출원에도 기한이 있다

국내에 출원을 하고 1년 이내에 해외 출원을 하여야만 국내 출원일을 인정

받을 수 있고, 국내 출원일로부터 18개월이 지나면 국내출원이 공개되어 해외에 출원하더라도 특허를 받을 수 없는 등 해외출원에도 시간적 제한이 있으므로, 적기에 출원할 수 있도록 해야 한다.

여러 나라에 동시에 특허 출원하는 효과가 있는 PCT(Patent Cooperation Treaty, 특허협력조약)제도를 적극 활용할 필요가 있는데, 다수의 외국에 특허출원을 하는 경우, 각 국가마다 요구하는 언어 등 출원 요건을 맞춰야 하는 불편함을 덜고자 PCT제도가 도입되었다. 즉, 하나의 출원으로 PCT에 가입된 다수 국가에 동시에 출원하는 효과가 있다는 것이다.

5.9 정부 지원정책을 적극 활용하라

특허제도에 대해서 잘 모른다고, 돈이 없다고 특허를 포기하지 말고 좋은 아이디어가 있으면 정부 지원정책을 적극 활용해야 한다. 특허출원이 처음이라면 무료 특허교육 및 상담을 이용하는 것도 좋은 방법이다. 특허출원에 대한 정부의 지원정책을 살펴보면 다음과 같다.

① 출원료 등 수수료 면제 또는 감면제도: 특허청에서는 중소기업, 학생 등의 출원료, 심사청구료, 최초 3년분의 등록료 등을 감면하거나 면제하고 있다.

② 해외출원비용 지원제도: 특허청에서는 개인 또는 소기업이 외국에 출원하는 특허 출원비용을 지원해 줌으로써 우수 발명의 해외출원 및 권리확보를 장려하고 있다.

③ 무료 특허교육 및 상담: 지역별로 설치된 27개 '지역지식재산센터'(특허청홈페이지 '소속유관기관' 참조; www.kipo.go.kr)에서 운영중인 무료 특허교육 및 상담을 손쉽게 받을 수 있다. 또한 대한변리사회(www.kpaa.or.kr)에서는 무료 특허법률 상담 및 무료 변리사업(출원대리)을 시행하고 있으며, 권리확보에서 특허분쟁 대응에 이르는 전 과정에 대한 무료 상담을 공익변리사 특허상담센터(서울 한국지식재산센터 17층)에서 받을 수 있다.

5.10 특허출원시 상표출원도 함께 고려

강력한 브랜드는 소비자들에게 다양한 이미지를 떠올리게 하고 강렬하면서도 호의적인 느낌을 불러일으키는데, 성숙기에 들어선 소비용품 시장에서는 제품의 기능뿐만 아니라 타사 제품과 차별화된 느낌을 주는 브랜드가 제품의 경쟁력이므로 특허출원과 동시에 상표출원도 함께 고려해야 한다.

상표제도는 자기 업무에 관련된 상품을 타사 상품과 식별되도록 하기 위하여 사용하는 기호, 문자, 도형, 입체적 형상 또는 이들의 결합과 이들 각각에 대한 색채를 결합한 것으로 특허와 마찬가지로 등록상표에 대하여 독점적 권리가 생긴다. 또한 상표 자체가 가치 있는 자산이고 제품 경쟁력을 높이므로, 소비자들이 자사 브랜드에 대해 가능한 한 좋은 이미지를 갖도록 장기적인 관점에서 일관성 있는 브랜드 관리가 필요하다. 한편, 상표출원시 유의해야 할 사항들을 살펴보면 다음과 같다.

① 경쟁사 상표와 뚜렷이 구별되도록 독창적 상표 개발: 국내·외 유명 상표 내지 경쟁사와 유사한 상표는 사업 초기부터 걸림돌이 될 수 있으며, 등록되더라도 등록 무효될 수 있다는 것에 유의해야 한다.

② 지정상품은 실제로 생산, 판매 등을 실시하거나 앞으로 실시할 예정인 품목에 한정: 전혀 실시하지도 않은 품목까지 출원하는 경우 비용은 물론 타인의 권리와 충돌될 우려가 높으며, 설사 등록되더라도 3년간 사용하지 않으면 등록 취소될 수 있다.

성공창업학

벤처기업의 경우에는 기술이 사업의 핵심이라고 할 수 있는데, 기술은 특허청(www.kipo.go.kr)을 통한 등록을 통해서 보호를 받을 수 있다. 요즈음은 아이디어도 BM(business model) 특허로 출원이 가능한 시대가 되었다. 그렇기 때문에 창업자의 기술이나 아이디어, 상표는 반드시 공개가 되기 전에 등록을 해야 한다는 것을 명심해야 한다. 또한 평소에 전담변리사를 선정하여 기업의 기술이나 아이디어를 보호받을 수 있는 장치를 마련해 두어야 할 것이다.

제 10 장

창업기업의 경영과 업무관리

창업을 하게 되면 고객에게 상품이나 서비스를 판매하는 것뿐만 아니라 직원에 대한 관리, 재고관리, 고객관리 등 창업기업의 경영과 관련된 다양한 활동을 필요로 한다. 물론 이러한 활동들이 궁극적으로는 창업기업의 성과를 향상시키는 데 연결되는 것이지만 사실 어느 하나도 소홀히 할 수는 없는 것이다.

1. 인력채용 및 인사관리

창업과 관련된 인력관리 업무는 직원의 모집과 채용, 교육 및 훈련, 보수, 노사관리 등을 들 수 있다(중소기업청, 1999.10).

1.1 직원의 모집과 채용

창업자의 경우에 고민은 유능한 직원의 채용이며, 이와 동시에 팀워크라고 할 수 있다. 즉, 아무리 유능하더라도 조직 내에서 화합하지 못한다면 조직의 생산성 및 능률향상은 기대할 수가 없을 것이다. 오히려 조직이 깨어지고, 급기야 회사가 파산할 수도 있는 것이다. 따라서, 직원을 모집하고 채용할 때에는 단순히 자격이나 경력 외에도 인성 등을 고려해야 한다. 특히 다음의 사항들을 참고하면 도움이 될 것이다.

① 회사에서 필요한 자격이나 경력을 갖추고 있는가?

② 실무경험이 있는가?

③ 성격은 어떠한가?

④ 나이, 성별, 학력은 적합한가?

⑤ 가족관계, 친구관계, 대인관계 등은 문제가 없는가?

직원의 채용은 어떠한 분야의 직원을 채용할 것인가를 먼저 고려해야 하며, 그 분야에서 인력들의 특성을 잘 파악해야 성공적인 인력관리를 할 수가 있다. 예를 들어, 직원 중에서도 상품의 판매를 담당하는 판매인력의 경우에는 다음과 같은 특성이 있음을 사전에 인지해야 한다.

① 임금이 낮아서 이직률이 높다.

② 시간제업무가 가능한 업무가 많다.

③ 성수기에는 특별한 고용형태가 필요하다.

또한 직원을 모집할 경우에는 신문 혹은 생활정보지에 유료광고를 할 수도 있지만, 회사의 홈페이지 및 구인구직 사이트(예: 갬콤, www.gemcom.co.kr)에 올리는 것도 좋은 방법이다. 특히 언론사 및 구인구직 전문업체에서 운영하는 홈페이지의 경우에는 많은 사람들이 접속하기 때문에 무료로 직원을 모집할 수 있다는 장점이 있다.

위에서 여러 가지의 방법들을 나열하였지만, 자사에서 필요한 인력은 자체 혹은 외부전문기관에서 교육과 훈련을 통해서 능력을 향상시키는 것이 가장 좋다는 것이다. 즉, 필요할 때마다 별도로 채용하거나 다른 회사의 인력을 급여인상 등의 방법으로 스카우트를 하는 것보다는 내부에서 업무능력을 향상시키는 것이 좋을 것이다.

1.2 교육 및 훈련

IMF 때에 많은 직장인들이 퇴출되었는데, 기업경영상의 이유도 있겠지만 중요한 요인의 하나가 바로 평소에 자신에 대한 교훈과 훈련을 게을리 하였다는 것이다. 즉, 평소에 교육과 훈련을 통해 새로운 지식과 기술을 습득해야 한다는 것이며, 이를 통해 개인의 생산성을 높여야 한다는 것이다. 최근 직장인들의 경우를 보면 퇴근 전 및 퇴근 후 혹은 주말을 이용하여 자기계발에 많은 시간을 할애하는 것을 쉽게 볼 수 있는데, 개인의 업무능력 향상 외에도 생존을 위한 몸부림이라고 할 수 있다.

가) 일반적으로 신규 채용한 인력 혹은 기존 인력의 훈련방법으로 다음과 같은 것들이 있다.

① 직장내 훈련: 기업체 내에서 각종 자료를 이용하여 특정 직원을 대상으로 교육과 훈련을 시키는 것을 말한다.

② 강의실내 훈련: 여러 명의 직원을 모아서 교육을 시키는 방법이다.

③ 자기훈련: 스스로가 자료를 이용하여 배우는 방법을 말한다.

④ 외부위탁: 외부 전문기관에 의뢰하여 직원을 교육시키는 방법을 말한다.

나) 또한, 이상윤(2004.2)은 교육훈련의 방법으로 다음의 8가지를 제시하고 있다.

① 청년중역제도(junior boards of executives): 기업 내의 문제점을 조사, 연구하여 상위 경영진에 건의하는 상설자문기관으로 복수경영제도(multiple management)라고도 불린다. 자금관리자나 일반사원으로 구성되는 이 방법은 고급관리자들에 대한 경영자 교육의 목적과 함께 이들의 건설적 제안을 기업경영에 참고 내지 응용하기 위한 목적으로 실시된다.

② 대역법(代役法, understudies): 상급자가 퇴직 · 이직 · 휴직 등으로 공석이 될 것에 대비하여 직속 상급자의 담당업무를 미리 맡겨 훈련시키는 방법이다.

③ 코칭법(coaching): 관리문제 해결을 위해 관리자가 하급자에게 직무경험을 지도 · 조언 · 코치하도록 하는 방법이다. 상급자의 실제 쌓은 경험을 하급자에게 개방, 전하게 하고 이에 하급자는 실제 경험을 얻을 수 있고, 자신의 결정에 대한 결과를 즉시 확인할 수 있다.

④ 직무순환(job rotation): 이제까지 담당했던 직무를 바꾸어 다른 직무로 이동하여 적성에 맞는 직무를 발견하고 개발하여 능력의 극대화를 꾀하고 만족을 추구하는 인적자원 관리기법이다.

⑤ 사례연구(case study): 제시된 가상적인 상황의 분석사례를 통해 피교육자들이 문제를 분석, 대안을 탐색하고 최적안을 선택하여 의사결정의 결과를 예측, 분석하게 하는 방법이다.

⑥ 중요사건법(critical incident method): 하나의 제시된 사건에 대해 참가자는 그 사건을 연구하여 필요정보를 탐색하고, 그 정보를 사례 리더에게 질문한 후 수집된 사실 중 중요한 것을 고르게 하고, 각자가 결정한 후에 문제로 제시된 사례를 떠나서 일반화된 주제를 토론케 하는 것이다.

⑦ 역할연구법(role playing): 실제 상황하에서 특정 인물의 역할수행을 하도록 하는 것인데, 정신질환치료법으로 개발된 것으로 심리극이라고도 한다.

⑧ 비즈니스 게임(business game): 가상적인 기업경영 상황하에서 5~6명으로 구성된 한 팀이 가상의 기업운영을 하도록 하는 것이다. 여러 팀이 경쟁하게 하여 상황변화에 따른 적응능력의 배양을 꾀하기 위한 방법이다.

1.3 보 수

직원에게 지급되는 보수는 매월 고정적으로 지급되는 봉급이나 상여금과 같은 금전적인 지급, 유급휴가 및 퇴직연금 등과 같은 간접적인 지급이 있다(중소기업청, 1999.10). 이러한 보수를 지급하는 전통적인 방법은 다음과 같다.

① 봉급제도: 매월 지급하는 것이며, 직원으로 볼 때는 가장 안정적이라고 할 수 있다.

② 성과급제도: 직원의 개인성과에 따라 지급하는 것인데, 생산성이 높은 직원에게 유리한 제도라고 할 수 있다.

③ 절충형제도: 일정액은 고정봉급으로 지급하고, 나머지는 성과에 따른 성과급 형태로 지급하는 것이다.

사실, 직원으로 볼 때에는 매월 고정적인 금액을 지급 받는 것이 안정적이라고 할 수 있는데, 경영자의 입장에서 볼 때에는 성과급 형태로 지급하는 것이 유리하다고 할 수 있다. 사실, 대부분의 경영자들을 만나보면, 지급하는 보수에 비하여 상당수의 직원들의 업무성과는 떨어진다고 생각한다는 것이다.

벤처기업의 경우에는 재정상태가 열악하기 때문에, 회사의 전체 운영경비

중에서 임금의 비중이 매우 높다는 것이다. 그렇기 때문에, 매월 지급되는 보수를 감당하지 못하는 벤처기업들도 매우 많다는 것이다. 따라서, 벤처기업 혹은 신생 창업기업의 경우에는 절충형제도를 도입하는 것이 바람직하다고 할 수 있다.

1.4 노사관리

기존 제조기업에서는 노사가 상하관계에 있는 것으로 인식되고 있으므로 항상 노사간의 갈등이 발생하고 있다. 하지만, 노사는 단순히 수직적인 관계뿐만 아니라 때로는 수평적인 관계를 형성하는 것이 중요하다고 할 것이다. 특히 창업기업의 경영자는 노사관리에 있어서 다음과 같은 부분에 노력을 해야 할 것이다(중소기업청, 1999.10).

① 적절한 목표의 수립
② 종업원들의 능력에 대한 확신
③ 권한의 적절한 위임
④ 긍정적인 사고방식
⑤ 유머 감각
⑥ 직원들의 의견 존중
⑦ 인간중심적 인사관리 및 고충처리

노사관리와 관련하여 한 가지 언급할 것은 직원들에 대해 어느 정도의 권한이 위임되어야 한다는 것이다. 기업의 대표자가 모든 것에 대해 일일이 간섭을 하게 되면 오히려 조직 분위기를 해치게 되고 생산성이 떨어짐은 물론 이직률이 높아지는 결과를 초래할 수 있다.

1.5 직원관리

아무리 기술이 좋아도 그리고 아무리 돈이 많아도 결국 창업기업의 성패는 직원의 관리에서부터 시작된다고 할 수 있다. 내가 급여를 주고 직원이 받는 관계가 아니라 함께 회사를 성장시켜 가는 동반자라는 생각을 갖고서 직원관리를 해야 하는데, 직원의 채용과 관리에 있어서 고려해야 할 사항들은 다음과 같다(중소기업청, 2002.4).

① 종업원은 신중하게 채용해야 한다. 즉, 해당하는 직무에 필요한 자격과 능력을 갖추었는지를 고려해야 한다는 것이다. 요즈음 창업기업들이 어렵다는 이유로 혹은 인건비를 줄이자는 이유로 저렴한 임금으로 인력을 채용하려는 경우가 많은데, 이것은 정말로 위험한 생각이라는 것을 알아야 한다. 일당백(一當百)이라는 말도 있듯이, 한 사람의 유능한 직원이 능력 없는 수십명의 직원 몫을 할 수도 있는 것이다. 즉, 인력의 숫자보다는 개별 인력의 능력을 고려하는 것이 필요할 것이다.

② 업무 및 판매교육을 지속적으로 해야 한다. 사실, 일단 직원을 채용한 후에는 직원에 대한 교육·훈련을 게을리 하는 경우가 많은데, 이것은 업무생산성 및 고객 서비스의 저하를 가져올 것이다.

③ 종업원과 신뢰관계를 구축해야 한다. 어느 방송에서 모 재벌회장이 직원을 '머슴'이라고 표현한 적이 있다. 즉, 직원을 종 혹은 노비로 표현한 것인데, 그러한 회사에서 사장과 직원들 간의 관계가 원만하다면 그것이 오히려 이상할 것이다. 결국 그 회사는 도산을 하였다는 사실을 기억할 필요가 있다.

④ 직무를 성공적으로 수행하는 종업원에게는 인센티브를 지급해야 한다. 예를 들어, 초등교육 포털사이트를 운영하고 있는 에듀모아(www.edumoa. com)에서는 유료 회원이 1만명 추가될 때마다 성과급을 지급하여 직원들로부터 좋은 반응을 얻었다.

⑤ 외모는 단정하게, 태도는 공손하게 해야 한다. 일부 점포를 방문해 보면, 직원들이 껌을 씹고 있는 경우를 볼 수도 있으며, 손님이 있는데도 불구하고 잡담을 하는 경우를 볼 수가 있다. 또한 외식업임에도 불구하고 복장이 정해져 있지 않고, 그냥 아무 옷이나 입고 서비스를 하는 경우가 많다는 것이다. 계산을 할 때에도 한 손으로 잔돈을 손님에게 돌려준다는 것이다.

위의 사항들을 보면, 사람의 관리는 주먹구구식으로 해서는 안 되며, 원칙이 있어야 한다는 것을 지적하고 있다. 아직도 상당수 소상공인들의 경우에는 직원의 채용과 관리에 아무런 원칙이 없기 때문에 직원들의 불만족도 높고 이직률이 매우 높다. 그것은 고스란히 매출 및 서비스의 저하로 이어지게 되는 것이다.

2. 벤치마킹 전략

누구나 창업에 성공하고 싶어하지만, 실제로 성공보다는 실패하는 사람들이 더 많다는 것도 사실이다. 창업을 하기 전에는 기술과 어느 정도의 자금만 있으면 대박을 터트릴 수 있다고 생각하지만, 막상 창업을 하면서 느끼는 것은 모든 것이 예상대로 되지 않는다는 것이다. 그리고 계획했던 것보다 자금이 더 많이 소요되거나, 개발기간이 더 길어지거나, 시장개척이 제대로 되지 않는 등 차질이 생기는 경우가 한두 번이 아니라는 것이다.

이러한 차질 혹은 실패를 줄일 수 있는 방법으로 경영학에서 오랜 기간 동안 도입된 것이 바로 벤치마킹(benchmarking)이라는 것이다. 일반적으로 벤치마킹이란 어느 특정분야에서 우수한 상대를 표적 삼아 자기 기업과의 성과 차이를 비교하고, 이를 극복하기 위해 그들의 뛰어난 운영 프로세스 등을 배우면서 부단히 자기혁신을 추구하는 기법이다(네이버 사전, dic.naver.com). 즉 뛰어난 상대에게서 배울 것을 찾아 배우는 것이다. 벤치마킹은 기본적으로 측정 프로세스이나 이러한 측정 프로세스는 결과적으로 상대방의 성과를 비교하는 데만 그치는 것이 아니라, 상대방의 우수한 성과가 어떻게 도출되었는가 하는 방법론적인 노하우까지도 비교대상으로 삼는다. 즉, 벤치마킹 활동의 결과물로는 상대적인 성과의 비교뿐만이 아니라 우수한 성과를 가져오게 된 동인(enabler)도 분석하여 제시되어야 한다.

벤치마킹 기법을 활용한 경영혁신의 추진은 일반적으로 다음과 같은 순서에 의해 진행된다.

① 적용분야의 선정

② 상대의 결정

③ 정보수집

④ 성과 차이의 확인 및 분석

⑤ 결과의 전파 및 사내 공감대 형성

⑥ 혁신계획의 수립

⑦ 실행 및 평가

이러한 벤치마킹 기법은 바로 창업분야에서 매우 효과적으로 활용될 수 있는데, 매우 성공적으로 창업을 한 사람 혹은 창업기업을 조사하여 현재 내가 진행하고 있는 일들과의 차이를 비교함으로써 결과적으로 매우 성공적인 창업자 혹은 기업을 따라가려고 하는 노력이라고 할 수 있다. 즉, 벤치마킹을 통해 성공적인 창업자들이 어떤 측면에서 나와 차이가 있는가를 발견할 수 있는 것이다. 이러한 벤치마킹 기법을 많은 기업에서 도입하는 이유는 다음과 같다(중소기업청, 1999.10).

① 여러 분야의 정보를 수집하는 데 유용한 도구이다.

② 시장에서 경쟁하는 주요 업체들의 사업방향, 제품·서비스 개발동향, 고객과의 행동양식 등에 대한 정보를 제공해 준다.

③ 사업아이디어를 제공해 주는 훌륭한 공급원이다.

④ 경쟁업체나 뛰어난 기업의 제품, 운영과정에 대한 정보를 수집하여 비교기준을 제시해 준다.

⑤ 최상의 성과를 찾아내는 방법으로 사용된다.

많은 창업기업에서는 창업을 준비하는 단계에서부터 우수한 회사 혹은 경쟁회사에 대한 벤치마킹을 실시하고 있다. 이것은 다른 기업의 제품 혹은 아이디어에 대한 베끼기와는 전혀 다른 것이며, 소위 말하는 1등 기업을 따라잡기 위한 것이라고 할 수 있다. 이러한 따라잡기에는 자사만의 독창적인 아이디어와 차별성으로 시작해야 하는 것이며, 다른 기업이 이룬 성과를 모방하거나 베끼는 것은 법률적으로 혹은 창업윤리 측면에서도 바람직하지 않다는 것이다.

3. 창업윤리

윤리는 사람이 지켜야 할 도리와 규범, 곧 인륜 도덕의 원리라고 할 수 있으며(네이버 국어사전, krdic.naver.com), 창업윤리는 창업과 관련하여 지켜야 할 도리와 규범이라고 할 수 있다. 또한 창업윤리는 창업자뿐만 아니라 창업환경을 구성하고 있는 다양한 이해관계자들이 지켜야 할 도덕적 규범이다.

1997년의 외환위기 이후에 한국의 창업시장은 너무 급격하게 발전된 것도 사실이며, 그러한 와중에서 창업시장을 건전하게 발전시킬 수 있는 이론적 토대와 건전한 창업윤리가 제대로 뿌리내리지 못한 상태에서 온갖 불법적인 행위뿐만 아니라 비윤리적이고 비도덕적인 행위로 인해서 하루아침에 전 재산을 날리고 길거리로 내몰리는 창업자들이 많이 발생하고 있는 실정이다. 이러한 상태에서 한국의 창업시장에서 시정되어야 할 몇 가지의 비도덕적이고 비윤리적인 문제들을 지적하고자 하며, 이러한 문제들이 제대로 해결될 때에 한국의 창업시장은 한 단계 더 성숙한 모습으로 발전될 수 있을 것이다.

(1) 프랜차이즈 본사들의 비윤리적인 행위

먼저 부실한 프랜차이즈 본사로 인한 가맹점들의 피해를 지적하지 않을 수 없다. 현재 한국에는 약 250여개의 업종에 1,300여개의 프랜차이즈 본사들이 있으며, 전체 가맹점의 수는 약 15만여개로 추정되고 있다. 또한 20여년이라는 짧은 기간에 매출규모가 연간 61조원으로 급성장하고 있다. 하지만, 충분한 실전 경험도 없는 일부 본사들은 종이 몇 장으로 만든 카탈로그와 전화 한 대로 전국에서 개최되는 창업관련 박람회와 각종 창업설명회를 통해서 무차별적으로 가맹점을 모집하고 있는 실정이다. 이로 인해서 프랜차이즈 본사의 말만 믿고 계약한 수많은 가맹점들은 하루아침에 도산하고 신용불량자가 되어 또 다시 길거리로 내몰리고 있다는 것이다. 사실, 몇 년 전부터 프랜차이즈 인증제의 도입을 서둘러야 한다는 지적이 끊임없이 제기되었지만 정부기관, 관련 협회 및 단체 등 어느 누구도 뾰족한 대책을 마련하지 못하고 있어 안타까움을 더하고 있다.

(2) 창업컨설팅회사의 비윤리적인 행위

얄팍한 상술로 예비창업자들을 끌어들여 프랜차이즈 본사에 소개하고는 커미션만 챙기고는 아무런 연락도 없거나 시장에서 사라지는 일부 창업컨설팅회사들의 비윤리적인 행위들로 인해서 피해를 보고 있는 창업자들이 너무 많은 실정이다. 일부 창업컨설팅회사에서는 각종 창업교육 및 행사를 개최한 후에 참석하는 예비창업자들에게 창업이론 및 실무를 체계적으로 교육시키기보다는 프랜차이즈 본사의 아이템을 홍보하고 계약하라고 권유하기에 너무 바쁘다는 것이다. 따라서 아무나 세무서에 가서 사업자등록만 하면 컨설팅회사를 설립할 수 있는 현행 법률을 대폭 개선할 필요가 있다. 예를 들어, 창업관련 석사 혹은 박사학위 취득, 창업관련 전문자격증의 취득, 일정기간 국내외 전문기관에서의 연수 등 컨설팅회사의 설립 혹은 컨설턴트의 자격 요건을 대폭 강화할 필요가 있다는 것이다.

(3) 창업관련 기관 및 단체들의 비윤리적인 행위

창업관련 기관 및 단체 역시 회원사의 권익도 중요하지만 예비창업자 혹은 입주기업에 대해 상당한 책임감을 갖고 지원해야 한다는 것을 지적하지 않을 수 없다. 창업관련 기관에서 진행하는 행사들을 보면 창업기업을 위한 행사보다는 기관 책임자들의 교류를 위한 행사들이 대부분이라는 것이다. 현재 한국에서는 소상공인지원센터, 테크노파크, 창업보육센터, 산학연컨소시엄센터뿐만 아니라 창업관련 협회 및 단체들이 매우 많이 운영되고 있지만, 예비창업자 및 신생 창업기업들의 창업과 경영성과 향상을 위한 사업들이 얼마나 효과적으로 진행되고 있는가에 대해서는 많은 비판이 제기되고 있는 실정이다. 2005년에 서울에서 개최된 대규모 창업관련 행사를 생각해보면 행사의 대부분을 기관장 및 임원들을 위한 내용으로 진행한 적이 있었는데, 행사에 참석한 어느 벤처기업의 대표자가 행사주관 단체의 홈페이지에 "도대체 누구를 위한 행사냐?" 하면서 울분을 토로한 글을 읽은 적이 있다. 신생 창업기업들은 전 재산을 투자하여 목숨을 걸고 사업을 하는데, 창업관련 기관 및 단체들은 여행성격의 해외벤치마킹 프로그램, 형식적인 창업행사 후의 과도한 식사 및 술자리, 부실한 창업교육 및 행사의 진행, 언론에 얼굴 내세우기 등 잿밥에만 관심을 갖고 있다는 것이다.

(4) 인터넷기업 및 네티즌들의 비윤리적인 행위

온갖 탈법·타락 문화가 판치는 무질서한 온라인에는 일부 몰지각한 웹사이트 개발업체와 네티즌의 책임도 크다고 아니할 수가 없다. 기업을 경영하는 경영자로서 최소한의 도덕 혹은 윤리에는 관심도 없고 돈벌이에만 눈이 멀어서 청소년에게 악영향을 미칠 수 있다는 것을 알고서도 수많은 유해 사이트를 개설하고 있다는 것이다. 특히 포털사이트의 경우를 보더라도 자극적인 용어의 사용, 말초신경을 자극하는 연예인 사진의 게재 등을 통해서 네티즌들의 접속을 늘려 보려는 얄팍한 상술로 인해서 수많은 청소년들이 병들고 있다는 것이다. 이와 더불어 많은 네티즌들도 부모님이 주신 이름 석자도 떳떳하게 밝히지 못하면서, 비실명(닉네임)으로 타인에 대해 마녀 사냥식의 공격을 가하고 있다는 것이다. 그 결과로 인해 수많은 건전한 활동을 하고 있는 네티즌들에게 씻을 수 없는 마음의 상처를 준다는 것이다. 비록 현재 한국이 인터넷분야에서 다른 국가들에 비하여 앞서 있는 것도 사실이고 인터넷강국이라고 불리지만, 온라인이 요즈음처럼 무질서하고 퇴폐적이라면 멀지 않은 시기에 인터넷강국이라는 자리에서 밀려날 수밖에 없을 것이다.

(5) 예비창업자들의 비윤리적인 행위

예비창업자들의 비도덕적이고 비윤리적인 태도를 지적하지 않을 수 없다. 물론 창업전문가들에게 도움을 받아야 하는 절박함은 이해를 하더라도 이곳저곳에 같은 질문을 보내서 답변을 받은 후에 비교하는 것은 곤란하다는 것이다. 또한 여러 창업컨설팅회사를 방문하여 마치 금방이라도 계약할 것 같은 태도로 많은 자료를 얻은 후에는 아예 연락을 끊어 버린다는 것이다. 본인은 많은 돈을 벌고 싶어 하지만, 창업준비과정에서는 공짜로, 싸게, 그리고 빨리 하겠다는 자세는 버려야 할 것이다.

한국에서 창업에 대한 열풍이 1998년부터 불었다고 생각해 보면, 이제 겨우 17살밖에 되지 않은 미성년자와 같은 모습일 것이다. 어른들의 입장에서 보면 이해가 되지 않은 행동을 하며, 예고 없이 사고를 치는 그런 미성년자와 같을 수 있다는 것이다. 그렇기 때문에 부모님의 지도가 필요하고, 학교에 가서 선생님들에게 교육을 받아야 하는 것인지도 모른다.

그렇게 이해를 할 수 있어야 함에도 불구하고, 현재 한국의 창업시장은 무질서하기 짝이 없고, 온갖 불법적인 혹은 비윤리적인 행위들이 지나치게 난무하고 있는 실정이다. 따라서, 더 늦기 전에 지금이라도 건전한 창업시장의 발전을 위해서라도 예비창업자, 창업기업, 관련 기관 및 단체, 프랜차이즈 본사, 창업컨설턴트 등 이해당사자들이 창업윤리에 관심을 가져야 한다는 것이며, 최소한의 창업윤리라도 준수할 수 있어야 한다는 것이다.

4. 창업관련 정보의 수집

현재 창업을 하고 있더라도 꾸준히 창업동향을 체크하고 창업관련 정보를 수집하는 것이 중요한데, 창업관련 정보를 수집하기 위해서는 다음과 같은 다양한 방법들이 사용될 수 있다.

① 언론기사 스크랩: 신문, 방송, 전문잡지의 기사들을 정기적으로 스크랩한다.

② 인터넷 검색을 통해서 관련 정보들의 데이터베이스(database)를 구축한다.

③ 창업박람회 혹은 행사에 참가하여 정보를 수집한다.

④ 창업현장을 방문하여 직접 확인한다.

⑤ 창업전문가들과 지속적으로 교류를 한다.

⑥ 창업관련 단체 혹은 커뮤니티의 오프라인 모임에 적극 참여한다.

여기에서 한 가지 언급하고 싶은 것은 바로 창업관련 단체 혹은 커뮤니티에 가입하여 적극 활동하라는 것이다. 공식적인 창업단체이건 포털에서 운영되고 있는 카페(cafe) 형태의 모임이건 간에 다양한 단체에 가입을 하고 적극 참여하는 것이 필요한데, 이를 통해 창업관련 정보를 수집할 수가 있을 것이다. 이렇게 평소에 창업관련 정보를 수집하는 이유는 다음과 같다.

① 새로운 창업기회를 창출하는 데 도움이 된다.

② 새로운 메뉴의 추가 및 업종전환에 필요한 정보를 수집할 수 있다.

③ 창업시장의 변화에 신속히 대응할 수가 있다.

④ 실패의 확률을 크게 줄일 수 있다.

사실, 한국 창업시장의 가장 큰 문제라고 하면 너무 자주 혹은 빠르게 변한다는 것이다. 그로 인해서 새로운 아이템으로 창업을 했다고 하더라도 처음에는 고객들이 많이 있었지만 얼마의 시간이 지나면 썰물처럼 고객이 다른 곳으로 이동한다는 것이다. 즉, 유행이 너무 자주 바뀌어서 무엇이든지 오래하기는 힘들다는 불편을 많이 한다. 그렇기 때문에 현재 창업을 하고 있다고 하더라도 창업관련 정보를 평소에 꾸준히 수집하고 관리할 필요가 있다.

5. 경쟁정보의 관리

창업은 나 혼자만이 하는 것이 아니기 때문에 평소에 경쟁정보(competitive intelligence)의 관리는 필요하다. 즉, 항상 현재의 경쟁자 혹은 잠재적 경쟁자를 체크해야 한다는 것이다. 사실, 경쟁자에 대한 정보를 수집하는 것 역시 위에서 언급한 창업관련 정보를 수집하는 것과 특별한 차이는 없다. 다만, 전반적인 창업정보보다는 경쟁자의 정보수집에 더 많은 관심을 써야 한다는 것이다.

가) 먼저, 경쟁정보 관리의 측면에서 몇 가지 생각해 볼 것은 다음과 같다.

① 경쟁기업의 홈페이지를 방문한다.

② 경쟁기업의 언론보도 자료를 검색한다.

③ 경쟁기업의 점포 혹은 가맹점을 방문한다.

④ 경쟁기업에 대한 소비자 의견 조사 및 분석을 실시한다.

⑤ 경쟁기업의 제품을 구입하거나 서비스를 이용해 본다.

나) 사실, 경쟁정보를 효과적으로 수집하고 관리하기 위해서는 여러 가지의 활동이 필요하다.

① 경쟁정보에 대한 내부 컨퍼런스를 기획하고 운영하여 경쟁정보의 중요성에 대한 사내의 공감대를 형성한다.

② 외부 전문가들로 하여금 내부 직원에 대해 경쟁정보의 관리에 대해 교육시킨다.

③ 사내 전문가를 지정하여 경쟁기업을 지속적으로 추적·관찰한다.

④ 단순히 경쟁사와의 비교가 아니라 조직적이고 전문적인 모니터링의 기획과정을 통해서 경쟁정보의 데이터베이스(database)를 구축하고 운영한다.

⑤ 경쟁정보의 관리는 결국 기업의 생산성 향상 및 경쟁력 강화에 초점을 둔다.

다) 한편, 박미란(2005)은 이러한 경쟁정보의 관리에 대한 핵심을 다음과 같이 제시하고 있다.

① 경쟁정보는 가장 최신의 정보를 활용하기 쉽고 실천의 토대가 될 수 있도록 제공되어야 한다. 이때 실천의 토대가 되기 위해서는 의사결정 직전의 행동가능 정보로 모든 정보는 변환되어야 한다.

② 실천 가능한 정보로 변환시키는 과정에서 편견적 분석이 이루어지지 않도록 중심을 잡을 수 있어야 한다. 이를 위해서는 합리적인 분석기준과 객관화 및 논리화가 가능한 비교 인덱스를 내부에서 개발하고 지침을 보유할 필요가 있다.

③ 경쟁정보는 반드시 윤리적 가이드라인의 범위 내에서 움직여야 한다.

④ 경쟁정보는 경쟁적 비즈니스의 환경이 갑자기 단절되지 않는 이상 지속성을 담을 수 있도록 설계되어야 한다. 군인들의 보고, 교대, 근무에는 끊임이 없다는 것을 상기하면 된다.

⑤ 경쟁정보는 단순한 정보제공 업무환경이 아니다. 경쟁정보의 첫출발은 기업의 비전에서 출발하며 최종 수혜자는 기업 내 의사결정을 하는 담당자이다. 물론 가장 큰 수혜자가 CEO임은 당연하다.

⑥ 경쟁정보는 유기적으로 변환, 발전시켜낼 수 있어야 한다. 기업들이 저마다 전략적 변곡점(point of inflection)을 선택하여 기업경쟁의 성격을 변화시켜야 하는 것처럼 성공적 경쟁정보의 환경은 전략적 변곡점의 시점을 먼저 찾아낼 수 있도록, 그리고 그것이 새롭게 변화된 환경에 유기적으로 운용되어질 수 있도록 구성할 수 있어야 한다.

6. 창업관련 통계 만들기

창업을 하면 고객에 대해 관심을 가져야 하는데, 고객이 무엇을 원하는지에 대해 폭넓게 이해하기 위해서는 설문 및 면담조사를 통해 얻을 수 있다. 또한 이렇게 얻어진 자료는 통계처리를 함으로써 깊은 분석이 가능하고, 시간에 따른 변화추세도 관찰할 수 있다.

예를 들어, 창업기업이 자사의 제품과 서비스를 이용하는 고객에 대한 통계는 다음과 같은 목적으로 만들어야 한다.

① 고객이 얼마나 만족하는지에 대해 분석해야 한다.

② 고객의 불만 혹은 요구사항이 무엇인지에 대해 분석해야 한다.

③ 경쟁기업과 비교한 고객의 태도 혹은 선호도를 분석한다.

④ 무엇이 개선되어야 하는지에 대해 분석한다.

⑤ 향후 재방문 혹은 재구매 의사에 대해 분석한다.

고객들에 대한 이러한 사항들이 제대로 분석되기 위해서는 엑셀(excel)의 피벗 테이블 만들기 기능만 이용해도 충분히 가능하지만, 장기적인 관점에서의 추세분석 등을 위해서는 SPSS(statistical package for the social sciences) 패키시를 이용하는 것이 필요할 것이다. SPSS 패키지를 이용하여 고객들에 대한 분석을 실시하는 절차는 다음과 같다.

① 설문지를 만든다. 설문지는 아무리 많아도 15문항 이내로 만들되 복수응답이 가능하도록 하는 것도 필요하다. 창업길라잡이(cafe.daum.net/isoho2jobs)의 [도매시장◇자료◇양식] 게시판에는 창업자가 활용할 수 있는 다양한 설문지가 등록되어 있다.

② 설문조사를 실시한다. 설문조사는 가능하면 많은 고객이 참여할 수 있도록 하되, 인구통계학적 특성(성별, 연령, 학력 등)에 따라 골고루 참여할 수 있도록 한다.

③ 엑셀로 코딩을 한다. 통계적 분석을 실시하기 전에 개별 고객들이 응답한 내용들을 엑셀 파일로 만들어야 한다. 한 사람의 응답지에 대해 한 줄로 코딩을 하면 된다.

④ 엑셀의 피벗 테이블 만들기 혹은 SPSS로 분석을 하는데, 빈도분석, 평균값 산출, 인구통계학적 특성(성별, 연령, 학력 등)에 따른 비교 분석이 필요할 것이다.

⑤ 결과를 해석하며, 보고서를 만든다. 설문결과를 보고서로 만들어서 창업

기업이 고객의 만족도를 높이고 경쟁력을 강화하는 데 활용한다.

창업관련 통계는 정기적으로 계속 만들어야 하며, 몇 년간의 결과를 계속 비교해 가면서 고객들의 만족도가 향상될 수 있도록 노력해야 할 것이다. 사실, 외식업을 하면서도 고객의 만족도 혹은 반응에 대해 거의 조사를 하지 않는다면 고객지향적 경영이 아니라 창업자 중심의 경영을 하고 있다고 해도 과언이 아닐 것이다.

7. 반품 및 재고처리

점포창업에 있어서 구매한 상품을 다 팔지 못하고 반품을 해야 하는 상황이 발생하게 된다. 이러한 경우에는 다음과 같은 사항들을 고려해야 한다.

① 어느 정도까지 재고상품으로 보관할 수 있는가?

② 반품의 조건은 어떠한가?

③ 초도 상품매입으로 적절한 수량은 어느 정도인가?

④ 한곳에서 집중 구매할 것인가? 아니면, 여러 곳에서 분산 구매할 것인가?

⑤ 순익계산에서 재고처리가 반영되었는가?

가맹점 창업을 하는 경우에 반드시 따져봐야 할 것 중의 하나가 바로 반품 및 재고에 대한 사항이다. 일정 기간이 지나도 판매하지 못한 상품의 경우에 반품 처리가 되는지를 사전에 알아봐야 한다는 것이다.

사실, 일부 프랜차이즈 본사에서는 가맹점 계약을 하면서 초도 물품이라는 명목으로 과다하게 상품의 구매를 요구하는 경우가 있으며, 경험이 부족한 신규 창업자들이 일정한 기간이 지나도 팔지 못하는 경우에 반품, 교환 및 환불을 해 주지 않아 애로를 겪는 경우가 허다하게 발생하고 있다. 그렇기 때문에 초도 상품의 구매를 요구하는 프랜차이즈 본사와 계약을 할 때에는 이러한 점을 고려하여 계약시에 꼼꼼하고 철저하게 따져볼 필요가 있다.

8. 신용관리

창업기업에 있어서 신용관리는 매우 중요한데, 신용관리를 잘못하는 경우에는 자금의 조달이 거의 어렵고 판로개척에도 문제가 많이 발생한다. 사실, 이자만 몇 달 갚지 않아도 신용에 문제가 생기기 때문이다. 또한 고객의 입장에서 볼 때에도 신뢰성이 가지 않는 창업자에게 상품을 구매하거나 주문하기를 꺼린다는 것이다. 이러한 측면에서, 경영, 기업, 벤처(cafe.naver.com/bizdocs)에서는 기업의 신용관리를 위한 10계명을 다음과 같이 제시하고 있다.

(1) 회계자료를 투명하게 하라.

재무제표의 분식이 심하면 정상적인 신용등급의 산정 자체가 안 될 수 있으며, 좋은 등급을 받기 위하여 순이익을 부풀리는 등의 분식을 할 경우 오히려 재무부문의 신뢰성 항목의 점수가 낮아져 신용등급이 떨어지는 불이익을 당할 수 있다. 신용보증기금의 신용평가시스템에는 분식으로 인하여 재무제표의 신뢰성이 떨어질 경우 이를 발견하여 신용등급 산정시 차감 항목으로 운영하는 분식체크시스템이 갖추어져 있기 때문이다. 결산시에는 누락된 매입·매출세금계산서는 없는지, 차입금에 대한 이자는 적정하게 계상되어 있는지, 감가상각(depreciation)은 제대로 하였는지 등을 확인하여야 한다.

(2) 금융기간의 대출금 연체는 절대금물, 자동이체도 안심하지 마라.

원금 또는 이자에 대해 10일 정도의 연체가 있었으면 이를 정리하였더라도 신용평가에서 불이익을 받게 된다. 특히 연체관리와 관련해 주의할 점은 이자납부를 자동이체의 방법으로 해놓고 안심하고 있다가 일시적인 예금잔고 부족으로 인해 피해를 보는 경우가 종종 발생한다는 것이다. 따라서 자동이체통장의 잔액을 수시로 파악하여 만약의 경우를 대비하여야 한다. 또 은행 대출금의 원금기일에 임박하여 기한연장 또는 대환의 절차를 취하다가 사소한 절차상의 하자로 일정이 지체되어 대출기한이 경과하면 원금 연체가 되는 사례도 있으니 대출만기시에는 시간적 여유를 두고 준비하는 것이 필요하다.

(3) 사업장 또는 소유부동산에 대한 재산상의 권리 침해를 예방하라.

신용평가를 받는 데 있어서 자가사업장이나 소유부동산에 대한 (가)압류가 있다는 것은 치명적인 결과를 가져오며 (가)압류가 해제되었다 하여도 일정기간의 불이익은 필수적이다. 최근 상거래가 복잡해지면서 사소한 사유로 거래상대방 소유의 부동산을 가압류하는 사례가 크게 증가하고 있으므로, 분쟁 발생시 원만히 해결하여 가압류로 연결되지 않게 하는 것이 중요하다. 또한 기업의 채무와 관계없는 타인에 대한 보증으로 인하여 가압류가 발생하여 피해를 보는 경우도 종종 발생하므로 타인의 채무에 대한 보증은 주의를 요한다.

(4) 각종 공과금 및 통신요금 등의 납부기한 준수도 소홀히 하지 마라.

대부분의 평가기관에서 금융기관의 연체자료만 확인하므로 금융기관의 대출금만 연체를 하지 않으면 된다는 생각을 가지면 오산이다. 신용보증기금에서는 현재에도 일부 통신요금과 백화점 등의 연체자료를 집중하여 관리하면서 이를 신용평가에 반영하고 있으며, 향후에도 공과금 등의 납부자료가 신용평가에 반영될 수 있으므로 평상시 자금관리를 철저히 하는 습관을 가질 필요가 있다.

(5) 차입금 등 타인자본 의존은 규모에 맞게 운용하라.

기업경영에 있어서 매출증대와 경제환경의 영향 등으로 기업운영에 필요한 추가자금이 필요하게 된다. 반면에 영업실적이 부진하여 매출이 감소하고 매출채권회수가 장기화되면 자금압박이 심화되어 추가로 자금조달을 하게 되고 이런 상황이 반복되다보면 차입경영의 악순환에 빠지게 된다. 특히 시설자금을 포함한 총차입금이 매출액의 100%를 초과하거나 운전자금 차입금이 매출액의 75% 이상이 되면 타인자본 의존도가 과도한 것으로 판단되어 좋은 평가를 기대하기 어렵다. 따라서 회사의 매출규모와 영업상황에 맞는 균형 있는 자금의 조달과 운영이 필요하다.

(6) 거래처의 신용도를 수시로 체크하라.

중소기업 도산의 가장 큰 요인이 '판매거래처의 부실'에 따른 연쇄도산이며, 도산기업 전체의 34%가 이에 해당된다. 과거 10%대 경제성장시에는 초과수요 현상으로 인한 판매자 우위시장 환경 때문에 부실채권으로 인한 고민이 거의 불필요하였으나, 현재와 같이 3~5%대의 저성장시대에는 매출채권 부실이 기업의 신용위험을 위협하는 가장 큰 원인으로 조사되었다. 따라서 거래처 관리에 특별히 주의를 기울여야 할 것이다.

(7) 회사의 신용을 적극적으로 홍보하라.

신용거래의 비중이 커짐에 따라 거래상대방의 신용도 조회를 위한 신용조사 의뢰가 증가하고 있다. 이때 다른 기업에게 우리 기업의 정보가 새어 나간다는 소극적인 자세를 가지고 평가기관의 조사에 비협조적이면, 평가회사에서는 정상적인 신용등급 산출을 할 수 없으므로 기타등급(예를 들면 '조사불능으로 평가등급 부여 유보')을 부여할 수밖에 없다. 평가기관의 신용등급은 기업과 금융기관의 신규거래처 개척을 위한 자료로 이용되고 있는 등 그 중요성이 더욱 커지고 있으므로 회사를 알릴 수 있는 좋은 기회로 인식하고 적극적인 자세로 평가에 임하는 것이 바람직하다.

(8) 법인전환을 할 때는 거래하는 금융기관과 미리 협의하라.

개인기업을 영위하다가 기업규모가 커짐에 따라 법인으로 전환하는 경우가 많은데, 법인기업의 신용평가시 개인기업의 업력, 영업실적을 인정받으려면 금융기관에서 인정하는 일정 요건을 충족하여야 한다. 법인전환시에는 반드시 거래금융기관과 사전에 협의한 후 진행함으로써 신설 법인기업의 실적으로만 평가받는 불이익을 방지할 수 있다.

(9) 다양한 정보수집과 활용을 통해 경영환경을 예측하라.

흔히 중소기업경영자는 1인 경영체제로 운영되어 필요한 경영정보와 자문을 얻지 못하고 대부분 최종적인 의사결정자로서 경영을 하고 있다. 최근의 내수침체 장기화와 경기양극화, 환율문제 등 경영환경이 어렵고 복잡할수록 신용관리의 중요성이 더욱 커지고 있으므로 중소기업경영자는 다양한 정보수집으로 경영환경을 예측하고 정보를 기업특성에 맞게 활용하여 기업의 개성을 높이고 고유의 특수영역을 확보해 나가야 한다.

(10) 신용관리의 키워드는 경영자 자신이 갖고 있음을 잊지 마라.

개방화되고 투명해지는 경제여건하에서 신용이 없으면 기업간거래, 기업과 금융기관간 거래 모두가 불가능하게 되어 '신용' 없는 기업이 설자리는 이제 더 이상 기대할 수 없게 되었다. 대부분의 중소기업이 경영자 1인에 의해 좌우되는 우리 나라의 현실을 감안하면 회계자료 등 재무적 요소도 중요하지만 경영자의 경영능력을 비롯한 비재무적 요소가 신용평가에 미치는 영향은 매우 크다. 실제로 신용보증기금의 신용평가와 금융기관의 대출심사시 경영자에 대한 유·무형의 평가항목은 의사결정에 매우 중요한 역할을 하고 있다. 중소기업 경영자는 자신의 '신용'이 기업 신용관리의 출발점임을 잊지 말고 신용을 가꾸고 관리하는 노력을 꾸준히 기울여야 한다.

9. 위험요소의 관리

창업을 하게 되면 대부분 당초 수립된 계획대로 진행되기보다는 예상치 못한 환경의 변화로 인해서 자금이 더 많이 소요되거나 기술 혹은 제품의 개발이 늦어지게 되는 경우가 많다. 또한 경쟁관리를 소홀히 한 결과로 시장진입에 애로를 겪을 수 있으며, 정부정책 등의 변화로 인해 기업활동에 위축을 받을 수 있다.

그렇기 때문에 창업자는 [표 10-1]과 같은 위험요소 중 해당 기업의 성패에 중대한 영향을 미칠 수 있는 항목을 선택하여 그 항목의 변화정도에 따라 계획사업에 어느 정도의 영향을 미치며, 위험요소별로 대응책을 마련함으로써 그 위험요소가 통제범위 내인지를 분석하여야 한다(김철교·곽선호·강길원·김성권, 2005).

표 10-1 창업기업의 위험요소

구 분	위 험 요 소
정책변동	- 조세, 관세정책 및 금융지원제도의 변경 - 금리 및 환율의 변동 - 생산제품에 대한 중소기업 고유업종 해제 및 수입개방 등
시장경쟁 격화	- 경쟁기업 진입(대기업 참여 포함) - 판매단가 조정
생산요소 변동	- 주요 원자재(수입, 내수)파동 가능성 - 생산량 및 생산수율, 판매량, 가동률 변동요인 발생 여부 - 전략제품의 변경 및 제품믹스의 실패
기 타	- 노사분규 - 시설자금 및 소요 운전자금의 적기조달 실패 - 입지조건 부적합 - 자연환경 및 공해 규제 - 공장건설의 지연 - 기타 계획사업에 대한 위험요소 등

이러한 창업기업과 관련된 위험요소를 관리하기 위해서는 다양한 형태의 자료들도 활용이 될 수 있는데, 정부와 정부기관 간행물, 정기간행물이나 서적으로 분류할 수 있다(네이버 지식검색, kin.naver.com). 특히 인터넷을 통한 정보검색을 수시로 하여 경영환경의 변화, 국가정책의 변화 등 창업기업의 경영환경에 영향을 미칠 수 있는 위험요소에 대한 흐름을 관리해야 한다.

(1) 정부와 정부기관 간행물

① 재경부의 경제동향

② 통계청의 경기동향, 경기종합지수, 한국경제지표, 인구통계, 물가 및 가계통계

③ 대한상공회의소의 상의, POS 정보 등

④ 한국은행의 국민총생산과 국제수지, 조사통계월보, 주요 국가의 경제지표, 금융통계 등

⑤ 한국무역협회의 무역 관련 자료

(2) 정기 간행물이나 서적

① 연구소(삼성경제연구소, LG경제연구소 등)의 각종 동향 보고서

② 일간지 및 경제 일간지

③ 경제 신문(매일경제, 한국경제, 내외경제 등)

④ 각종 기업관련 잡지(주간 매경, 이코노미스트 등)

⑤ 경제 관련 협회의 정기 간행물과 보고서(전경련, 중소기업중앙협의회, 증권업협회, 생산성 본부와 능률협회 등의 보고서)

⑥ 각종 사회단체 및 노동단체 등(소비자보호원, 경실련, 시민연대 등)

10. 창업자의 고객관리

고객이 없는 사업은 상상할 수 없다. 지역주민이나 단골고객을 상대하게 되는 소점포 사업의 경우에도 고객관리는 핵심적인 성공요인이다. 적극적으로 고객관리를 하지 않으면 다수의 업체가 치열하게 경쟁을 하고 있는 고객을 다른 경쟁업체로 보내주는 결과를 가져오게 된다(예스폼, www.yesform.com). 창업을 한 후의 주요 고객관리 방법은 다음과 같다.

(1) 서비스가 경쟁력이다.

고객들은 점주가 갖고 있는 서비스 정신보다 더 큰 기대 서비스를 가지고 점포를 찾아온다. 그러므로 고객이 무엇을 요구하기 전에 고객의 필요한 부분을 파악하여 서비스를 제공하여야 한다. 가격을 많이 낮춘다고 하더라도 고객이 원하는 서비스 수준은 낮아지지 않는다. 따라서 고급스런 매장 분위기를 유지하면서 밝은 표정으로 손님을 맞아 단골고객을 많이 확보하는 것이 중요하다.

(2) 정보화에 힘써라.

고객이 언제 어떤 제품을 구입했고 생일 등 기념일은 언제인지를 알 수 있는 전산화 시스템은 고객관리에 있어서 절대적으로 필요하다. 이와 함께 제품

의 주문처리와 재고관리, 정기적으로 고객에게 상품정보를 제공하는 신상품 홍보 마케팅과 고객불만사항 처리 등을 행하는 것이 바람직하다.

(3) 이벤트를 자주 열어라.

재미있고 다양한 게임 이벤트와 고객들을 위한 축하 이벤트를 마련해서 고객들에게 즐거움을 선사해야 한다. 이와 같은 이벤트는 고객들에게 특별한 기억을 만들어줌으로써 단골고객이 되게 하는 지름길이다.

(4) 점포를 찾은 고객에게 다양한 정보를 제공하라.

단순히 상품만을 판매하는 것이 아니라 그와 관련된 정보도 함께 제공할 필요가 있다. 예를 들어 유아용품을 판매하는 전문점이라면 출산 및 육아정보를 지속적이고 체계적으로 제공한다면 고객의 신뢰를 얻을 수 있다.

(5) 할인권이니 사은품의 증정으로 재방문을 유도하라.

할인권이나 사은품제도의 활용은 고객확보는 물론 단골고객확보의 지름길이다. 음식업을 예로 들 경우 쿠폰이나 회원카드를 만들어, 적립 포인트에 따라 음식값도 할인해 주거나 사은품을 주는 등 다양한 마케팅 전략을 구사할 필요가 있는 것이다. 배달고객의 경우 한번이라도 전화를 준 고객은 번지수와 이름을 기억하여 친근감을 느끼게 하면 단골고객이 될 확률이 높다.

(6) 고객과의 약속은 끝까지 지켜라.

고객과 한번 약속한 내용은 일시적으로는 손해를 보더라도 약속을 끝까지 지킴으로써 더 큰 이익을 얻어야 한다. 그리고 이유를 불문하고 제품에 만족하지 못한 경우에는 사용하지 않은 부분만큼 환불해 줌으로써 고객의 신뢰를 확보한다면 더 많은 고객을 유치할 수 있다는 점을 명심해야 한다.

성공창업학

기술과 자금만으로 성공할 수 있는 것은 아니다. 한국에서 벤처붐이 불 때만 해도 많은 사람들이 기술이 있으면 자금이 몰릴 것이고, 자금이 있으면 무엇이든지 가능하여 코스닥에 등록하여 대박을 터뜨릴 수 있다고 생각하였다. 하지만, 몇 년의 시간이 흐른 후 많은 사람들은 창업기업이 성공하기 위해서는 경영자가 매우 중요한 요소이며, 경영자의 기업경영과 업무관리 능력에 의해 기업의 성패가 좌우된다는 것을 알게 되었다. 즉, 경영자라는 사람이 어떻게 사람을 관리하고, 기업을 경영하는가 하는 것에 의해 기업의 성공과 실패가 결정된다는 것이다. 그렇기 때문에 이공계열 출신 경영자들의 경우에는 기술개발에만 매달리지 말고 오히려 창업기업의 경영에 필요한 이론과 실무지식을 갖추는 데 게을리 하지 말아야 한다.

제 11 장

홍보와 광고 및 마케팅 전략

창업을 한 후에 성공하기 위해서는 여러 가지의 요소들이 중요한데, 창업자 외에 가장 중요한 한 가지를 꼽으라면 홍보 및 마케팅이라고 할 수 있다. 아무리 좋은 제품과 서비스를 개발했다고 하더라도 소비자들이 구매할 수 있도록 알려야 한다는 것인데, 창업을 준비하면서부터 홍보와 마케팅을 통한 판로개척을 어떻게 할 것인가에 대해 많은 준비를 해야 한다. 특히 생산된 제품을 가지고 백화점 혹은 할인점에 입점해야 한다면 제품의 생산 전(前) 단계에서부터 담당자와의 면담을 통해서 입점에 필요한 요건을 충족시킬 수 있도록 철저한 준비를 해야 한다. 제품을 생산한 다음에 입점을 추진해보면 입점 요건에 맞지 않아서 다시 생산해야 하는 문제가 빈번히 발생하게 된다.

1. 마케팅 전략의 7대 요소

중소기업청(1999.10)에서는 마케팅 전략을 다음과 같이 7가지로 제시하고 있다.

1.1 취급상품의 결정

상품이야말로 마케팅 요소 중 가장 기본이 된다고 할 수 있다. 다른 마케팅 전략을 아무리 잘 구사해도 판매할 상품이 제대로 뒷받침되지 않으면 성공은 어렵기 때문이다. 즉, 상품을 잘 구성해야만 소비자들의 욕구를 충족시켜 줄 수 있다.

가) 일반적으로 어떤 상품을 취급할 것인가에 따라 상품은 편의품, 선매품, 전문품의 세 가지로 구분할 수 있다.

① 편의품(convenience goods): 누구나 쉽게 구입할 수 있는 상품으로, 생활필수품에 가까운 물건을 말한다. 즉, 보통 값이 저렴하면서 최소의 구매노력만으로도 구매가 가능한 상품들을 말한다. 예를 들어, 우유, 치약 등 생활필수품이 이에 속한다.

② 선매품(shopping goods): 대개 특별한 가격에 일정 수준 이상의 품질을 가진 물건으로 여기저기 돌아다니면서 구입할 수 있고, 오랜만에 구입하게 되는 상품을 말한다. 즉, 여러 상점에서 제품의 특징, 가격, 보증, 색깔 및 디자인 등을 비교한 후에 구매하는 상품을 말한다. 예를 들어, 자동차, 가구, 기계류, 보석, 의류 등이 선매품에 해당된다.

③ 전문품(specialty goods): 특정 점포에서 취급하거나 특정 상표를 가진 물건을 말한다. 즉, 소비자가 상당한 노력을 들여서 구매하는 상품으로 스테레오, 고급의류, 고급가구 등이 이에 속한다.

나) 경기지방중소기업청(2003)에서는 상품과 시장 진입과의 관계를 설명하면서 4가지 형태의 상품전략이 가능하다고 제안하고 있다.

① 기존 상품으로 기존 시장에 뛰어든 경우(기존 상품에 약간의 변형): 소매업, 독서실, 약국 등이 이에 해당되는데, 새로운 사업을 성공시키기 위해서는 가격, 품질, 서비스 중 어느 하나라도 차별화된 것이 있어야 하므로 이러한 창업형태는 성공 가능성이 낮다. 오로지 점포입지와 영업, 서비스 능력에 달려 있다고 볼 수 있다. 이러한 경우에는 기존 상품에 약간의 변형을 가미해 차별화를 하는 것이 좋다.

② 기존 상품으로 신시장에 뛰어든 경우(기존 상품의 차별화): 음식배달업, 편

의점 등이 이러한 경우인데, 이러한 창업형태는 신시장이란 점 때문에 시장개척 능력에 달려 있다. 그래도 성공 가능성은 50% 이상이라고 볼 수 있으며, 기존 상품의 차별화 전략이 필요하다.

③ 신상품으로 기존 시장에 뛰어든 경우(신상품의 홍보): 뼈없는 닭갈비, 치즈 등갈비, 소갈비살 전문점 등으로 이런 창업형태는 신상품에 대한 홍보가 성공의 관건이 된다. 성공 가능성은 70~80% 이상으로 비교적 높은 편이다.

④ 신상품으로 신시장에 뛰어든 경우(신상품의 홍보와 영업력): 벤처산업 등이 이런 경우인데, 신상품에 대한 홍보와 시장개척 능력이 필요하다. 검증되지 않은 사업에 뛰어드는 것이기 때문에 성공 여부는 불확실하여 가능성도 낮다.

1.2 목표시장의 선정

(1) 목표 마케팅

목표 마케팅(target marketing)은 하나 혹은 그 이상의 세분화된 시장을 선정한 후에 각 세분시장에 맞는 포지셔닝 전략(positioning strategy)과 마케팅 믹스 전략을 수행하는 마케팅 활동을 말한다. 이러한 목표 마케팅을 하기 위해서는 하나의 큰 시장을 여러 개의 작은 시장으로 세분화하는 작업이 이루어져야 하는데, 이것을 시장 세분화(market segmentation)라고 한다.

여기에서 포지셔닝이라는 용어는 브랜드 이미지와 같은 의미를 지칭하는 것으로 사용되어 왔는데, 포지셔닝이라고 하는 용어가 브랜드 이미지와 다른 점은 전자가 '경쟁 상대'를 의식하고 있다는 점이다. 또한 포지셔닝이란 경쟁 상태 내에서의 위치 부여, 소비자의 욕구, 제품 특성 등 세 가지 요소를 통합적으로 고찰함으로써 성립된 개념이며, 포지셔닝 전략은 경쟁사가 소구할 수 없는 독특한 포인트를 어필함과 동시에 그것이 바로 소비자의 욕구와 합치하는 것이고, 그것이 제품의 특성이라는 포인트를 발견하는 것이다.

예를 들어 초콜릿바를 '야근시 출출할 때 먹는 스낵'으로 포지셔닝한 것은 다른 초콜릿바가 어린이층에 타깃을 맞추어 맛을 강조하고 있는 데 비해 훨씬 독특하고 동시에 타깃의 욕구에도 부응한 좋은 예인 것이다. 즉, 포지셔닝이란 한마디로 정의한다면, 적소(適所: niche=이미지 지도에 있어서의 최적 장소)의 발견이라 하겠다(네이버 카페, cafe.naver.com/jing5).

또한 마케팅 믹스전략은 마케팅의 4P인 product, price, place, promotion의 4가지 측면에서 그 전략방안을 적절하게 배합하여 수행하는 것이라고 할 수 있다. 즉, 목표시장에 효과적으로 도달하고 기업성과를 달성하기 위하여 관리하여야 할 통제 가능한 요소들을 통일적이며 합리적으로 배합하여 최적결합을 결정하는 마케팅 활동이라고 할 수 있다. 하지만, Booms와 Bitner(1981)는 기존의 마케팅 믹스인 4P에 참가자(participants, personnel, people), 물적 증거(physical evidence, physical facility, 시설 및 환경), 서비스 조립의 과정(process of service assembly, process of management, 작업진행관리)인 3P를 추구하여 7P's의 서비스 마케팅 믹스 개념을 제시하기도 하였다.

(2) 목표시장 선정 전략

전체 시장을 몇 개의 세분시장으로의 세분화에 따른 마케팅 전략은 다음과 같이 세 가지로 나눌 수 있다.

① 비차별적 마케팅전략(undifferentiated marketing strategy): 소비자의 공통된 욕구를 하나로 간주하여 이에 부응하는 상품을 취급하는 전략이다.

② 차별적 마케팅전략(differentiated marketing strategy): 소비자 욕구의 다양화에 발맞춰 소비자 시장을 공통적인 속성을 갖는 세분시장으로 세분화하고, 각 세분시장 계층에 대응하는 마케팅 활동을 전개하는 합리적이고 소비자 지향적인 마케팅 전략이다.

③ 집중적 마케팅전략(concentrated marketing strategy): 하나 혹은 몇 개의 세분시장에서 다른 점포보다 시장점유율을 높이려고 시도하는 전략이다.

1.3 상품·원재료 구입처의 선정

상품을 직접 제조하는 것이 아니라면 어디에서 어떤 조건으로 구매할 것인가를 결정해야 한다. 오프라인 점포를 갖고 있든지 아니면 온라인에서만 판매를 하든지 간에 좋은 상품을 좋은 조건에 안정적으로 구매할 수 있다면 이미 절반은 성공한 것이나 다름이 없을 것이다. 하지만 초보 창업자들의 경우에는 이러한 것들에 대해 단기간에 습득하기가 쉽지 않은데, 발품을 많이 팔아서 많이 다니거나 전문가들의 조언을 듣는 것도 좋을 것이다. 또한 인터넷 검색을 통해서 생산자 혹은 도매업자에 대한 정보를 찾아서 직접 만나보는 것도 좋은 방법이 될 수 있다. 생산자 혹은 도매업자는 국내뿐만 아니라 중국, 베트남 등 해외에서도 찾아야 하는데, 해외 생산업자 혹은 도매업자에 대한 정보는 인터넷 검색 혹은 사이트를 통해서 쉽게 찾을 수 있다.

(1) 구매관리의 중요성

어느 업종이든 원재료, 부품, 설비 및 상품의 구매가 필요한데, 무엇을 얼마만큼 구매하는가 하는 점은 바로 창업기업의 이익과 직결된다. 구매와 관련되는 활동으로는 다음과 같은 것들이 있다(중소기업청, 2002.4).

① 특정상품에 대한 수요의 결정

② 재고상품의 평가

③ 수요상품의 형·상표·수량의 계획

④ 상품공급원의 결정

⑤ 상품구매 상담과 발주

⑥ 상품의 검품, 보관 및 가격설정

⑦ 판매속도 혹은 상품이동의 체계적인 추적시스템에 의한 검토

⑧ 수요가 있는 상품의 재발주

(2) 좋은 구매처

효율적인 경영을 위해서는 신용 있는 매입처와 거래를 하는 것이 중요한데, 다음과 같은 거래처가 신뢰성이 있다고 할 수 있다.

① 거래 책임자(혹은 경영자)와 마음이 잘 맞는다.

② 가게에 활기가 있고, 종업원이 친절하다.

③ 타당한 매입가격으로 도매해 준다.

④ 거래조건이 타당하고 거래를 계속할 경우 가까운 장래에 개선의 전망이 있다.

⑤ 경영지도를 해 주거나 잘 팔리는 물건에 관해 조언을 해 준다.

⑥ 구매를 강요하지 않는다.

(3) 구매처를 찾는 방법

이제 막 창업을 한 경우에는 그 상품을 제조하는 회사나 동업조합에 가서 상담을 하거나 도매센터에 가서 직접 부딪혀 보는 것이 좋은 방법이다. 사실, 무점포 재택형태로 온라인 창업을 하는 경우에 대부분 직접 제품을 생산하지 않고 다른 기업 혹은 사람이 제조한 제품을 구매하여 일정 이윤을 붙여서 팔게 된다는 것이다. 이러한 경우에 오랜 기간 동안 좋은 조건에 거래할 수 있는 구매처를 찾는 것은 본인의 노하우와 경험 외에도 발품을 많이 팔아야 하는 것이다. 아직도 많은 예비창업자들이 "판매하고자 하는 물건은 어디에서 갖고 오면 되느냐?"라고 묻는 경우를 많이 볼 수 있다. 예를 들어, 다나와(www.danawa.com)와 같은 가격비교 사이트에서 제공하는 정보를 효과적으로 활용하여 판매하고자 하는 제품을 저렴한 가격에 공급해 줄 수 있는 구매처를 찾을 수도 있을 것이다.

1.4 가격전략

(1) 소비자가격의 형성요인

판매하고자 하는 제품과 서비스의 가격은 단순히 제조원가만을 기준으로 할 수는 없는 것이다. 내가 생산한 제품을 비싼 가격에 팔고 싶어도 경쟁환경, 정부 및 소비자 등의 여건에 따라 때로는 적자를 보면서 팔아야 하는 경우도 많

표 11-1 소비자가격의 형성요인

소비자	정 부	제조업자, 도매업자 기타 공급업자	경쟁(현재 및 잠재)
- 가격탄력성 - 목표 고객층에 있어서의 가격의 중요성	- 수평적 가격고정화 - 수직적 가격고정화 - 가격통제 - 최저가격 수준법 - 단위가격 결정 - 가격광고	- 가격인하시의 보증 - 최종가격결정상의 역할 - 유표품(branded goods) 대항 판매 - 고가격 및 가격인상이 공급업자에 미치는 영향	- 경쟁환경 - 가격에 대한 반응

자료: 중소기업청(2002.4).

다. 일반적으로 제품에 대한 소비자 가격의 형성요인은 [표 11-1]과 같이 소비자, 정부, 제조업자·도매업자·기타 공급업자, 그리고 경쟁환경의 4가지로 크게 분류할 수 있다.

(2) 가격결정방법

제품과 서비스의 가격을 결정할 때에는 대체로 다음과 같은 방법들을 많이 활용한다.

① 원가+이윤가산 가격결정: 가장 보편적으로 이용되는 방법인데, 원가계산에 있어서 벤처기업 혹은 창업보육센터 입주기업의 경우에는 소수의 인력으로 기업을 운영하고 있어서 대량생산시의 원가와 비교할 때에 생산원가가 지나치게 높다는 문제가 있다.

② 수요·공급 가격결정: 공급량에 비해 수요가 높으면 가격을 높게 책정하고, 수요가 공급보다 낮으면 가격을 낮게 결정한다.

③ 경쟁지향적 가격결정: 경쟁업체의 가격결정 등을 고려하여 가격을 책정한다.

④ 기타: 시장진입을 신속하게 하여 초기에 시장점유율을 높이고자 하는 경우, 브랜드 이미지를 높이고자 하는 경우 등에는 별도의 가격결정이 이루어질 수 있다.

(3) 가격전략

소비자들의 지갑을 열게 하기 위해서는 다양한 가격전략이 필요한데, 이것 역시 어떤 상품을 누구에게 그리고 어떻게 판매할 것인가에 따라 달라져야 할 것이다.

① 가격차별화 전략: 고객별·지역별·시기별로 상이한 가격을 정해 판매하는 방법인데, 잘못 운영하면 소비자로부터 신뢰를 잃을 수도 있다.

② 명성가격: 비싼 가격을 책정하여 고품질의 제품이라는 인식을 갖게 한다. 명성가격의 경우에는 가격이 높더라도 그것이 주는 가치가 높은 가치제품(value product)인 경우에 적용될 수 있다.

③ 단수가격: 9,900원이라고 표시하여 10,000원보다는 가격이 최하 가능한

선에서 결정되었다는 인상을 주기 위한 방법이다.

④ 고의적 할인가격: 고의적으로 가격을 높게 책정한 후에 할인 폭을 크게 정하는 방법이다.

⑤ 탄력가격: 일정한 범위 내에서 가격 변화를 가능하게 하는 방법인데, 고객 편의와 서비스 차원에서 할인해 주는 방법이다.

⑥ 소매표시가격: 소비자의 선별 구매를 용이하게 해 주는 효과가 있다.

⑦ 고가전략: 신제품을 처음으로 출시하는 경우에 가격에 민감하지 않은 고소득층을 흡수하기 위해 필요한 전략이다.

⑧ 저가전략: 처음에는 저가로 신속하게 시장을 선점하고자 할 때에 필요한 전략이다.

1.5 상품 판매계획

창업을 할 때에 점포가 크고 넓으면 당연히 좋을 것이다. 하지만, 그만큼 상품을 많이 진열하고 팔아야 한다는 부담이 동시에 따르게 된다. 그렇기 때문에 점포의 입지를 선정할 때에 상품 판매에 대한 계획을 철저하게 수립해야 하는데, 때에 따라서는 작은 점포가 지출의 감소로 인해서 오히려 더 많은 수익을 가져올 수도 있다는 것을 생각해야 한다.

(1) 상품 판매계획의 중요성

상품은 주력상품과 관련상품으로 구분할 수 있는데, 주력상품이란 말 그대로 그 점포를 대표할 수 있거나 매출 혹은 이익에 대한 공헌도가 높은 상품을 말한다. 그 외에는 모두 관련상품으로 구분된다. 점포 창업의 경우에는 공간상의 제약도 있고 상품의 재고 회전의 문제도 있기 때문에, 상품 판매계획의 수립이 중요하다고 할 것이다. 특히 어떤 상품을 주력상품으로 할 것인가를 신중하게 결정해야 하며, 경쟁점포와 차별되게 특화하는 것이 중요하다.

한편, 내가 창업한 점포의 바로 인근에 경쟁점포가 생겼다면, 점포의 차별화는 결국 상품력에 의해 결정된다고 할 수 있다. 여기에서 상품력이란 보다 많은 종류의 상품을 보유한다거나 제품의 질이 좋다거나 하는 것을 뛰어넘는 조건,

즉 제품의 신선함, 매장의 청결함, 구매를 촉진하는 진열, 친절한 서비스를 포함하는 통합적인 개념이라고 할 수 있다(중소기업청, 2002.4).

특히 소점포에서의 차별화는 바로 이러한 상품력을 통해서 결정된다고 할 수 있다. 예를 들어, 생맥주 전문점을 창업한다고 할 때에 상품력이 좋은 안주란 무엇인가? 그것은 첫째 맛이 좋아야 하며, 둘째 맛의 균일성이 있어야 하며, 셋째 빠르게 제공되어야 하며, 넷째 부담없는 가격이어야 한다는 것이다(나폴레옹, www.napoleon21.com). 요즈음처럼 경기가 나쁠수록 안주의 종류에 신경을 쓸 것이 아니라 고객의 호주머니 사정을 고려한 안주가 필요하다는 것이며, 그것이 바로 소점포 창업에서의 상품력이라는 것이다.

(2) 상품 판매계획의 방법

상품 판매를 계획할 때에는 평당 목표판매액의 추정, 판매실적에 의한 추정, 그리고 손익분기점에 의한 추정에 의한 방법을 이용할 수가 있다. 특히 창업 초기단계에서는 손익분기점에 의한 추정을 통해서 어느 정도의 기간이 지나면 이익이 발생할 것인가를 알 수 있다는 것이며, 이와 동시에 이익의 실현을 위한 고정비 및 변동비의 관리에 필요한 전략수립을 위한 정보도 알 수가 있다.

① 평당 목표판매액의 추정: 상점의 크기를 평당 목표판매액으로 곱하면, 연간 목표매출액이 계산된다. 연간 목표매출액을 12달로 나누면, 월 평균 목표매출액을 계산할 수 있다. 평당 목표판매액은 다음과 같이 계산할 수 있다.

평당 목표판매액 = 평당 순이익액/순이익율

② 판매실적에 의한 추정: 과거의 판매실적을 근거로 향후 판매목표를 추정할 수가 있다. 이러한 방법은 경기변동이 심할 때에는 오차가 많은 문제가 있다.

③ 손익분기점에 의한 추정: 손익분기점(BEP: break even point)이란 총매출액과 그것을 위하여 지출된 총비용이 일치되는 매출액을 의미한다. 즉, 일정기간의 매출액이 그 기간에 지출된 비용과 같아서 어떠한 이익이나 손실도 발생하지 않는 지점을 가리킨다(굿아이굿, www.goodigood.com).

손익분기점 = 고정비/(1-(변동비 ÷ 매출액))

(3) 판매형태

일반적으로 점포에서 판매되는 형태는 아래의 3가지 형태로 이루어진다(중소기업청, 2002.4).

① 접객판매: 판매인에 의한 고객에의 대응을 통한 판매를 말한다.

② 전시판매: 진열, 장식, 매장배치 등 상품을 전시함으로써 이루어지는 판매이다.

③ 대중판매: 광고, 판매촉진 등 주로 대중매체를 통해 고객에 대응하여 판매한다.

하지만, 요즈음은 오프라인 점포가 있다고 하더라도 인터넷홈페이지 혹은 인터넷쇼핑몰을 만들어서 온라인에서도 동시에 상품을 판매할 수가 있다. 또한 지역 주민들을 위해서는 온라인으로 신청 받아서 직접 배달까지 할 수가 있다.

1.6 반품 및 재고관리

점포창업자들의 고민은 바로 다 판매하지 못한 상품에 대한 반품과 재고처리라고 할 수 있다. 때로는 손실을 감수하고라도 재고를 처리해야 한다는 것이다. 예를 들어, 옥션, G마켓 등 오픈마켓 창업을 할 때에도 마찬가지이다. 일정 수량을 판매한 후 더 이상 판매가 되지 않을 때에는 1,000원 경매로 재고를 모두 정리하는 것이 좋다는 것이다.

(1) 반품관리

주요 거래처와 계약을 할 때에 반품가격과 반품량, 기간 등의 조건을 확실하게 해 놓는 것이 필요하다. 특히 가맹점 계약을 할 때에는 반드시 반품에 대한 조건을 계약서에 명시하는 것이 중요하다. 일부 프랜차이즈 본사에서는 초도 물품이라는 명목으로 일정 수량의 물품을 구매하게 한 후에는 반품이나 환불 혹은 심지어 교환도 해 주지 않는 경우가 있기 때문에, 가맹사업의 계약서 작성시에 반품에 대한 사항을 계약서에 반드시 구체적으로 명시하여 포함시켜야 한다. 즉, 초도 물품의 구입 후 일정 기간이 지나도 판매가 되지 않는 상품의 경우에는 일정한 금액에 며칠 이내에 반품을 받으며, 반품된 상품에 대한 금액은 며칠 이내에 환불하거나 다른 상품으로 교환이 가능하도록 계약서에 명시해야 할 것이다.

(2) 재고관리

재고관리(inventory control)는 능률적이고 계속적인 생산활동을 위해서 필요한 원재료, 반제품, 제품 등의 최적보유량을 계획·조직·통제하는 기능을 말한다. 재고관리는 넓은 뜻으로는 창고나 배송센터의 입지결정이나 각 유통재고점에서 보유해야 할 재고품목의 결정(재고배정결정)도 중요한 대상이 되며, 좁은 뜻으로는 각 제조 및 유통재고점에서 보관되는 각 품목에 관하여 발주(보충)시기와 1회 발주량의 결정이 재고관리의 중심문제가 된다(네이버 백과사전, 100.naver.com).

① 재고관리의 중요성: 상품의 재고가 늘어나면 현금의 보유액이 적어지는 결과를 초래하게 되며, 너무 재고가 적어도 고객들이 원하는 상품의 품절을 초래할 수 있다. 하지만, 초창기 창업자의 경우에는 판매량을 예측할 수 없는 문제가 있기 때문에, 재고관리에 대해서는 대책이 없는 것도 사실이다.

② 적정 재고량의 유지: 적정 재고의 유지방법으로 많이 사용하는 지표가 바로 상품회전율(stock turnover)이라고 할 수 있는데, 상품회전율은 일정 기간 동안에 상품 재고량이 얼마만큼 회전했는지를 알려주는 지표이다. 즉, 재고의 현금화가 얼마나 촉진되고 있는가를 알려주는 지표이다.

③ 재고량 파악의 방법: 일정 시점의 재고량을 파악하는 방법으로는 장부의 기장을 통한 파악과 실제 현물조사를 통한 방법의 두 가지가 있다.

1.7 보안관리

상점내의 상품 혹은 장비를 사용함으로 인해 발생되는 피해를 대비하기 위해 다양한 보안관리가 필요하며, 경우에 따라서는 상해보험에도 가입할 필요가 있다.

① 안전수칙: 창업자는 각종 안전과 관련된 수칙을 만들어서 직원들에게 교육을 시켜야 한다.

② 강도와 폭력방지: 요즈음은 편의점 등 점포에 강도도 많고, 음식점 등에서는 폭력사건이 빈번히 발생한다. 이에 대비하기 위해서는 외부 행인들이 점포 내부를 볼 수 있도록 하는 것도 좋은 방법이 될 수 있다.

③ 도난방지대책: 점포 내에서 발생할 수 있는 각종 범죄에 의한 손실을 예방하기 위해서는 다음과 같은 대책이 필요하다.

- 전부 혹은 일부의 매장을 항상 감시할 수 있도록 보안요원 등 종업원을 배치한다.
- 카운터를 통하여만 나가도록 출구를 단일화한다.
- 전자경보장치를 설치한다.
- 전략적인 취약지역에는 방범거울이나 방범비디오를 설치한다.
- 고가품은 금고를 사용하여 보관한다.
- 고객을 감시할 수 있는 위장된 차폐물을 사용한다.

요즈음은 DVR(digital video recorder)를 설치하면 편리한데, 24시간 디지털 영상을 저장할 수 있는 장점이 있고, 소점포의 보안시스템으로서 가격도 20~40만원 정도로 저렴한 편이다.

2. 영업노하우와 고객관리 비결

2.1 고객의 구매심리

고객이 상품을 구매하는 것을 하나의 심리적 변화의 과정이라고 할 수 있는데, 이러한 구매심리 과정은 [표 11-2]와 같이 5단계로 나타낼 수 있다(중소기업청, 2002.4).

1단계: 주목(Attention), 주의를 끌도록 하는 단계

2단계: 흥미(Interest), 흥미를 일으키도록 하는 단계

표 11-2 구매심리상태와 판매접근방법

단계	구매심리상태	판매접근방법
주목	• 사고 싶은 상품이 있다. • 좀더 자세히 알고 싶다.	• 성급히 접근하지 않는다. • 고객에게 시선을 두지 않는다.
흥미	• 디자인이 특이하다. • 가격은 얼마일까?	• 고객에게 자연스럽게 접근하여 유행에 대한 조언을 한다. • 구매 부담을 주지는 않는다.
욕망	• 가격은 비싸지만 구매하고 싶다.	• 고객의 구매결정을 도울 만한 접근을 시도한다. • 가격에 대한 충분한 가치 또는 장기적인 유용성을 강조한다.
확신	• 바로 이것이다. • 사기로 결정한다.	• 구매 결정에 대한 칭찬·격려를 한다.
행동	• 상품대금을 지불하고 상품을 구매한다.	• 정확한 상품대금 수수 및 감사의 인사를 통하여 유쾌한 거래의 종결을 한다.

자료: 중소기업청(1999.10).

3단계: 욕망(Desire), 상품에 대한 구매 욕구와 의욕이 생기도록 하는 단계

4단계: 확신(Confidence or conviction), 구매에 확신을 갖는 단계

5단계: 행동(Action), 구매행동으로 옮기도록 하는 단계

이러한 5단계의 과정을 'AIDCA'의 원리라고 하는데, 판매원은 판매 성과를 올리기 위해 상품의 품질과 사용법, 거래의 조건, 판매 절차 등에 대한 충분한 지식을 가지고 고객의 구매심리변화과정(AIDCA)에 맞게 판매활동(STEPS)을 수행하여야 한다는 것이다. 즉, 판매원의 설득과정은 출발(start), 알림(tell), 설명(explain), 증명(prove), 요약(summarize)으로 나타나게 된다는 것이다. 또한, 위에서 제시한 구매심리상태별로 판매를 위한 접근방법은 [표 11-2]와 같다.

2.2 소비자행동 분석

소비자는 상품의 구매과정을 거치는 동안 많은 외적 혹은 내적 요인에 의해 영향을 받게 되는데, 먼저 외적 요인으로는 기업의 마케팅 요인이 있다. 기업의 마케팅 요인으로는 크게 상품, 가격, 유통, 커뮤니케이션을 들 수 있다.

또한 내적 요인으로는 문화적·사회적·개인적인 요인과 심리적인 요인으로 구분할 수 있다. 문화적·사회적·개인적 요인으로는 문화, 사회계층, 준거집단, 가족, 생활양식 등을 들 수 있다. 그리고 심리적인 요인으로는 동기유발, 지각, 학습, 태도 등을 들 수 있다. 이러한 외적 및 내적 요인에 의해 영향을 받은 소비자들은 크게 다음과 같이 4가지의 형태로 나눌 수 있다(중소기업청, 2002.4).

① 경제형(economic): 가치욕구적인 구매에 주된 관심을 가지며, 극단적으로 가격, 품질 및 상품구매에 감수성이 강하다.

② 개성형(personalizing): 자신에게 잘 알려져 있고 점포의 사람이나 점포 그 자체와 강한 개인적인 연대관계가 있는 곳에서 구매한다.

③ 윤리형(ethical): 소규모 소매점이 사업을 계속할 수 있도록 대형점이나 연쇄점의 저가격이나 상품구색을 고려하지 않는다.

④ 무관심형(apathetic): 가능한 한 빨리 구매하고자 편의에만 관심을 두고 구매한다.

한편, 이러한 소비자행동 분석을 토대로 한 소비자의 구매과정은 [그림 11-1]과 같다(중소기업청, 1999.10).

그림 11-1 소비자의 구매과정

문제인식 → 정보탐색 → 대안평가 → 구매결정 → 구매후 행동

가) 문제의 인식

소비자는 실제 상태와 바람직한 상태 간의 차이를 지각하게 될 때 욕구를 느끼게 되며, 이것이 소비자의 구매의사 결정을 유발시키는 동기가 된다. 소비자가 욕구를 인식한다는 것은 바로 문제를 인식한다는 것으로 해석될 수 있다.

나) 정보의 탐색

욕구를 인식하게 되면 욕구를 충족시킬 수 있는 상품이나 서비스를 찾게 되는데, 이것이 바로 정보를 수집하는 단계이다.

다) 대안의 평가

정보탐색의 결과를 토대로 소비자는 몇 개의 상표로 구성된 상표군을 형성

하게 되며, 이들 중에서 하나를 선택하기 위한 평가를 하게 된다.

라) 구매

대안의 평가를 토대로 최종 구매를 하게 된다.

마) 구매후 행동

구매후 행동은 만족 혹은 불만족한 결과로 나타나게 되며, 각각에 따라 향후 구매는 완전히 달라지게 된다. 요즈음처럼 인터넷이 발달한 경우에 불만족한 소비자는 인터넷을 통해 다른 사람들에게도 영향을 미치게 된다.

사실, 제품을 판매해야 하는 기업의 입장에서 볼 때에는 고객이 문제를 인식할 때까지 기다리기보다는 다양한 자극을 통해서 문제를 인식할 수 있도록 할 수 있다. 예를 들어, 다양한 광고, 판촉, 디스플레이, 점내(店內) 고지 등을 통해서 고객이 문제를 인식할 수 있도록 만드는 것이 필요하다는 것이다.

2.3 고객응대와 화법

점포창업에서 한 번 방문한 고객을 다시 방문하도록 하기 위해서는 고객을 대하는 방법을 알아야 하며, 고객에게 좋은 인상을 주도록 노력해야 한다. 예를 들어, 아무리 맛있는 식당이라고 해도 식사 후 손님이 나갈 때의 사소한 실수 혹은 부주의가 고객을 다른 업소로 가도록 할 수 있다는 것이다. 요즈음처럼 경기가 불황일수록 단골고객을 많이 확보하는 것이 중요하며, 단골고객을 많이 확보하기 위해서는 고객을 대하는 태도에 각별히 주의할 필요가 있다.

(1) 고객응대의 기본 원칙

① 고객이 점포 문을 열고 들어올 때는 일체의 행동을 중지하고 고객을 응대할 준비를 한다.

② 접객의 순서는 먼저 온 고객의 순서대로 하며 공평해야 한다.

③ 상품지식 및 생활정보를 숙지한다. 특히 아르바이트 직원을 채용하는 경우에는 상품의 가격, 위치, 용도 등에 대해 충분히 교육을 시켜야 한다.

④ 말씨와 인사는 예의 바르게 실시한다. 주요 접객용어와 태도는 다음과 같다.

• 어서 오십시오.
• 눈을 마주 본다.
• 미소를 짓는다.
• 신속한 안내 또는 포장, 계산
• 더 필요한 것이 없으십니까?
• 감사합니다. 안녕히 가십시오.

⑤ 옷차림은 단정하게 한다.

⑥ 행동은 정중하며, 경쾌하게 해야 한다.

⑦ 고객과의 약속은 반드시 지킨다.

• 예약은 반드시 지킨다.
• 배달은 정해진 시간, 날짜에 정확히 배달한다.
• 후일 연락해 주겠다고 한 사항은 필히 연락한다.
• 불편 사항에 대한 처리 결과는 반드시 전달한다.

고객응대와 관련하여 한 가지 더 언급할 것은 메모하라는 것이다. 직접 대면하지 않고 전화로 응대할 때에도 마찬가지인데, 고객의 이름, 연락처 등 필요한 정보를 즉시 메모하여 나중에 또 다시 묻는 일이 없도록 하는 것이 중요하다.

(2) 고객응대 화법

가) 판매의 기본적인 화법

화법의 기본요소에는 다음과 같은 것이 있다.

① 발음은 정확하게 하도록 노력한다.

② 높고 낮음이 있어야 하며, 특별히 강조할 부분에는 억양이 있어야만 의사전달이 확실하다.

③ 고객의 변화에 따라 변화하는 화술이 필요하다.

④ 말과 말 사이를 간결하고 명쾌하게 한다.

일반적으로 사용되는 판매 등 세일즈화법으로는 8가지의 응대화법을 들 수 있다.

① 간접부정법(yes, but 법) : 일단 고객의 말을 받아들이고 난 다음에 판매자가 자신의 이견이나 생각을 말하는 방법이다.

② 직접부정법 : 갑자기 부정을 하는 방법인데, 논쟁이 되기 쉬우므로 사용할 때에는 각별히 주의해야 한다.

③ 산울림법 : 고객이 한 말을 반복함으로써 이해와 공감을 얻는 방법으로 고객이 거절하는 말을 솔식하게 받아주는 데 포인드가 있다.

④ 질문법 : 질문의 방법에 따라 고객에게 관심과 흥미를 갖도록 하거나 문제의식을 높이도록 하며, 고객의 생각을 이끌어내기도 한다.

⑤ 보상법 : 상품의 특성이나 기능 등에 대한 사실을 사실로서 인정하며, 그 대신 다른 요소를 보충하면서 판매하는 세일즈 화법이다.

⑥ 자료전환 제시법 : 대화 중에 주저하거나 거절의 경우 빨리 상품과 관련된 자료를 보이는 화법이다.

⑦ 예화법 : 고객의 거절에 대하여 예를 들거나 또는 가정을 들어 설명하는 응대화법이다.

⑧ 묵살법 : 고객의 변경(혹은 이유)을 무시하고, 다음 단계로 옮겨야 한다.

나) 계산대에서의 접객방법

계산대는 판매행위를 마무리하는 단계이며, 고객이 다시 점포를 방문하도록 하는 데 매우 중요한 역할을 할 수 있다. 속담에도 "다 된 밥에 재 뿌린다"라는 말이 있는 데, 마지막 단계에 고객에게 나쁜 인상을 주면 안 된다는 것이다. 계산대에서의 고객에 대한 접객방법은 다음과 같다.

① 받은 돈은 복창하여 확인한다.

② 잔돈은 두 손으로 건네준다.

③ 상품은 두 손으로 직접 전해 준다.

④ 마지막 단계에서 반드시 인사한다.

(3) 상품판매시의 응대방법

상품판매는 상품 자체를 판매하는 것이라기보다는 상품의 효용가치(effective value)를 판매하는 것이라고 할 수 있다. 이때의 응대방법은 다음과 같다(중소기업청, 1999.10).

① 명랑하고 친절하며 에티켓을 지킨다.

② 상품 지식을 풍부하게 갖춘다.

③ 유용한 정보제공을 할 수 있어야 한다.

④ 끈질기게 강매하지 않으며, 사지 않아도 싫은 표정을 짓지 않는다.

⑤ 적당히 물러설 줄 안다.

⑥ 고객에게 가장 적합한 상품인지 진지하게 의견을 말해 준다.

⑦ 고객과 동반한 사람에게도 관심을 기울여 긍정적인 호응을 유도한다.

⑧ 서두르는 고객에게는 서둘러 응대하는 등 고객의 사정에 배려하는 태도를 보인다.

⑨ 젊은 고객에 대해서는 감각(유행)에 보다 더 호소한다.

⑩ 고객이 상품에 흥미를 보이는 경우, 고객의 욕구를 파악하고 적극적으로 응대함으로써 성공적인 판매로 연결될 수 있도록 유도한다.

(4) 판매원의 성과

점포창업에 있어서 우선적으로 고려해야 할 것은 바로 매출이고, 매출의 상당부분은 바로 판매원에 의해 좌우된다고도 할 수 있다. 즉, 판매원이 어떠한 자질을 갖추고 있고, 어떠한 자세로 판매에 임하느냐에 따라 매출의 차이가 매우 많다는 것이다.

가) 판매원의 성과에 특히 영향을 미치는 요소는 다음과 같다(중소기업청, 2002.4).

① 성격: 판매원으로서 필요한 성격을 갖추고 있는가 하는 것으로 내성적인 성격보다는 외향적인 성격을 가진 판매원이 높은 성과를 낼 수 있다.

② 기능수준: 상품의 판매에 대한 기본적인 지식 및 필요한 기능을 갖추고 있어야 한다.

③ 동기유발: 일정 수준 이상의 매출을 올릴 경우에 추가적인 보상이 이루어지는 경우에는 판매원의 동기유발 효과가 크다고 할 수 있다.

④ 개인적, 조직적 및 환경 변수: 개인적인 환경이나 회사의 분위기 혹은 전반적인 경제환경이 판매원의 성과에 커다란 영향을 미친다는 것이다. 즉, 경기가 침체될 때에는 판매원이 아무리 열심히 노력을 한다고 하더라도 매출이 떨어질 수밖에 없다는 것이다.

나) 판매원에게는 다음과 같은 다양한 동기부여가 필요하며, 이러한 동기부

여는 바로 매출로 이어질 수 있다는 것이다.

① 승진의 기회

② 안정적인 일

③ 녹장력의 발휘 기회

④ 주도권(이니시어티브)을 가질 기회

⑤ 적절한 교육훈련

⑥ 성과 인정

⑦ 적정한 임금

⑧ 좋은 직장동료

⑨ 쾌적한 작업조건

⑩ 신분보장

위에서 판매원들의 동기부여에 대해 언급을 하였는데, 향후 창업의 기회 제공은 가장 중요한 동기부여가 될 수 있다. 한국 사람들의 경우에는 평생 나른 사람 밑에서 일을 하겠다는 생각보다는 언젠가 독립해서 사장이 되겠다고 하는 생각을 많이 갖고 있다. 그렇기 때문에 때가 되면 나도 사장이 될 수 있다는 동기부여가 있다면 열심히 일을 하게 될 것이다.

(5) 매출을 올리는 방법

누구나 창업을 하게 되면 매출에 가장 많은 신경을 쓰게 되는데, 최재희(2003)는 점포창업에서 매출을 올리는 방법을 다음과 같이 제시하고 있다.

① 판매영역을 넓혀라.

- 기존의 광고지역보다는 좀더 영역을 넓혀 광고를 함으로써 판매영역을 넓힌다.
- 매장을 정리해 점포면적을 확대시킨다.
- 잘 팔리는 상품은 관련 상품을 강화해 진열 양을 늘린다.

② 객단가(customer transaction)를 올려라. 객단가는 고객 한 사람이 소비하는 평균 가격대를 말하는데, 한 사람의 고객이 방문하더라도 매출을 많이 올리는 전략이 바로 객단가를 올리는 방법이다.

③ 매상품목의 수량을 늘려라. 점포에 들어선 손님을 되도록 오랫동안 머물

게 해 다른 상품을 구매하도록 유도한다.

④ 고정고객을 늘려라. 고객을 만족시켜 고객 한 사람당 가치를 제고시키는 것만이 경쟁력 강화의 수단이 될 것이다.

⑤ 서비스를 강화하라. 고객의 입장에서 생각하고 고객에 대한 서비스를 강화해야 한다. 상품을 팔기보다는 점포의 가치를 팔려고 노력하고, 고객의 마음을 사로잡는 영업전략이 매출증대의 핵심임을 기억해야 한다.

위에서 제시한 방법 외에 추가하고 싶은 것이 있다면 고정고객을 많이 확보하는 것인데, 그러기 위해서는 단순히 상품의 판매 외에 다양한 생활관련 서비스를 제공하는 것이 필요하다는 것이다. 지역주민이 필요로 하는 서비스의 제공을 통해서 타 점포와 차별화를 시킬 수 있으며, 고객의 충성도 또한 자연스럽게 높아진다는 것이다.

2.4 고객서비스

고객서비스의 시작은 역지사지(易地思之)의 생각에서 시작되어야 한다. 즉, 고객과 나의 처지를 바꾸어서 생각해야 한다는 것이다. 특히 단골고객일수록 그만큼 더 서비스에 신경을 써야 할 것이다. 이것은 창업아이템을 도출할 때에도 마찬가지로 적용이 될 수 있는데, 다음과 같은 질문을 던져봄으로써 고객서비스가 개선될 수 있다는 것이다.

① 고객이 불편하게 생각하는 것이 무엇인가?

② 고객을 좀더 만족시키기 위해 필요한 것은 무엇인가?

③ 어떻게 하면 서비스의 가치를 높일 수 있는가?

④ 경쟁기업과 차별되는 서비스는 무엇인가?

⑤ 내 점포만이 특별히 제공할 수 있는 서비스는 무엇인가?

또한 고객이 무엇 때문에 다른 경쟁점포에 가지 않고 내 점포로 오는가를 분석해 보면, 고객서비스 향상을 위한 중요한 정보를 얻을 수 있다. 점포 위치가 이용하기에 편리해서 올 수도 있고, 다른 점포에는 없는 상품을 판매하기 때문에 방문할 수도 있다는 것이다. 이러한 점포방문의 동기에 대해 분석을 해 볼 필요가 있다는 것이며, 지역내 고객 대비 지역외 고객에 대한 분석도 필요할 것으로 판단된다.

2.5 차별되는 고객 마케팅기법

요즈음과 같은 시대에는 그냥 평범한 것으로는 경쟁력을 갖추기가 힘들다. 이러한 측면에서 무엇인가 차별되는 고객 마케팅기법이 필요한데, 다음과 같은 것들이 있다(최재희, 2003).

① 일단 사용해 보는 체험 마케팅: 승용차, 가전제품, 생활용품매장 등과 같이 먼저 사용해 보고 마음에 들면 구입하라고 권하는 마케팅기법이다.

② 가슴에 호소하는 자필 마케팅: 여행사의 DM발송, 가전업체의 쿠킹 도우미 파견, 전문요리사의 무료 요리강습을 받게 하는 것과 같이 단골고객에게 자필 편지를 쓰고 도우미를 파견하여 상품가치를 높이는 마케팅기법이다.

③ 고객차별성 부각 마케팅: 단골 VIP마케팅 작전으로 다른 고객과 차별성을 부각시키는 고객우대 마케팅기법이다.

④ 다양한 부가서비스 제공: 컴퓨터 운세 무료제공, 무료 PC통신 데이트를 제공하는 카페, 무료 자동구두닦이, 음주측정기를 설치한 음식점, 가상현실 메이크업으로 피부상태와 색깔조화를 파악해 주는 화장품가게 등이 이에 해당한다.

⑤ 기타 여러 실전 마케팅

- 시차적용 마케팅: 내점 시간에 따라 차등요금을 부과하는 판촉전략
- 나라사랑 마케팅: 고객의 애국심에 호소하는 전략
- 쿠폰 마케팅: 쿠폰을 발행하여 할인혜택을 주는 판촉전략
- 포인트 마케팅: 한 번 내점할 때마다 점수를 누적해 인센티브 제공
- 스크래치 마케팅: 즉석복권을 서비스하는 방법
- 복고 마케팅: 맥도날드에서 10년전 가격으로 제공
- BOGO(buy one get one) 마케팅: 특정메뉴를 주문하면 덤으로 다른 메뉴 제공
- Target 마케팅: 특정 고객을 위한 마케팅(예: 커플만을 위한 마케팅)
- 제휴 마케팅(joint promotion): 타점포, 타업종과 제휴하여 판촉하는 전략

위에서 언급한 여러 가지의 차별화된 마케팅기법들은 많은 창업자들이 이용한 것인데, 이미 유행이 지난 마케팅기법을 사용할 때에는 고객들에게 특별한 차별성을 제공하지 못하고 오히려 실망감을 줄 수가 있다. 그렇기 때문에 다른 창업자들이 활용한 마케팅기법들을 도입할 때에는 자기의 점포 환경에 맞도록 수정할 필요가 있다.

3. 영업촉진 활동

3.1 광 고

(1) 광고의 의미

광고(advertising)는 기업이나 개인 및 단체가 상품, 서비스, 이념, 신조, 정책 등을 세상에 알려 소기의 목적을 거두기 위해 투자하는 정보활동이라고 할 수 있는데(네이버 백과사전, 100.naver.com), 창업기업에 있어서는 주로 상품관련 아이디어와 상표, 서비스 등에 관한 정보를 일정 매체를 통해 알림으로써 판매를 촉진하게 된다. 일반적으로 광고가 필요한 경우는 다음과 같다(blog.naver.com/666dbsrl).

① 새로운 사업을 시작할 경우

② 새로운 상품이 출시되거나 기존 상품에 대한 고객의 정보 부족으로 판단될 경우

③ 필요 이상으로 상담하는 시간이 소비된다고 생각할 경우

④ 지사 혹은 지점을 새로 개설할 경우

⑤ 신상품의 예상고객을 효율적으로 찾아내기 위한 경우

⑥ 경쟁 광고주의 움직임이 매우 활발해 시장이 잠식당할 위험이 따를 경우

⑦ 바람직한 기업 이미지의 창조(브랜드 메이킹)가 필요하다고 생각될 경우

⑧ 종업원 모집을 의식하고 광고할 경우

⑨ 광고주의 메시지를 여러 사람에게 직접 전달할 수 없을 경우

⑩ 고객으로부터 경쟁업체의 상품이 많이 거론될 경우

(2) 소점포 광고의 종류

① 전단광고: 전단지를 만들어서 배포하는 것을 말하는데, 배날하는 방법은 다음과 같다.

- 신문배달시 신문에 끼워 배달하는 방법
- 사원들이 직접 방문하여 배포하는 방법
- 점포 앞에서 배포하는 방법
- 관련 박람회 혹은 행사 참가자들에게 배포하는 방법

② 구매시점광고(POP: point of purchase): 고객이 상품을 구매하는 장소에서 수행하는 광고를 말하는데, 다음과 같은 방법들이 있다.

- 벽면에 포스터를 붙여 놓은 방법
- 판매 상품을 위해 가격표시판과 함께 광고 카드를 올려 놓은 방법
- 상징적 물건을 설치해 놓은 방법
- 음식점에서의 메뉴판

③ 우편광고: 우편을 통하여 광고를 하는 것인데, 아파트의 경우에는 단순히 아파트의 동과 호수만 적어도 된다는 이점이 있다.

④ 판촉물 광고: 성냥, 열쇠고리, 달력 등의 판촉물을 나누어 줌으로써 광고를 한다.

⑤ 인명부광고: 전화번호부, 지역내 상권 책자 등에 광고를 하는 방법이다.

⑥ 구전광고: 사람의 입을 통하여 광고를 하는 것인데, 주로 주변의 인맥을 활용하게 된다. 구전광고는 고객이 오피니언 리더(opinion leader)인 경우에 특히 도움이 될 수 있다.

⑦ 데몬스트레이션(demonstration): 상점에 온 고객들을 상대로 상품의 특성이나 사용법을 알리기 위하여 데몬스트레이션하는 것도 소매업에서 효과적으로 이용하는 광고방법의 하나이다.

⑧ 디스플레이(display): 고객의 주의를 끌고 구매의욕을 일으키도록 상품을 진열하는 것을 디스플레이 혹은 진열이라 한다. 이러한 디스플레이를 효과적으로 이용하기 위해서는 대상상품, 대상고객, 색채, 장소, 조명, 레이아웃, POP

광고 효과 등을 구체적으로 검토해야 한다.

⑨ 행사: 소매점에서는 일정한 기간 동안에 특별행사를 할 수 있다. 즉 새해맞이, 민속의 날 행사, 창립기념일, 입학, 졸업, 어버이날, 어린이날, 정기바겐세일, 사은 대매출 등 여러 가지 특별행사를 할 수 있다.

⑩ 소비자 교육: 고객의 사고방식, 상품지식, 사용법 등에 대하여 교육함으로써 판매효과를 높이고자 하는 활동이다.

(3) POP 광고

점포 내에 가장 많이 설치하는 광고로는 POP(point of purchase) 광고를 들 수 있는데, POP 광고는 매장 안의 활기를 불어넣어 줄 뿐만 아니라 점원에게 직접 상품과 관련된 질문을 던지지 않고서도 해당 상품이 지닌 장단점과 기능, 품질, 가격 등을 쉽게 알 수 있도록 도와 준다. 그 때문에 POP 광고의 역할은 점점 커지고 있다. 그러나 점포창업을 하면서 많은 POP 광고를 모두 사용할 수는 없는데, 먼저 다른 점포를 방문해 보고 살펴보면서 본인의 점포 실정에 맞는 POP 광고를 선택하면 될 것이다.

가) POP 광고를 할 때에는 몇 가지 사항에 대해 체크를 해야 하는데, 주요 내용은 다음과 같다(blog.naver.com/idahoya).

① 고객에게 구매의욕(충동구매) 발생 여부

② 시각적인 효과 충족 여부

③ 계절감각이나 지역특성 반영 여부

④ 상품의 개성 및 특성 표출 여부

⑤ 점두나 점내에서 고객의 관심도

⑥ 디자인의 참신성

⑦ 제작비의 효율성

나) POP 광고를 사용함으로 인해 얻을 수 있는 효과는 다음과 같다(경기지방중소기업청, 2003).

① 고객의 쇼핑에 도움을 준다.

② 판매원의 접객 판매활동을 도와 준다.

③ 고객이 미처 생각지 않고 있던 상품을 사도록 충동구매를 도와 준다.

④ 광고, 전시, 기타 다른 판매촉진 활동과 상승효과를 꾀할 수 있다.

⑤ 비교적 만들기 쉽기 때문에 비용이 적게 든다.

⑥ 상품에 관한 설명을 할 수가 있으므로 소비자 교육이 된다.

(4) 판촉물 광고

가) 신규로 창업을 할 때에 방문한 고객에게 선물로 주는 것이 판촉물인데, 판촉물은 그냥 주는 것으로 끝나는 것이 아니라 재방문 혹은 재구매가 발생할 수 있도록 하는 것이 중요할 것이다. 일반적으로 판촉물의 3요소는 다음과 같다(최재희, 2003).

① 기능: 기능이 있는 물건이어야 하는데, 쇼핑백의 경우가 대표적이다. 즉, 쇼핑백의 기능은 물건을 담는 것이라는 것이다. 따라서, 판촉물을 제작하거나 주문할 때에는 목표로 하는 고객이 유용하게 사용할 수 있는 것인가를 검토해야 할 것이다.

② 인쇄문구: 판촉물의 표면에는 회사 로고나 내방객에게 전달하고자 하는 문구, 연락처, 도메인 등을 넣는 것이 중요하다. 특히 회사의 도메인을 넣는 것이 좋다.

③ 가격: 예상 방문객의 수와 구입단가를 고려하여 판촉물 단가를 정해야 한다.

나) 경기가 불황일수록 고객이 오래 간직할 수 있는 판촉물을 선정하는 것이 중요한데, 생활 중에서 고객이 늘 갖고 다닐 수 있는 판촉물이라면 광고효과는 그만큼 더 크다고 할 수 있다. 이러한 판촉물을 선정할 때에 고려해야 할 사항들은 다음과 같다(마켓코리아, www.marketkorea.com).

① 정성이 깃든 판촉물: 가격이 비싸지 않지만 받는 사람들이 정성이 들어있다고 생각하는 선물로 선정하는 것이 좋다.

② 의미 있는 판촉물: 유명인이 관련된 판촉물 혹은 국제대회나 기관 등에서 인증 받은 것을 기념하는 판촉물이라면 더욱 좋을 것이다.

③ 실용적인 판촉물: 기능이 가미된 판촉물을 선정하는 것이 좋은데, 예를 들어 구두 광택용 스폰지, 오프너, 구급함, 미용세트 등이 좋다.

④ 배포대상에 따른 판촉물의 차별화: 티셔츠, 모자, 컵 등 몇 가지 판촉물

을 준비하여 고객의 중요도에 따라 배포하면 된다.

⑤ 대상에 따른 판촉물: 학생, 주부, 일정 급여 이상의 직장인, 각종 기업, 사무실 등 대상에 따른 판촉물을 선정해야 한다.

3.2 홍보 및 정보제공

가) 홍보(publicity)란 기업, 단체 또는 관공서 등의 조직체가 커뮤니케이션 활동을 통하여 스스로의 생각이나 계획, 활동, 업적 등을 널리 알리는 활동을 말하는데(네이버 백과사전, 100.naver.com), 광고의 대가를 지불하지 않는다는 특징이 있다. 즉, 신문, 잡지, 라디오, TV뉴스 등에 기업의 제품이나 서비스 혹은 기업 이미지를 뉴스거리로 제공할 수가 있다는 것이다. 효과적인 홍보가 되기 위해서는 다음과 같은 3가지 특징을 가져야 한다.

① 정보가치성: 정보로서 가치가 있어야 하는데, 발상의 전환을 통해 창업을 하였거나 특이한 경력의 창업자 등의 경우에는 정보로서 가치가 있다는 것이다.

② 자극유인성: 판매원이나 거래점포의 열의를 북돋아 줄 수 있는 유인성을 갖고 있어야 한다는 것이다.

③ 신뢰성: 내용을 믿을 수 있어야 한다.

나) 한편, 영업촉진 활동과 관련하여 생각해 볼 것은 현재 및 잠재고객에 대한 정보의 제공이 필요하다는 것이다. 즉, 전단지를 제작하거나 인터넷 웹진(webzine)의 형식으로 고객들에게 기업의 소식을 정기적으로 제공함으로써 고객들의 충성도를 높일 수 있다는 것이다.

사실, 창업기업의 경우에는 언론을 잘 활용하면 돈을 거의 들이지 않고도 엄청난 홍보효과를 기대할 수 있는데, 대부분의 벤처 혹은 창업보육센터 입주기업들의 경우에는 홍보를 전담하는 직원도 없는 실정이다. 또한 언론을 통한 홍보의 중요성은 인식하고 있지만, 언론에 부탁을 해야 한다고 생각하거나 많은 돈 혹은 든든한 인맥이 있어야 가능하다는 생각을 하고 있다.

하지만, 많은 언론관계자들을 만나보면 기사거리가 될 만한 정보에 목말라하고 있으며, 좋은 기사거리를 늘 원한다는 것이다. 이에 대해서 박영만(2003.8)

은 방송을 활용한 홍보 10계명을 다음과 같이 제시하고 있다.

① 방송홍보를 잘하려면 역지사지(易地思之) 입장에서 프로그램을 완벽하게 파악하고 자사와 관련된 아이템이 어느 프로그램, 어떤 꼭지와 적합한지 체크한다.

② 프로그램이 끝나면서 엔딩 자막으로 지나가는 스크롤에서 방송국이나 외주 프로덕션의 PD 혹은 작가 등 스텝들의 이름을 알아두고 연락한다.

③ 시청자에게 유익한 정보와 그림이 뒷받침되는 방송 제안서 혹은 방송 의뢰용 보도자료를 핵심만 보기좋게 만들어 직접 찾아가거나 메일로 송부한다.

④ PD나 작가는 방송 소재를 신문, 잡지, 인터넷 등에서 많이 찾으므로 그러한 곳에 소개되면 자연스럽게 방송 아이템으로 연결될 가능성이 높다.

⑤ 방송은 특정기업 홍보에 대한 구설수에 휘말리지 않으려고 유사한 여러 회사를 소개한다. 따라서 비슷한 사례를 몇 개 모아 트렌드나 사회·문화 현상으로 자료를 제공한다.

⑥ 시기 적절한 타이밍을 맞춰 이벤트를 기획하고 행사 10일 전에 미리 보도자료를 보낸다. 각종 기념일이나 계절별 연례 행사 등에 대해서 새로운 시각으로 접근할수록 좋다.

⑦ 자사의 플래카드, 배너, 포스터 등 홍보물과 예쁜 캐릭터 상징물 등 비주얼(visual)이 강한 홍보용 소품을 미리 만들어 두고, 노골적이지 않게 슬며시 방송에 활용한다.

⑧ 방송 취재시 자사의 로고나 캐릭터 등의 과잉 노출은 편집에서 가려지거나 거의 잘린다. 본인이 시청자라고 생각하고 객관적으로 인터뷰나 취재에 응한다.

⑨ 방송은 연출이 불가피한 경우가 많다. 따라서 무리하게 연출을 부탁할 수 있다. 자사의 컨셉트를 해치지 않는 범위에서 가능한 한 연출상황에 적극적으로 응해 준다.

⑩ 갑자기 방송에 나가게 될 경우, 홍보 담당자는 유사시 사장을 대신하여 인터뷰할 수 있는 준비를 갖춘다. 항시 방송에 대비한 홍보체제를 구축해 기회를 놓치지 말아야 한다.

3.3 인적 판매

인적 판매(personal selling)는 판매를 하려는 목적으로 하나 혹은 그 이상의 예상고객과 대화과정에서 구두로 상품을 제시하는 것을 말하는데(중소기업청, 1999.10), 인적 판매 혹은 세일즈는 고객의 상품구입을 도와주는 소비자 지향적인 구매환경의 조성활동이라고 할 수 있다. 예를 들어, 화장품, 보험, 자동차 등에서 인적 판매가 많이 이루어지고 있다.

가) 브라이언 트레이시(2004)는 세일즈맨이 갖추어야 할 자세로서 다음의 7가지를 제시하고 있다.

① 자신이 회사의 소유주라는 주인의식을 갖고 업무에 매진하며 모든 일에 책임지는 자세가 있어야 한다.

② 상품과 서비스의 판매자가 아니라 고객의 문제를 해결해 주는 컨설턴트의 자세를 갖추어야 한다.

③ 고객의 상황을 철저히 파악하고 가장 적절한 해결책을 제시하는 전문가의 자세가 있어야 한다.

④ 목표를 명확하게 설정하고 철저하게 준비하는 전략적 자세가 있어야 한다.

⑤ 업무를 효율적으로 처리해 반드시 목표시간에 완료할 수 있는 결과지향적 자세가 있어야 한다.

⑥ 업계 최고를 목표로 끊임없이 노력하는 자세가 있어야 한다.

⑦ 고객을 비롯해 주변 모든 상황에 세심하게 관심을 보이는 자세가 필요하다.

나) 또한 브라이언 트레이시(2004)는 인적 판매를 위한 전략으로서 다음의 10가지를 제시하고 있다.

① 명확한 가치관을 정립한다.

② 자신만의 비전을 설정한다.

③ 구체적인 사명서(mission statement)를 작성하여 미래를 준비한다.

④ 자신의 과거, 현재, 미래의 상황을 분석한다.

⑤ 상황분석을 토대로 성공에 핵심이 되는 요인을 발굴한다.

⑥ 지속적으로 기업의 전략과 시장 전반에 대해 분석한다.

⑦ 판매와 관련된 데이터베이스를 구축한다.

⑧ 단기, 중기, 장기목표를 설정하고 목표달성을 위한 구체적인 방법을 검토한다.

⑨ 성공에 대한 충분한 동기부여가 되어 있어야 한다.

⑩ 전략과 계획을 통합하고 이에 생활의 초점을 맞춰야 한다.

다) 세일즈(sales)의 영문 이니셜은 아래와 같이 모두 고객을 대하는 마음을 나타내는 용어들이라고 할 수 있다. 상대방, 즉 고객에 대한 이해와 배려가 있어야 한다는 것이고, 이를 통해 세일즈의 목적을 달성할 수 있다는 것이다(매경이코노미, 2004년 10월 20일).

성공창업학

세일즈(sales)의 영문 이니셜

s = self confidence(자신감)
a = appearance(용모)
l = listening(경청)
e = enthusiasm(열성)
s = service(봉사)

3.4 판매촉진

판매촉진(sales promotion)이란 상품 수요를 늘려 가기 위해 하는 모든 활동이라고 할 수 있는데(네이버 백과사전, 100.naver.com), 대체적으로 상품 혹은 서비스에 대한 소비자의 구매욕구를 자극하기 위한 단기적인 유인 내지는 자극책이라고 할 수 있다. 이러한 판매촉진을 위해 많이 이용하는 방법으로는 추첨, 경품권, 한정시간 할인 등이 있다.

3.5 홍보를 위한 인쇄물의 종류

요즈음 온라인이 많이 발전하고 있지만, 홍보를 위해서는 여전히 인쇄물의 제작 및 배포가 필요하다고 할 수 있다. 그것은 인쇄물은 갖고 다니면서 보관할 수 있으며, 필요할 때에 다시 꺼내 볼 수 있다는 장점이 있기 때문이다. 창업기업의 홍보를 위한 인쇄물의 종류는 다음과 같다.

(1) 명 함

명함은 성명, 주소, 연락처 등을 적은 소형 인쇄물을 말하는데, 이메일 주소 및 도메인을 반드시 적어야 한다. 특히 이메일 및 도메인이 없는 경우에는 인터넷을 잘 활용하지 않는 사람으로 인식될 수도 있다. 사람들을 만날 때마다 단순히 명함만 주고받지 말고, 30초 정도라도 간략하게 설명을 함으로써 자기를 확실하게 기억하게 하는 것이 좋을 것이다. 명함에 사진을 넣는다면 더 쉽게 그리고 오래 기억할 수 있을 것이다.

(2) 팜플렛, 브로셔 및 카탈로그

팜플렛(pamphlet)은 자사가 취급하는 상품이나 서비스에 대한 선전·계몽을 위한 소책자를 의미하며, 브로셔(brochure)는 팜플렛과 유사하나 상품보다는 주로 업무내용 등을 담는 소책자라고 할 수 있다. 또한 카탈로그(catalogue)는 상품이나 기업 소개를 위해 만든 인쇄물이다.

(3) 간 행 물

정기 혹은 부정기 간행물을 발송하는 것은 비용이 많이 소요된다는 단점이 있지만, 고객에 대한 홍보 및 이미지 향상 혹은 충성도를 높이는 데 좋은 방법이 된다. 간행물은 컴퓨터와 전문 소프트웨어를 이용하여 쉽게 만들 수 있으며, 요즈음은 온라인 간행물을 발간할 수도 있을 것이다. 또한 이메일로도 간행물을 발송할 수 있는데, 다만 많은 수신자가 이러한 간행물을 잘 읽지 않는다는 단점은 있다.

(4) DM(direct mail)

다이렉트 메일(DM: direct mail)은 편지나 엽서, 안내장, 리플릿(leaflet), 카탈로그 등의 인쇄물 또는 샘플 등을 오프라인상에서는 우편물 형태로, 그리고 인터넷상에서는 사용사의 의사에 따라 쿠폰이나 안내문, 편지 등 직접 인쇄힐 수 있는 형태로 발신자의 목적에 맞게 특정 고객들에게 전달하는 커뮤니케이션 수단을 말한다.

(5) 전 단

전단은 홍보 및 광고를 목적으로 배포되는 한 장으로 된 상업용 인쇄물을 말하는데, 불황일수록 신문 사이에 전단이 많이 끼워져 오는 것을 볼 수 있다. 전단을 배포할 때에는 막연히 전단만 배포하지 말고 무엇인가 고객이 받아서 읽을 수 있도록 하는 것이 필요할 것이다. 예를 들어, 전단의 귀퉁이에 할인쿠폰을 함께 인쇄하는 것도 좋은 방법이 될 수 있으며, 간단하게 작성하면 선물을 주는 등의 요령이 필요할 것이다.

(6) 스 티 커

스티커(sticker)는 인쇄되어 있는 뒷면의 종이를 벗겨 목적한 장소에 붙일 수 있도록 종이 사이에 접착처리되어 있는 인쇄물을 말하는데, 배달업종에서 많이 사용한다. 스티커에 전화번호뿐만 아니라 도메인도 포함시키는 것이 필요할 것이다.

4. 마케팅 믹스의 요소

4.1 전통적인 마케팅 믹스의 요소

전통적으로 마케팅의 4요소로서 product(제품), promotion(촉진), place(유통), price(가격)의 4가지가 있는데, 전략적 구성요소는 [표 11-3]과 같다.

표 11-3 마케팅 믹스의 전략적 구성요소

제 품	가 격	촉 진	유 통
• 다양성과 구색 • 패션 • 품질 • 서비스 • 상표	• 가격점 • 가격욕구 • 신용	• 광고 • 인적판매 • 판매촉진 • 점내 배치 • 배열	• 점포입지 • 유통센터 • 운송

그런데, 요즈음은 전통적인 4P 마케팅 믹스만으로 설명되지 않는 부분을 위해 추가적으로 만들어진 개념이 있는데, 이것이 바로 3P인 참여자(participants), 과업환경(physical evidence), 생산과정(process)이다.

① 서비스 참여자(participants): 서비스 참여자는 서비스가 생산되고 소비되는 곳에서 특정한 역할을 수행하는 모든 사람을 지칭한다. 따라서 여기에는 전체 종업원뿐만 아니라 서비스를 이용하는 고객 모두가 포함된다.

② 과업환경(physical evidence): 서비스 생산에 반드시 필요한 장비나 기구 또는 서비스를 위한 기타 환경을 의미한다.

③ 생산과정(process): 서비스의 생산부터 전달까지 이르는 과정을 지칭한다.

4.2 마케팅 믹스의 재고(4S)

수십 년 동안 마케팅 믹스로 생각하던 4P는 이제 수정되어야 한다고 본다. 그것은 창업 및 경영환경이 급격하게 변화되어 왔음에도 불구하고, 수십 년 전에 만들어진 4P에 의존하고 있다는 것 때문이다. 특히 프랜차이즈 본사 창업자의 입장에서는 다음과 같은 요소들에 관심을 가져야 할 것으로 생각된다.

(1) 스피드(speed)

스피드 즉 속도 혹은 시간이라는 개념으로 생각을 할 수 있다. 최근의 경우를 보면, 속도를 마케팅 개념으로 활용하는 경우는 매우 많다. 즉, 서비스를 일정 시간 내에 하겠다는 것이며, 이것을 위반할 경우에는 고객에게 보상을 하겠다는 것도 마케팅전략이다.

또한 스피드는 시장진입의 속도와도 매우 밀접한 관련이 있다. 즉, 언제 시장에 진입할 것이며, 언제 시장에서 빠져 나올 것인가 하는 것이다. 사실, 아무리 좋은 기술과 제품을 개발했더라도 시장진입에 대한 타이밍을 제대로 맞추지 못하면 낭패를 보기 쉽다. 즉, 시장진입이 너무 빨라도 안 되며, 너무 늦어도 안 된다는 것이다.

(2) 확산(spread)

확산이라는 것은 판로개척과 유사한 의미로 생각하면 되는데, 개발한 기술과 제품을 어떻게 확산시킬 것인가 하는 것이다. 즉, 기술과 제품을 어떻게 지역적으로, 전국적으로 아니면 전세계적으로 확산시킬 것인가 하는 문제라고 할 수 있다.

프랜차이즈 본사의 경우를 보더라도 가맹점을 전국적으로 모집하는 것이 유리할 것 같아도, 본사의 인력 및 배송이 충분하게 준비되어 있지 못한 경우에는 오히려 가맹점 및 고객들의 불만이 높아지는 경우가 많다는 것이다. 또한 벤처기업의 경우에도 일시에 전국적으로 확산시켰을 경우에 A/S에 문제가 생길 가능성이 매우 높고, 이것은 오히려 기업의 이미지를 실추시킬 수 있다는 것이다. 때로는 특정 지역에서 성공사례를 만들고, 후에 전국적으로 혹은 전세계적으로 확산시키는 것이 필요하다는 것이다.

(3) 강점(strength)

창업자는 자신의 장점을 잘 살려서 경쟁기업과 차별화를 시켜야 한다. 그것이 바로 차별적인 제품과 차별적인 서비스로 이어져서 고객의 만족도 및 충성도를 높일 수 있다는 것이다. 또한 단점을 보완하려고 하기보다는 장점을 더 강화시키는 것이 필요할 것이다. 그러한 측면에서 최고경영자와 회사의 장점이 무엇인지를 발견하고 그것을 자사의 경쟁력으로 연결시키는 전략이 수립되어야 한다.

사실, 많은 창업자들이 장점을 살리기보다는 단점을 보완하는 데 주력하는 경우를 많이 보는데, 그렇게 하면 결국 평균의 수준밖에 이르지 못하게 된다는 것이다. 하지만, 장점을 더 강화시키는 경우에는 경쟁기업에 비하여 절대적으로 우위에 설 수 있는 요소가 있어 결국 차별성과 경쟁력이 확보된다는 것이다.

(4) 만족(satisfaction)

창업이라는 것은 창업자의 만족뿐만 아니라 결국은 고객의 만족으로 이어져야 한다. 이것은 고객을 만족시킬 수 있는 전략의 수립 및 집행이 중요함을 말하는 것이다. 가격, 품질, 서비스, 차별화 등의 측면에서 고객을 어떻게 만족시킬 것이며, 이를 통해서 최고경영자 자신 또한 만족할 만한 성과를 거두어야 할 것이다. 창업자가 만족의 단계를 뛰어 넘어 창업 자체를 즐길 수 있다면 가장 이상적일 것이다. 열심히 하는 사람보다는 일을 좋아하는 사람이, 일을 좋아하는 사람보다는 일을 즐기는 사람이 결국은 승리한다는 것을 생각해야 한다.

5. 매출추정과 수지예측

5.1 매출추정

(1) 원론적인 접근방법

최재희(2003)는 매출을 추정하는 원론적인 접근방법으로서 다음의 3가지를 제시하고 있다.

① 하향식 매출추정: 전체시장으로부터 자기 사업체의 몫을 계산해 내려오는 방식을 말하는데, 전체 시장규모를 사전에 조사한 후 창업기업의 시장점유 정도를 계산해 내는 것이다.

② 상향식 매출추정: 구매 고객별로 시장을 세분화해 분석한 후에 창업기업이 획득할 수 있는 특정 고객집단이나 세부시장을 기초로 매출액을 각각 계산해 내고 이들을 모두 더하여 합산하게 된다.

③ 수평적 매출추정: 창업기업과 유사하면서 이미 설립되어 성공한 기존의 사업체들의 수준과 단순하게 비교해 보는 방법을 말한다.

사실, 창업자가 위에서 언급한 하향식 혹은 상향식 매출 추정방법을 이용하여 매출을 추정하는 것은 쉽지 않은 일이다. 하지만, 유사한 기업 혹은 점포의 매출을 토대로 한 수평적 매출추정은 충분히 가능하기 때문에 창업을 준비하는 과정에서부터 기존 점포들에 대한 매출을 추정해 볼 필요가 있다. 여기에다가 경기상황을 고려하여 현재 준비 중인 창업분야에 대해 어느 정도의 매출이 예상되는지를 분석해야 한다.

매출에 대한 아무런 추정 혹은 조사도 없이 창업에 나선다는 것은 매우 위험한 일이다. 창업을 하면서 막연한 기대 혹은 주변의 조언만으로 창업을 한다는 것은 절대 금물이며, 객관적인 자료의 수집에 의한 매출추정을 해 보는 것이 좋다는 것이다. 그렇기 때문에 적당히 준비하고 적당히 창업을 할 것이 아니라 시간이 걸리더라도 철저한 사전준비를 함으로써 성공창업을 기대해야 할 것이다.

(2) 실질적인 접근방법

점포창업에 있어서 매출을 추정해 볼 수 있는 방법은 많은데, 최재희(2003)는 매출을 추정하는 실질적인 접근방법으로서 다음과 같은 방법을 제시하고 있다.

① 통행인구수×내점률×1인 구매단가=추정매출액
※ 내점률: 통행인구 1백명이 실질적으로 점포에 내점하는 비율

② 1일 방문객 수×월간 영업일수×1인 구매단가=추정매출액

③ 월 고정비용/마진율=목표(추정)매출액

④ 투자금액×회전율(음식점 100~150%)=추정매출액/년
(유통업계의 경우 150~200%, 서비스업계의 경우 200~300%)

⑤ 자산×총자산 회전율(음식점 100%)=추정매출액
(유통 150%, 서비스 200%)

⑥ 종업원 수×종업원 평균인건비/년×3=추정매출액
(재료구입시×4, 매입 없을 시×3)

⑦ 예상시장규모×예상시장점유율=추정매출액

⑧ 테이블 수×회전율(음식업 약 10회)×1인 구매단가(객단가)=추정매출액

⑨ 점포면적×평당 매출액(음식업 1만원/일)=추정매출액

(3) 매출에 영향을 미치는 요인

가) 한연희(2003.11)는 매출에 영향을 미치는 요소를 다음과 같은 세 가지로 구분하고 있다.

① 경기변동: 경기변동에 따라 업종의 매출은 영향을 받는다. 즉, 경기가 불황일 때에 잘 되는 업종이 있고, 경기가 어려울 때에는 잘 되지 않는 업종이 있다는 것이다.

② 트렌드: 창업의 트렌드가 변화되면서 업종에 따라 매출의 변동이 심하게 나타날 수 있다. 커피전문점, 생과일전문점, 패스트푸드점 등이 그 예이다.

③ 소비패턴의 변화: 소비패턴의 변화로 매출을 짐작할 수 있는데, 최근 주 5일근무제의 확산으로 인해서 상권에 따라 매출의 변화가 두드러지게 나타나고 있다. 예를 들어, 오피스상권의 경우에는 주 5일근무제가 확산되면서 점차 매출이 떨어지고 있다는 것이다.

나) 위에서 언급한 여러 가지의 상황 속에서 매출증대를 위해서는 무엇인가 차별화를 해야 하는데, 차별화를 할 때에 고려해야 할 사항들은 다음과 같다.

① 차별화의 목표를 분명하게 설정해야 한다. 모든 면에서 차별화시킨다는 것은 대체로 가능하지 않다. 한두 가지 분야에서라도 제대로 차별화를 시켜야 할 것이다.

② 경쟁점포에 비해 가능한 한 빨리 차별화를 해야 한다.

③ 발상의 전환이 필요한데, 고객의 입장에서 생각해야 한다.

④ 판매하는 상품과 서비스에 따라 가격전략도 달라야 한다. 무조건 싸게 판다고 해서 좋은 것은 아니라는 것이다.

⑤ 전단배포, 우편(DM: direct mail)광고, 도우미를 활용한 이벤트 행사, 풍선아치, 전화 이용 홍보, 인터넷 홍보 등 점포의 특성에 맞는 다양한 마케팅 전략을 활용하는 것이다.

5.2 수지예측

창업을 하기 전에 해당 창업분야의 매출 및 수지(수입과 지출, Income and Expense) 예측을 하는 것은 쉬운 일이 아니다. 하지만 투자대비 이익률을 계산하거나 점포권리금의 적정 여부 등을 판단하는 데 활용할 수 있는 유용한 정보가 되기 때문에, 점포창업을 시작하기 전에 반드시 점검해 봐야 할 과정이다. 일반적으로 수지예측은 월 예상매출에서 매출원가와 제 경비를 차감함으로써 월 예상 순이익을 산출해 볼 수 있다. 매출원가는 유통업의 경우에는 상품구입대금을 말하며, 외식업의 경우에는 원·부재료 비용을 말한다.

창업 이후 매출 및 수지 예측은 [표 11-4]와 같이 하면 된다. 다만, 업종에 따라 경비 부분의 항목에 변동이 있을 수 있다. 특히 무점포 및 재택형태로 창업을 하는 경우에는 경비 항목에서의 상당한 변동이 필요할 것이다.

표 11-4 창업이후 매출 및 수지 예측방법

항목			창업시	창업 6개월후
매출 ①				
매출원가 ②				
경비	점포유지비	임대료		
		관리비		
		수도광열비		
		통신비		
		수선유지비		
	인건비	급여 및 수당		
		상여금		
		복리후생비		
	영업비용	교제비		
		교통비		
		운송비 외		
	금융비용	차입금 이자		
		리스, 렌탈료		
	용품대	소모품, 사무용품		
	기타 비용	보험료		
		광고선전비		
		잡비		
	합 계 ③			
이 익 ① - ② - ③				

성공창업학

아무리 잘 만들어도 팔지 못하면 아무런 소용이 없는 것이다. 또한 좋은 기술로 잘 만들면, 고객이 구매할 것이라고 생각하는 것도 일종의 착각이다. 그렇기 때문에 누구에게 어떻게 판매할 것인가를 생각하고 제품을 만들어야 한다. 또한 일단 제품을 만들기 전 혹은 후에는 어떻게 홍보하고 마케팅할 것인가에 대해 확실하게 계획을 수립하여 진행해야 한다. 많은 벤처기업들은 나름대로 독특하고 차별화된 기술로 수많은 제품을 만들었지만, 고객의 구매심리단계에서의 1단계인 주목도 받지 못한 채 시장에서 사라져갔다는 것을 명심해야 한다. 같은 기술수준의 제품일지라도 홍보와 마케팅 능력에 따라 경쟁기업의 제품보다 더 비싼 가격에 팔 수도 있고, 더 좋은 기술로 만들었어도 오히려 싸구려 제품으로 전락할 수도 있다. 그것이 바로 홍보와 마케팅의 결과인 것이다.

한편, 본 장에서 언급한 홍보 및 마케팅 전략을 포함하여 창업기업의 제품 혹은 상품을 효과적으로 판매하기 위한 홍보 및 마케팅 전략은 아래와 같이 10가지로 생각할 수도 있을 것이다.

(1) 홈페이지의 운영
(2) 홍보를 위한 이메일 및 문자의 발송
(3) 카페(cafe)와 블로그(blog)를 운영
(4) 점포를 알리기 위한 홍보 및 광고를 진행
(5) 언론을 활용한 홍보
(6) 웹사이트의 접속을 늘리기 위한 키워드 광고를 진행
(7) 동영상(UCC)을 활용한 홍보
(8) 소셜 네트워크 서비스(SNS)에서 홍보
(9) 창업기업의 웹사이트의 주소를 포함한 콘텐츠의 등록
(10) 소셜커머스에서의 홍보

제 12 장

프랜차이즈 창업의 이해

1. 프랜차이즈의 개념

1.1 프랜차이즈의 정의

프랜차이즈는 프랜차이저(franchisor)가 프랜차이즈를 사는 사람(franchisee)에게 프랜차이즈 회사의 이름, 상호, 영업방법 등을 제공하여 상품과 서비스를 시장에 판매하거나 기타 영업을 할 수 있는 권리를 부여하며 영업에 관하여 일정한 통제 및 지원을 하고, 이러한 포괄적 관계에 따라 일정한 대가를 수수하는 계속적 채권관계를 맺는 것을 의미한다. 프랜차이즈란 말은 원래 프랑스에서 왔으며, 'freedom from servitude'라는 뜻으로 노예상태로부터 해방이라는 의미이다(한국프랜차이즈협회, www.ikfa.or.kr).

김진영 · 유명철 · 고정소 · 권태형 · 박승민(2003)에 의하면, 프랜차이즈 사업이란 가맹사업자가 가맹참여자에게 회사의 상호, 상표 등을 사용하게 하여 가맹주와 동일한 영업방법, 상품판매 및 용역제공 등의 활동을 지원하는 시스템을 말한다. 즉, 가맹주의 우월적인 지위를 가맹계약자에게 제공하고, 가맹계약자는 이를 통한 지원의 대가로 일정한 경제적 이익(로열티)을 지급하는 거래관계라고 할 수 있다.

또한 '가맹사업거래의 공정화에 관한 법률' 제2조에서는 프랜차이즈 사업(가맹사업)을 가맹본부가 가맹점사업자로 하여금 자기의 상표·서비스표·상호·간판 그 밖의 영업표지를 사용하여 일정한 품질기준이나 영업방식에 따라 상품(원재료 및 부재료를 포함) 또는 용역을 판매하도록 함과 아울러 이에 따른 경영 및 영업활동 등에 대한 지원·교육과 통제를 하며, 가맹점사업자는 영업표지의 사용과 경영 및 영업활동 등에 대한 지원·교육의 대가로 가맹본부에 가맹금을 지급하는 계속적인 거래관계라고 규정하고 있다.

1.2 프랜차이즈의 역사

역사적으로 프랜차이즈의 시작은 1863년 경 미국 싱거 재봉틀 회사(Singer Sewing Machine Co.)로 볼 수 있다. 이 회사가 자사의 재봉틀을 전국에 판매하기 위해 소매업자들과 계약을 맺고 프랜차이즈 개념을 도입하게 되었다. 총체적 비즈니스 프랜차이즈 형태라기보다는 일종의 판매방식에 가까웠다.

이러한 프랜차이즈 형태는 그 효율성이 인정되면서 1910년대 이후에는 패스트푸드, 자동차 부문으로 더욱 확대되었다. 미국 GM사와 포드 자동차 회사가 프랜차이즈 형태를 통해 제품을 판매하게 되었으며, 이와 더불어 여러 종류의 상품·서비스 분야에서 프랜차이즈 개념을 도입하게 되었다(한국프랜차이즈협회, www.ikfa.or.kr).

프랜차이즈는 꾸준한 증가와 함께 1950년을 넘어서면서 일종의 프랜차이즈 붐을 일으켜 1960년대 초반에는 프랜차이즈 회사가 약 2,000개에 이르렀다. 이름만 들어도 고개가 끄덕여지는 켄터키 후라이드 치킨(KFC), 전 세계적 호텔 체인인 홀리데이 인(Holiday Inn), 맥도날드, 피자헛이 모두 1950년대 등장한 프랜차이즈들이다. 그러나 이러한 발전에 편승한 부실·불량 프랜차이즈가 등장하여 불공정거래가 빈번해지면서 한때 심각한 사회문제로 대두되기도 했다. 그 결과 1970년에는 100개가 넘는 체인 본사가 부도를 경험하게 되었다. 이에 미국 정부는 여러 가지 프랜차이즈 사업에 관한 제재조치를 내렸고 일정 기간 침체기에 들어갔다.

그러나 제대로 된 서비스와 제품을 공급한다는 취지하에 비즈니스 프랜차이즈가 속속 등장하면서 1979년 '프랜차이즈 거래법'이 만들어졌으며, 이에 의해 체인 본사는 가입을 원하는 잠재 프랜차이지들에게 의무적으로 정보를 공개하도록 했다. 이렇게 함으로써 제대로 사격을 갖춘 프랜차이즈만이 프랜차이지를 모집할 수 있도록 제도화했다. 또한 IFA(International Franchise Association)와 같은 프랜차이즈 연합기구까지 생겨나면서 점차 시장이 안정되고, 우수한 프랜차이즈들이 속속 등장하면서 전성기를 맞이하게 되었다. 프랜차이즈 사업 분야는 성장을 거듭하여 1990년대 들어서는 미국 전역에 55만개의 프랜차이즈점이 연간 8천억 달러의 매출을 올리는 성공 신화를 만들어 내고 있다(프랜차이즈연구모임, 2001).

지금도 미국에서는 8분마다 프랜차이즈점이 한 개씩 생겨나고 있으며, 한국의 프랜차이즈는 1976년 림스치킨(www.limschicken.co.kr)이 외식 프랜차이즈를 시도했으며, 1979년 롯데리아(www.lotteria.com)가 본격적인 총체적 비즈니스 프랜차이즈의 장을 열었다(박주관, 2000).

1.3 프랜차이즈 비용

프랜차이즈 본사와 가맹점 간의 계약과 거래에는 비용이 발생하게 되는데, 프랜차이즈 본사가 브랜드 사용권과 노하우를 제공하는 대가로 가맹점은 다음에 설명하는 5가지를 본사에 납부해야 하는 것이 일반적이다(김효정, 2003). 물론 이러한 비용이 모두 발생하는 경우는 별로 없으며, 본사와 가맹점 간의 계약에 따라 일부 비용이 발생하고 있는 실정이다.

(1) 가 맹 비

가맹비는 본사에 납부하면 돌려받지 못하는 돈이다. 업종에 따라 다르지만 500만원에서 1,000만원 수준이 가장 많이 통용된다. 프랜차이즈에 있어서 가맹비는 본사 프랜차이즈 시스템 확장을 위해서 필요한 재정을 확보하는 데 필수적인 비용이 된다. 즉, 프랜차이즈 시스템을 구축하는 데 꼭 있어야 하는 비용에 해당된다. 그러나 요즘은 가맹비를 받지 않는 경우도 있다(유재은, 2000).

가맹비와 관련하여 한 가지 언급하고 싶은 것은 바로 지극히 낮은 가맹비의 책정에 대한 것이다. 가맹비가 낮으면 가맹계약에 유리한 점도 있으나 결국 프랜차이즈 본사의 부실을 초래하기도 한다. 그렇기 때문에 가맹점 계약의 수가 적더라도 적정 가맹비를 받는 것이 장기적인 안목에서 보면 필요하다는 것이다.

(2) 보 증 금

가맹점주가 본사에 납부하는 비용 중에 유일하게 돌려받을 수 있는 것이 보증금이다. 보증금은 외식업의 경우 식재료를 공급하는 데 따른 외상공급이 발생하므로 이에 대한 보증금을 본사가 미리 받아 두는 것이다. 그러므로 그 보증금 규모는 대략 200~300만원 내외에서 결정되는 것이 보통이다. 판매업의 경우는 매장에서 판매되는 상품의 외상 공급에 대비한 보증금의 성격이므로 그 보증금의 규모는 배송되는 상품량과 가격에 따라 결정되게 된다. 보통 수백 만원에서 귀금속 프랜차이즈와 같은 고가의 상품을 취급하는 경우는 수천 만원을 훨씬 웃돈다. 서비스업의 경우는 본사로부터 공급받은 물품이 많지 않은 경우가 대부분이므로 보증금의 규모가 200~300만원 이내에서 결정된다.

(3) 인테리어비

인테리어비는 프랜차이즈에 가맹할 때 어느 아이템이든 50% 이상을 차지하게 되는 가장 높은 비중의 본사 납입금이다. 인테리어비의 책정은 일반인이 접근해서 분석해낼 만큼 쉬운 것은 결코 아니다(박주관, 2000). 하지만, 창업비용 중에서 가장 많은 부분을 차지하는 만큼 인테리어를 할 때에는 판매하는 상품과 서비스에 어울리는지에 대해 꼼꼼하게 체크를 해야 한다. 현재 국내 대부분의 프랜차이즈 본사에서는 인테리어를 본사에서 시설하도록 계약하고 있기 때문에 가맹계약자와의 분쟁이 많이 발생하고 있는 분야이기도 하다.

(4) 초도 상품비

초도 상품 또는 초도 물품비라고 불린다. 이 비용은 말 그대로 처음 팔리는 상품의 비용이다. 의류 매장이 오픈하고 고객을 맞이하기 위해 쇼윈도와 진열대에 놓이게 되는 오픈 초기의 상품들을 말하고, 외식 매장이라면 회사로고가

새겨진 그릇, 접시, 물 컵 등과 같이 영업을 하기 위해 초기 인테리어 공사 때는 준비될 수 없는 모든 물품들의 대금을 말한다. 외식업의 경우는 주방설비를 위해 필요한 냉장고, 싱크대 등이 여기에 포함될 수도 있고, 인테리어 비용에 포함시키기도 하고, 주방설비 비용이라고 따로 명시하고 본사에서 받는 경우도 있다. 서비스업의 경우 청소 용역 프랜차이즈라면, 청소 도구, 장비, 유니폼 그리고 청소약품 등이 이에 해당한다(유재은, 2000).

초도 상품을 프랜차이즈 본사로부터 구입할 때에 살펴봐야 할 것은 판매되지 못한 상품에 대한 반품, 교환, 환불에 대한 것이다. 현재 상당수의 본사가 초도 상품에 대해서 반품이나 교환 혹은 환불을 해 주지 않고 있다는 것을 감안하여, 계약서 작성시에 반품, 교환 및 환불에 대해 충분히 협의하고 명시할 필요가 있다.

(5) 로 열 티

프랜차이즈 회사가 지속적으로 제공하는 각종 서비스와 혜택에 대해서 지불하는 비용인데, 브랜드 파워를 가진 프랜차이즈의 경우에는 브랜드의 사용에 따른 비용이라고 할 수 있다. 월매출의 일정 비율을 적용해 적게는 1%에서 많게는 10%를 넘기는 경우도 있지만, 일반적으로 3~4%가 적용되고 있다. 본사는 이 로열티 수입을 통해서 프랜차이즈 시스템을 운영해 나가는 기본 재원을 마련해야 하는데, 한국적인 상황에서는 로열티의 적용이 여의치 않아 수많은 파행을 낳고 있다(박주관, 2000).

2. 프랜차이즈의 종류

2.1 유통산업발전법 시행령에 의한 종류

유통산업발전법 시행령(blog.naver.com/dslee100) 제5조에 의하면, 프랜차이즈 사업의 종류는 다음과 같다.

(1) 직영점형 체인사업

체인본부가 주로 소매점포를 직영하되 가맹계약을 체결한 일부 소매점포(이하 '가맹점'이라 한다)에 대하여 계속적으로 상품을 공급하며 경영을 지도하는 형태의 체인사업을 말한다.

(2) 프랜차이즈형 체인사업

체인본부가 상호 · 판매가격 · 판매방법 · 매장운영 및 광고 등에 관한 경영방식을 결정하고 가맹점으로 하여금 그 결정과 지도에 따라 운영하도록 하는 형태의 체인사업이다.

(3) 임의가맹점형 체인사업

체인본부의 경영지도에 의하여 가맹점의 취급품목 · 영업방식 등을 표준화하거나 체인본부의 경영지도에 의하여 공동구매 · 공동판매 · 공동시설활용 등 공동사업을 수행하는 형태의 체인사업을 말한다.

(4) 조합형 체인사업

동일업종의 소매점들이 중소기업협동조합법 제3조의 규정에 의한 중소기업협동조합을 설립하여 공동구매 · 공동판매 · 공동시설활용 등 사업을 수행하는 형태의 체인사업이다.

2.2 영업 범위에 의한 프랜차이즈의 종류

(1) 국내 프랜차이즈

국내 지역에서만 프랜차이즈 사업을 전개하는 것을 말하는데, 국내 지역에서도 전국적으로 프랜차이즈 사업을 확산시키고 있는가 아니면 특정 지역에서만 프랜차이즈 사업을 하고 있느냐의 경우로 생각해 볼 수 있다. 이것은 매우 중요한 문제일 수도 있는데, 프랜차이즈 사업의 초기단계에서 무리하게 전국적으로 가맹점을 확산시키는 것은 위험할 수 있다는 것이다. 즉, 인력 · 재정이 한정되어 있는 상태에서는 특정 지역에서 우선 성공사례를 만들어 가는 것이 필요하다는 것이다.

(2) 국제 프랜차이즈

국내뿐만 아니라 해외로까지 진출하여 프랜차이즈 사업을 전개하는 것을 말하는데, 최근 한국의 프랜차이즈 본사들이 외국으로 진출을 하는 사례가 늘어나고 있다(한국일보, 2006.1.16).

① 본죽(www.bonjuk.co.kr): 국내 대표적인 죽 브랜드로 2005년 7월에 일본 도쿄 아카사카에 직영점을 열고 해외시장 공략에 나섰으며, 2006년 1월에는 프랜차이즈의 본고장인 미국 로스엔젤레스에 직영점을 오픈하였는데, 그 후 중국, 동남아시아, 일본, 미국 등에서 계속 직영점을 열고 있다.

② 와바(www.wabar.co.kr): 2003년 중국 상하이에 와바 직영점을 개설한 이후 2005년에는 일본, 중국 등 해외 7호점을 열었으며, 이후 싱가포르 등으로 확대하고 있다.

③ 참이맛 감자탕(www.chamimat.co.kr): 2005년에 일본 오사카에 진출하였으며, 한류 열풍에 힘입어 매장 앞에 연일 현지인 손님들이 줄을 길게 늘어설 정도로 인기를 끌고 있다.

④ 컴드림(www.3min.co.kr): 방문 PC수리업체로서, 스페인 현지의 전자제품 유통업체와 지사 계약을 체결하여 유럽 시장에 컴퓨터 유지 보수 기술을 수출하게 됐다.

⑤ 위즈아일랜드(www.wizisland.co.kr): 취학 전 아동들을 대상으로 하는 감성놀이학교로서 미국 로스엔젤레스에 가맹원을 개설, 교육 선진국인 미국에 역수출하는 브랜드로 성장했다.

2.3 업종별 분류

프랜차이즈를 업종별로 분류하면, 자동차관련사업, 제과/제빵업, 빌딩/건축업, 비즈니스서비스업, 유아관련사업, 교육관련사업, 패스트푸드사업, 숙박업, 유지관리서비스업, 인적서비스업, 인쇄업, 부동산업, 패스트푸드가 아닌 음식사업, 식품소매업, 소매업, 서비스업, 스포츠사업, 도소매업(의류, 악세사리, 신발/구두)의 18개 업종으로 세분할 수 있다.

2.4 유재은(2000)의 분류

그림 12-1 **프랜차이즈의 종류**

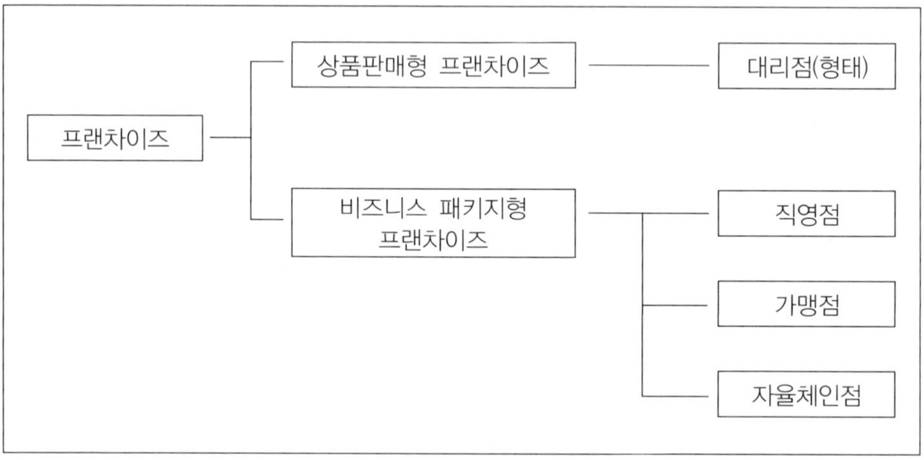

프랜차이즈는 크게 상품판매형 프랜차이즈와 비즈니스 패키지형 프랜차이즈 2가지로 나누어 볼 수 있다([그림 12-1] 참조). 상품판매형 프랜차이즈의 대표적인 예로 대리점형태를 들 수 있으며, 비즈니스 패키지형 프랜차이즈로는 직영점, 가맹점, 그리고 자율체인점을 들 수 있다. 세부적인 설명은 다음과 같다(유재은, 2000).

(1) 상품판매형 프랜차이즈(product distributing franchise)

프랜차이즈 회사는 자사의 상품을 일정지역이나 위치를 기준으로 프랜차이지(franchisee)에게 제공하고 팔 권리를 주는 것으로, 브랜드 파워가 강한 상품의 제조회사가 주로 적용하는 프랜차이즈 기법이다. 일반적인 제조회사와 도매업자의 관계보다는 좀 더 긴밀한 관계를 유지하고 프랜차이즈 회사로부터 마케팅 및 기타 서비스를 받을 수 있으며, 일반 도매업자가 여러 회사의 제품을 동시에 취급할 수 있고 독점으로 판매할 수도 있다.

(2) 비즈니스 패키지형 프랜차이즈(business-format franchise)

① 직영점(regular chain): 직영점 형태란 체인본부가 직접 점포마다 투자하고 직원을 파견하여 관리함으로써 브랜드의 이미지를 일관되게 통제하여, 소비자에게 좋은 이미지를 심어주면서 경영하는 다점포 방식을 밀한다. 주로 외국의 기업과 체인 계약을 맺은 국내 대기업이 패스트푸드, 패밀리 레스토랑에 많이 적용하고 있다(프랜차이즈 연구모임, 2002).

② 프랜차이즈 체인(가맹점, franchise chain): 프랜차이즈 체인 형태란 우리가 알고 있는 일반적인 체인점으로, 체인본부가 개점 및 경영에 관한 노하우를 구축하여 계약을 맺은 가맹점주에게 여러 가지 노하우와 상호의 사용, 상품 판매권, 공급권, 지역독점권 등을 주고, 영업을 지원하는 방식의 형태를 말한다. 개인이 직접 투자하여 자기의 계산으로 사업을 하는 것이므로 점주들이 자신의 역량을 100% 이상 발휘할 수 있어 선진 외국에서는 프랜차이즈 사업이 유통의 꽃으로서 주요한 사업으로 급속히 발전하고 있다(박주관, 2000).

③ 자율 체인(voluntary chain): 자율 체인 형태는 단독점포와 프랜차이즈의 중간형태로 특히 공동브랜드나 동일 업종을 조합하여 전개해 나가는 체인 방식을 말한다. 즉, 체인본부는 최소한의 기능만 하고 점포주가 자기 나름대로의 특성을 살려 융통성 있게 경영해 나갈 수 있는 형태를 말한다(프랜차이즈연구모임, 2001).

2.5 경기지방중소기업청(2003) 및 최재희의 분류(2003)

(1) 직영점(regular chain)

체인본사가 독자적으로 자기자본 전액을 출자하여 체인형태를 확장해 가는 방식을 말하는데, 동일 경영자와 단일자본에 의한 다점포화를 의미한다고 볼 수 있다. 즉, 하나의 기업이 다수의 직영점을 내고 본부가 총괄하여 관리하는 방식의 체인조직이라고 할 수 있다.

(2) 자발적 체인(voluntary chain)

독립자본에 의한 같은 업종의 소매점이 모여서 공동으로 매입하는 등의 형태로 생겨난 체인조직이며, 기능의 일부를 체인본사에 위탁하여 프랜차이즈 시스템을 갖추고 영업하는 방식으로 공동브랜드에 가깝다고 할 수 있다. 임의연쇄점이라고도 불리는 볼런터리 체인(voluntary chain)은 경영의 독립성과 체인화로 얻는 이득을 동시에 충족하고자 하는 체인조직이며, 하나의 점포가 복수의 체인에 속하는 경우도 있다.

(3) 프랜차이즈 체인(franchise chain)

체인본사와 각 가맹점이 모두 독립자본에 의한 사업자이지만 운영의 주체는 체인본사에 있으며, 가맹점은 체인경영의 의사결정에 적극적으로 참여하지 않는 프랜차이즈 시스템이다. 가맹본부는 가맹비, 로열티, 기타 상품 도매이익 등을 수입으로 하여 본사와 가맹점이 지속적으로 사업을 영위해가도록 하는 시스템이다.

3. 프랜차이즈 사업자의 지정

유통산업발전법 제41조 제1항 및 동법시행규칙 제25조 제1항의 규정에 의하여 체인사업자 지정을 신청할 수 있도록 하고 있는데, 프랜차이즈 사업자로 지정을 받고자 하는 경우에는 프랜차이즈(체인)사업자 지정신청서에 아래의 서류를 첨부하여 시도지사에게 제출하면 된다(김진영 · 유명철 · 고정소 · 권태형 · 박승민, 2003).

① 체인사업계획서
② 직영 또는 가맹점포 명단(점포면적, 본부공급비율에 관한 사항을 포함)
③ 직영 또는 가맹점포의 사업자등록증
④ 법인등기부등본 또는 조합설립인가증 사본
⑤ 체인사업평가서
⑥ 직전연도 부가가치세신고서 사본
⑦ 가맹계약서 견본

⑧ 가맹점별 상품공급실적을 입증할 수 있는 서류

한편, 정부에서는 프랜차이즈(가맹사업)산업을 육성하기 위해 2006년 하반기에 '(가칭)가맹사업진흥에 관한 법률'의 제정을 밝혔으며, 2007년 11월 23일에 국회본회의에서 통과되어 제정되었다(이데일리, 2007.11.26). 즉, 가맹사업 진흥계획 수립과 시행, 우수 가맹사업 인증, 가맹사업기술 개발 및 보급, 노하우 등 현물투자 허용 등 프랜차이즈 육성을 위한 법적 근거를 마련하겠다는 계획이다(식품외식경제, 2006.7.19).

4. 프랜차이즈 본사의 설립

독립형 개인창업은 창업주의 능력에 의해 상당한 성과를 올릴 수도 있고 그렇지 못할 수도 있지만, 프랜차이즈의 경우에는 가맹점주의 능력보다는 프랜차이즈 시스템에 의해 성과가 좌우된다고 할 수 있다. 그렇기 때문에 단순히 독립형 개인창업이 잘 된다고 해서 프랜차이즈 본사로 변신하여 가맹점을 모집해도 잘 될 것이라고 생각하는 것은 곤란하다.

4.1 프랜차이즈 본사가 갖추어야 할 기능

최재희(2003)는 프랜차이즈 본사의 기능을 다음과 같이 10가지로 제시하고 있다.

① 시스템 개발: 인적·물적·환경적 요인을 고려하여 판매상품을 만든다.

② 원자재 개발: 가격, 품질, 감각적인 요소 등의 측면에서 원자재를 개발한다.

③ 사업장 기획: 시범사업장(model shop)을 경영하며, 사업내용의 표준화를 추구한다.

④ 서비스 개발: 가격의 저렴, 상품의 차별, 선택의 다양성 등을 계획해서 개발한다.

⑤ 교육훈련: 교육훈련을 통하여 가맹점주에게 지식과 기술을 전달한다.

⑥ 경영지도: 실무를 통해 경영이념과 상품교육, 영업방법 등을 주기적으로 지도한다.

⑦ 판매촉진: 판촉물, 기념품, 시상품 등 각종 광고 및 홍보활동으로 판매를 촉진시킨다.

⑧ 이익계획: 가맹점주가 요구하는 사업의 이익성을 추정손익계산서를 통해 충분히 전달한다.

⑨ 금융지원: 예비점주의 투자규모가 부족할 때 본사가 일정액을 지원한다.

⑩ 경영관리: 장부기재에서 고객응대에 이르기까지 종합적인 경영기법을 표준화시켜서 관리해야 한다.

위에서 언급한 프랜차이즈 본사의 기능 외에 중요한 것이 있다면 바로 새로운 메뉴의 개발 혹은 업종전환을 위한 지원시스템의 구축이라고 할 수 있다. 프랜차이즈 본사 창업을 시작할 때와는 달리 시간이 흐름에 따라 창업환경의 변화, 정부정책의 변화, 소비자 기호의 변화 등으로 기존에 개발된 시스템으로서는 더 이상 성장이 되지 않고 정체되는 경우가 매우 많다고 할 것이다. 이러한 경우에는 새로운 메뉴(혹은 상품과 기술)의 개발뿐만 아니라 필요한 경우에 가맹점의 업종전환까지도 지원해 줄 수 있는 본사 시스템이 준비되어 있어야 할 것이다.

4.2 프랜차이즈 본사의 설립

프랜차이즈 본사를 설립하려면 앞에서 언급한 프랜차이즈 본사의 10가지 기능을 효과적으로 제공할 수 있도록 설계해야 한다. 즉, 가맹점주의 능력에 의해서가 아니라 본사의 시스템에 의해서 가맹점들이 운영될 수 있도록 해야 한다는 것이다. 이에 대해서 최재희(2003)는 프랜차이즈 시스템을 설립함에 있어서 필요한 것들을 다음과 같이 제시하고 있다.

① 원료 및 자재의 개발 결정

② 점포 표준설계 결정

③ 상품 및 서비스 개발 연구

④ 교육 · 훈련방법의 연구, 개발

⑤ 판매촉진방법의 결정

⑥ 표준이익계획서 작성

⑦ 경영관리시스템 결정

5. 프랜차이즈의 장단점 및 독립점포창업과의 차이점

많은 예비창업자들은 하나의 독립형 개인점포로 성공한 후에 프랜차이즈 본사를 설립하여 크게 성공하고 싶어한다. 하지만, 프랜차이즈 본사의 성공률이 10%에도 미치지 못하는 것을 감안하면 장기적으로 오히려 독립형 개인창업이 더 좋을 수도 있다는 것을 생각해야 한다. 그럼에도 불구하고 최근의 창업은 프랜차이즈가 대세이며, 전국에서 개최되는 창업박람회를 보더라도 대부분 프랜차이즈 본사 혹은 지사에서 참여하고 있다는 것을 알 수 있다.

이러한 프랜차이즈의 장점과 단점은 소비자 측면, 프랜차이즈 본사 측면, 가맹점 측면의 3가지로 나누어서 살펴볼 수 있다. 즉, 프랜차이즈를 이용하는 소비자, 프랜차이즈 시스템을 개발하는 본사, 그리고 프랜차이즈 시스템을 일정한 조건하에 계약하여 가맹사업을 하는 가맹점(혹은 예비창업)의 측면에서 논할 수 있다는 것이다.

5.1 프랜차이즈의 장점

(1) 예비창업자

먼저, 예비창업자의 입장에서 프랜차이즈의 장점을 살펴보면 다음과 같다.

① 창업에 대한 준비가 독립점포 창업에 비하여 쉽다. 그것은 본부가 개발한 우량상품, 점포디자인, 상품 등을 가맹점이 사용할 수가 있기 때문이다(경기지방중소기업청, 2003).

② 본부의 교육 프로그램, 수퍼바이저(supervisor)에 대한 지도 등에 의해 예

비창업자에게 유리할 수 있다.

③ 본사로부터 법률, 점포, 디자인, 사업처리, 노무관리 등 다양한 경영지원을 받을 수 있기 때문에 실패의 가능성이 낮다.

④ 본사의 전국적인 홍보로 인해 가맹점의 이미지를 향상시킬 수 있다.

⑤ 본사의 인지도로 인해 고객의 신뢰성을 높일 수 있다.

⑥ 본사의 설비대여, 금융지원 등을 받는 경우에는 적은 자본으로 가맹점을 개설할 수 있다.

⑦ 창업환경의 변화가 있더라도 본부로부터의 상품 및 메뉴개발 지원 등을 받을 수 있기 때문에 시장상황의 변화에 능동적으로 대처할 수 있다.

이외에도, 프랜차이즈는 원료비가 저렴하다는 장점이 있다. 즉, 가맹 본사에서 재료를 대량 구매하기 때문이다. 원자재의 품질도 어느 정도 일관성을 확보할 수 있다(최재희, 2003). 또한 이용고객에게 어디서나 동일한 서비스를 받을 수 있다는 기대감을 준다. 즉, 고객의 신뢰감을 쉽게 얻을 수 있다는 것이다.

(2) 프랜차이즈 본사

프랜차이즈 본사의 입장에서 프랜차이즈의 장점은 다음과 같다(경기지방중소기업청, 2003; 유영진 · 임현철, 2003).

① 가맹점을 전국적 혹은 국제적으로 모집할 수 있으며, 이로 인해서 점포투자액을 적게 하면서 넓은 지역에 단시간 내에 판매망을 확보할 수 있다. 즉, 본사가 직영점을 전국적 혹은 국제적으로 개설할 경우에는 많은 자금이 필요하지만, 프랜차이즈의 경우에는 예비창업자와의 가맹점 계약을 통해서 체인 사업의 전개를 가속화시킬 수 있다는 것이다.

② 본부의 상호나 상표 등의 브랜드 이미지 가치를 단시간 내에 그리고 큰 투자부담 없이도 높일 수 있다. 그것은 점포, 스타일, 판매원의 유니폼 등을 통일시키기 때문이다.

③ 직영점 운영에 필요한 종업원만 있으면 운영이 가능하고 가맹점 운영은 별도의 직원 없이 운영이 가능하므로 직원관리가 용이하다.

④ 가맹점 운영은 그 지역 사정에 익숙한 사람이 운영을 할 수 있어 효율적이다.

⑤ 가맹점의 영업상황, 본부체계, 기타 전반적인 환경조건의 변화를 체크하면서 가맹점 모집을 유동적으로 할 수 있다.

⑥ 가맹비와 로열티 등을 확보할 수 있어 사업운영을 보다 안정적으로 영위할 수 있다. 현재 한국에서는 가맹비 외에 본사가 가맹점으로부터 받을 수 있는 것은 별로 없지만, 일부에서는 점포의 크기에 비례하여 평당 로열티를 받는 경우도 있다.

(3) 소 비 자

소비자의 입장에서 프랜차이즈의 장점은 다음과 같다(경기지방중소기업청, 2003).

① 우수한 경영방법을 개발한 기업이 본부가 되어 뛰어난 노하우를 전수하여 서비스 수준이 상승한다.

② 소비자는 본부에 의해 미리 연구되고 표준화된 품질의 서비스와 상품을 언제든지 또한 이디서나 받을 수 있다.

③ 가맹점이 효율적인 경영을 해 나갈 수 있도록 본부에 의해 시스템이 개발되기 때문에 판매비용이 줄어 저렴한 비용으로 상품서비스를 받을 수 있다.

5.2 프랜차이즈의 단점

(1) 예비창업자

먼저, 예비창업자의 입장에서 보면 프랜차이즈는 다음과 같은 단점을 갖고 있다.

① 본사와는 별개의 점포운영이 불가하다.

② 본사의 지도와 통제를 받아야 한다.

③ 본사가 부실할 경우에 가맹점의 도산 가능성이 높다.

④ 가맹비 및 로열티를 제공해야 한다.

⑤ 가맹 점포의 이전이 어렵다.

아마, 프랜차이즈의 가장 큰 문제이자 단점이라면 본사의 부실로 인한 가맹점의 도산이라는 것이다. 그렇기 때문에 본사가 부실되더라도 가맹점은 독립적으로 영업을 계속할 수 있는 방안이 마련되어야 할 것이다. 외식업이라면 요리의 전수를 통해서 충분히 가능할 것이다. 따라서 가맹점을 운영하는 동안이라도 본사의 부실에 대비한 경험 및 노하우의 습득에 대한 노력을 게을리 하지 말아야 할 것이다. 막연히 본사만 믿고 가맹사업을 하는 것은 곤란하다는 것인데, 워낙 도산하는 프랜차이즈 본사들이 많다는 것을 유념해야 한다.

(2) 프랜차이즈 본사

프랜차이즈 본사의 입장에서 프랜차이즈의 단점은 다음과 같다(유영진 · 임현철, 2003).

① 지속적인 관리를 위해 비용과 노력이 필요하다(광고, 홍보, 메뉴개발 등).

② 가맹점에 대한 지속적인 지도와 원조는 차후 경쟁자를 양산할 수 있으며, 또 이 가맹점주가 노하우나 경험이 축적되면 독립하려고 하며, 가맹점의 입지가 최고의 상권에 위치하거나 영업실적이 좋으면 독립하거나 본부의 지시에 잘 따르지 않으려고 한다.

③ 가맹점의 물품대금이나 판촉대금 등이 쉽게 회수되지 않아 부실채권 발생의 위험성이 크다.

④ 본부가 투자효율성에 치중하여 운영하기 쉽고 수익성을 위해 직영점 운영을 기피하는 현상이 나타날 수 있다.

⑤ 본부와 가맹점 간의 의사소통 문제나 불신이 발생하여 해결책이 쉽지 않아 소송으로 이어지는 경우가 많아 시간적 · 금전적인 손실을 초래하여 프랜차이즈 사업에 전념할 수 없는 경우도 있다.

⑥ 가맹점에 대해 지속적인 교육과 관리를 해야 하며, 물류 관련 사항이나 인테리어시설, 비품, 물품, 소모품 등에 대한 의견대립이 빈번하게 발생할 수 있다.

⑦ 매출액에 따른 로열티를 정할 경우 매출액 누락이나 세금기피 현상으로 관리가 쉽지 않다.

⑧ 가맹점의 프랜차이즈 본사에 대한 의존도가 지나치게 높을 경우에는 프랜차이즈 시스템 전체에 활력이 없어질 우려가 있다.

프랜차이즈 본사의 입장을 살펴보면, 가맹점주들의 본사에 대한 지나친 기대심리 혹은 요구로 인해 곤욕을 겪는 경우가 많다는 것이다. 그것은 가맹점주들의 창업준비 부족으로 인해 발생된 문제들이 많은데, 그로 인해서 본사와 가맹점 간의 끊임없는 법적 분쟁으로 이어진다는 것이다.

(3) 소 비 자

소비자의 입장에서 프랜차이즈의 단점은 다음과 같다(경기지방중소기업청, 2003).

① 본부의 힘이 강하면 가맹점이 불리한 입장에 놓여 가격이나 서비스에서 소비자에게 불이익이 될 수 있다.

② 프랜차이즈 시스템을 악용하는 경우가 생기면 서비스를 받는 소비자에게도 나쁜 영향을 준다.

③ 책임 소재가 본부인지 가맹점인지 분명치 않은 경우에는 소비자의 불만을 해결하기 힘들다.

5.3 독립점포창업과의 차이점

최재희(2003)는 프랜차이즈창업과 독립점포창업과의 차이에 대해서 다음의 [표 12-1]과 같이 설명하고 있다. [표 12-1]에서 보듯이 독립점포창업은 창업자가 창업의 처음부터 끝까지 모든 것을 혼자서 해결해야 한다는 것인데, 프랜차이즈 창업은 본사의 도움을 받아서 창업을 한다는 근본적인 차이가 있다.

그런데 문제는 예비창업자의 입장에서는 어느 것이 더 유리할 것이며, 성공창업을 위해 어느 방법을 선택하는 것이 좋을까 하는 것이다. 사실 여기에는 정답이라는 것이 없다. 저자의 생각으로는 절충형 방법이 좋다고 생각한다. 즉, 프랜차이즈 가맹점으로 창업을 하여 경험과 노하우를 쌓은 뒤에 독립점포 창업을 하고, 성공한 경우에는 다시 프랜차이즈 본사 창업을 하는 방법이 좋을 것이다. 또한 독립점포로 성공한 후에 프랜차이즈 본사로 전환하여 가맹사업을 전개하는 것도 좋을 것이다. 즉, 독립창업과 프랜차이즈 창업 간에 장점과 단점이 명확하게 존재하기 때문에 어느 하나를 완전히 버리고 다른 하나만 고집해서는 안 된다는 것이다.

표 12-1 프랜차이즈창업과 독립점포창업과의 차이점

독립점포	사업분류	프랜차이즈
경험자에게 유리한 사업	사업형태	초보창업자에게 유리한 사업
창업비용절감(본사비용 없음)	창업비용	가맹비, 보증금, 로열티, 인테리어 비용 같은 부대비용
높다	마진율	낮다
본인	사업책임	본인
모든 업종 창업 가능	창업가능 업종	모든 업종 창업 가능
독자적인 상호개발	상호	본사 브랜드
창업자의 독자적인 컨셉트	점포건설(시설)	본사의 통일된 컨셉트
독자적인 구매처 확보	상품구매	본사 공급
독자적인 경영노하우 개발	경영노하우	본사가 경영노하우 제공
고객욕구나 시장변화에 따라 신속한 대응 가능	경영대처능력	본사의 통일된 의사결정으로 신속한 대응 불가능
성공할 경우 프랜차이즈 본사로 도약 가능	성장가능성	가맹점 수를 늘릴 수 있다
독자적인 홍보전략 구사	홍보 및 마케팅	본사의 공동마케팅 지원
창업자 스스로 판단	상권조사(입지선정)	체인본사의 입지조사 또는 상권조사 지원
창업까지 시간이 오래 걸린다	창업기일	창업기간 최대 단축

자료: 최재희(2003).

현재 국내에는 대부분의 창업이 프랜차이즈 형태로 진행되고 있는 실정인데, 문제는 노하우의 공유에 대한 것이다. 프랜차이즈 본사의 경우에는 노하우를 절대 공개하지 않으려고 하는 생각을 갖고 있는데, 가맹점과 서로 노하우를 공유함으로써 오히려 프랜차이즈를 더 발전시킬 수도 있다는 것을 고려해야 한다. 사소한 것도 비밀이라는 이유로 가맹점과 공유하지 않는 상태에서 가맹점과의 협력, 상호발전을 기대하기는 힘들다는 것이다. 이러한 본사와 가맹점 간의 신뢰하지 못한 상태 혹은 현상 때문에 국내에서는 프랜차이즈 본사가 난립하는 원인을 제공하기도 한다.

6. 프랜차이즈 관련 법률

현재 국내 창업분야에서 프랜차이즈가 차지하는 비중이 매우 커지고 있으며, 창업시장에 공헌도 있지만 부작용도 많은 실정이다. 이에 따라 프랜차이즈와 관련된 각종 법률들이 제정되고 있는데, 그 중 대표적인 몇 가지를 살펴보면 다음과 같다(경기지방중소기업청, 2003).

6.1 유통산업발전법

유통산업발전법은 유통산업의 효율적인 진흥과 균형 있는 발전을 꾀하고, 건전한 상거래 질서를 세움으로써 소비자를 보호하고 국민경제의 발전에 이바지하기 위해 1997년 4월 10일에 법률 제5327호로 제정한 법이다(네이버 백과사전, 100.naver.com). 프랜차이즈 산업에 대한 정책으로는 유통산업발전법과 시행령 그리고 시행규칙에서 프랜차이즈 가맹산업에 대한 법적 근거를 마련하고 있는데, 유통산업발전법의 41조에서 45조까지 체인사업자의 지정과 지정체인사업자의 경영개선을 위한 노력의무, 지정체인사업자의 지위승계와 지정취소 등에 대한 등록절차에 대한 내용이 있다. 유통산업발전법의 원문은 로앤비(www.lawnb.com)에서 볼 수 있다.

6.2 독점규제 및 공정거래에 관한 법률

공정거래위원회는 특수한 사업분야나 특정한 행위에 관련하여 발생하는 불공정거래행위를 효율적으로 규제하기 위하여 특수불공정거래행위의 구체적인 내용과 기준을 별도로 지정·고시하고 있다. 내용은 1990년 1월 13일에 법률 제4198호로 제정한 '독점규제 및 공정거래에 관한 법률'로 불공정거래행위를 가맹사업에 적용·운용함에 있어서 가맹사업의 거래특성을 고려하여 불공정거래 여부를 판단할 수 있는 기준을 제시함으로써 동 분야의 거래관행의 합리화를 도모하고 사전에 불공정거래를 예방하는 데 목적이 있다. '독점규제 및 공정거래에 관한 법률'의 원문은 로앤비(www.lawnb.com)에서 볼 수 있다.

6.3 가맹사업(프랜차이즈) 불공정거래행위의 기준 지정 · 고시

공정거래위원회가 1997년 2월 1일에 공정거래위원회 고시 1997-4호로 제정하였으며, '독점규제 및 공정거래에 관한 법률' 제23조(불공정거래행위의 금지) 제2항 및 동법시행령 제36조(불공정거래행위의 지정) 제1항 및 제2항의 규정에 의하여 가맹사업의 불공정거래행위의 기준을 고시하고 있다. 주요 불공정거래행위의 내용을 보면 다음과 같다.

① 사전정보 및 자료 미제공
② 가맹 점포의 설비 구입강제
③ 취급상품 및 영업활동 제한
④ 상품 등의 구입처 제한
⑤ 영업지원 등의 거절

6.4 프랜차이즈(외식업) 표준약관

공정거래위원회는 한국프랜차이즈협회 및 한국프랜차이즈경제인협회 등이 심사청구한 '프랜차이즈(외식업) 표준약관'을 2001년 2월 2일로 승인하였다. 현재 약관상 불이익을 차단하고자 하여 우선 외식업부문을 먼저 만들어 승인 · 보급되고 있다

6.5 가맹사업거래의 공정화에 관한 법률 및 시행령

'가맹사업거래의 공정화에 관한 법률'은 2002년 5월 13일에 법률 제6704호로 제정이 되었으며, 2002년 11월 1일부터 시행이 되었다. 이 법률은 프랜차이즈 사업이 활성화되는 시대적 추세에 따라 프랜차이즈 본부와 가맹점주 간 분쟁을 규율하기 위한 법이라고 할 수 있다. 즉, 프랜차이즈 본사가 난립, 경험

없는 소자본 창업자들이 본사 말만 믿고 창업했다가 실패의 나락으로 빠지는 경우를 막자는 취지다. 이 법에는 가맹본부가 가맹사업자에게 정보공개서를 제출할 의무가 있음을 명시하고 있다. 정보공개서에는 회사 및 임직원에 관한 사항, 가맹사업자의 부담, 영업활동 조건 및 제한, 가맹본부의 가맹시업현황, 가맹영업개시와 상세절차, 소요시간, 교육훈련 프로그램, 점포예정지 근처의 사업자 10군데의 명칭과 소재지, 전화번호 등을 가맹점 희망자에게 계약체결 5일 전까지 전달하도록 규정하고 있다.

따라서, 예비창업자들은 법률이 규정하고 있는 가맹본부 및 가맹점사업자의 준수사항, 가맹본부 정보공개 및 허위·과장된 정보제공 금지, 가맹금 반환에 관한 사항, 가맹계약서 내용 및 가맹계약 해지에 관한 사항, 불공정한 거래행위 금지, 분쟁 조정에 관한 사항, 기타 벌칙규정 등은 반드시 읽어보아야 한다는 것이다. 법률에 대한 자세한 내용은 소상공인지원센터(www.sbdc.or.kr)의 자료실(법규)에 올려져 있다.

아울러, 현재 '가맹사업거래의 공정화에 관한 법률'은 2008년도에 크게 개정이 되어 가맹점 계약자의 보호를 강화하는 측면에서 프랜차이즈 본사가 정보공개서를 공정거래위원회의 가맹사업거래 홈페이지(franchise.ftc.go.kr)에 등록하게 하는 등 제도적으로 많이 보완이 이루어졌는데, 자세한 내용은 가맹사업거래 홈페이지에서 확인할 수 있다.

또한 분쟁을 조정하기 위해 가맹사업거래분쟁조정협의회(franchise.ftc.go.kr)를 설치하고 '가맹사업거래상담사' 등록을 규정하고 있다. 참고로 가맹사업거래상담사는 자격시험에 합격한 후 공정거래위원회에 등록해야 한다. 제1차 시험과목은 객관식으로 독점규제 및 공정거래에 관한 법령과 민법(제1편 총칙 및 제3편의 제2장 '계약'에 한한다), 경영학이며, 제2차 시험과목은 가맹사업거래의 공정화에 관한 법령 및 실무, 가맹계약에 관한 이론 및 실무이다. 합격은 각 과목 100점 만점으로 전과목 40점 이상, 평균 60점 이상이면 합격이다. 응시연령은 만 19세 이상으로 학력, 경력제한은 없다. 현재 국내에는 가맹사업거래상담사들로 구성된 대한가맹사업거래상담사협회(www.fea.or.kr)가 활동하고 있다.

6.6 상법상 상표 및 약관에 관한 규제

상법에서 가맹사업에 관련된 사항은 기본적 상행위(제46조)에 대한 정의에서 상호, 상표 등의 사용허락에 의한 영업에 관한 행위가 있는데 이는 프랜차이즈 산업정책과 관련이 있다. 그러나 프랜차이즈의 특징이 상호, 상표 등의 영업권의 소유자로부터 그 사용허락과 영업에 관한 일정한 통제지원을 받고 그 대가를 지급하는 것이므로 이 법에서 프랜차이즈의 특성을 충분히 나타내고 있다고는 보기 어렵다. 이외에도 상법에서 약관에 대한 규제가 있는데, 프랜차이즈의 경우 상법에 의해 규제를 받으나 외식산업의 경우 공정거래위원회의 표준약관에 의하여 규제를 받고 있다.

6.7 가맹사업 진흥에 관한 법률

'가맹사업 진흥에 관한 법률'은 2007년 11월 23일에 국회본회의를 통과하여 제정되었는데, 프랜차이즈 본사에서는 지속적인 성장을 위해서 법률의 내용을 충분히 숙지할 필요가 있다. 또한 가맹점 창업예정자의 경우에도 정상적인 가맹점의 경영을 위해서 법률의 핵심적인 내용을 알아두는 것이 필요하다.

7. 프랜차이즈 계약시 체크리스트 및 가맹점 계약

현재 한국의 창업시장은 프랜차이즈 창업이 대세라고 보여지고 있는 실정이지만, 부실한 프랜차이즈의 도산과 신생 프랜차이즈의 출현이 빠르게 진행되고 있다. 그로 인해서 예비창업자들도 프랜차이즈에 대해서는 쉽게 믿지 못하고 있다고 할 수 있다. 특히 2~3년도 버티지 못하는 프랜차이즈 본사들로 인해서 가맹계약을 하려는 예비창업자의 입장에서는 불안한 마음을 감출 수가 없는 실정이다. 이러한 상황에서 프랜차이즈 가맹점으로 창업하려는 예비창업자들은 계약시 신중해야 함은 물론 다음에 제시하는 여러 가지의 사항을 꼼꼼하게 확인할 필요가 있다.

7.1 프랜차이즈 계약시 체크리스트

프랜차이즈 본사를 선정할 때에 고려해야 하는 사항은 크게 본사에 대한 사항과 계약에 대한 사항으로 구분할 수 있다(중소기업청, 1999.10).

가) 먼저 본사에 대한 사항으로는 다음과 같은 7가지를 고려하는 것이 중요하다.

① 회사의 명성 및 건실도는 어떠한가?

② 프랜차이즈의 역사와 가맹점의 수와 평균 실적(매출액 및 순수익)은 어떤가?

③ 소송 및 분쟁의 사례는 없는가?

④ 제공되는 노하우에 대해 가맹비나 로열티는 균형이 잡혀 있는가?

⑤ 본부의 견해와 자신의 의견에 있어서 크게 마찰을 불러일으킬 만한 것이 있는가?

⑥ 상품의 평판은 어떠한가?

⑦ 점포 및 프랜차이즈 전체의 이미지는 어떤가?

나) 다음으로 프랜차이즈 계약에 대한 사항은 다음과 같다.

① 독점권 및 영업권의 보호

② 계약기간 및 계약규정

③ 초기 자금소요, 경비 및 지원 내역

④ 교육 및 홍보프로그램의 허용 여부

⑤ 체인점포 운영의 자율성 허용 여부

⑥ 자금 및 인적 지원의 내용과 수준

다) 또한 박이동(2003.9)은 프랜차이즈 본사의 선택기준으로서 다음과 같은 5가지를 제시하고 있다.

① 경쟁업체들이 흉내낼 수 없는 독창적인 시스템과 마케팅 전략을 갖춘 회사인가?

② 시대의 흐름을 앞서가는 트렌드인가?

③ 공존하려는 의지가 있는 회사인가?

④ 경영진의 사업 마인드와 가맹점 경영상태는 어떠한가?

⑤ 지역상권을 철저히 보장하는가?

만약에 이러한 확인과정을 거치지 않고, 무작정 가맹점 계약을 하게 되면 나중에 엄청나게 후회하는 결과를 가져올 수도 있다는 것을 명심해야 할 것이다. 즉, 일부 프랜차이즈의 본사는 프랜차이즈 시스템에 대한 이해와 개념도 없이 무작정 가맹점을 모집하고 있는 경우도 매우 많다는 것을 알아야 한다.

7.2 가맹점 계약시 주의해야 할 사항

가) 유영진 · 임현철(2003)은 다음과 같은 프랜차이즈 본사는 계약시에 주의가 필요하다고 제안하고 있다.

① 소규모 자본 투자로 엄청난 수익을 보장하겠다는 본부

② 가맹점 희망자가 프랜차이즈 사업 내용에 대한 타당성 검토를 제대로 하지 않았음에도 불구하고 늦기 전에 시작해야 한다고 재촉하는 본부

③ 프랜차이즈 본부의 총매출액과 이익금, 원가, 매장위치 등에 대한 자료를 영업비밀이라고 하면서 공개하지 않거나 가맹점 희망자를 무시하는 본부

④ 파트타임이나 아르바이트로도 운영이 가능하다는 등 사업이 어렵지 않고 쉽게 돈을 벌 수 있다고 부추기는 본부

⑤ 회사경력이나 직원의 신상 등에 거부감을 보이는 본부

⑥ 피라미드 조직이나 네트워크 시스템을 운영하는 본부

⑦ 가맹점 가입시 가맹비, 로열티가 아주 싸거나 없는 본부

⑧ 상권보장기능이 애매모호하거나 짧은 기간 내에 복수 브랜드를 출시한 업력이 있는 본부

여기에서 한 가지 지적하고 싶은 것은 가맹 관련 비용이 아주 싼 경우에는 특히 조심해야 하는데, 본사가 단기간 내에 파산할 수 있다는 것이다. 사실, 국내에서 3년 이내에 파산하는 본사 중에는 가맹 관련 비용을 지나치게 저렴하게 책정한 후에 가맹점을 모집하는 경우가 많다는 것이다. 단기간 내에 많은 가맹

점을 모집하는 경우에 프랜차이즈 본사 역시 인력, 시설, 장비 등에서 규모가 크게 증가되어야 하는데, 가맹 관련 비용을 너무 낮게 책정한 경우에는 지출을 감당할 수가 없다는 것이다.

나) 최재희(2003)는 가맹점 계약시에 주의해야 할 점으로 다음과 같은 사항들을 제시하고 있다.

① 가맹시 내야 하는 가맹비, 보증금, 기타 비용에 관한 사항
② 가맹점주에게 상품을 판매하는 조건에 관한 사항
③ 경영지도에 관한 사항
④ 가맹점주가 사용할 상표, 상호, 기타 표시에 관한 사항
⑤ 계약기간 및 계약의 갱신, 해제에 관한 사항
⑥ 로열티에 관한 사항

성공창업학

왜 한국에서는 대부분의 프랜차이즈 본사들이 망하는가? 오랜 기간 동안 늘 궁금해하던 질문이다. 저자의 경험을 토대로 볼 때에 프랜차이즈 본사들은 다음과 같은 경우에 망하는 경우가 많다는 것이다. 예를 들어, 제공하는 상품과 서비스에 차별성이 없는 경우, 프랜차이즈 시스템이 허술한 경우, 가맹점 관리는 소홀히 하면서 신규 가맹점 모집에만 매달리는 경우, 본사 경영진의 현장 경험이 부족한 경우, 본사와 가맹점 간의 협력이 부족한 경우 등에 다수 해당하는 경우에 대부분 본사는 망한다는 것이다. 프랜차이즈는 하나의 시스템에 의해서 운영되는 것이며, 본사의 경영진 혹은 개별 가맹점주의 능력에 지나치게 의존되어서는 안 된다는 것이다.

제 13 장

점포창업과 상권분석

1. 점포창업의 3요소

일반적으로 점포창업에 있어서 가장 중요한 3가지 요소는 점포, 판매원, 그리고 상품이라고 할 수 있다. 즉, 3가지의 요소가 효과적으로 조화를 이루어야 매출을 신장시킬 수 있다는 것이다.

1.1 점 포

① 고객을 내점하도록 하는 일이 점포 개발의 최우선적인 일이다. 간판, 점포 입구에서부터 점포가 어떤 상품과 서비스를 제공하는지 쉽게 알 수 있도록 하는 것이 필요하다.

② 점포는 들어가 보고 싶은 욕망을 북돋우는 것이 무엇보다 중요하다. 요즈음은 상호에서부터 무엇인가 독특하게 하거나 고객의 호기심을 자극시키는 것이 필요하다는 것이다. 또한 당장은 아니더라도 나중에 점포를 방문할 수 있도록 강한 인상을 남기도록 해야 한다.

③ 상품의 이미지 컨셉트에 맞는 매장을 구성하고, 보기 쉽고 선택하기 쉽고 사기 쉬운 매장을 만들어야 한다.

1.2 판 매 원

① 판매 이외에도 고객의 목소리에 귀를 기울이는 역할이 중요하다.

② 고객이 기분좋게 좋은 쇼핑을 할 수 있도록 배려해야 한다.

③ 고객이 다시 방문하도록 하는 것이 중요하다.

④ 단순히 상품을 판매하는 것이 아니라 가치(value)를 주도록 노력해야 한다.

⑤ 환불, 교환, A/S 등 고객의 사소한 요청에도 기쁜 마음으로 응대해야 한다.

1.3 상 품

① 점포가 바라는 컨셉트가 상품에 도입되어 고객에게 전달되고, 고객이 만족감을 형성할 때 상품으로서의 가치를 발휘할 수 있다.

② 점포가 위치한 지역의 상권을 고려한 상품의 구색이 필요하다.

③ 프랜차이즈 형태로 운영되는 점포라고 하더라도 점포의 위치에 따라 많이 팔리는 상품이 다르다는 것인데, 지역 주민들의 소득수준, 성별 및 연령별 분포 등을 고려한 상품의 진열이 필요하다.

하지만, 위에서 제시한 점포, 판매원, 상품 외에 빼놓을 수 없는 하나를 제시하라면 그것은 서비스(service)라고 할 수 있다. 요즈음은 상품을 판매하는 것이 아니라 서비스를 판매해야 한다고 할 정도로 고객에게 어떤 서비스를 제공하는가 하는 것이 중요하다는 것이다. 그렇기 때문에 서비스가 점포창업에 있어서 가장 핵심이 되는 제1의 요소라고 해도 과언이 아닐 것이며, 신규 창업자의 경우에는 경쟁점포와 비교해서 차별화된 서비스의 제공을 통한 고객의 만족 및 충성도를 향상시키는 데 많은 고민을 해야 한다는 것이다.

2. 입지선정의 이해

2.1 입지의 중요성

일반적으로 입지(점포의 위치)라는 것은 점포가 위치한 곳이 창업을 하기에 얼마나 좋은 환경과 조건을 갖추고 있는가를 의미하는 위치적인 측면에서의 조건을 말하는 것인데, 사실 계획하고 있는 사업의 특성과 규모에 따라 입지조건은 달라지게 된다.

옛말에 '장사는 목이 중요하다'는 말도 있듯이, 입지선정은 특히 점포창업의 경우에 매우 중요하다. 일반적으로 입지에 의한 매출과 영업력에 의한 매출의 비율은 7:3 정도인데(중소기업청, 2002.4), 이것은 입지선정이 얼마나 중요한가를 잘 말해주고 있다. 일반적으로 좋은 입지는 다음과 같은 조건을 충족해야 할 것이다(중소기업청, 1999.10).

① 상권 내에 소비대상 인구가 많고, 장래에도 인구가 증가할 것이 예상되는 곳

② 소득수준 및 소비수준이 높고, 구매력이 왕성한 연령층의 거주자, 즉 계획업종 및 업태(판매방식 및 기타 경영형태상의 차이에 따른 사업분류방식)에 적합한 소비자가 다수 존재하는 곳

③ 도로, 지하철, 버스 노선망 등 교통체계가 잘 발달되어서 사람이 모이기 쉬운 곳

④ 다수 소비자를 유인할 수 있는 시설이 주변에 존재하는 곳

⑤ 주변에 강력한 경쟁업체가 없는 곳

사실, 위에서 언급한 입지라면 당연히 보증금 및 권리금이 비쌀 것이다. 그렇기 때문에 본인의 자금조달 범위에서 최적의 입지를 선정해야 하고, 그에 따른 홍보 및 마케팅에서의 많은 노력이 필요할 것이다. 즉, 결국은 점포의 입지와 본인의 창업자금 간의 타협과 조정이 필요하다는 것이다.

2.2 입지선정시의 고려사항

점포를 이용하여 창업을 하는 경우에 창업아이템과 입지는 궁합이 맞아야 하는데, 입지를 선정함에 있어서 고려해야 할 내용들은 다음과 같다.

① 잠재력이 있는 소비자가 충분히 존재하고 있는가?

② 창업하고자 하는 업종에 적합한 소비자가 얼마나 존재하는가?

③ 예상되는 고객의 소비성향과 시간대별 유입 정도는 충분한가?

④ 관공서, 금융기관 등의 편의시설들이 충분히 존재하는가?

⑤ 버스, 지하철 등 대중교통이 편리한가?

⑥ 향후 주변 입지의 확대가능성은 있는가?

⑦ 주변 입지의 권리금은 만족할 만한 수준인가?

⑧ 현재 경쟁점포의 정도와 향후 출현가능성은 어느 정도인가?

⑨ 창업하고자 하는 분야와 유사한 업종의 상권이 형성되어 있는가?

⑩ 소비자를 유인할 수 있는 시설들이 존재하는가?

위에서 언급한 10가지 고려사항 역시 말처럼 쉬운 것은 아니다. 10가지 사항에 대해 조사를 하려면 아마 적어도 한 달 이상의 시간이 필요할 것이다. 또한 상당히 짜증스러운 일이 될 수 있다. 하지만, 적어도 수천 만원 이상이 소요되는 점포창업에서 파산하지 않기 위해서는 본인이 직접 조사를 하든지 아니면 컨설팅을 받는 것이 좋을 것이다. 사실, 점포창업을 계획하면서 이러한 입지선정을 위한 컨설팅을 받을 것을 권유하면 대부분의 예비창업자들은 이해를 하지 못하거나 오해를 하는 경우가 많다. 몇 마디 조언을 해 주면 되는데, 그런 것을 가지고 몇 백만원의 컨설팅을 받으라고 하느냐 하는 식으로 생각한다는 것이다. 최근의 창업동향, 아이템의 수명주기, 고객선호의 변화 등을 고려하면 입지선정을 위한 컨설팅비용은 결코 아껴서는 안 된다는 것을 생각해야 한다.

2.3 입지선정의 단계

점포를 이용하여 창업을 하는 경우에 점포의 입지선정은 창업의 성패에도 결정적인 영향을 미칠 수 있다. 즉, 외식업, 도소매업과 같이 점포를 이용하는 경우에 점포에 고객이 직접 오지 않으면 상품 혹은 서비스의 판매는 이루어지지 않기 때문이다. 점포 입지를 선정하기 위해서는 다음과 같은 절차를 따라야 한다(중소기업청, 1999.10).

(1) 입지대안의 확인

우선 가능한 입지대안들을 확인해야 하는데, 입지는 독립입지와 군집입지로 구분된다. 독립입지란 다른 입지들과 지리적으로 격리되어 있는 장소를 말하며, 군집입지는 다른 입지들과 지리적으로 인접해 있는 장소를 말한다.

(2) 입지대안의 평가

입지대안에 대한 평가는 기본원칙과 매력도 평가원칙으로 세분할 수 있다.

① 기본원칙: 기본원칙이란 입지선정시에 반드시 검토되어야 하는 필수 원칙들을 말하는데, 이 중 어느 하나라도 만족하지 않으면 그 입지는 선정될 가능성이 없어지게 된다.

- 이용가능성: 고려 중인 장소를 실제로 임대 또는 매입할 수 있는가 하는 것이다.
- 적합성: 장소의 규모 혹은 구조 등이 특정 아이템으로 창업을 하기에 적합한가를 의미한다.
- 수용가능성: 그 장소를 창업희망자가 임대 혹은 매입할 만한 충분한 자원이 있는가의 문제이다. 예를 들어, 권리금 및 보증금이 있어야 한다는 것이다.

② 매력도 평가원칙: 각 입지의 상대적인 매력도를 평가하는 원칙들이다.

- 고객차단원칙: 입지가 고객이 특정지역에서 다른 지역으로 이동할 때에 고객으로 하여금 점포를 방문하도록 하는 특성을 말하는데, 사무실 밀집지역, 상업지역, 쇼핑센터 등이 이에 속한다.
- 동반유인원칙: 유사하거나 보충적인 소매업들이 함께 군집하는 경우가 독립되어 있는 경우보다 더 큰 유인잠재력을 가질 수 있다. 가구전문거리, 음식점거리 등의 경우에는 많은 고객이 올 수 있는 유인잠재력이 있다는 것이다.

- 보충가능성의 원칙: 두 개의 사업이 고객을 서로 교환할 수 있을 정도로 인접한 지역에 위치한 사업들 간에 보충가능성이 높으면 높을수록 점포의 매출이 높아진다.
- 점포밀집의 원칙: 지나치게 유사한 점포나 보충할 수 있는 점포들이 밀집되어 있어서 고객의 유인효과와 매출액을 감소시키는 현상을 말한다.
- 접근가능성의 원칙: 고객의 입장에서 점포를 방문할 수 있는 심리적·물리적 특성을 의미한다. 즉, 지리적으로 인접해 있다든지 교통이 편리하다든지 등의 요인들이 점포의 매출을 증대시키는 요인이 될 수 있다.

(3) 입지평가방법

가) 입지평가를 위한 방법으로는 [표 13-1]과 같이 각 항목에 대해 가중치를 부여하고, 각 항목별로 평가한 다음에 가중치와 평가결과를 곱하면 된다.

표 13-1 입지평가를 위한 체크리스트

조사항목	가중치	평가	가중치×평가
1. 상권잠재력 - 인구규모 - 산업분류별 취업인구 규모 - 유동인구 - 소득수준 - 소비성향			
2. 접근가능성 - 교통수단의 편리성 - 주차공간의 확보 유무			
3. 성장잠재력 - 지역의 성장가능성 - 교통여건의 개선가능성			
4. 고객차단원칙			
5. 사업동반유인원칙			
6. 보충가능성			
7. 경쟁상황			
8. 입지의 경제성			
전　체			

자료: 중소기업청(1999.10).

나) 넬슨(R. L. Nelson)은 입지평가방법으로서 '입지선정을 위한 8가지 원칙'을 제시하고 있는데, 예비창업자가 선택을 고려하고 있는 사업장과 관련지어 비교 분석함으로써 사업장의 입지가 처해 있는 여건을 파악하는 기준으로 삼을 수 있다는 것이다(노기엽, 2004.4).

① 상권의 잠재력: 현재 관할상권 내에서 취급하려는 상품에 대한 수익성 확보 가능성에 대해 검토한다.

② 접근 가능성: 관할상권 내에 있는 고객을 자기 점포에 어느 정도 흡인할 수 있는가에 대한 가능성을 검토한다. 요즈음은 주차장의 설치 여부가 고객의 접근 가능성에 많은 영향을 미치고 있다.

③ 성장 가능성: 인구증가와 소득수준의 향상으로 시장규모나 선택한 사업장, 유통상권의 매출액이 성장할 가능성에 대해 검토한다.

④ 중간 저지성: 기존 점포나 상권지역이 고객과의 중간에 위치함으로써 경쟁점포나 기존의 상권지역으로 접근하는 고객을 중간에서 차단할 수 있는 가능성을 검토한다.

⑤ 누적적 흡인력: 영업의 형태가 비슷하거나 동일한 점포가 집중적으로 몰려 있어 고객의 흡인력을 극대화할 수 있는 가능성 및 사무실, 학교, 문화시설 등과 인접함으로써 고객을 흡인하기에 유리한 조건에 속해 있는가에 대해 검토한다. 예비창업자는 창업아이템에 따라 중간 저지성의 입지를 선택할 것인지 혹은 누적적 흡인력의 입지를 선택할 것인지를 판단해서 결정해야 한다.

⑥ 양립성: 상호 보완관계에 있는 점포가 서로 인접해 있음으로 인해서 고객의 흡인력을 높일 수 있는 가능성에 대해 검토한다.

⑦ 경쟁 회피성: 경쟁점포의 입지, 규모, 형태 등을 감안하여 예비창업자의 사업장이 기존 점포와의 경쟁에서 우위를 확보할 수 있는 가능성 및 향후 신규 경쟁점이 입점함으로써 창업할 사업장에 미칠 영향력의 정도를 파악한다. 경쟁을 회피하기 위하여 가능한 한 예비창업자는 경쟁점포와의 경쟁에 있어서 우위를 점할 수 있는 규모의 사업장을 선택해야 하며, 입지를 경쟁점이 이용하는 것을 사전에 막을 수 있도록 해야 하고, 경쟁 입지가 중간 저지성의 입지가 되지 않을 수 있는 입지를 선택해야 한다.

⑧ 경제성: 입지의 가격 및 비용 등으로 인한 수익성과 생산성의 정도에 대

해 검토한다.

2.4 좋은 점포입지를 선정하기 위한 전략

일반적으로 매출에 영향을 미치는 가장 중요한 2가지의 요소는 바로 입지와 영업력이라고 할 수 있는데, 입지에 의한 매출과 영업력에 의한 매출의 비율은 7:3 정도라고 한다. 그만큼 점포 매출에 있어서 입지가 중요하다는 것을 의미한다. 이러한 측면에서 창업자의 관심은 많은 매출을 올릴 수 있는 점포입지를 선정하는 것인데, 이를 위한 전략은 다음과 같다(중소기업청, 2002.4).

① 발로 뛰면서 철저하게 현장조사를 해야 한다. 점포를 이용하는 고객의 입장에서 관찰하고 실제 점포의 이용객을 확인한다.

② 점포 주변의 통행량을 확인한다. 점포 주변의 유동인구를 확인해야 하는데, 특히 성별(남성, 여성), 연령별, 시간대별(아침, 오후, 저녁) 유동인구를 확인한다.

③ 교통발생근원(TG: traffic generator)을 파악한다. 지하철역, 백화점, 대형할인점, 상가, 대형교차점 등 사람들이 집중적으로 흡인, 출입하는 장소를 주목한다.

④ 동선을 파악한다. 많은 사람들의 흐름에 따라 걸으면서 대부분의 사람들이 움직이는 흐름을 파악해야 한다. 즉, 일반 보행자가 유람하듯이 걷는지 목적의식을 갖고 걷는지를 살펴보는 것이 매출에 중요한 요소가 된다.

⑤ 점포는 잘 보이는 곳에 위치해야 한다. 어디에서부터 보이며 어떻게 보이느냐 하는 문제는 중요하며, 이를 통해 입지조건을 결정해야 하고 이것은 매출과 직결된다.

⑥ 시장(market)의 규모, 잠재력의 파악도 중요하다. 상품을 살 수 있는 구매력 있는 고객이 많다는 것은 시장의 규모가 크다고 할 수 있는데, 시장의 잠재력이 크게 되면 어떤 장사에도 유리한 환경이 된다.

⑦ 간판은 매출에 직접적인 영향을 미친다. 간판은 가장 잘 보이는 위치에 가장 잘 보이는 각도로 설치해야 하며, 보행자들이 지각하고 기억하기 좋은 디자인으로 단순한 조형, 색상을 사용하고, 문자수도 적은 것이 바람직하다.

또한, 중소기업청(2002.4)에서는 좋은 입지와 피해야 할 입지를 [표 13-2]와 같이 구분하고 있다. 물론 [표 13-2]의 내용들이 절대적이라고는 할 수 없다. 즉, 좋은 입지의 경우에는 권리금 및 보증금이 비싸기 때문에, 자본이 취약한 창업자의 경우에는 소위 말하는 피해야 할 입지를 선택할 수밖에 없는 경우가 많을 것이다. 이러한 경우에는 홍보 및 마케팅, 그리고 고객에 대한 서비스 등을 통해 어느 정도는 극복이 가능하다는 것이다.

표 13-2 좋은 입지와 피해야 할 입지

좋은 입지	피해야 할 입지
- 유동인구가 많은 곳 - 배후지가 넓고 소득수준이 높은 곳 - 퇴근길 동선에 위치한 점포 - 상권의 중심통로에 위치한 점포 - 인근 상인들의 표정이 밝은 곳 - 금융기관, 대형 유통시설로 가는 길목 - 주변에 노점상이 많은 곳 - 대형 패스트푸드점이 있는 곳 - 권리금이 있는 점포 - 사업장으로 이동시간이 30분 이내인 곳	- 오르막길, 언덕 위의 점포 - 맞은편이 한가한 곳 - 인구가 흘러가는 곳 - 업종이나 주인이 자주 바뀌는 곳 - 대형 경쟁업체가 있는 곳 - 빈 점포나 공터가 많은 곳 - 임대료나 권리금이 유난히 싼 곳 - 주인이 유사업종에 종사하는 곳

자료: 중소기업청(2002.4).

3. 상권분석의 이해

3.1 상권의 개념과 종류

(1) 상권의 개념

상권이란 창업을 함에 있어서 고객이 존재하는 지역적이고, 시간적이고, 공간적인 범위를 말하는데, 쉽게 말하면 실질적으로 구매력을 갖고 있는 고객이 분포되어 있는 지역과 유입되는 유효수요가 존재하는 시간적인 범위라고 할 수 있다. 쉽게 풀이하면, 상권이란 점포가 판매의 대상으로 삼고 있는 지역을 의미하는데, 상권은 제품 혹은 서비스의 판매방법, 품종, 업종, 업태 등에 따라 차이가 날 수 있다는 것이다. 예를 들어, 점포에 주차장이 있느냐 아니면 없느냐에 따라서도 상권이 달라질 수 있고, 점포에서 인터넷홈페이지를 개발하여 운영한다면 상권 역시 넓어질 수 있는 것이다.

또한 상권분석은 확정된 상권 내의 주민의 속성이 점포가 정한 목표시장의 조건과 합치되는가의 여부를 분석하고 평가하는 것을 말한다. 그런데, 여기서 점포는 오프라인 점포와 온라인 점포로 구분하여 생각할 수 있다는 것을 고려해야 한다. 오프라인 점포의 경우에는 지역적이고 시간적인 범위가 중요하지만 온라인 점포는 이러한 지역적이고 시간적인 범위가 별로 중요하지 않다는 것이다.

(2) 상권의 종류

중소기업청(1999.10)에서는 상권을 소매기관이 판매의 대상으로 삼고 있는 지역으로 정의하고 있는데, 상권은 판매방법, 품종, 업종, 업태 등에 따라 차이가 난다는 것이다.

가) 상권을 점포를 중심으로 한 거리에 따라 생각하면 크게 다음과 같이 분류된다.

① 1차 상권: 점포고객의 50~80%를 포함하는 지역으로서, 점포에 가장 가까우며 고객 밀도가 가장 높다. 점포를 중심으로 500m 이내의 거리로서 걸어서는 5분 이내의 거리를 말한다. 대형 음식점의 경우에는 반경 1km를 1차 상권으로 볼 수 있다.

② 2차 상권: 점포고객의 15~25%를 포함하는 지역으로, 1차 상권의 외부에 위치하며 고객들은 다소 분산되어 있다. 점포를 중심으로 500~1,000m 이내의 거리로서 걸어서는 5~15분 사이의 거리를 말한다.

③ 기타(3차) 상권: 1·2차 상권을 제외한 나머지 지역을 말하며, 점포 고객들은 매우 분산되어 있다.

나) 또한 상권은 지역적 특성에 의해 다음과 같이 분류할 수 있다(경기지방중소기업청, 2003).

① 도심상권: 소도시나 대도시나 어느 도시든 중심부가 있는데 도심상권은 바로 그곳에 있는 상권을 가리킨다.

② 역세권: 역세권의 상권분석은 유동인구의 특성파악이 중요하다. 유동인구의 특성에 따라 즉 역세권 주변의 집객 시설이 어떤 형태이냐에 따라 역세권 상권의 특성이 결정된다.

③ 대학가: 대학가는 다른 상권보다 비교적 건전한 소비가 발생하는 곳이며, 대학생이라는 신분의 특성들이 결합되어 소비가 발생하는 곳이다. 또한 실속 있는 소비가 발생하면서도 한편에서는 대학생으로서는 과소비라고 인식할 만큼 소비가 발생하는 것도 현실이다.

④ 아파트단지 상권: 대개 아파트 평형별 배치가 대부분이기 때문에 평형별로 거주하는 연령층과 생활수준에 따라 소비가 결정되며 고가품이나 사치품이 아닌 일상 생활용품을 취급해야 하고, 가능한 한 단지 주민의 눈높이를 맞추어야 한다.

⑤ 주택지 상권: 주택지 상권은 가장 쉽게 접하고 이용할 수 있는 상가이다. 대부분은 적은 자본으로 장사를 시작한다. 자본이 적은 만큼 시작하기가 쉽다. 그러나 그만큼 창업 성공률이 작다.

⑥ 오피스가 상권: 통행인의 특성이 직장여성, 샐러리맨 중심으로 전부 같은 방향에 시선을 두고 빠른 걸음으로 걷기 때문에 통행량이 많아도 매출에는 기여하기가 힘들고, 주말과 휴일에는 공동화 현상으로 인하여 매출을 기대할 수 없는 상권이다. 그래서 직장인의 특성을 고려한 업종이 주로 입주한다.

⑦ 학원가 상권: 주고객층은 입시생과 자격증을 준비하는 학생 등 젊은 층이다. 이런 상권에서의 업종 선택의 핵심은 젊은 학생들이 먹고, 공부하며, 쉬는 데 관련한 업종이 대부분이다. 가격정책 역시 다른 지역보다 저가인 경우가 대부분이다.

⑧ 번화가 및 지하상가: 번화가는 유동인구가 많고 구매력도 높기 때문에 장사하기에는 더할 나위도 없지만 보증금이나 권리금 등이 비싸다. 또한 지하상가는 대부분 통행로의 성격을 띠고 있기 때문에 입지로서 유리하다. 주로 젊은 고객 중심의 소매점들이 입점해 있다.

3.2 상권조사의 주요 항목

가) 김진영 · 유명철 · 고정소 · 권태형 · 박승민(2003)은 상권조사의 주요 항목으로 다음과 같은 6개를 제시하고 있다.

① 통계자료 조사: 인구수, 세대수, 가족구성원수, 주거형태(단독주택, 아파트 등)

② 상권형태 및 규모파악: 주간상권, 야간상권, 고정상권, 유동상권

③ 통행인구 조사: 성별 · 연령별 · 시간대별 · 요일별 통행객의 수를 관찰하고, 통행객과 통행성격 및 통행객의 수준을 파악

④ 통행차량 조사: 통행차량의 수와 어느 시간대에 많이 지나가는지 파악

⑤ 경쟁점포 조사: 예상되는 경쟁점포와 이용객 수 · 계층, 제품의 가격대, 매장구성의 장단점을 파악

⑥ 상권의 향후 전망: 주변 상권의 확대 또는 축소 가능성을 파악하고 대형 접객시설의 개발정보를 수집, 그리고 주변 건물의 신축 또는 철거계획 등을 조사

나) 최재희(2003)는 상권에서 조사해야 할 항목으로 다음의 5가지를 제안하고 있다.

① 유동인구 조사: 유동인구는 가급적이면 날씨가 좋은 평일과 주말을 각각 선정하여 조사하는 것이 좋다.

② 고객층과 시간대별 통행량 조사: 점포가 목표로 하는 고객이 주부, 학생, 직장인 등인가에 따라 고객층에 대한 조사시간이 달라져야 할 것이다. 예를 들어, 직장인을 주고객으로 한다면 퇴근시간에 통행량을 조사해야 한다는 것이다.

③ 총 유동인구 조사법: 하루의 총 유동인구를 조사하는데, 단순히 목표로 하는 고객이 몰리는 시간대에만 조사하는 것이 아니다.

④ 내점률 조사: 점포 후보지에 대한 내점률을 조사해야 하는데, 내점률이란 유동인구 100명당 점포를 방문하게 되는 고객의 수를 말한다. 즉, 내점률이 10%라는 것은 100명 중 점포로 내점하는 고객이 10명이라는 것이며, 이를 토대로 추정매출을 분석할 수 있을 것이다.

⑤ 구매품목과 가격대 조사: 성별 · 연령별에 따른 주요 구매품목과 구매품목의 가격대를 조사해야 한다.

위에서 언급한 상권조사의 주요 항목들은 바로 점포의 매출에 직접적으로

영향을 미치게 되며, 아울러 점포 방문고객을 증가시키기 위한 마케팅 전략의 수립에도 중요한 정보로 활용할 수 있다. 그렇기 때문에 단순히 부동산중개소에 의뢰하여 점포를 구하기 전에 1~2달의 시간적인 여유를 갖고 조사하는 것이 필요할 것이다.

다) 위에서 제시한 항목 중에서 통행량을 조사하는 데 특히 염두에 두어야 할 점은 다음과 같다(매일경제, 2003.4.13).

① 요일의 특징과 기후 등을 차별화해서 반복 조사해야 한다.

② 해당 업종에 손님이 가장 몰리는 시간대 통행량 조사에 특히 신경을 써야 한다.

③ 통행량 조사를 할 때는 시간대별로 통행 인구수를 기록해야 한다. 즉 1시간이 지나면 0에서부터 다시 해야 한다.

④ 점포 앞 통행 인구는 여러 방향에서 모일 수 있으므로 각 방향에서의 입체적 통행량 조사를 해야 한다. 가게 앞은 물론 도로 건너편 통행량까지 함께 조사하는 것이 기본이다.

⑤ 승용차로 찾아오는 고객이 많다면 필요할 경우 자전거나 승용차 이용 통행량까지 함께 조사해야 한다.

⑥ 이렇게 통행량 조사를 한 후에는 이 자료를 그래프로 만들어서 파악하는 것이 효과적이다.

3.3 상권분석의 절차

중소기업청(1999.10)에서는 상권분석의 절차를 다음과 같이 세 단계로 구분하고 있다.

(1) 상권의 확정

1차, 2차 및 기타 상권의 범위를 확정하며, 다음과 같은 내용을 파악해야 한다.

① 지역별 고객의 특정 상점에서의 상품의 구매빈도

② 일정한 지역 내에 있는 고객의 평균 구매액

③ 일정한 지역 내의 신용카드 보유자의 집중 정도

(2) 상권의 특성분석

위에서 확정된 상권 내의 주민의 속성이 창업기업이 정한 목표시장의 조건과 합치되는가의 여부를 분석하고 평가해야 하는데, 가장 핵심적인 내용들은 다음과 같다.

① 인구의 특징: 유동인구를 조사하여 수요층을 분석해 보아야 하는데, 유동인구의 조사에는 수일에 걸쳐서 시간대를 달리하여 이루어져야 한다.

② 경제기반의 특징: 상권의 경제기반에 대한 조사를 통해 그 지역주민의 소득의 원천을 알 수 있는데, 간단한 방법으로는 산업별 취업인구의 비율을 검토할 수 있다.

③ 경쟁상황과 포화수준: 해당 지역의 경쟁점포의 수와 경쟁강도에 대해 조사를 한다.

(3) 예상구매량 계산과 판매예측

고객의 예상구매량과 그 중에서 자기 점포에의 침투도, 즉 시장점유율을 파악해야 한다. 시장점유율을 통해 자신이 운영하고자 하는 점포의 총 판매액도 추정할 수 있다. 비록 이러한 과정이 힘들더라도 요즈음과 같이 불황일 때에는 특히 철저하게 조사해야 한다.

상권분석에 대해 한 가지 더 언급할 것은 유명 브랜드에 대해 막연히 맹신하지 말라는 것이다. 즉, 유명 브랜드라고 해서 상권분석을 하지 않고 창업을 했다가는 낭패를 당하기 쉽다는 것이다.

성공창업학

입지선정과 상권분석의 관계(노기엽, 2004.3)

입지를 선정하기 위해 반드시 필요한 과정 중에서 가장 중요한 것이 상권을 분석하는 일이며, 상권분석을 통해 얻어지는 결과물에 대한 선택이 입지선정이다. 즉, 입지선정이 광범위한 의미의 전체적인 창업 환경에 대한 예비조사의 과정이라면, 상권분석은 사업장이 위치할 장소에 대한 아이템의 적용 여부와 경쟁력 및 영업과 관련된 세부적인 사항에 대한 조사과정이라고 할 수 있다.

4. 점포계약 및 관련 법규

점포를 이용하여 창업을 하는 경우에 계약을 해야 하는데, 프랜차이즈의 경우에는 점포 권리금, 가맹비, 그리고 임대차계약의 3가지가 이루어져야 한다. 점포 계약시에 필요한 내용은 다음과 같다(중소기업청, 2002.4; 한연히, 2003.8).

4.1 점포계약의 준비 및 고려사항

① 계약을 결심했다면 집기·비품의 제조사와 용량, 제품명을 대충이라도 살펴보거나 나름대로 목록을 만들어두는 것이 좋다.

② 자금 일정에 대해 점검을 해야 한다. 계약금, 중도금, 잔금 등 전체 일정을 최소 일주일 이상의 기간을 두고 자금 상황과 기존 임차인의 상황을 점검해 두는 것이 필요하다.

③ 권리금 계약은 허가받은 중개업소에서 하는 것이 좋다. 권리금 계약은 건물주가 아닌 세입자와 하기 때문에 누군가 보증이 되어 줄 사람이 있어야 하는데, 허가받은 중개업소에서 계약을 해야 이중계약이나 실질적인 소유주 혹은 임차인 여부를 꼼꼼히 확인해 줄 것이다.

④ 각종 공부(公簿)서류의 확인과 건물에 대한 권리분석까지 중개건물에 대한 기본적인 사항이 확인되기 때문에 직접 서류를 떼어보는 수고를 덜 수 있다. 하지만, 중요한 것은 등기부등본, 토지대장, 건축물대장 등 법률관계를 직접 확인하는 것이 가장 좋은 방법이다. 등기부등본의 경우에는 계약금 지불 전후, 중도금 지불 후, 잔금 지불 후에 각각 떼어보는 것이 좋다. 등기부등본을 떼어본 후에는 토지, 가옥의 위치, 크기, 실소유자 등이 등기부등본과 일치하는가를 확인하기 위해 관할구청이나 시청에서 토지, 가옥대장을 확인해 보는 것이 필요

하다.

⑤ 계약 장소에 나가기 전 막바지 협상에 도움이 될 사람과 동행할 수 있도록 일정을 조정해 둔다.

⑥ 계약일정은 내가 편한 시간에 잡는다. 마음도 몸도 편안한 상태에서 계약을 진행해야 하자를 꼼꼼히 추려낼 수 있다.

⑦ 가격에 대한 협상은 부드럽고 단호하게, 계약금은 깎고 싶은 권리금에 반비례하여 준비하도록 한다. 중도금 없이 잔금을 치루는 것이 좋은 가격협상이 될 수 있다. 그러나 무엇보다도 계약금을 많이 가지고 나왔다고 보여주고, 계약서 작성시 협상된 가격의 10% 정도만 지불해도 무방하다.

⑧ 도시개발계획을 확인해야 한다. 관할시, 군, 구청에서 도시계획 확인원을 확인하여 도시계획을 알아보아야 한다.

⑨ 계약기간은 여건에 따라 상이하게 하는 것이 좋다. 즉, 창업 업종에 따라 단기 혹은 장기계약을 해야 한다는 것이다.

⑩ 계약서상의 '특약'을 효과적으로 활용해야 한다. 차후 임차인으로부터 권리금을 받을 수 있도록 점포주의 협력 조항이라든지, 잔금일에 전세권 혹은 임차권등기를 해 준다든지, 적정한 임차금 증가분 및 계속 재계약 약속 명시라든지, 부속물(간판, 창고, 주차장, 화장실 등) 이용에 대한 사항 등을 명기해야 한다.

4.2 권리금과 임대차계약

점포계약은 점포권리금이 있는 경우에 두 가지의 계약을 하게 된다. 그 중의 하나는 점포사업주(임차인)간에 체결하는 점포양수도 계약서(권리금계약서)이며, 다른 하나는 신규임차인과 점포주 간에 체결되는 점포임대차계약서이다.

(1) 권리금계약

권리금은 경제학적으로는 현금으로 거래된다고 하여 캐시 이코노미(cash economy) 또는 권리금에 위법성적 성격이 있다고 하여 블랙 이코노미(black economy)라고도 하는데, 일반적으로는 언더그라운드 이코노미(underground economy)라고 한다. 최재희(2003)는 권리금을 점포임대차와 관련해 임차인이 특별하게 누리게 될 장소 또는 영업상의 이익에 대한 대가로 임차보증금과는 별도로 지급되는 금전적 대가라고 정의하였다. 즉, 점포를 매도함으로써 포기해야 하는 시설비와 영업권이라는 것이다.

가) 이러한 권리금이란 점포사업에서 점포 영업권에 대한 포괄적인 개념이라고 할 수 있는데, 먼저 중소기업청(1999.10)에서는 권리금을 두 가지의 형태로 구분하고 있다.

① 주로 시설 개선비용, 인테리어 설치비에 대한 보상액을 말한다.

② 일정 기간 동안에 한 장소와 점포에서 특정 간판·상호 등으로 영업을 해 온 덕택에 확보가 가능한 고정적인 수입 보장에 대한 금전적 보상이다.

나) 한편, 권리금 계약의 핵심은 가격, 지불조건, 임대료 조정의 3가지라고 할 수 있다. 따라서, 점포를 임차하는 사람이 사업자등록증의 실제 명의자인지, 영업권 및 허가권의 실제 권리자인지를 파악하는 것이 중요하다. 권리금 계약 시에 기재되어야 하는 사항은 다음과 같다.

① 임대료 인상 금액의 책임 소재: 일반적으로는 몇 %(또는 얼마)는 매도인이 책임지고, 그 이상의 인상은 매수인이 책임을 지면 된다. 또한 과도한 인상은 위약금 없이 해약하도록 한다.

② 임대차기간의 잔여기간 승계: 권리금 계약은 기존 임차인의 잔존기간을 승계하는 것이 원칙이지만, 관례상으로는 새로운 계약을 1년간 책임지기로 한다.

③ 시설 및 집기·비품은 계약 당일의 상태로 잔금일에 양도해야 한다.

④ 임대차의 승계나 본사 가맹점 승계가 이루어지지 않을 경우에는 해약한다.

⑤ 중도금의 은행입금을 약속하고 계좌번호를 적어둔다.

(2) 임대차계약

임대차계약을 위해 특별히 필요한 것은 없고, 임대차계약서의 특약사항에 들어가는 내용만 잘 확인하면 된다. 일반적으로 특약사항에 들어가는 내용은 다음과 같다.

① 권리금은 절대 인정하지 않는다.

② 건물주가 요구하면 언제든지 비워준다.

③ 시설은 원상 복구한다.

4.3 기존점포 인수시 고려사항

가) 사실, 대부분의 창업자들은 점포를 새롭게 건축하기보다는 기존의 점포를 인수하여 창업을 하는 경우가 많다. 이렇게 기존 점포를 인수할 때에 주의할 사항들은 다음과 같다(중소기업청, 1999.10).

① 기존 점포의 경영상태가 어떠하였는가를 알아본다.

② 가맹점일 경우에 프랜차이즈 본사의 경영상태, 부도 가능성, 계약기간, 계약조건의 변동 가능성 등을 알아본 후 건물주와 점포계약을 해야 한다.

③ 점포가 위치한 지역 혹은 인근에 어떠한 도시개발계획이 있는지를 확인하고, 경쟁업소, 대형 쇼핑센터 건립계획 등이 있는지를 검토한다.

④ 상가일 경우 신축 혹은 개축할 가능성은 없는지 조사한다.

⑤ 고객의 이용상황 등 현장조사의 병행도 필요하다.

나) 또한 최재희(2003)는 점포를 구할 때에 유의할 점으로서 다음의 5가지를 지적하고 있다.

① 거주인구가 적거나 유동인구가 적을 때, 영세한 점포들이 밀집해 있는 경우에는 영업이 잘 안 되는 죽어가는 상권이라고 생각하면 된다.

② 도시계획 등으로 곧 상권이 소멸할 곳이 아닌지를 고려해야 한다.

③ 상권도 좋고 장사가 잘되는 점포를 인수했는데 기존의 주인이 인근에 동종업종으로 대형상점을 내는 경우를 조심해야 한다.

④ 상가건물이 영업에 적합한지 분석한다.

⑤ 등기부등본을 확인한다.

4.4 매물에 나타나는 점포의 분석

점포를 구할 때에 가장 먼저 접하는 것이 바로 부동산 중개업소에서 소개하는 매물이다. 잘 구하면 큰 이익을 얻을 수 있지만, 성급하게 판단하고 계약을 했다간 낭패를 보기 십상이다. 이에 따라, 매물로 나온 점포에 대한 분석을 위해서는 다음과 같은 10가지 정보들을 살펴봐야 할 것이다(한연희, 2003.9).

① 업종: 매물로 나온 점포가 어떤 업종인지에 따라 창업하려는 아이템의

입점이 어려울 수도 있다. 예를 들어, 의류점이나 기타 판매시설에서 일반 혹은 휴게음식점을 하려면 정화조 용량이나 구청의 허가 여부에 따라 창업이 가능하지 않을 수도 있다.

② 층수: 대부분의 창업아이템은 건물 층수에 의해 영향을 받는다는 것을 고려해야 한다.

③ 계약면적과 실면적: 실면적이 계약면적의 50%도 되지 않는다면 점포로 사용하기에 적합하지 않은 경우가 많다. 즉, 관리비 등의 고정비용의 지출이 많아서 오랜 기간 영업을 유지하기도 어렵고, 또한 점포 매도시에는 합당한 권리금을 받기도 어렵다는 것이다.

④ 전면 크기: 점포의 전면이 면적에 비례하여 지나치게 넓은 경우는 좋지 않다. 평균적인 비율로 살펴보면, 점포의 전면을 가로, 점포의 길이를 세로로 볼 때에 가로 대비 세로 크기는 2.5배가 적당하다고 할 수 있다.

⑤ 주소: 주소 정보로 공시된 서류를 떼어 도시계획 시항과 등기 사항을 알 수 있고, 권리의 변동과 미공시 시설 여부를 알 수 있다.

⑥ 임대료: 임대료의 수준을 보면 점포 소유주의 성향을 알 수 있으며, 권리금이 없는 점포의 임대료에는 함정이 있을 수 있다는 것을 고려해야 한다.

⑦ 권리금: 사실 권리금에는 시세가 없으며, 부르는 게 값이고 받는 게 값이라고 할 수 있다.

⑧ 부가세: 실제 점포를 임차하고 실제 납부한 금액에 대한 10%의 부가세를 부담하고 있다면 매우 합리적인 건물주를 만났다고 생각해도 될 것이다.

⑨ 영업시간: 상권 내에 있는 점포들의 평균 영업시간을 살펴봐야 한다.

⑩ 매매사유: 매물로 나온 점포의 매매사유를 조사해 보는 것이 필요할 것이다.

5. 점포설계와 인테리어

점포설계와 인테리어를 어떻게 하는가에 따라 점포의 외형적 이미지가 달리 형성될 수 있다. 즉, 점포의 외관만 보고도 어떤 제품을 판매하는지, 그 이미지는 어떤지, 가격대는 어느 정도인가를 짐작할 수 있도록 해야 한다는 것이다. 예를 들어, 소득수준이 높은 지역과 소득수준이 낮은 지역에서의 점포의 외형적 이미지는 다르게 형성될 수 있어야 한다는 것인데, 이것은 점포설계와 인테리어를 통해 가능하다는 것이다.

5.1 점포 이미지

판매하는 상품과 서비스에 따라 목표로 하는 고객이 달라진다고 할 수 있다. 또한 목표고객에 따라 점포의 이미지를 어떻게 표출시킬 것인가 하는 문제는 매출과 직결되는 과제라고 할 수 있다. 예를 들어, 저가의 음식점과 고급 음식점의 경우에는 점포 이미지 설계에서부터 달라야 한다는 것이다. 목표로 하는 소비자층이 저소득층이냐 고소득층이냐에 따라 점포 설계가 다르다는 것이며, 고객의 연령에 따라서도 당연히 달라야 한다.

예를 들어, 중저가 상품 및 서비스를 판매하는 경우에는 고객이 부담스럽지 않은 점포 이미지의 표출이 필요하며, 고급 상품 및 서비스를 판매하는 경우에는 고품격 이미지를 표출시킬 수 있는 점포설계가 중요하다고 할 것이다. 또한 가족 중심의 레스토랑과 젊은이들을 위한 레스토랑 간에는 점포 이미지가 차별되어야 할 것이다.

인터넷이라는 공간에서 창업을 할 때에도 점포 이미지라고 할 수 있는 사이트의 이미지가 중요한데, 디자인 기술과 프로그래밍 기술에 의해 차별화된 사이트의 이미지를 연출할 수 있다. 증권사 사이트, 청소년을 대상으로 하는 사이트, 여성전문 사이트 등 운영하는 사이트의 목적에 따라 이미지가 달리 연출되어야 할 것이다.

5.2 간판의 설치

(1) 간판의 개념과 종류

간판(sign)은 상점, 회사, 영업소, 기관 등에서 그 이름, 판매상품, 영업종목 등을 써서 사람 눈에 잘 띄도록 걸거나 붙이는 표지를 말하는데, 고객의 인지를 확보하며 다른 마케팅 전략 수단에도 긍정적 영향을 미친다. 간판의 종류는 다음과 같이 분류할 수 있다(blog.naver.com/bea1116).

① 가로형 간판: 문자, 도형 등을 목재, 아크릴, 금속재 등의 판에 표시하거나 입체형으로 제작하여 건물의 벽면에 가로로 길게 부착하거나 벽면 등에 직접 도료(색상이 표시된 천, 종이, 비닐, 테이프 등을 포함)로 표시하는 광고물을 말한다.

② 세로형 간판: 문자, 도형 등을 목재, 아크릴, 금속재 등의 판에 표시하거나 입체형으로 제작하여 건물의 벽면 또는 기둥에 세로로 길게 부착하거나 벽면 등에 직접 도료로 표시하는 광고물을 말한다.

③ 돌출 간판: 문자, 도형 등을 목재, 아크릴, 금속재 등의 판이나 이·미용업소의 표지 등을 건물의 벽면에 돌출되게 부착하는 광고물을 말한다.

④ 공연 간판: 공연을 알리기 위한 문자, 그림 등을 목새, 아크릴, 금속재 등의 판에 표시하거나 실물의 모형 등을 제작하여 당해 공연건물의 벽면 또는 공연건물의 부지에 지주 등을 세워 표시하는 광고물을 말한다.

⑤ 옥상 간판: 건물의 옥상에 별도의 장방형(사각형, quadrangle), 정방형(정사각형), 삼각형 또는 원형 등의 게시시설을 설치하여 문자, 도형 등을 표시하거나 승강기 탑 등 건물의 옥상구조물에 문자, 도형 등을 직접 표시하는 광고물을 말한다.

⑥ 지주이용 간판: 지면에 지주(支柱, 받침대)를 따로 설치하여 문자, 도형 등을 표기한 목재, 아크릴, 금속재 등의 판을 지주에 부착하거나 원기둥, 사각기둥 또는 삼각기둥 등의 게시시설을 따로 설치하여 문자, 도형 등을 기둥의 면에 직접 표시하는 광고물을 말한다.

이러한 간판을 설치할 때에는 구청에서 허가를 받거나 동사무소에 신고를 해야 하는 경우가 있기 때문에 사전에 구청 혹은 동사무소에서 확인한 후에 제작하는 것이 필요할 것이다. 예를 들어, 돌출간판의 경우에는 구청에서 '도로점용허가'를 받아야 한다는 것인데, 2006년 3월부터 소규모 돌출간판의 경우에는 신고만으로 설치할 수 있도록 하고 있다(쿠키뉴스, 2006.3.14).

(2) 간판 설치시 고려사항

가) 먼저, 간판을 설치함에 있어서 고려해야 할 사항은 다음과 같다(중소기업청, 1999.10).

① 보여 줄 수 있는 만큼 창업자의 사업을 말할 수 있어야 한다.

② 가능하면 여섯 단어 이내의 내용을 담아야 한다.

③ 선명한 활자체를 사용해야 한다.

④ 깨끗해야 한다.

⑤ 다른 회사의 옥외간판과 차별화시켜야 한다.

나) 한편, 요즈음은 워낙 경기가 좋지 않아서 무엇을 해도 되는 것이 없다는 말이 있다. 그만큼 장사가 잘 안 된다는 것인데, 이럴 때일수록 간판이 중요하다는 것이다. 즉, 간판을 통해서 고객은 점포에 대한 첫번째 이미지가 형성되며, 한번 방문해 보고 싶은 점포가 되기 위해서는 간판의 역할이 매우 중요하다.

다) 요즈음 간판을 제작하면서 성(性)적인 표현 혹은 느낌을 우회적으로 표현한 상호들을 볼 수 있는데, 과연 고객들이 어떤 생각을 할 것인가를 고민할 필요가 있을 것이다. 고객들이 기억하기는 할 것이지만 긍정적인 반응보다는 오히려 불쾌한 느낌을 갖는 경우가 많다는 것이다.

(3) 간판의 활용전략

요즈음은 점포 앞을 통행하는 보행자들의 시선을 잡을 수 있는 간판이 필요한데, 구체적인 활용전략은 다음과 같다(중소기업청, 2002.4).

① 간판은 한눈에 들어오도록 해야 한다. 즉, 간판을 통해 업종을 한눈에 알 수 있도록 해야 하고, 그 점포가 무엇을 하는 곳인지 표시해야 한다. 이것은 인터넷 도메인을 구매할 때에도 필요한데, 인터넷 도메인이란 점포의 간판과 같은 역할을 하는 곳이라고 할 수 있다. 점포의 간판을 보고도 그 점포가 무엇을 하는 곳인지를 알 수 있어야 하듯이, 도메인만 보고도 그 사이트가 어떤 사이트인가를 쉽게 추측할 수 있어야 한다는 것이다. 사실, 한글을 영어로 만들어서 도메인 이름으로 사용하는 경우가 허다한데, 국내에서는 모르지만 향후 해외진출을 고려한다면 바람직하지 못하다고 할 수 있다. 가능하면 영어단어를 조합하여 만드는 것이 좋다.

② 통행인과 운전자의 시계범위 안에 간판을 설치해야 한다. 최소한 30m 앞에서 간판을 볼 수 있게 해야 하는데, 그렇지 않으면 그 점포를 지나쳐 버릴 가능성이 크다는 것이다.

③ 간판의 색과 주위 배경을 반드시 체크해야 한다. 즉, 눈에 잘 띄지 않는 색이나 주위에서 많이 사용하는 색으로 할 경우에는 간판이 눈에 잘 들어오지 않는다는 것이다.

④ 보조간판을 설치할 필요가 있다. 높은 건물이나 옥상에 간판을 설치한 경우에는 통행인들의 눈높이에 맞춰 보조간판을 설치할 필요가 있다.

⑤ 움직임이 있는 간판이 좋다. 그래픽으로 말하면, 단순한 이미지보다는 동영상이나 사운드가 가미된 이미지가 필요하다는 것이다.

(4) 간판과 상호

간판을 제작하기 전에 반드시 상호를 정해야 하는데, 상호(商號, trade name, 상인이 영업상 자기를 표시하기 위하여 사용하는 명칭)는 판매하는 상품과 서비스 등을 고려하여 정하게 된다. 회사 혹은 상표 서비스 등의 이름을 정하는 것을 네이밍(naming) 작업이라고 하며, 네이밍을 성공적으로 하기 위해 고려해야 할 사항은 다음과 같다.

① 업태의 성격과 비용으로 네임의 의미적 측면과 함께 어떤 언어를 사용하는가에 대한 기본적인 잣대를 제시한다. 예를 들어, 양식집의 경우에는 영어 혹은 외국어를 사용하는 것이 좋을 것이다.

② 업장의 인테리어 요소이다. 특히, 이 부문은 이름의 전체적인 음성 및 시각적 이미지와 매우 밀접한 관계를 가진다. 만약 미니멀리즘(minimalism, 단순함과 간결함을 추구하는 예술과 문화적인 흐름) 스타일의 인테리어 바(bar)라면 이러한 인테리어 컨셉트에 맞도록 모던하면서도 중성적 음감의 간결한 철자 표현을 지향하는 것이 바람직하다.

③ 공략하고자 하는 주고객층의 라이프 스타일과 트렌드를 파악하여 이들의 감각에 맞출 수 있을 때만이 주목을 끌 수 있다.

④ 상호가 법률적으로 사용이 가능한가를 고려해야 하는데, 이미 상표로 출원이 되어 있는지 혹은 상표출원이 가능한지를 사전에 법률정보 무료 검색서비

스(www.kipris.or.kr)에서 확인해야 한다.

5.3 인테리어 공사

점포 인테리어는 고객유인을 위한 수단이 되며, 상점의 얼굴이기도 하고, 구매고객의 최종만족 여부의 결정에 중요한 역할을 수행할 수 있다는 것이다. 이러한 점포 인테리어에 있어서 가장 중요한 4요소는 조명, 색상, 레이아웃 등 디자인, 마감재라고 할 수 있다(중소기업청, 2002.4).

(1) 점포 전면과 입구

점포의 전면에서 가장 중요한 것은 고객이 한번 들어가 보고 싶은 마음을 불러일으키는 것이라고 할 수 있다. 즉, 단골 점포가 아닌 경우에 점포의 전면을 어떻게 설계할 것인가 하는 것은 신규 고객의 유입을 위해 매우 중요하다는 것이다. 결혼 적령기에 있는 남녀가 처음 만났을 때에도 첫인상이 좋아야 한다는 말이 있듯이, 점포의 전면은 사람으로 볼 때에 첫인상과 같은 역할을 한다는 것이다.

또한 점포의 입구는 개방형, 폐쇄형 그리고 절충형으로 구성할 수 있는데, 점포가 위치하고 있는 층에 따라 달리할 수 있을 것이다. 예를 들어, 점포가 1층에 위치한 외식업종의 경우에는 점포 내부가 너무 많이 노출되도록 하는 것은 좋지 않을 수도 있다는 것이다. 이러한 경우에는 개방형보다는 절충형이 더 바람직할 것이다.

(2) 점포 내부의 색상과 조명

사실, 점포 내부의 경우에는 업종에 따라 적절한 분위기를 연출하는 것이 중요한데, 고객이 누구냐에 따라 인테리어가 달라야 한다는 것이다. 즉, 20～30대의 고객을 타겟으로 하느냐 아니면 50～60대가 주고객인지의 여부에 따라 내부시설을 다르게 해야 할 것이다.

먼저, 색상의 선택은 점포 인테리어에서 가장 중요한 요소라고 할 수 있는데, 바닥재, 천장 등 마감재의 색상을 어떻게 하느냐에 따라 점포 전체적인 분위기가 달라진다는 것이다. 즉, 색상의 선택은 창업하고자 하는 업종과 목표고객에 따라 달라지게 될 것인데, 인테리어 전문가의 자문을 받는 것이 필요할 것이다.

특히 지금은 하나의 점포만을 이용하여 창업을 하는 경우라 할지라도 나중에 프랜차이즈 형태로 가맹점을 운영할 경우를 고려하는 것이 필요할 것이다. 사실, 국내 프랜차이즈의 상당수는 단일점포에서 성공하여 프랜차이즈 형태로 확산시키는 경우가 많다는 것이다. 물론 이러한 경우에는 창업자 자신의 능력보다는 프랜차이즈 시스템에 의해 성패가 좌우된다는 것도 생각해야 할 것이다.

한편, 조명은 상품의 구매욕구를 불러일으키는 기능을 수행하는데, 점포의 성격에 따라 조명을 달리 연출해야 한다. 즉, 고급 레스토랑, 할인마트, 게임방 등의 경우를 보더라도 무작정 밝은 조명만을 사용할 수는 없다는 것이다. 조명을 사용함에 있어서 고려해야 한 점들은 다음과 같다(중소기업청, 1999.10).

① 고객을 점포 안으로 끌어들일 수 있도록 점포 외부조명(간판조명 포함)을 보다 멋진 디자인으로 차별화하고, 고급화된 조명을 사용한다.

② 고객이 점포 안에 있는 동안 좋은 기분이 들게 하고, 같은 상품이라도 다르게 보이게 하여 구매욕구를 자극한다.

③ 창업하는 업종에 따라 조명밝기를 달리해야 하며 점포 전체를 같은 명암조도(lux)로 하지 않아야 한다. 주요 상품이나 공간을 부분적으로 밝게 하거나 스포트라이트를 비추고 나머지 부분은 부드러운 여광(餘光)으로 처리하면 색다른 분위기를 연출할 수 있다.

④ 고객층이 어떤 층인가에 따라 조명은 달라져야 한다.

(3) 효과적인 인테리어 방법

점포를 이용한 창업의 경우에 점포 인테리어는 고객을 유인하는 중요한 수단이 되는데, 효과적인 인테리어 방법은 다음과 같다(중소기업청, 2002.4).

① 점포 전면은 항상 깨끗해야 한다. 점포의 전면은 고객이 점포의 분위기에 매력을 느껴서 매장 안으로 들어가고 싶은 충동을 일으키도록 하는 것이 중요하다.

② 점포 외부 장식을 너무 호화롭거나 화려하게 꾸미는 것은 금물이다. 즉,

고객들로 하여금 고가의 상품을 판매하는 곳이라는 인식을 갖게 해서는 안 된다는 것이다.

③ 인테리어 색상은 신중하게 선택해야 한다. 점포의 이미지가 판매하는 상품과 조화를 이룰 수 있도록 해야 한다.

④ 상품은 매장 밖에서 보이도록 레이아웃해야 한다. 고객들로 하여금 '한 번 들어가 볼까?'라는 생각이 들도록 하는 것이 중요하다.

⑤ 점포의 조명상태가 매출액을 좌우한다. 매출이 높아서 점포이익에 대한 공헌도가 높은 상품이나 고객을 점포 안으로 끌어들일 수 있는 유인상품의 경우에는 눈에 잘 띄도록 조명을 밝게 하거나 고급스럽게 하는 것이 좋다.

(4) 레이아웃

점포에 대한 레이아웃(layout)은 창업자가 구상한 점포계획이 실현가능한가를 확인하는 동시에 점포에 가장 합당한 공간의 활용계획을 수립하기 위한 것인데, 중요한 곳은 점포의 입구에서부터 고객의 입장에서 생각하고 계획이 되어야 한다는 것이다. 이러한 점포의 레이아웃(layout)에 대해서 최재희(2003)는 다음의 여섯 가지를 고려할 것을 지적하고 있다.

① 동선길이: 매장을 어느 정도 걸어 다닐 수 있게 할 것인가?

② 접근율: 걷는 과정에서 각 진열대에 어느 정도 다가설 수 있게 할 것인가?

③ 인식률: 다가서서 어느 정도 상품을 인식하게 할 것인가?

④ 구입률: 인식한 것 중 어느 정도 구입할 수 있게 할 것인가?

⑤ 구입수량: 보다 많은 상품을 구입하게 할 수 있는가?

⑥ 상품단가: 상품단가가 높은 상품을 구입할 수 있게 할 것인가?

위에서 보면, 결국 점포 레이아웃은 고객이 점포를 편리하게 이용할 수 있도록 하며, 필요한 상품을 편리하게 구매할 수 있도록 도와주는 역할을 수행하도록 설계해야 한다는 것을 알 수 있다. 또한 점포를 방문한 고객이 가능하면 많은 상품을 구매할 수 있도록 하는 것도 레이아웃을 어떻게 하는가에 따라 많이 좌우된다는 것이다. 예를 들어, 재고처분을 해야 하는 상품의 경우에는 고객들이 쉽게 볼 수 있는 에스컬레이터 근처에 진열하는 것이 좋을 것이다.

(5) 인테리어 시공계약과 권리

오상열(blog.naver.com/js5645js)은 인테리어 계약을 체결할 때의 발주자의 권리사항으로서 다음과 같은 6가지를 제시하고 있다.

① 특기 사양서: 도면에 표시할 수 없는 부분이나 공사의 상세한 내용을 정리하기 위하여 도면에 특기 사항을 확인한 내용이다.

② 공사보증: 하자보증기간의 확인, 누수 등 긴급한 상황의 발생시 대처방법 등을 명시해야 한다.

③ 화재보험 가입: 중소규모점포의 경우에도 공사기간 중 위험을 보증하기 위하여 화재보험에 가입하는 것이 좋다.

④ 공사지연책임: 개점일자 지연으로 인해 건물임대료, 인건비부담, 대외신용도 등 막대한 지장을 초래하므로 이 조항을 명확히 해야 한다. 예를 들면, 공사지연 1일마다 전공사비의 몇 %를 지급한다는 내용을 계약서에 명확히 삽입하여 둔다.

⑤ 도로사용권 및 인근 주택·상가와의 업무 조정: 민원이 발생하지 않도록 하는 모든 업무는 인테리어 업자의 책임하에 진행이 되어야 하는데, 공용도로 사용 등의 허가가 필요할 때에는 미리 해당관청에 허가를 받아 집행해야 한다.

⑥ 입면도: 입면도(立面圖)는 건물의 모양을 사방에서 본 도면이다. 또한 실내의 벽을 중심으로 한 도면이다.

5.4 장치 및 시설물의 설치

점포 내부 구조를 이루는 몇 가지 주요 시설의 설치 요령은 다음과 같다(중소기업청, 1999.10).

(1) 계 산 대

고객들에게 너무 눈에 띄게 부담을 주지 않게 하고, 고객들이 점포 안에서 이동하는 동선에 불편을 주지 않도록 설치해야 한다. 가끔 외식업체에 가보면, 계산대를 주방 앞에 설치하는 경우가 있는데, 고객들이 계산을 하면서 주방의 모습을 모두 볼 수 있다는 것이다. 아무리 주방이 잘 정리된 상태라고 할지라도 때로는 고객의 눈에 거슬리는 것들이 있을 수 있기 때문에 계산대를 주방 바로 앞에 설치하는 것은 피하는 것이 좋다.

(2) 의자와 테이블

의자와 테이블의 경우에는 점포 내부의 색상 및 조명과 조화를 이루도록 하는 것이 중요할 것이다.

(3) 진 열 대

진열대는 고객들이 진열된 상품을 보고 구매욕구를 불러일으키도록 하는 것이 중요하다. 요즈음은 음식점 내부에서도 숍인숍(shop in shop)의 개념으로 진열대를 설치하고 관련 상품을 판매하는 경우를 많이 볼 수 있다.

(4) 화 장 실

요즈음 화장실은 향기가 가득하며, 음악이 흐르고, 또 예쁜 그림들로 장식이 되어 있다. 지저분한 장소가 아닌 매력적인 장소로 만들어야 할 것이다.

(5) 유리와 거울

점포 내부에는 유리와 거울을 활용하여 시원하면서도 밖의 경치를 볼 수 있도록 하는 것이 필요하다.

(6) 테이블 보와 블라인드

테이블은 밝으면서 단색을 이용하는 것이 좋으며, 블라인드의 경우에는 단색보다는 아름다운 무늬 혹은 그림이 있는 것이 좋다.

(7) 공중 공간 디스플레이

요즈음은 점포의 공중에 상품 홍보물, 이벤트 행사, 마스코트 등을 설치하는 경우가 많다. 신설 메뉴를 소개할 수도 있고, 고객을 위한 특별 이벤트에 대한 정보를 제공할 수도 있다.

(8) 계단 통로 인테리어

점포가 단층이 아니고 2층 혹은 3층 등으로 구성되어 있는 경우에 고객이 계단을 오르내리면서 지루하지 않도록 해야 한다. 각종 문화예술 정보를 제공할 수도 있고, 연예인 사진 및 포스터를 부착시킬 수도 있다.

6. 점포 경영전략과 마케팅

6.1 일일 점포경영 및 체크리스트

점포 창업자가 매일 해야 하는 일이 있다. 적어도 하루에 한 번은 [표 13-3]에 제시된 내용들에 대해 꼼꼼하게 체크해야 한다는 것이다(경기지방중소기업청, 2003).

표 13-3 점포경영의 체크리스트

분 야	평가내용		평가결과
종업원 점검	- 출근시간 준수 여부 - 복장상태 - 잦은 이석 여부 - 친절한 마음가짐	- 고객응대자세 - 문제해결능력 - 고객에 대한 감사마음 - 서비스 정신	수, 우, 미, 양, 가
매장 점검	- 위생관리 - 위험요소 - 냉난방, 조명 작동 여부 - 주요비품, 소모품 정위치 여부		수, 우, 미, 양, 가
상품 점검	- 진열대 정리정돈 여부 - 파손상품 존재 여부 - 상품보충 여부 - 최신상품 구매 여부		수, 우, 미, 양, 가
서비스 점검	- 상냥한 인사 여부 - 교환과 환불 손님에 대한 친절성 - 장애인에 대한 서비스 만족 여부 - 서비스 교육시행 여부		수, 우, 미, 양, 가
최종점검	- 상품판매 실적 - 전등, 냉난방기 소등 여부	- 매장정리 정돈 여부 - 계산착오 발생 여부	수, 우, 미, 양, 가

자료: 경기지방중소기업청(2003).

아직도 일부 점포에서는 아르바이트에게 점포관리의 대부분을 맡겨두는 경우를 본다. 그러한 경우에 과연 각종 사항들을 제대로 체크하는지에 대해 점포주가 자문자답해 볼 필요가 있다.

6.2 소점포 창업의 성공적인 운영전략

(1) 간판상품을 개발하라.

다른 경쟁점포와 비교해서 품질이나 가격, 디자인 등의 측면에서 경쟁력이 있는 상품을 갖추거나 개발하는 것이 중요하다. 이러한 간판상품의 경우에는 매출과 수익성의 측면에서 강점을 갖고 있어야 할 것이다.

(2) 상품은 매장 밖에서 보이게 하라.

점포 앞을 지나가는 고객이 상품을 볼 수 있도록 함으로써 '한번 들어가 볼까?'라는 흥미가 일어나도록 점포 레이아웃을 해야 한다.

(3) 점포의 조명상태가 매출액을 좌우한다.

점포 내부와 외부에 설치되어 있는 조명을 이용하여 점포 이미지를 연출하는 것이 중요한데, 취급하는 상품에 따라 달라진다. 요즈음은 대체로 점포를 밝고 청결하고 활기차게 연출하는 것이 추세라고 할 수 있다.

(4) 판촉행사가 눈에 잘 띄도록 하게 한다

판촉행사를 할 경우에는 점포의 출입구에서부터 효과적으로 전달이 될 수 있도록 자극적인 구매시점(POP: point of purchase) 광고나 포스터 등을 이용해야 한다.

(5) POP 광고의 효과를 최대한 높여라.

고객의 눈에 잘 띄도록 꾸며야 하는데, 긴 문장보다는 몇 개의 핵심적인 단어로 짧으면서도 간결하게 핵심을 찌를 필요가 있다. POP 광고를 만들 때에도 글자 혹은 그림을 몇 가지의 색을 혼합해서 사용하는 것이 좋을 것이다.

(6) 고객관리를 철저히 하라.

고객관리를 잘하면 고정고객을 만들 수 있고, 충성도 높은 고정고객은 매출의 상당부분을 책임진다는 것이다. 파레토의 20/80법칙에 따르면, 20%의 고객이 기업 전체매출의 80%를 발생시킨다고 하는데, 한 명의 충성도 높은 고객이 기업가치의 핵심이라고 평가되는 까닭이다. 고객관리를 위한 구체적인 전략은 다음과 같다.

① 서비스가 경쟁력이다. '고객이 왕'이라는 말을 누구나 다 알고 있듯이, 서비스가 훌륭하면 고객의 정신을 만족시켜서 단골고객이 되도록 할 것이다.

② 정보화에 힘써라. 컴퓨터와 인터넷 기술을 활용하여 고객관리는 물론 제품에 대한 관리도 해야 한다. 특히 제품의 주문처리와 재고관리 외에도 고객에게 신상품 홍보와 고객불만처리 등이 수행되어야 할 것이다.

③ 이벤트를 자주 열어라. 매장으로 유인하기 위한 이벤트도 필요하지만, 매장에서 기다리는 시간 동안을 이용한 이벤트도 필요할 것이다. 예를 들어, 상품을 주문한 후 기다리는 시간에 이벤트를 하여 당첨이 되는 고객에게는 특별한 할인 서비스를 제공할 수도 있을 것이다.

④ 점포를 찾은 고객에게 다양한 정보를 제공하라. 상품의 판매에 따른 부가적인 정보제공이 필요하다. 예를 들어, 노인관련 용품을 판매하는 점포라면 노인관련 건강, 레저, 행사 정보 등을 제공할 수 있을 것이다.

⑤ 할인권이나 사은품의 증정으로 재방문을 유도한다. 할인권의 경우에도 점포에서의 이벤트를 통해서 할인율의 적용을 달리할 필요가 있다.

⑥ 고객과의 약속은 끝까지 지켜라. 일시적인 손해를 감수하더라도 장기적으로 고객의 신뢰를 형성할 수 있다는 것이다.

6.3 점포마케팅 전략

점포창업이든 어떤 창업이든 간에 결국은 홍보와 마케팅에 의해 성패가 결정된다고 볼 수 있는데, 이 중에서 점포마케팅 전략의 일반적인 지침을 살펴보면 다음과 같다(중소기업청, 2002.4).

(1) 광고를 꾸준히 해야 한다.

① 신규 개업시 새로운 아이디어로 적어도 3~4회 이상 지속적인 광고를 해야 한다.

② 상당기간 지난 후에도 새로운 고객확보를 위하여 수시로 홍보를 해야 한다.

③ 고객의 관심을 지속시키기 위해서는 이벤트 행사를 수시로 연구하여 실시한다.

④ 단골고객 및 구전만으로 영업을 하기에는 미약하다.

⑤ 항상 생동하는 점포임을 알린다.

⑥ 현대의 소비자군은 홍보매체에 의해 커다란 영향을 받는다.

(2) 고객입장을 먼저 생각하고 개미처럼 부지런히 뛰어라.

① 점포는 기본적으로 고객을 직접 접하기 때문에 업종에 구분 없이 서비스업으로 봐야 한다. 즉, 점포창업에 있어서의 생명은 서비스라는 것이다.

② 경쟁점포가 없으면 모르되 고객은 절대적으로 서비스가 좋은 점포를 찾게 되어 있다. 경쟁점포에 비하여 어떤 차별적인 서비스를 제공할 것인지를 늘 고민해야 한다.

③ 우리 점포를 출입하는 모든 고객과 인간적 신뢰를 쌓는 것이 필수조건이다. 특히 지역 주민을 대상으로 하는 점포창업의 경우에는 지역 주민을 위한 사랑방과 같은 역할을 담당해야 할 것이다.

(3) 상품의 질로 승부를 걸어라.

① 상품구입, 재료구입은 최선의 노력으로 최고의 것으로 구입해야 한다.

② 상품지식에 정통해야 한다. 그래야 고객에게 신뢰감을 주고 부가서비스를 주게 되어 지속적인 고객이 된다. 그리고, 상품 구입시에도 최고의 상품을 구입한다.

③ 창업자 본인이 소비자 입장에서 자신감이 있을 때 판매해야 한다. 즉, 상품 하나하나에 정성을 다해야 한다.

④ 음식점에서는 재료를 아끼지 말라는 말이 있다. 처음 개업할 때에는 양

을 많이 주다가 점차 양을 줄이면, 그만큼 고객이 줄어든다는 것을 알아야 한다.

(4) 종업원 관리에 만전을 기하라.

① 원래 점포는 유통서비스 업종이므로 서비스 즉 종업원의 고객에 대한 서비스가 점포의 경쟁력에 직결되는 경우가 많다.

② 종업원 교육을 중시해야 한다. 일반적으로 소규모 점포 일은 단순 반복적인 것이 대부분이므로 일에 대한 동기부여가 없고 쉽게 그만 두는 경우가 많다. 따라서 종업원이 그 일을 통해 무언가 자신이 자기발전을 하고 있다는 의식을 가질 수 있도록 해야 일에 신바람이 나서 고객에 대한 서비스 질이 향상될 것이다.

③ 종업원을 내 가족처럼 생각해야 서로간에 격의가 없다. 항상 손해 본 듯 대우를 해야 한다.

④ 종업원이 잘못을 했을 경우에는 점포의 규칙에 의해 합리적으로 책임을 추궁한다.

⑤ 종업원에 대해 열심히 일을 할 수 있는 동기부여가 필요하다.

(5) 일기식 금전출납부를 매일 기록하라.

① 기록한 자료를 토대로 정확한 판매동향을 파악하여 소비자의 욕구를 충족시킬 수 있으며, 철저한 재고관리 및 반품관리로 비용 또한 절감할 수 있다.

② POS(point-of-sale) 시스템을 활용할 수도 있다.

③ 엑셀(excel)을 활용하여 매일, 매주, 매월, 매년 매출액을 분석할 필요가 있다.

(6) 상황에 따라 상품의 구색을 맞춘다.

사실, 요즈음은 워낙 무슨 데이(day)가 많아서 성인들의 경우에는 다 외우기도 혹은 다 기억하기도 힘들지만 젊은 소비자들은 그렇지 않다는 것이다.

① 특별한 이벤트를 대비한 상품의 구색을 생각한다.

② 계절별 수요가 있는 상품에 대한 구색을 생각한다.

③ 많이 팔리거나 마진이 높은 상품의 구색을 생각한다.

7. 점포창업의 개업준비

요즈음은 개업준비를 대행하는 전문 이벤트회사들을 활용하면 전문가들의 서비스를 받을 수 있다는 장점이 있다. 하지만, 비용이 많이 소요된다는 단점도 있다. 사실 개업행사를 통해서 고객과 처음으로 만나게 되는데, 첫인상이 매우 중요하다는 것을 명심해야 한다.

7.1 전단지 등을 통한 개업홍보

개업홍보를 하기 위해서는 직접메일(DM: direct mail)이라는 수단을 활용하게 되는데, 직접메일 수단은 다음과 같은 종류들이 있다.

① 전단지 등 직접우편

② 신문 등의 간지

③ 카탈로그

요즈음 신문을 받아보면 전단지들이 수북하게 끼워져 있는 것을 볼 수 있다. 그런데 그 많은 전단지 중에서 내 점포의 전단지가 얼마나 주목을 받을 것인가 하는 것이 중요할 것이다. 그렇기 때문에 전단지를 만들 때에는 여러 가지의 사항들을 고려해야 할 것이다. 즉, DM(direct mail)에 의해 홍보를 할 경우에는 다음과 같은 사항들을 고려해야 한다.

① 어떤 방법으로든 고객의 눈에 띄어야 한다.

② 경쟁자의 것과 차별화되어야 한다.

③ 가급적 정확한 예비고객 리스트에 기초해야 한다.

④ 쿠폰의 역할을 할 수 있는 전단지라면 효과가 더 클 수도 있다.

⑤ 유익한 정보가 포함된 전단지라면 오래 보관이 될 수 있다.

하지만, 요즈음은 이렇게 오프라인 상에서의 홍보뿐만 아니라 인터넷이라는 가상공간에서의 홍보전략이 비용도 저렴할 뿐만 아니라 홍보효과가 더 클 수가 있다는 것을 유념해야 한다. 인터넷을 이용한 홍보라면 당장 200~300만원의 돈을 들여서 홈페이지를 제작하는 것만을 생각할 수도 있으나, 요즈음은 블로그(blog)와 카페(cafe)를 만들어서 운영하는 것도 좋다.

7.2 기념품 제작

창업을 하고 점포를 방문하는 고객을 위해 개업 후 일정기간 동안 기념품을 배포하는 것은 좋은 홍보전략이 될 수 있다. 예를 들어, 기념품 혹은 판촉물을 만들어서 배포할 수 있는데, 이러한 기념품에 대한 내용들은 인터넷사이트에서 '판촉물'을 검색하면 된다. 기념품을 제작할 때에는 장기간 고객이 몸에 지니고 다니거나 많은 시간을 보내는 곳에 비치할 수 있는 것이라면 홍보효과는 더 클 것이다.

7.3 롤 플레잉(rolc playing)

손님을 받기 전에 예행연습을 해 보는 것은 중요하다. 그래야 실제로 손님이 올 때에 더 좋은 서비스를 제공할 수 있고, 시행착오를 줄일 수도 있다.

7.4 개업행사

점포창업시 개업행사에는 가능한 한 많은 사람들을 초청하는 것도 좋으나, 이것이 오히려 낭패를 초래할 수 있다. 서비스를 제공할 수 있는 범위를 초과하여 많은 사람들이 방문하는 경우에 서비스 질의 저하를 초래하여, 본격적으로 사업을 시작하기도 전에 나쁜 이미지를 심어줄 수 있기 때문이다. 특히 외식창업의 경우에 음식의 맛이 없다는 평가를 받을 경우에 향후 사업에 치명적인 영향을 미칠 수 있기 때문에, 외식창업의 경우에는 소수의 손님만 초청하여 개업행사를 하는 것도 바람직할 것이다. 또한 지역의 창업전문가들을 초청하여 창업의 모든 과정에 대해 자문을 받아보는 것도 좋은 일이며, 개업행사 역시 고객과 첫 대면을 하는 시간이기 때문에 정성을 다하는 것이 중요할 것이다.

8. 점포창업의 주요 실패요인

한국창업전략연구소(www.changupok.com)가 지난 4년간 매출부진으로 문을 닫거나 업종을 전환한 실패점포 200개를 대상으로 조사를 실시하였다. 그 결과 점포창업의 주요 실패요인으로는 [표 13-4]와 같은 요인들이 지적되었다(창업&프랜차이즈, 2003.8).

① 주먹구구식 창업: 대충대충 해도 되겠지 하는 생각에 세밀하고 철저한 조사 없이 시작한 창업이 가장 실패할 확률이 높다는 것이다. 세부 내용으로서는 상권·입지조사 미흡, 본사 신뢰도조사 미흡, 미신 의존, 막연한 기대, 홍보·판촉전략 미흡, 고객분석 미흡, 엉성한 시장조사 등이 있다.

② 경영자 자질: 종업원 관리에 실패한다든지, 상품과 가격의 구색이 맞지 않는다든지, 전문성이 부족하다든지, 고객관리에서 실패하는 등의 사례들은 모

표 13-4 점포창업의 주요 실패요인

항목	세부 내용
주먹구구식 창업	상권·입지조사 미흡, 본사 신뢰도 조사 미흡, 미신 의존, 막연한 기대, 홍보·판촉전략 미흡, 고객분석 미흡, 엉성한 시장조사
경영자 자질 부족	전문성 부족, 종업원관리 실패, 홍보전략 부재, 판촉 마케팅 투자부족, 상품구색 및 MD(merchandising)문제, 고객관리, 사업전개방식
상권·입지·점포요인	도시계획, 업종·입지궁합, 건물부도, 잘못된 점포 인수, 상권변화, 점포 법적 문제, 점포계약, 인허가 문제
경쟁점포 난립	업종수명이 성숙기 진입, 대형 경쟁점, 과당경쟁으로 매출하락, 경쟁점포와의 불화, 출혈경쟁
자금력	무리한 차입, 과소투자/과잉투자로 인한 투자수익 감소, 운영자금 부족, 자금관리 미숙, 재투자비 부족
경기변동	경기 침체/불황
업종 선택	잘못된 사업모델, 현실 여건에 맞지 않는 업종, 부적절한 창업시점, 적성과 맞지 않는 업종, 부실 체인본사 선택
기업가정신	미신 의존, 나태함, 인내심 부족, 타인 과대의존, 조급함
기타	법률문제, 사회적 이슈, 사기, 화재 등 각종 안전사고, 천재지변

자료: 창업&프랜차이즈(2003.8).

두 경영자 자질 부족에서 출발한다는 것이다.

③ 상권·입지 요인: 상권·입지와 궁합이 맞지 않은 업종을 택한 경우, 실제 시장 수요가 많지 않은 지역에 점포를 얻은 경우, 주민들의 라이프 스타일과 소비성향에 부합하지 않은 영업방식이나 상품제공, 상권의 쇠퇴 등이 여기에 속한다.

④ 경쟁점포로 인한 실패: 인근에 대형 경쟁점이 생겼다든지, 경쟁점이 난립하는 상황에서 경쟁력 관리에 실패한 경우를 말한다.

⑤ 자금력: 무리한 차입은 수익성의 악화 및 조급함으로 이어져 실패를 초래하는 경우가 많았다. 과소투자는 경쟁력을 약화시켜 처음부터 고객을 끌지 못하는 요인이었다. 적절하게 투자를 하고도 자금관리에 실패하는 사례도 있었다. 특히 홍보·판촉·고객관리 등에 비용을 투자하지 않고, 번 돈을 개인적으로 사용해버리고 장기적으로 사업의 경쟁력을 약화시키고 결국 실패로 이끄는 중요한 요인이 됐다. 과소투자와 마찬가지로 지나친 과잉투자도 실패의 한 요인인데, 투자를 많이 할수록 철저하게 사업계획을 세우고 손익분석을 해야 한다는 것이다.

⑥ 경기변동: 경기변동은 현실적으로 점포창업에 있어서 가장 큰 타격을 입히는 요소라고 할 수 있는데, 평소의 경쟁력 약화나 점포의 문제점이 경기침체나 불황을 통해 더욱 두드러지게 드러난다는 것이다.

⑦ 업종 선택: 너무 앞선 업종이나 능력과 적성을 무시한 업종선택, 입지에 맞지 않는 업종선택, 경쟁력 없는 프랜차이즈 브랜드 선택, 경쟁이 심화된 성숙기 업종이나 쇠퇴기 업종선택, 현실과 동떨어진 사업 모델 등이 있다.

위에서 언급한 요인 중에서 가장 중요한 것은 역시 경영자라고 할 수 있다. 장사꾼이 아니라 경영자·사업자로서의 자질을 갖추는 것이 필요한데, 그러기 위해서는 다양한 창업이론과 실무지식을 갖추는 것이 중요하다는 것이다. 예를 들어, 창업행사를 진행해 보면, 평소에는 인터넷 검색을 전혀 하지 않다가 지역신문에 난 기사를 보고 참가하겠다고 문의전화를 하는 정도라면 창업자로서는 아직 많은 준비와 노력이 필요하다는 것이다.

제 14 장

인터넷창업

요즈음 외식업과 더불어 가장 인기 있는 창업분야라고 한다면 단연 인터넷창업 혹은 인터넷비즈니스라고 할 수 있다. 외식업이 많은 자금과 점포가 반드시 필요하다고 한다면, 인터넷창업분야는 소자본으로 시작할 수 있으며, 별도의 점포없이 재택형태로 창업을 할 수 있다는 장점이 있다. 사실, 컴퓨터와 인터넷에 대한 실무지식만 갖추면 인터넷창업은 본업뿐만 아니라 투잡스(two jobs)로도 가장 좋은 분야라고 할 수 있다.

1. 인터넷창업의 이해

1.1 인터넷창업의 정의

인터넷창업 혹은 인터넷비즈니스는 인터넷을 매개로 하여 서비스를 제공하거나 인터넷을 잘 사용할 수 있게 지원하면서 그것에 대한 대가를 수익의 모델로 삼는 사업이라고 할 수 있다(강현순, 2006). 이러한 인터넷을 이용한 창업은 기존 오프라인에서 진행하는 사업관념에서 벗어나 인터넷이라는 새로운 환경

속에서 개인의 능력을 시험하고 발전시킬 수 있는 영역으로 각광을 받고 있다. 또한 창업아이템의 가치에 따라 자금으로 인한 사업기회의 상실 없이 계획하였던 목적을 달성하게 한다. 예를 들어, 제휴 마케팅(affiliate marketing)과 같은 분야에서는 무자본으로 창업이 가능하다는 것이며, 오픈마켓(open market)창업 역시 몇 만원에서 몇 십만원으로도 충분히 창업이 가능하다는 것이다. 한편, 인터넷을 이용한 창업은 크게 두 가지로 나누어진다.

① 순수하게 인터넷에만 존재하는 가상기업(cyber corporation, 순수가상기업)

② 기존의 회사를 인터넷의 영역 속으로 확장한 가상기업(확장된 가상기업)

벤처의 붐이 시작되었을 때에만 해도 첫번째 형태의 가상기업이 많이 출현하였으나, 그 이후에는 두번째 형태의 가상기업들이 많이 늘어나고 있다고 할 수 있다. 또한 향후에는 온라인에서만 존재하는 기업보다는 온라인과 오프라인을 결합하는 형태의 기업들이 많이 나타날 것으로 예상되고 있다.

1.2 인터넷창업의 의미

한국에서는 1997년 11월에 IMF로부터 구제금융을 받은 이후 인터넷창업이 폭발적으로 늘어났는데, 산업사회에서의 창업이라는 의미의 뿌리를 송두리채 흔들었다고 할 수 있다. 이러한 측면에서 인터넷창업은 기존의 창업형태와는 달리 다음과 같은 차이가 있다고 할 수 있다.

① 기존 사업의 발전을 위하여 인터넷을 이용하여 새로운 사업을 만드는 것으로서, 인터넷을 이용하여 관리하고 마케팅을 담당할 수 있는 사업을 의미한다. 예를 들어, 기존 업체에서 인터넷 사이트를 운영하는 경우라고 할 수 있다.

② 인터넷을 이용하는 네티즌의 욕구(needs)를 충족시킬 수 있는 새로운 사업을 만들어 가는 것인데, 요즈음의 포털사이트들이 그 예이다.

③ 네티즌의 잠재적 욕구를 이끌어 낼 수 있는 사업체를 만드는 것이다. 예를 들어, 네트워크 게임 및 소프트웨어 업체들이 그 예이다.

④ 인터넷을 이용하여 새로운 차원의 사업을 준비하는 것을 말한다.

위에서 언급한 사항들을 종합해 보면 인터넷을 이용한 창업이란 결국 창업자가 새로운 아이디어를 가지고 자본을 동원하여 특정 상품과 서비스를 생산하는 것을 의미한다. 그와 동시에 인터넷과 관련 새로운 정보통신의 수단을 통해서 소비자의 수요 충족 및 창출을 위해 행해지는 이윤추구행위 모두를 가리킨다.

2. 인터넷창업의 특징과 구성요소

2.1 인터넷창업의 특징

오프라인에서 이루어지는 기존 창업과는 달리 인터넷이라는 온라인상에서 이루어지는 인터넷창업은 오프라인 창업과는 확실히 차별되는 특징이 있다.

① 무한한 시장 가능성: 국내 및 전세계를 대상으로 비즈니스를 할 수 있다는 장점이 있다. 또한 사이버 공간에서 다양한 시장의 개척이 가능하다. 이러한 점을 고려하면 한국어 도메인을 사용하는 것이 과연 바람직한가에 대해 다시 한번 생각해 볼 필요가 있다.

② 인터넷 창업에 관심이 있는 사람이면 누구에게나 개방: 최소한의 장비만 있으면 누구에게나 인터넷창업의 길은 열려 있다. 컴퓨터 1대만 있으면 누구나 시작할 수 있는 것이 인터넷창업이라고 할 수 있다.

③ 부가가치 창출의 용이: 한 분야에서 성공을 하면 여러 가지 사업에 뛰어들기가 쉽다. 예를 들어, 인기가 있는 사이트는 여러 가지의 부가사업을 진행하면서 많은 수익을 확보할 수 있다. 인터넷이라는 공간에서는 일단 많은 회원을 확보하고 있는 경우에 다양한 수익모델을 만들 수 있다는 것이다.

④ 선점의 중요성: 누가 빨리 시장에 뛰어들어서 고객을 선점하는가 하는 것이 매우 중요하다. 예를 들어, 다음(www.daum.net)은 무료 메일계정을 제공함으로써 현재까지도 고객의 충성도가 매우 높은 사이트로 남아 있고, 옥션(www.auction.co.kr)은 경매 시장을 선점함으로써 현재 오픈마켓시장에서 절대강자의 자리를 차지하고 있다.

⑤ 누구나 인생역전을 이룰 수 있다. 인터넷을 효과적으로 활용함으로써 돈이 없어도, 권력이 없어도, 명예가 없어도 인생역전을 이룰 수 있다는 것이다.

인생역전을 로또, 주식 등으로 하려고 하지 말고, 인터넷 기술에 자신의 아이디어를 접목시키면 된다는 것이다.

⑥ 기술보다는 아이디어가 중요: 인터넷창업에서는 누가 좋은 기술을 개발하느냐 하는 것보다는 어떤 참신한 아이디어로 창업을 하는가 하는 것이 더 중요하다. 새로운 기술을 개발하기보다는 기존에 개발된 기술을 어떻게 활용할 것인가에 초점을 맞추는 것이 더 중요하다고 할 수 있다.

2.2 인터넷창업의 구성요소

인터넷창업을 하려고 할 때에 필요한 최소한의 구성요소는 다음과 같다.

① 인적 요소: 파트너(partner)와 같이 일할 사람(people)이 있어야 하는데, 좋은 협력자와 공존해야만 인터넷 세계에서 살아 남을 수 있다.

② 기술적인 요소: 자체적으로 혹은 아웃소싱(outsourcing)을 통해서 창업에 필요한 기술을 확보해야 한다.

③ 상품: 고객과 같이 만드는 상품이 필요한데, 고객에게 무엇을 팔 것인가를 생각해야 한다. 유형 혹은 무형의 상품(제품)으로 세분하여 생각할 수가 있다.

④ 자금동원: 사실 무점포 재택형태로 진행하는 인터넷창업의 경우에는 초기에 큰 자금이 소요되지 않지만, 창업규모가 커짐에 따라 지속적인 자금의 유입이 있어야 한다는 것이다.

⑤ 온라인 사이트: 웹사이트를 제작할 수도 있고, 무료로 제공되는 카페 혹은 블로그를 개설할 수도 있다. 요즈음은 적어도 한 개 이상의 사이트를 운영하는 창업자들이 많은데, 그만큼 홍보효과가 크다는 장점이 있다.

위에서 언급한 요소 외에 한 가지 더 언급한다면 끈기라고 할 수 있다. 사실, 인터넷창업은 단기적인 성과보다는 장기적인 성과를 노리는 것이 중요한데, 끈기를 갖고 노력하는 것이 중요하다는 것이다.

3. 인터넷창업의 고려사항과 성공전략

3.1 인터넷창업의 고려사항

가) 인터넷 창업을 할 때에 고려해야 할 사항들은 다음과 같다.

① 창업할 분야의 비전과 중요성: 장기적인 면에서 자신이 창업할 분야의 비전과 장래의 중요성을 염두에 두고 창업을 해야 한다.

② 창업시 회사의 규모: 개인회사 혹은 법인으로 할 것인가를 고려해야 한다.

③ 기술개발력: 아이디어가 상품이나 서비스로 제공될 수 있도록 하는 기술력이 필요하다.

④ 마케팅방법 및 능력: 인터넷마케팅에 대한 전문적인 지식이 필요하며, 온라인 및 오프라인 마케팅에 대한 실무지식이 요구된다.

⑤ 관리운영능력: 경영자로서 다양한 관리 및 운영능력이 필요하다.

⑥ 고객지향적 사고: 사용자에 대한 편의를 고려해야 하고, 고객감동의 경영이 필요하다.

나) 또한 인터넷 창업을 할 때에는 아래의 사항들에 유의해야 한다.

① 무한한 가능성만을 믿지 말아야 한다.

② 업종 선택에 유의해야 한다.

③ 경쟁업체가 적은 아이템을 선택하는 것이 좋다.

④ 대기업과의 경쟁을 피하도록 한다.

⑤ 막대한 자금이 소요되는 업종에 대한 투자에는 신중을 기하는 것이 좋다.

⑥ 시대의 흐름을 잘 파악해야 한다.

⑦ 혼자서 인터넷을 이용한 창업을 모두 감당하기는 쉽지 않다. 그렇기 때문에 뜻을 같이 하는 파트너를 찾아서 공동의 작업을 하는 것이 시너지 효과를 얻을 수 있다.

⑧ 외부 자금에 너무 의존하지 않는 것이 좋다.

⑨ 단기적인 효과를 기대하지 말아야 한다.

⑩ 모든 네티즌들이 자신의 사이트를 좋아할 것이라는 기대를 가지지 말아야 한다. 그렇기 때문에 사이트에 맞는 타겟 고객을 선정하고, 이러한 타겟층을 기반으로 하여 웹사이트를 고정적으로 방문할 수 있는 고객층을 확대하는 것이 필요하다.

3.2 인터넷창업의 성공전략

인터넷창업에서 성공하기 위해서는 다음과 같은 전략이 필요한데, 초창기 인터넷창업의 시대와 비교해 보면 많은 변화와 발전이 있다고 할 수 있다. 따라서 다음에 제시하는 성공전략 역시 변화되어야 할 것으로 판단된다.

① 정확한 시장 예측(prediction): 향후에는 모두가 네티즌이 될 것이다. 그렇기 때문에 일반적인 사람들을 위해서 무엇이 필요한가를 정확하게 예측하고 미리 준비한다면 충분한 시장성을 가지게 될 것이다.

② 창의력(creative idea): 한번 더 생각해서 고객이 불편해 하는 것을 편리하게 만드는 창의력을 가져야 성공할 수 있다.

③ 확실한 아이템을 선정: 고객을 창조하고 고객을 유지하는 끊임없는 마케팅 전략이 필요하다. 인터넷창업을 위한 아이템을 선정하기 위해서는 국내 혹은 해외 도매시장을 자주 방문해 보는 것이 좋다.

④ 고객의 확보: 고객과 긴밀한 관계를 맺는 것이 곧 성공의 조건이 될 수 있는데, 단순히 상품만을 판매한다는 생각보다는 고객에 대한 서비스를 판매한다고 생각하는 것이 더 좋을 것이다. 고객을 편리하게 만들어 주는 서비스, 고객을 행복하게 만들어 주는 서비스, 고객의 불편함을 덜어 주는 서비스를 판매해야 한다는 것이다.

⑤ 공동체 의식의 형성: 고객에게 공동체 의식을 심어준다. 즉, 고객들이 서로 통한다는 연대감을 만들어 내는 것이 필요하다. 나는 판매자이고, 당신은 내 상품을 구매하는 소비자라는 생각보다는 가족과도 같은 공동체 의식을 형성하는 사이트로 발전시켜야 한다.

⑥ PR의 중요성: PR(public relations)을 이용한 홍보를 통해 브랜드 이미지를 심어주어야 하는데, 단순히 상품의 판매 외에 공익적인 사업에도 관심을 가지

는 것이 좋다. 요즈음 많은 기업들이 다양한 복지사업에 뛰어들고 있는데, 결국은 자사의 브랜드 인지도를 높이는 전략의 하나로 볼 수 있다.

3.3 인터넷쇼핑몰 창업, 왜 실패하는가?

인터넷창업에서 가장 인기가 있는 인터넷쇼핑몰 창업자의 80%가 6개월을 기점으로 폐점하고 있고, 실질적으로 매출을 올리는 쇼핑몰은 불과 10% 미만이라고 할 수 있는데, 이렇게 인터넷쇼핑몰 창업이 실패하는 이유에 대해서 강현순(2005)은 다음과 같은 5가지 이유를 지적하고 있다.

(1) 전반적인 지식 부족

쇼핑몰사업을 하는 데 있어서 많은 지식을 필요로 하고 있다. 예를 들어 상품정보, 쇼핑몰시스템에 관한 이해, 고객에 대한 이해, 고객관리능력, 세금관련, 마케팅 이해와 방법론, 사업의 흐름을 읽는 능력 등이 작은 기업을 운영하는 데 필요한 필수시식이라고 할 수 있다.

(2) 사업에 대한 스스로의 믿음의 상실

사업을 진행하다 보면 계획에 없던 일들이 종종 생기게 되며, 그때마다 문제점과 난관에 봉착하게 되지만, 문제가 있으면 반드시 해결책이 있기 마련이다. 사업은 나 자신 스스로의 믿음에서부터 시작된다.

(3) 마케팅 활동부재

대부분의 회사들은 마케팅에 대한 계획 없이 사업에 임하게 된다. 그러나 마케팅이 없이는 아무리 좋은 상품을 개발한들 시장에서 팔리지 않는다. 상품은 시장의 니즈(needs)에 의해서 나오게 되므로 마케팅은 회사의 필수과정이며, 반드시 사업 전에 점검해야 할 사항이다.

(4) 웹기획에 대한 부족

지금의 사업환경은 인터넷이며, 인터넷을 대표하는 것은 웹이다. 즉, 웹기획이란 웹환경에 맞춰진 기획을 한다는 말과 같다. 사람들은 웹을 통하여 정보를 습득하고, 물건을 사고 팔고, 기타 서비스들을 이용한다. 그러므로 고객의 행동양식이나 소비패턴을 파악하여 웹기획을 해야만 고객의 접근을 쉽게 만들고, 서비스이용을 쉽게 만들어줄 수가 있다. 다시 말해 매출과 연관성이 크다는 말이다.

(5) 초기 아이템 선정에 대한 잘못됨

대부분의 사업실패의 원인은 남의 것만 따라 한다는 것이다. 사업에 성공을 하려면 트렌드를 잘 읽어야 하고, 고객이 될 소비자들이 무슨 생각을 하고 있는지, 외부환경이나 정책들은 어떻게 변화하고 있는지 등을 늘 체크하고 연구해야 한다. 사업아이템의 선정은 사업의 성패를 좌우하는 가장 중요한 부분이므로 반드시 짚고 넘어가야 할 부분이다.

4. 인터넷 상거래의 등장과 확산

4.1 인터넷 상거래의 개념과 종류

인터넷 상거래는 영어로는 internet commerce라고 하며, 인터넷을 이용하여 비즈니스를 하는 것을 말한다. 또한 전자상거래는 기업간 또는 기업과 소비자간의 상거래 활동을 통신 네트워크를 통해 수행하는 것을 말한다. 하지만, 요즈음은 인터넷상거래 혹은 전자상거래를 유사 개념으로 사용하는 경우가 많다. 이러한 인터넷 상거래 중에서 많이 거래되는 형태를 살펴보면, 다음과 같이 분류할 수 있다.

① B-to-B(business to business)

② B-to-C(business to customer)

③ C-to-C(customer to customer)

위에서 B-to-B는 기업과 기업간에 이루어지는 상거래를 말한다. B-to-C는 기업과 소비자간의 상거래인데, 전통적인 인터넷쇼핑몰이 바로 B-to-C라고 할 수 있다. C-to-C는 소비자와 소비자간의 상거래인데, 최근 인기를 끌고 있는 경매사이트이다.

한편, 강현순(2006)은 가장 일반적으로 이루어지고 있는 인터넷비즈니스의 유형으로서 B-to-C(기업과 소비자간의 전자상거래), C-to-C(소비자간 직거래), 그리고 마켓플레이스(market place)의 세 가지를 들고 있다.

먼저, B-to-C는 인터넷쇼핑몰이나 전자결제를 통해서 개인 소비자와 거래를 실시하는 것으로, 인터넷을 이용한 전자상거래는 기업이 고객에 대한 정보를 실시간으로 수집할 수 있고, 고객취향을 즉시 알아내 고객서비스 개선과 인터넷쇼핑몰에서 고객별로 차별화된 서비스를 제공함으로써 판매를 촉진시킬 수 있다.

C-to-C는 경매사이트나 누구나 손쉽게 판매자로 등록할 수 있는 오픈마켓(중계몰), 개인블로그(blog), 각종 인터넷사이트의 게시판을 통해 소비자들간에 물건을 사고파는 행위 등을 총칭한다.

또한 마켓플레이스는 가상공간에 존재하는 시장이라고 생각하면 된다. 실세계 시장과 비교해 시간과 공간 제약을 받지 않고, 판매자와 구매자가 같은 시간에 같은 자리에 모이지 않고도 거래를 할 수 있다는 장점이 있으며, 거래비용도 크게 절감돼 미래형 경제 패러다임으로 주목받고 있다. 대표적인 마켓플레이스 운영업체로는 옥션(www.auction.co.kr), G마켓(www.gmarket.co.kr) 등이 있다.

4.2 인터넷 상거래의 확산 배경

사실, 한국에서는 IMF 이후 인터넷 상거래가 급속하게 확산되었다고 할 수 있다. 소위 벤처붐을 타고 수많은 닷컴 기업들이 설립되었으며, 이에 따라 매일 신규 인터넷사이트들이 쏟아져 나왔다고 할 수 있다.

① 개방형 네트워크인 인터넷의 활용이 폭발적으로 확산되었다.

② 멀티미디어와 통신기술 등 정보기술(IT: information technology)이 급속하게 발전되었다.

③ 다양한 형태의 정보기술이 발전되었다.

④ 전자결제를 위한 기술이 발전되었다.

⑤ 유료화가 확산되었다. 사실, 초창기 대부분의 인터넷은 무료로 운영되었으나, 회원제의 도입 확산에 이어 컨텐츠에 대한 유료화로 발전되었다고 할 수 있다.

4.3 인터넷 전자상거래의 특징

인터넷 전자상거래의 특징은 다음과 같이 설명될 수 있는데, 이러한 특징들로 인해서 인터넷을 이용한 전자상거래가 급속하게 성장하는 데 크게 기여하였다고 할 수 있다.

(1) 짧은 유통 채널

인터넷이라는 네트워크를 통해 공급자와 구매자를 직접 연결한다는 것이다. 그렇기 때문에 신속하게 이루어질 수 있고, 상대적으로 거래비용이 감소하여 제품의 가격을 낮출 수 있다는 장점이 있다. 요즈음은 해외에 있는 제조공장과도 직접 연결하여 상품을 공급받을 수 있을 정도로 유통 채널이 짧아졌다고 할 수 있다.

(2) 시간과 공간의 벽이 사라짐

인터넷이라는 사이버 공간에 상점을 개설할 수 있기 때문에, 고객은 시간과 공간을 초월하여 상거래를 할 수 있다는 장점이 있다. 하지만, 상점 운영자의 입장에서 보면 여간 힘든 일이 아니다. 고객의 주문과 서비스 요청에 24시간 응해야 한다는 것이며, 휴가를 간다고 해서 며칠 동안 상거래를 하지 않을 수도 없다는 것이다.

(3) 판매 거점이 불필요

수천만원의 권리금 및 보증금에다 월세까지 내야 하는 점포를 확보할 필요가 없다는 것이다. 이로 인해서 거동이 불편한 장애인이라 할지라도 재택 형태로 창업이 가능하다는 것이다. 또한 온라인에 워낙 많은 사이트들이 개설되어 있는데, 일정한 수수료만 납부하면 수십개에서 수백개의 사이트에도 상품을 등록시켜 판매할 수 있는 장점이 있다는 것이다.

(4) 고객정보 획득 용이

마케팅 및 거래과정에서 확보된 고객정보를 별도의 가공 없이 바로 데이터베이스에 저장하여 마케팅 활동에 활용할 수 있다. 그렇기 때문에 사이트를 개발하는 시점에서부터 고객정보의 데이터베이스화 및 활용방안에 대한 전략의 수립이 매우 중요하다고 할 수 있다.

(5) 효율적인 마케팅

특정 고객을 대상으로 1 대 1로 인터랙티브(interactive)한 마케팅이 가능하다는 것이다. 즉, 무수한 대중을 대상으로 하는 마케팅이 아니라 개별 고객을 위한 맞춤 마케팅이 가능하다는 것이며, 이로 인해 고객의 만족도를 높일 수 있다는 것이다. 요즈음의 소비자는 자신만의 특별한 상품과 서비스를 원하는 경향이 있는데, 인터넷창업은 이러한 고객의 요구를 충분히 충족시켜 줄 수 있다는 것이다.

(6) 고객 요구에 동적이며, 즉각적인 대응

인터넷을 이용한 실시간 서비스가 가능하다는 것이다. 기존 회사에서는 직원들이 출근하는 시간에 맞추어서 서비스가 가능하지만, 인터넷 상거래에서는 신속한 서비스가 언제나 가능하다는 것이다.

(7) 소액 자본으로 사업 전개

요즈음 인터넷 상거래는 거의 자본을 들이지 않고도 충분히 가능하다. 예를 들어, 오픈마켓(open market)에서의 창업, 직접 만들어서 판매하는 수공예 분야 등 누구나 소액으로 창업이 가능하다는 장점이 있다.

4.4 인터넷 상거래의 절차

인터넷 상거래는 그 유형이 다양하지만 전자상거래의 표준 절차를 그대로 따르거나 약간 변형된 형태로 운영되고 있다고 할 수 있다. 일반적인 인터넷상거래 특히 인터넷쇼핑몰에서의 상거래 절차는 다음과 같다.

(1) 제1단계: 상품검색

고객은 상품검색기능을 통해서 본인이 구입하고자 하는 상품을 찾아본다. 일반적으로 종합쇼핑몰의 경우에는 상품의 수가 적어도 수만 개가 넘기 때문에 고급의 검색기능이 필요하다.

(2) 제2단계: 거래요청

대부분의 인터넷쇼핑몰은 회원가입을 해야 거래를 할 수 있도록 되어 있으며, 회원가입을 해 두는 것이 포인트 적립, 무료쿠폰 수령 등을 위해서 유리하다. 따라서 회원가입 후에 원하는 상품을 선택한다.

(3) 제3단계: 거래인증 요청

거래요청을 받은 운영자는 인증기관(CA: certificate authority)에 거래 요청자가 본인이며, 믿을 만한지에 대해 확인요청을 한다. 여기에서 인증기관은 보안 적격 여부 및 메시지 암호화를 위한 공개 키의 발급과 관리를 담당하는 네트워크상의 기관을 말한다(네이버 용어사전, terms.naver.com). 공개 키 기반 구조의 일부로서 디지털 인증서 신청자에 의해 제공되는 정보를 검증하기 위한 등록기관(RA: registration authority)과 함께 보안성 등을 검사하고, 등록기관에 의해 요구자의 정보가 입증되면 인증기관은 인증서를 발급한다. 인증서는 대개 요구자의 공개 키, 인증서의 유효기간, 요구자의 이름 및 기타 공개 키의 신청자에 관한 다른 정보들이 들어 있다. 현재 한국에는 다음과 같은 인증기관들이 있다.

① 한국정보인증(www.signgate.com)

② 한국전자인증(www.crosscert.com)

③ 증권전산 공인인증서 SignKorea(www.signkorea.com)

④ 전자서명 인증관리센터(www.rootca.or.kr)

(4) 제4단계: 거래 인증

인증기관은 거래 요청을 한 당사자의 신원 등을 조사한 후, 거래 당사자의 신원 등이 확실한 경우 운영자에게 거래 인증을 허락한다.

(5) 제5단계: 거래 승낙

인증기관으로부터 거래 당사자에 대한 인증을 받은 운영자는 거래 요청에 대한 승낙을 하게 된다.

(6) 제6단계: 대금지불 요청

운영자는 거래 당사자에게 구입하려는 상품에 대한 대금지불을 요청한다.

(7) 제7단계: 대금 지불

거래 당사자는 대금을 지불하게 된다. 무통장 입금, 신용카드 결제, 휴대폰 결제 등을 많이 사용한다.

(8) 제8단계: 배달

거래당사자가 구매한 상품을 배달하는데, 한국에서는 택배시스템이 잘 구축되어 있다. 사실, 인터넷 상거래로 인해 가장 돈을 많은 번 사람이 누구인가 라는 질문에 대부분의 사람들은 택배회사를 꼽을 정도이다. 현재 한국의 주요 택배회사들은 다음과 같다.

① 우체국택배(service.epost.go.kr)
② 현대택배(www.hyundaiexpress.com)
③ 로젠택배(www.ilogen.com)
④ KGB택배(www.kgbls.co.kr)
⑤ 삼성택배 HTH(www.samsunghth.co.kr)

5. 인터넷창업의 종류 및 사례

인터넷창업은 그 유형이 다양하고 점차 복잡화되어 가고 있다. 또한 여러 분야의 기술 및 아이디어를 접목하여 퓨전화되어 가고 있다고 할 수 있다.

5.1 인터넷쇼핑몰

(1) 인터넷쇼핑몰의 장점

가) 소비자 측면에서의 장점

필요한 상품을 쉽고 빠르게 구매할 수 있으며, 365일 24시간 쇼핑이 가능하고, 보다 저렴한 가격에 상품을 구매할 수 있다.

나) 기업 측면에서의 장점

① 기존 제품의 새로운 판매 채널을 구성할 수 있다.

② 시간과 장소의 제약을 초월하여 영업활동이 가능하다.

③ 시장 접근 및 진입이 쉽다.

④ 소비자의 행동을 피드백하기 쉽다.

⑤ 세분화된 고객전략 수립을 위한 마케팅의 수단으로 활용할 수 있다.

다) 사회 측면에서의 장점

① 정보화사회의 진전을 기대할 수 있다.

② 사회구성원들간의 교류 활성화를 기대할 수 있다.

③ 교통의 혼잡을 상대적으로 줄일 수 있다.

(2) 인터넷쇼핑몰의 구분

가) 백화점식 대단위 쇼핑몰

백화점과 같이 웹사이트에 가상 건물을 세우거나 각종 제품을 구비하여 고객들을 불러모으고 있는 것이 대단위 쇼핑몰이다.

나) 전문쇼핑몰

소수의 전문화된 품목만을 판매하는 쇼핑몰이다. 사실 개인창업자의 경우에는 종합쇼핑몰보다는 전문쇼핑몰로 승부를 하는 것이 더 좋다.

(3) 인터넷쇼핑몰 창업의 절차

강현순(2006)은 인터넷쇼핑몰 창업의 절차를 아래와 같이 5단계로 설명하고 있다([그림 14-1] 참조).

가) 창업준비단계

창업준비단계에서는 발품을 많이 팔아서 정보를 수집하는 것이 필요한데, 특히 아이템선정, 시장조사, 상품기획, 상품조달계획의 수립, 사업계획서 작성, 초도 물품구입 등의 업무가 수행되어야 한다.

① 아이템 선정: 요즈음 많은 창업자 중에서는 잘 팔리고 돈이 되는 아이템만 찾으려고 하는 모습을 볼 수 있는데, 타겟으로 하는 대상고객을 먼저 생각해 보는 것이 좋을 것이다. 내가 누구를 대상으로 인터넷쇼핑몰을 운영할 것인가를 생각해 보고, 그 다음에 그러한 고객들의 소비패턴을 조사하는 방식으로 전개한다면 아이템을 쉽게 찾을 수 있을 것이다. 그렇게 함으로써 특정 분야에 전문성을 갖출 수 있는 동시에 경쟁력을 확보할 수 있다는 것이다.

② 시장조사: 시장조사는 온라인과 오프라인에서 동시에 진행되어야 하며, 앞에서 선정한 아이템이 잘 팔리고 있는지, 향후 전망은 좋은지, 그리고 경쟁상태는 어떠한지 등에 대해 조사를 한다. 특히 오프라인에서는 상품을 눈으로 직

그림 14-1 인터넷쇼핑몰 창업의 절차

제1단계 창업준비	아이템선정, 시장조사, 상품기획, 상품조달계획, 사업계획서 작성
제2단계 쇼핑몰 구축	도메인 등록, 온라인 상점구축, 상품사진촬영
제3단계 사업자 신고	사업자등록, 통신판매업 신고, 부가통신판매업 신고
제4단계 운영준비	결제시스템 결정, 배송(물류) 선택
제5단계 쇼핑몰 오픈	검색엔진 등록, 광고전략 수립

접 확인하면서 잘 팔릴 만한 상품과 전체적인 트렌드를 살펴보아야 한다. 그리고 상품의 유통구조와 상품조달방안에 대해서 파악해 둘 필요가 있다.

③ 상품기획: 인터넷쇼핑몰에서 판매할 상품의 종류를 결정하고, 어떻게 분류하고 조합할 것인가를 구상한다. 요즈음은 단품만 판매하기보다는 의류와 벨트, 악세사리 등의 세트 상품으로 만들어서 판매하는 경향이 있다.

④ 상품조달계획의 수립: 어떤 상품을 어디에서 얼마나 구매할 것인가를 계획해야 한다. 요즈음은 국내 유통시장뿐만 아니라 해외로 나가는 경향이 많은데, 카페 혹은 커뮤니티 활동을 열심히 하게 되면 자연스럽게 배우게 된다. 또한 나까마(www.naggama.co.kr), 이후몰(www.ehoomall.com), 베스트켓(www.bestket.com) 등과 같은 온라인 도매시장도 많다.

⑤ 사업계획서 작성: 아무리 적은 자금으로 창업을 한다고 하더라도, 사업계획서 한번도 작성해 보지 않는다면 곤란한 일이다. 특히 예산과 관련된 계획은 반드시 세워봐야 하는데, 그렇게 함으로써 현실성 있는 창업준비가 가능하다는 것이다.

⑥ 초도 물품구입: 전체 상품기획에 대한 준비가 끝났으면, 실제로 초도 물품을 구매해 보는 것이 필요하다. 그런데, 너무 많이 구매하면 현금유동성에 문제가 생길 수 있고, 팔리지 못한 물건은 모두 재고로 남기 때문에 처음에는 몇 개씩 소량만 구매하는 것이 필요할 것이다.

나) 쇼핑몰 구축단계

쇼핑몰 구축단계에서는 도메인 등록, 쇼핑몰 운영정책 수립, 쇼핑몰 제작유형 결정, 쇼핑몰 기획, 쇼핑몰 제작, 디자인 의뢰, 상품사진 촬영 등의 업무가 수행되어야 한다.

① 도메인 등록: 아이네임즈(www.inames.co.kr) 등과 같은 전문사이트에서 구입하면 되는데, 도메인만 보면 무엇을 하는 사이트인지를 알 수 있는 도메인명을 구입하는 것이 좋다.

② 쇼핑몰 운영정책 수립: 회원/비회원 구매, 마일리지 제도의 도입, 배송료, 환불, 교환 등 쇼핑몰 운영과 관련된 다양한 정책을 수립해야 한다. 이 부분에 대해서는 다른 유명 쇼핑몰을 벤치마킹(benchmarking)하면 될 것이다.

③ 쇼핑몰 제작유형 결정: 인터넷쇼핑몰은 직접 개발하는 방법도 있으나 요

즈음은 쇼핑몰 호스팅 서비스를 받거나 웹에이전시(web agency)에 의뢰하여 개발하기도 한다. 또한 카페의 사진등록 기능을 이용하여 상품을 등록한 후에 판매하는 방법도 많이 사용하며, 대형쇼핑몰 및 오픈마켓의 입점을 통한 간접적인 방법으로 쇼핑몰을 운영하는 경우도 있다.

④ 쇼핑몰 기획: 쇼핑몰의 카테고리, 상품진열방법, 광고카피(copy), 메뉴명, 이벤트나 기획전의 위치, 고객지원 안내방식 등 쇼핑몰의 화면에 대해 기획을 해야 한다. 쇼핑몰 기획 역시 현재 성공적으로 운영 중인 쇼핑몰을 자주 접속하여 살펴보는 것이 좋다.

⑤ 쇼핑몰 제작: 호스팅 서비스를 받거나 웹에이전시에 의뢰하여 제작하는 경우에도 제작의 단계에 적극 참여하는 것이 중요할 것이다. 디자인 등과 같은 외형적인 모습보다는 고객관리 및 서비스 등 내부 프로그램의 차별화에 집중하는 것이 필요하다.

⑥ 디자인 의뢰: 로고(logo), 이미지로 제작된 타이틀, 배너, 약도 등 고급기술의 디사인이 필요한 부분에 대해서는 웹디자이너에게 의뢰하는 것이 좋을 것이다.

⑦ 상품사진 촬영: 장기적으로 본다면, 결국 본인이 디지털 카메라와 촬영장비세트를 구비하여 직접 촬영을 하는 것이 중요할 것이다.

다) 사업자 신고단계

인터넷쇼핑몰 창업을 하려면 지방자치단체에 통신판매업 신고를 먼저 한 후에 세무서에서 사업자등록을 하면 된다. 또한 체신청에 가서 부가통신사업신고를 하면 된다.

라) 운영 준비단계

운영 준비단계에서는 결제시스템 선정, 배송 선택, 고객지원 준비, 상품등록 등의 업무가 수행되어야 한다.

① 결제시스템 결정: 인터넷쇼핑몰에서 고객의 상품구매에 따른 결제를 하기 위해서는 지불중계업체(PG: payment gateway)를 결정해야 하는데, 일반적으로는 인터넷쇼핑몰 호스팅 업체에서 대행해 준다. 랭키닷컴(www.rankey.com)의 전자결제 솔루션에 보면 지불중계업체에 대한 정보를 자세히 알 수 있다.

② 배송 선택: 고객이 주문한 상품을 배송하기 위해서는 배송회사를 선택해

야 하는데, 랭키닷컴(www.rankey.com)의 택배/물류에서 자세한 정보를 알 수 있다. 상품의 배송을 위한 박스의 구입은 박스전문 쇼핑몰에서 구입하면 되며, 배송료는 택배사와 월 배송건수에 따라 차이가 있다.

③ 고객지원 준비: 온라인으로 거래되는 쇼핑몰이라고 하더라도 고객 상담을 위한 전화 및 상담시간은 필요하며, 아울러 문의게시판 등 온라인에서의 고객지원을 위한 준비도 필요하다. 요즈음은 상품설명을 위한 동영상 제공을 하는 경우도 많고, 전화 외에도 화상 상담을 실시하는 사례도 많다.

④ 상품등록: 인터넷쇼핑몰에 상품사진, 가격, 상세설명 등을 등록하게 되는데, 오픈마켓의 경우에는 보통 상품사진을 3개까지만 등록하도록 제한하고 있으며 사진 크기도 제한되어 있다.

마) 쇼핑몰 오픈단계

쇼핑몰 오픈단계에서는 검색엔진 등록, 광고전략 수립 등의 업무가 수행된다.

① 검색엔진 등록: 현재 국내에서는 네이버(www.naver.com), 네이트(www.nate.com), 다음(www.daum.net) 등의 검색엔진에 등록하면 되는데, 등록비는 198,000원이다. 하지만, 모두다닷컴(www.moduda.com) 등과 같은 검색엔진 등록대행 사이트를 활용하면 저렴한 비용으로 적어도 20개 이상의 사이트에 등록을 할 수가 있다.

② 광고전략 수립: 인터넷쇼핑몰이 주로 사용하는 광고는 검색엔진의 검색어(키워드) 광고인데, 네이버의 경우에는 스폰서링크, 파워링크, 플러스프로, 클릭초이스 등으로 구분하고 있다. 또한 온라인 키워드 광고전문 회사들이 많은데, 오버추어(www.overture.co.kr), 웹프로모(www.webpromo.co.kr) 등이 있다.

5.2 자사 제품의 인터넷 판매

자사 제품의 인터넷 판매는 크게 다음과 같이 분류할 수 있다.

(1) 제품 판매

미국의 델 컴퓨터(www.dell.com)처럼 고객이 원하는 것을 생산자에게 직접 주문하고, 생산자는 이를 곧바로 배달해 준다. 미국의 델 컴퓨터는 고객이 회사

홈페이지로 들어와 원하는 PC규격과 값을 써넣으면 그대로 만들어 집으로 배달한다. 재고는 단 한 대도 없다. 델 컴퓨터는 이와 같은 판매방식으로 PC가격을 30%나 낮추고 매출과 순익을 50% 이상 늘려 미국 3대 PC업체로 올라설 수 있었다. 이와 같은 방식은 판매망이 부족한 중소기업에게는 매우 유용하다는 것이다.

(2) 꽃 판매 서비스

모든 배달 상품의 규격화와 통일화가 필요하다는 단점은 있지만, 전국의 꽃집을 연결해서 창업을 할 수 있다는 장점이 있다.

(3) 소프트웨어 판매

정품을 구입하기 전에 쉐어웨어(shareware)를 사용해 보고 구입에 대한 의사결정이 가능하다는 장점이 있으며, 개발회사에서는 자사의 소프트웨어를 대중화시킬 수 있는 장점이 있다. 사실, 개발 후 즉시 유료화하기보다는 일부 기능을 뺀 소프트웨어를 쉐어웨어로 대량 배포하는 것도 자사 소프트웨어의 인지도를 높이는 데 도움이 될 것이다.

(4) 정보 및 서비스의 판매

정보제공자(IP: information provider) 혹은 컨텐츠제공자(CP: contents provider)는 다른 용어로 사용되었지만 요즈음은 동의어로 사용되고 있는데, 이러한 정보제공사업은 유료화의 확산으로 급속하게 발전하고 있다.

5.3 엔터테인먼트

음악, 영화, 연극, 게임, 만화 등을 엔터테인먼트 산업이라고 하는데, 컴퓨터와 인터넷의 발전으로 더욱 더 발전을 하고 있는 분야이다.

① 영화
② 인터넷 만화
③ 연예관련업

④ 인터넷 방송

⑤ 음악

사실, 인터넷의 유료화가 확산되면서 가장 많은 혜택을 받고 있는 분야이기도 하고, 20대의 젊은 창업자들이 많이 뛰어드는 분야이기도 하다. 하지만, 창업비용이 많이 들고, 경쟁이 날로 치열한 분야이기도 하다.

5.4 서비스 지원

인터넷을 통하여 기존에 팔았던 제품에 대한 사후관리 즉 A/S를 지원하는 것을 말하는데, 예를 들어 택배회사들의 트랙킹(tracking) 서비스가 있다.

5.5 게 임

한국에서 벤처들이 등장하면서 가장 발전하고 있는 분야가 바로 게임이며, 현재 한국의 게임들은 이제 세계시장을 향해 발전하고 있다. 게임산업은 부가가치가 매우 높다는 점에서 전세계적으로 주목을 받고 있는 실정이다. 하지만, 게임분야의 창업을 하기 위해서는 막대한 자금과 우수한 기술력이 필요하다는 점에서 예비창업자들이 뛰어들기에는 무리가 있다고 할 것이다.

하지만, 개발된 게임을 구입한 후에 독특한 아이디어를 부가하는 형태라면 예비창업자들도 충분히 성공할 수가 있다. 예를 들어, 고스톱, 포커게임, 맞고게임의 경우에는 보통 1,000만원 정도에 구매가 가능하며, 게임의 점수에 따라 경품을 제공하는 경우에는 예비창업자들도 도전해볼 만하다는 것이다.

5.6 인터넷 컨설팅

자신의 독특한 아이디어 하나만을 가지고 각 개인이나 기업이 필요로 하는 것을 제공할 수 있는 분야이다. 사실, 오랜 경험을 갖고 있고 자신만의 노하우가 있는 경우에는 온라인 컨설팅회사를 설립할 수도 있다.

① 창업과 경영

② 회계
③ 법률
④ 패션코디
⑤ 마케팅 리서치
⑥ 기타

5.7 인터넷 출판

인터넷을 이용하여 신문이나 서적 등의 내용이 디지털화되어서 다운로드하여 구독하거나 구입할 수 있게 될 것이며, 인터넷 통신망을 통해 전달되는 온라인 잡지 웹진(webzine)이 점차 활성화될 전망이다. 전자서적(e-book)의 창업도 늘어나고 있다.

5.8 인터넷 서점

서적은 정형화가 되어 있으면서 고객이 직접 확인하지 않아도 쉽게 구입이 가능하다는 장점 때문에 인터넷에서 판매가 잘 될 수 있는 상품 중의 하나이다. 사실, 아마존(Amazon, www.amazon.com)의 영향으로 국내에서도 예스24, 알라딘, 인터파크 등의 인터넷 서점이 많이 오픈되었다.

5.9 인터넷 금융

인터넷 은행과 증권회사 등이 있는데, 인터넷 은행이란 인터넷에서만 운영되는 은행으로 신규계좌 개설, 잔액 조회 등 은행 업무를 제공하는 정식 은행이다. 현재 국내 대부분의 금융권에서 인터넷 금융서비스를 제공하고 있는 실정이다.

5.10 인터넷 경매 및 오픈마켓

2005년부터 열풍이 분 것이 바로 인터넷 경매 창업 혹은 오픈마켓 창업이라고 할 수 있다. 그것은 하나의 상품이라도 오픈마켓에 등록하여 판매할 수 있다는 것과 판매자의 증가에 따른 가격의 저하로 구매자들이 몰리고 있다는 것이다. 김병성 · 박대윤 · 조주연(2006)은 인터넷 경매의 인기비결을 다음의 세 가지로 설명하고 있다.

(1) 재미있는 쇼핑

온라인 경매라는 새로운 장르를 개척하는 인터넷 경매가 인기를 거두고 있는 이유는 '재미있는 쇼핑'이라는 점이다. 기존 인터넷쇼핑몰이 내세우는 최고의 경쟁무기는 단연 편리함과 가격 경쟁력이다. 책상에 앉아 자신이 필요로 하는 모든 것을 비교적 저렴하게 구입할 수 있을 뿐만 아니라, 다양한 상품을 쉽게 만날 수 있다는 장점을 경쟁요소로 내세우고 있다. 반면에 현실 쇼핑의 보고 만지는 즐거움 등을 대체하는 새로운 요소가 없다는 것이 인터넷쇼핑몰의 한계이다. 이러한 한계를 극복할 새로운 즐거움을 '경매'라는 다분히 오락적인 요소로 만회하고 있다. 흡사 가격 알아맞히기 게임에 참여하고 있는 것처럼 여러 사람이 참가하는 오락과도 같은 쇼핑, 이용자가 몰입하게끔 저렴하고 필요한 상품을 적절히 공급하여 이용자의 구매의욕을 자극하는 쇼핑이기 때문에 단지 '구매에 대한 만족감' 외에도 오락적인 요소를 추가함으로써 현실 쇼핑의 보고 만지는 즐거움을 보상해 주고 있는 것이다.

(2) 이용자 가격 결정

인터넷 경매의 또 한가지 인기비결은 이용자가 가격을 결정한다는 것이다. 여타의 쇼핑몰들이 제 아무리 제품 가격을 할인해도 그것은 결국 공급자의 주머니 사정을 고려해 손해볼 수 없는 가격이다. 하지만 온라인 경매는 완전히 다르다. 이용자의 주머니 사정에 따라 적정선까지만 가격을 제시한다. 이를 위해 인터넷 경매는 해당 제품의 적정가격을 알려주는 '빨리찾기' 코너를 두고 같은 제품에 대한 여러 쇼핑몰의 현재 가격을 제공하고 있다. 몇 % 할인해 준다는

'말뚝'만 박아 놓고 고객의 방문을 유인하는 인터넷쇼핑몰보다 인터넷 경매는 훨씬 세련된 장점을 제공하고 있는 것이다. 소비자가 주도권을 쥐게 되는 인터넷 경제의 가장 적절한 사업 모델이라고 할 수 있다.

(3) 공급자에게 최상의 홍보효과

상품을 제공하는 공급자에게는 최상의 홍보효과를 주고 있다는 점도 인기비결이다. 인터넷 경매에 참여하는 사람들은 다른 일반 인터넷쇼핑몰을 이용하는 사람들보다 상당히 적극적인 구매 의욕을 가지고 있다. 경쟁력이 없는 제품 외에는 거의 대부분이 임자를 만나기 때문에 다른 인터넷쇼핑몰보다도 거래 성사율이 높다. 중소업체의 신상품이 주를 이루는 특가 경매는 100%의 경매 성사율을 보이고 있다. 이들을 대상으로 자사의 상품을 제공하고 구매 의욕을 자극함으로써 공급자는 이용자들에게 자사 상품의 뚜렷한 이미지와 브랜드를 함께 전달할 수 있는 효과를 거둘 수 있다. 이로 인해서 좋은 제품을 가지고 있지만 마케팅이 부족한 중소업체들의 참여가 높다.

한편, 현재 국내 대표적인 인터넷 경매 및 오픈마켓은 다음과 같으며, 운영방식, 수수료 등에서 각각 약간의 차이가 있다.

① 옥션(www.auction.co.kr)

② G마켓(www.gmarket.co.kr)

③ 11번가(www.11st.co.kr)

5.11 인터넷 교육

인터넷의 유료화와 더불어 각종 인터넷 교육분야의 창업이 날로 늘어나고 있다. 사실, 한국에서는 다른 것은 다 아껴도 자녀들 교육비는 아끼지 않는다는 이야기가 있을 정도로 교육에 대한 관심이 매우 높은 실정이다. 또한 직장인들 역시 재교육, 자기계발 등에 대한 관심이 매우 높은데, 이는 고용환경이 여전히 불안하고 평생직장이 더 이상 존재하지 않기 때문이다.

인터넷 교육사업은 일차 도메인을 이용하여 구축할 수도 있지만, 특정 분야의 교육사업을 할 경우에는 카페(cafe)를 이용하여 운영하는 것도 좋을 것이다.

그것은 비용이 무료이며, 충성도 높은 회원들을 모을 수 있다는 장점이 있기 때문이다.

5.12 인터넷 무역

통신망 네트워크의 발달로 발생된 인터넷 무역은 가상 공간인 인터넷을 통해 상품이나 서비스를 사고파는 무역 거래로, 물리적 공간과 시간적 제약이 필요 없다는 점에서 전통적인 무역 거래와 근본적인 차이점을 보이고 있다. 인터넷 무역은 국경을 초월한 컴퓨터 통신망인 인터넷이 제공하는 가상공간 자체가 시장이고, 인터넷 접속 이용자가 고객이 된다. 즉, 인터넷 무역이라 함은 인터넷이란 컴퓨터 통신매체를 활용하여 국제상인 간에 상행위(무역)를 수행하는 것을 의미한다. 컴퓨터 통신매체가 무역에서 활용되는 방식은 인터넷뿐만 아니라 LAN(local area network: 근거리통신망), 인트라넷(IntraNet) 등도 활용되고 있다. 인트라넷은 LAN을 기반으로 기업 내의 모든 정보를 인트라넷 서버(웹서버)에 저장하고 이것을 웹 브라우저를 통해 검색, 활용하는 것을 말한다. 하지만 후자의 방식은 인터넷과 결합되어 운영되는 것이며, 전자의 전용선(LAN) 방식은 현재 EDI(electronic data interchange: 전자문서교환)에 많이 이용되고 있지만 향후 인터넷방식으로 전환될 태세이다.

아무튼 인터넷 무역이라 함은 반드시 인터넷 네트워크를 통한 거래만을 의미하는 것은 아니며, 현재는 모든 컴퓨터 네트워크를 활용한 무역을 지칭하는 것으로 이해된다. 즉 '인터넷'이 일종의 컴퓨터 네트워크의 대표명사로 인식되고 있는 것이다. 그러므로 인터넷 무역은 전자무역(electronic trade)이나 사이버무역(cyber trade)과 동일한 개념으로 보아도 무방할 것이다. 이러한 관점에서 볼 때 인터넷 무역은 또한 국제전자상거래를 지칭하는 것으로도 볼 수 있다. 전자상거래는 거래하는 주체(상인)의 주영업소가 국내에 위치하고 있는 상인 간의 거래는 국내전자상거래로, 국적을 달리하는 경우에는 국제전자상거래로 구분하는 것이 마땅하다. 크게 보아 인터넷 무역은 국제전자상거래와 동일한 개념이라 할 수 있다(레포트월드, www.reportworld.co.kr).

5.13 웹사이트 제작

웹사이트 제작분야의 창업은 오래 전부터 존재하였고 또한 앞으로도 계속 생겨날 것으로 판단된다. 그것은 새로운 창업이 있을 때마다 새로운 웹사이트의 개발, 유시보수 등의 업무가 계속 진행되어야 하기 때문이다. 웹사이트 제작회사는 서버 구축 및 웹 호스팅 서비스까지 대행하고 있다.

① 서버 구축: 서버 구축을 담당하는 창업은 크게 서버를 구입에서 관리까지 대행해 주는 업체와 가상 서버를 임대해 주는 웹 호스팅 업체로 나누어 볼 수 있다.

② 웹 호스팅: 자신이 가지고 있는 서버의 일정 공간을 할애하여 타인에게 임대해 주는 사업이다.

5.14 인터넷 광고

인터넷이 수행할 수 있는 가장 중요한 역할 중의 하나는 바로 광고라고 할 수 있다. 또한 인터넷을 사용하는 우리 나라의 인구 비율이 64.4%라는 조사결과가 나왔는데(연합뉴스, 2002.10.25), 이것을 전체 인구로 환산해 보면 2,362만명에 달하는 것으로 조사되었다. 또한 2004년 말 현재 국내 초고속 인터넷 서비스 가입자는 1,240만명이며, 연평균 6.1%씩 성장할 것으로 예상되고 있다(한국경제TV, 2006.01.25). 이에 따라 인터넷 광고의 효과는 날로 증가할 것으로 예상되며, 기존의 주요 광고매체인 신문을 앞지르고 있다는 평가를 받고 있다.

하지만, 지금까지의 인터넷 광고가 불특정 다수를 대상으로 하였다면, 향후에는 특정 고객만을 대상으로 하는 맞춤 광고가 발전될 것으로 예상된다.

5.15 이베이(eBay) 창업

이베이(www.ebay.com)는 세계 최고의 전자상거래 사이트이며, 40여 국가에서 운영되고 있다. 또한 이베이는 옥션과 G마켓을 인수한 회사이기도 하며, 옥션과 G마켓에서 상품판매를 해 본 경험이 있으면 누구나 상품판매를 시작할 수 있다. 다만, 이베이(eBay)에서 상품을 판매하려면 영어로 상품설명을 등록해야 하며, 고객의 문의사항 역시 영어로 답변을 해야 한다. 이로 인해 초보창업자들의 경우에는 영어에 대한 두려움과 거부감을 갖고 있는 경우가 많은데, 사실 중학생 수준의 영어실력이면 충분하다는 것이다.

또한 창업길라잡이(cafe.daum.net/isoho2jobs)의 [이베이(eBay) 창업강좌] 게시판에는 외국고객이 이메일로 문의를 해 올 때에 어떻게 답변을 하면 되는가에 대한 영어 문자들이 정리되어 있다. 또한 바벨피쉬(kr.babelfish.yahoo.com)를 잘 활용하면 한글을 영어로 자동 번역해 주기 때문에 영어를 잘 몰라도 이베이 창업은 충분히 가능하다는 것이다.

5.16 기 타

이상 설명한 인터넷창업 외에도 다음과 같은 사업을 생각할 수 있다.

① 인터넷 정보검색 사업

② 의료 서비스

③ 컨텐츠 제공업

사실, 위에서 언급한 것 외에도 다양한 형태의 인터넷 창업이 활성화가 되고 있는 실정이며, 아직도 인터넷 분야의 95% 이상이 미지의 영역으로 남아있다고 한다. 지금까지의 인터넷창업은 기술을 기반으로 한 분야들이 발전하였다면, 향후 인터넷창업은 아이디어를 기반으로 하는 분야들이 많이 발전할 것으로 예상되고 있다.

6. 인터넷창업의 준비 및 고려사항

6.1 아이템 선정

(1) 창업아이템 선정방법

자신이 좋아하고 흥미가 있는 분야인가를 고려하는 것이 가장 좋다. 아무리 돈이 된다고 하더라도 본인의 경험과는 관계없이 아무 업종이나 뛰어드는 것은 피해야 한다. 한국에서 창업시장은 '대박', '신화'라는 용어로 인해서 왜곡되었다고 할 수 있는데, 평생을 통해서 즐길 수 있는 분야를 찾는 것이 가장 좋을 것이다. 강현순(2006)은 인터넷쇼핑몰 창업의 아이템 선정방법을 다음과 같이 세 가지로 제안하고 있다.

가) 관심 아이템 선정

아이템을 선정할 때에 중요한 것은 자신이 좋아하고 또한 자신에게 맞는 아이템을 선택하는 것이라고 할 수 있다. 지금까지 경험해 왔고 관심을 가졌던 분야의 사업 아이템으로 시작하는 것이 좋다는 것이다.

나) 벤치마킹을 통한 아이디어 수집

현재 잘 운영되고 있는 사이트에 대한 벤치마킹을 통해 아이템을 선정할 수가 있다는 것이다. 현재 잘 팔리고 있는 아이템 혹은 소비자들의 수요는 있으나 공급이 부족한 아이템 등 다양한 측면에서 분석할 필요가 있을 것이다.

다) 시장조사를 통한 아이디어 수집

① 직접 방문조사: 생산자를 직접 방문하는 경우에는 해당 업체에 대한 정보를 직·간접으로 얻을 수 있는 기회를 제공하며, 자신이 가진 사업에 대한 의지를 보여줄 수 있는 기회를 갖게 된다.

② 도매상을 통한 조사: 제조업체와 직접 접촉이 어렵거나 가격이나 공급의 측면에서 도매상과 직접 거래를 하는 것이 오히려 더 유리한 경우도 있다.

③ 경쟁사를 통한 조사: 특정상품이 경쟁점포를 비롯하여 어디서 어떻게 팔리고 있는지를 알 수 있다면 시장성을 분석하는 데 큰 도움이 될 수 있다.

④ 온라인을 통한 조사: 다른 회사에서 운영하고 있는 인터넷쇼핑몰을 주기적으로 방문하여 살펴보는 것도 중요할 것이다.

이 외에도 현재 옥션이나 G마켓 등의 오픈마켓에서 활동하고 있는 우수 판매자를 만나서 조언을 받는 것도 좋은 방법이 될 수 있다. 이러한 판매자들에게 메일을 보내거나 만나서 도움을 요청하는 것도 좋다.

(2) 인터넷을 이용한 창업아이템 선정 기본원칙

인터넷 창업을 준비하면서 스스로 질문하고 답변을 해 볼 필요가 있다. 그러면, 무엇이 부족하고 무엇을 더 준비해야 하는지를 알 수 있을 것이다.

① 환경예측이 가능하며, 성장가능성이 있는 아이템인가?

② 자신의 적성과 능력에 맞는 업종인가?

③ 지금까지 배운 지식이나 경험을 활용할 수 있는 아이템인가?

④ 주위의 도움을 얻을 수 있는가?

⑤ 전문적인 기술이나 지식이 필요한가?

⑥ 필요하다면 배우고 익히기 쉬운가?

⑦ 법적 규제가 없는가?

⑧ 창업에 필요한 자금과 인력이 어느 정도이며, 조달가능한가?

(3) 인터넷을 이용한 창업아이템 선정의 기본순서

다른 창업분야의 아이템 선정절차도 크게 다르지 않지만 다음의 순서대로 준비를 하면 크게 성공하지는 못한다 할지라도 크게 낭패보지는 않을 것이다. 그저 아이템만 있으면 창업준비가 모두 끝났다고 생각해서는 안 되는 것이며, 아무리 돈을 적게 들이고 창업을 하더라도 준비는 제대로 해야 한다는 것이다.

① 창업아이템에 대한 시장조사

② 희망 분야에 대한 전문가와의 상담

③ 창업아이템에 대한 구체적 정보 수집

④ 창업아이템에 대한 정밀 분석 및 검토

⑤ 사업타당성 분석(실패위험 분석)

⑥ 최적 업종 및 창업아이템 선정

6.2 인터넷 제품으로 유리한 아이템

제품의 크기가 소형이거나 특별히 제품이나 서비스를 눈으로 보거나 만져 보지 않아도 그 품질이나 내용을 확인할 수 있는 제품이 유리하다. 예를 들어, 각종 예약서비스, 서점, 컴퓨터 소프트웨어 등이 그것들이다.

또한 최근 인터넷에서 잘 판매되는 상품들을 보면 직접 보지 않아도 규격이 정형화되어 있고 가격이 일정하면서 지속적으로 신상품이 생산되는 문화적인 상품도 많이 팔리고 있다는 것을 알 수 있다.

6.3 창업멤버 구성

인터넷창업의 멤버는 다른 창업분야와는 조금 다르다. 소호(SOHO)로 창업을 한다고 할지라도 다음의 네 분야의 전문가는 필요한 실정이다. 물론 창업자의 능력에 따라서 동시에 2~3가지의 업무를 수행하는 것도 가능할 것이다.

① 대표: 창업아이템의 개발, 행정적인 일, 조직의 관리

② 프로그래머: 창업자의 아이디어를 상품으로 개발

③ 웹디자이너: 웹에 필요한 디자인을 담당

④ 웹마케터: 자신의 사이트로써 인터넷을 이용한 마케팅을 수행

한 가지 더 언급하고 싶은 것은 인터넷창업이라고 해서 모든 것을 자체에서 개발할 필요가 없다는 것이다. 요즈음은 핵심기술만 갖고 차별화된 아이디어를 접목시켜서 창업을 하는 것이 더 유리하다. 예를 들어, 게시판이나 인터넷쇼핑몰 솔루션까지 자체에서 제작할 필요가 없으며, 구입하여 사용하는 것이 오히려 더 저렴하다.

6.4 인터넷 창업의 소요 비용

가) 처음으로 인터넷창업을 할 때에는 대체적으로 다음과 같은 네 가지 종류의 비용이 필요하다. 이 중에서 일부 비용의 경우에는 당장 있어야 하지만 일부 비용의 경우에는 임대하거나 호스팅으로 해결할 수도 있다. 예를 들어, 서버의

경우에도 당장 수백 만원 혹은 수천 만원의 비용을 들여서 구입하기보다는 임대하여 사용할 수도 있다는 것이다.

① 컴퓨터 및 프린터와 같은 기초 장비

② 웹사이트 구축비용

③ 전용선 설치 및 관리에 따른 서버 운영비용

④ 기타 사업 성격에 따른 제비용

나) 한편, 강현순(2006)은 인터넷쇼핑몰 창업시에 필요한 비용들을 다음과 같이 제시하고 있다.

① 쇼핑몰 솔루션 구입(개발) 비용: 독립 형태의 상점으로 쇼핑몰을 제작해 주는 업체들이 많으며, 패키지 형태의 제품으로 출시된 경우도 많이 있다. 예를 들어, 쇼핑몰 솔루션을 구입한 후에 직접 서버에 설치한 후에 상품등록을 하면 되는데, 이러한 경우에는 전문적인 기술이 필요하다.

② 호스팅 비용: 쇼핑몰 호스팅 서비스를 받는 경우에는 앞에서 언급한 쇼핑몰 솔루션을 구입하거나 개발할 필요가 없는데, 월 3~5만원 정도이면 쇼핑몰 솔루션도 함께 제공되기 때문이다.

③ 신용카드 결제 서비스: 인터넷쇼핑몰에서 신용카드 결제는 반드시 필요한 부분인데, 현재 이니시스(www.inicis.com), KCP(www.payplus.co.kr) 등이 많이 알려진 신용카드 결제 대행사이다.

④ 도메인 등록비: 국내외의 도메인 등록을 대행하는 기관은 매우 많으며, 가능하면 한 곳에서 등록하면 편리하다. 도메인 등록비를 납부할 시기가 되면 메일 및 우편으로 발송해 준다.

⑤ 초도 상품 비용: 인터넷쇼핑몰의 운영을 처음 시작할 때에는 품목당 초도 상품을 가능하면 소량으로 구매하는 것이 필요하다. 처음에 너무 많은 상품을 구매하면, 그만큼 현금 유동성이 없어지기 때문이다. 인터넷쇼핑몰 운영에 대한 경험을 쌓아가면서 품목 및 수량을 늘여 가는 전략이 필요할 것이다.

⑥ 기타 비용: 명함제작에 따른 비용, 인터넷전용선의 사용에 따른 비용, 각종 프로그램 및 장비구입에 따른 비용, 인터넷쇼핑몰의 검색엔진 등록비용 등이 들어가게 된다. 이외에도 홍보에 따른 비용이 많이 소요될 수 있으나, 카페(cafe)와 블로그(blog) 등을 이용하면 무료 홍보도 얼마든지 가능하다. 사실, 요

즈음은 카페(cafe)의 개설을 통해서 충성고객을 확보해 두면 인터넷쇼핑몰의 매출향상에도 많은 도움이 될 수 있다.

6.5 도메인명의 확보 및 신청방법

(1) 도메인의 확보

인터넷창업을 하려면 반드시 필요한 것이 도메인인데, 도메인은 루트 도메인 아래에 1단계 도메인 또는 최상위 도메인, 차상위 단계인 2단계 도메인, 3단계 도메인으로 분류할 수 있다.

예: www.newbiz.or.kr(1단계: kr, 2단계: or, 3단계: newbiz)

이러한 도메인은 국내 혹은 국외의 여러 사이트에서 구입이 가능하며, 가격에서도 약간의 차이는 있다. 다만, 가능하면 한 곳에서 도메인을 구입하는 것이 관리상에서 편리한 점이 있다. 국내 주요 도메인 구입사이트는 다음과 같다.

① 도메인등록 아이네임즈(dom.inames.co.kr)

② 가비아 도메인등록(www.gabia.com)

③ 후이즈 도메인등록(www.whois.co.kr)

도메인을 구입할 때에 주의할 점은 반드시 본인의 이름과 전자우편주소를 등록해야 한다는 것이다. 홈페이지를 개발하는 회사 혹은 다른 사람의 이름과 전자우편주소를 사용할 경우에는 나중에 법적 분쟁의 소지가 있기 때문이다.

(2) 도메인 주소의 상표화

가) 인터넷 상표(brand)

인터넷상에서의 상표를 고려하는 측면을 보면 다음의 두 가지로 생각해 볼 수가 있다. 하나는 일반시장에서의 상표 애호도(brand loyalty)를 그대로 인터넷에 사용하는 것인데, 신세계, 중앙일보 등이 그 예이다. 다른 하나는 인터넷에서만 통용될 수 있는 인터넷 상표를 창출하는 것인데, 다음, 네이버, 엠파스, 싸이월드 등이 그 예가 될 수 있다. 특히 벤처 혹은 인터넷기업의 경우에는 독특한 인터넷 제품을 개발함으로써 새로운 브랜드 이미지를 창출하는 것이 매우 중요하다고 할 수 있다.

나) 상표로서 도메인 주소의 중요성

인터넷 주소를 상표로 등록한 경우에는 등록상표와 유사한 인터넷 주소를 타인이 등록할 경우 상표권 주장을 통해 배제할 수 있다.

6.6 상품 공급

인터넷창업을 하기 위해서는 잘 팔릴 수 있는 상품을 안정적으로 공급받는 것이 중요한데, 사실 초보창업자에게는 여간 힘든 일이 아니다. 그렇다고 이제 겨우 창업했는데 좋은 조건으로 상품을 공급받는 것은 매우 힘든 일이다. 성공한 인터넷창업자들의 사례를 들어보면, 결국은 몇 가지 품목에서 몇 개의 상품으로 판매를 시작한 후에 많이 팔 수 있는 능력을 보여주는 것이 중요하다는 것이다.

(1) 공급 결정

상품공급에 대한 결정은 국내 제조 및 유통업체와 계약할 경우와 수입판매의 경우로 구분하여 생각할 수가 있다(홍성근·김동희, 2003). 먼저, 국내 제조 및 유통업체와 계약할 경우에는 안정적인 상품공급이 가능하며, 아울러 출고 및 재고량을 미리 파악할 수 있다. 또한 다양한 정보제공이 가능하며, 신뢰가 쌓이는 경우에 신용거래가 충분히 가능하다는 것이다.

수입판매의 경우에는 주로 관세사에게 의뢰하여 주문하게 되는데, 해외의 사이트를 통해 이메일 등으로 카탈로그와 가격표를 같이 받아 가격을 결정할 수 있다. 또한 샘플을 먼저 수입하는 것이 좋은데, 샘플 수입절차를 통하여 정상적인 수입 전 판매업자의 신용도, 결제방법, 통관 등을 시험해 볼 수 있다. 한편, 상품공급에 대한 거래계약서를 작성할 때에는 다음과 같은 항목이 포함되도록 해야 한다.

① 계약의 목적

② 계약기간, 수량, 매매단가

③ 주문

④ 인도

⑤ 대금지급

⑥ 하자담보책임

⑦ 상품운송조건

⑧ 상품검수

⑨ 손해배상

⑩ 계약의 해제

⑪ 준용

(2) 공급자 결정시 주의사항

가) 제조업체와 계약할 경우

① 제조업체의 홍보효과에 대해 충분히 설득시키고 판촉지원을 약속 받는다.

② 새로운 상품일 경우 독점계약을 맺는다.

③ 시장 판매시 적정 할인폭을 인정 받는다.

④ 상품의 A/S와 신용거래를 약속 받는다.

나) 유통업체와 계약할 경우

① 상품의 품질과 유통의 투명성을 약속 받는다.

② 유통업체의 재무구조를 파악하여 신용관리에 신경을 쓴다.

③ 제조업체의 공급가격을 조사해서 마진율을 높인다.

6.7 인터넷쇼핑몰의 홍보와 광고전략

인터넷쇼핑몰을 개설하는 것은 어렵지 않다. 약 2~3개월의 준비기간이면 인터넷쇼핑몰을 개설할 수가 있다. 문제는 소비자에게 어떻게 알릴 것인가 하는 문제인데, 고객이 많이 접속해야 그만큼 매출증대도 기대할 수 있는 것이다. 이에 대해 강현순(2006)은 4가지 형태의 홍보방법을 제안하고 있다.

가) 검색 포털사이트 등록

다음, 네이버, 네이트, 엠파스 등과 같은 검색 포털에 등록을 해야 하는데, 유료등록제도이다.

나) 이메일

쇼핑몰에 가입한 회원들에게 정기적인 메일을 발송할 수가 있는데, 수신확인기능이 있는 이메일 발송시스템을 개발해야 하는 것이 필요하다. 즉, 메일을 보냈을 때에 누가 읽었는지, 읽지 않았는지를 확인할 수 있어야 한다는 것이다. 예를 들어, 포스트맨(www.postman.co.kr)을 이용하면 이메일 한 통에 1원을 부과하는데, 메일수신기능이 잘 되어 있어서 편리하다.

다) 배너광고

요즈음은 무료 배너광고를 할 수 있는 곳이 많지 않으며, 배너 교환 또한 별로 효과가 없는 실정이다. 포털의 배너광고는 효과가 좋으나 비용이 비싸다는 단점이 있다.

라) 검색 키워드 광고

특정 키워드, 즉 검색어의 검색결과에 관련 있는 업체광고를 게재하는 100% 타겟팅된 맞춤광고 서비스이다. 키워드 검색광고는 해당 키워드를 검색하는 고객에게만 사이트를 홍보할 수 있어 보다 잠재 구매력이 높은 고객을 자신의 사이트로 이끌어준다. 검색 키워드 광고는 크게 두 가지 방식으로 설명할 수 있다.

① CPC(cost-per-click) 방식 광고: 검색이 일어난 후에 노출되는 횟수에 상관없이 클릭했을 때만 비용이 지불되는 방식을 말한다. 즉, 광고주가 원하는 금액만큼 일정금액을 선 예치를 시킨 다음에 관심있는 유저들의 결과에 노출을 시키고, 링크되어 있는 사이트를 클릭했을 때만 클릭당 비용을 차감시켜 나가는 방식을 말한다. 오버추어, 구글의 스폰서링크와 네이버에서 진행하는 클릭초이스(비즈사이트)가 CPC 방식의 사례들이다.

② CPM(cost-per-mile) 방식 광고: 일정기간 동안에 진행되는 광고에 대해 고정금액을 정액제로 지정한 후에 노출과 클릭에 상관없이 그 금액만큼만 진행되는 광고 방식을 말한다. 이 광고의 장점은 일정기간 동안 그 금액만 지급하면 그 고정 자리를 유지하므로 특별한 관리가 필요없다는 점이다. 국내 포털사이트에서 진행되는 '네이버－파워링크, 플러스프로', '다음－프리미엄 링크, 스페셜 링크' 등이 있다.

위에서 언급된 홍보와 광고 역시 포털사이트간의 제휴 혹은 경쟁으로 인해 많은 변화가 있다. 예를 들어, 다음(Daum)과 네이트(Nate)가 광고시장에서 적극 제휴를 하고 있는 실정이며, 네이버(Naver)도 광고상품을 계속 변화시키고 있다.

7. 인터넷창업 관련 제도와 법률

인터넷쇼핑몰 사업을 진행하면서 '전자상거래 등에서의 소비자보호에 관한 법률' 등의 위반으로 법적 문제가 발생하는 경우가 많은데, 로앤비(www.lawnb.com)에서 원문을 볼 수 있다. 이에 대해서 강현순(2006)은 인터넷 창업관련 제도와 법률 중에서 특히 다음과 같은 사항에 주의해야 할 것을 제시하고 있다.

7.1 사이버몰 운영자의 표시사항(법 제10조 제1항)

사이버몰 운영자는 소비자가 사업자의 신원 등에 관하여 쉽게 알 수 있도록 다음 각 호의 사항을 사이버몰의 초기화면에 표시해야 한다.

① 상호 및 대표자 성명
② 영업소 소재지 주소(소비자의 불만을 처리할 수 있는 곳의 주소를 포함)
③ 전화번호, 전자우편주소
④ 사업자등록번호
⑤ 사이버몰의 이용약관
⑥ 통신판매업 신고번호 및 신고기관

7.2 통신판매업 신고(법 제12조 제1항)

사업자성명, 주민등록번호, 상호, 주소, 전화번호(법인인 경우 대표자 성명, 주민등록번호 포함), 전자우편주소, 인터넷도메인 이름, 호스트 서버의 소재지, 사업자등록증 사본 및 법인 등기부등본을 첨부하여 관할 시·군·구청에 신고해야 한다. 위반시는 3,000만원 이하의 벌금(법 제42조 제1호)을 납부해야 한다.

가) 통신판매업 변경신고(법 제12조 제2항)

사업자(법인의 경우에는 대표자 성명), 상호명, 주소, 전화번호, 전자우편주소, 인터넷도메인 이름, 호스트서버의 소재지가 변경되었을 경우 변경일로부터 15일 이내에 증명서류를 첨부하여 관할 시·군·구청에 신고해야 한다.

나) 통신판매업 휴·폐업신고, 영업재개신고(법 제12조 제3항)

휴·폐업은 통신판매업신고증을 첨부하여 신고하면 되고, 영업을 재개할 경우에는 5일전 관할 시·군·구청에 신고하면 된다.

다) 신고의무 제외대상 통신판매업자(시행령 제14조)

① 부가가치세법 제25조 제1항(연간매출액이 4,800만원 미만인 사업자)의 규정에 의한 간이과세자인 사업자

② 신고 면제 통신판매업자가 통신판매에 관한 표시 또는 광고를 하는 경우 법 제13조 제1항 제3호의 통신판매업 신고번호에 갈음하여 면제사유를 명시해야 한다.

7.3 신원에 대한 정보의 제공(법 제13조 제1항)

재화 등의 거래에 관한 청약을 받을 목적으로 표시·광고를 행하는 경우에 다음 각 호의 사항을 포함시켜야 한다.

① 상호 및 대표자 성명

② 주소, 전화번호, 전자우편주소

③ 통신판매업 신고번호 및 신고기관

7.4 계약내용 서면 교부(법 제13조)

소비자의 청약에 따라 재화 등을 공급하는 경우에는 그 계약내용에 관한 서면(전자문서)을 송부해야 한다. 위반시에는 500만원 이하의 과태료(법 제45조 제2항 제2호 및 시행령 제42조)와 12개월 이하 영업정지(법 제32조 제4항)에 처할 수 있다.

7.5 청약철회 조건(법 제17조)

소비자는 주문이 체결된 경우라도 재화 등을 공급받은 날부터 7일 이내에 조건 없는 청약철회가 가능하다. 또한 표시·광고 또는 계약내용과 다른 재화 등이 공급된 경우 공급받은 날부터 3개월, 알 수 있었던 날부터 30일 이내에 철회가 가능한데, 이 경우에는 시정조치를 해야 함은 물론 영업정지를 받을 수 있다. 고객의 청약철회에 따른 환급금 지급(법 제18조)은 재화 등을 반환 받은 날부터 3영업일 이내에 환급해야 하는데, 위반시에는 12개월 이하 영업정지(법 제32조 제4항)를 받을 수 있다. 하지만, 다음과 같은 경우에는 청약철회를 제한하고 있다.

① 소비자에게 책임 있는 사유로 재화 등이 멸실·훼손된 경우(포장훼손은 가능)

② 소비자의 사용·소비에 의하여 가치가 현저히 감소된 경우(단, 명기 필요)

③ 시간경과에 따라 재판매가 곤란할 정도로 재화가치가 현저히 감소한 경우

④ 복제가능 재화 등의 포장을 훼손한 경우

⑤ 청약철회 인정시 판매자 또는 제3자에게 회복할 수 없는 피해가 예상되어 사전고지 및 동의를 얻을 경우. 단, 입증책임은 사업자가 부담.

7.6 재화 등의 공급 등(법 제15조)

대금의 전부 또는 일부를 지급 받은 날부터 3영업일 이내에 재화 등의 공급을 위해 필요한 조치를 하여야 하되 별도 약정시에는 제외한다. 위반시에는 6개월 이하 영업정지(법 제32조 제4항)를 받을 수 있다.

7.7 미성년자 계약시 고지(법 제13조)

미성년자와 계약시 법정대리인이 동의하지 않으면 미성년자 본인 또는 법정대리인이 계약을 취소할 수 있다는 내용을 미성년자에게 고지하여야 한다. 위반시에는 12개월 이하 영업정지(법 제32조 제4항)를 받을 수 있다.

7.8 통신판매 중개자의 책임(법 제20조)

중개자의 책임이 없다는 것을 약정하지 아니하거나 미리 고지하지 아니한 경우 중개의뢰자의 고의·과실로 인한 소비자피해에 대하여 중개의뢰자와 연대책임 부담이 있다. 위반시에는 12개월 이하 영업정지(법 제32조 제4항)를 받을 수 있다.

7.9 금지행위(법 제21조 제1항 제1호 내지 제7호)

전자상거래를 행하는 사업자 또는 통신판매업자는 다음 각 호의 1에 해당하는 행위가 금지된다.

① 허위 또는 과장된 사실을 알리거나 기만적 방법을 사용하여 소비자를 유인 또는 거래하거나 청약철회 등 또는 계약의 해지를 방해하는 행위

② 청약철회 등을 방해할 목적으로 주소, 전화번호, 인터넷도메인 이름 등을 변경 또는 폐지하는 행위

③ 분쟁이나 불만처리에 필요한 인력 또는 설비의 부족을 상당기간 방치하여 소비자에게 피해를 주는 행위

④ 소비자의 청약이 없음에도 불구하고 일방적으로 재화 등을 공급하고 그 대금을 청구하는 행위

⑤ 소비자가 재화를 구매하거나 용역을 제공받을 의사가 없음을 밝혔음에도 불구하고 전화, 모사전송, 컴퓨터통신 등을 통하여 재화를 구매하거나 용역을 제공받도록 강요하는 행위

⑥ 본인의 허락을 받지 아니하거나 허락 받은 범위를 넘어 소비자에 관한 정보를 이용하는 행위

7.10 소비자피해보상보험계약 등(법 제24조)

선불식 통신판매업자는 소비자피해보상보험계약 등을 체결해야 한다. 다만, 아래의 거래 등은 그 적용이 제외된다. 위반시에는 12개월 이하 영업정지(법 제

32조 제4항)를 받을 수 있다.

① 10만원 이하의 현금거래

② 신용카드 거래

③ 제3자가 배송을 확인할 수 없는 거래

④ 기타 공성위가 고시하는 거래

7.11 위반행위의 시정권고(법 제31조) 및 시정조치(법 제32조)

제32조의 시정조치에 앞서 당해 행위를 중지하거나 이 법에 규정된 의무를 이행하도록 사업자에게 시정방법을 정하여 이에 따를 것을 권고할 수 있으며(법 31조), 법의 규정을 이행치 않을 경우에는 사업자에게 시정조치를 명할 수 있다(법 32조).

7.12 기타 판매시 주의상품

가) 서적(도서정가제)

발행일 기준 1년 미만 도서의 경우 정가 대비 10% 이상 할인판매가 불가능하다(출판 및 인쇄진흥법 제22조 제2항).

나) 음반·비디오 등

서적, 음반, 비디오, DVD, 게임기, 소프트웨어의 '18세 이용가' 물품은 청소년보호법, 음반·비디오물 및 게임물에 관한 법률에 따라 물품등록시 다음과 같은 형식으로 표시해야 한다.

① 서적: 19세 미만 구독 불가

② CD·음반: 청소년 이용 불가

③ 비디오, DVD, 게임기, 소프트웨어: 18세 이용가

다) 농축산물, 식품

① 원산지 표기주의로 수입 농산물의 원산지 미표시 및 국내산으로 허위표시시 처벌을 받는데, 위반시 형사 입건되며 5년 이하 징역 또는 5천만원 이하 벌금에 처해진다.

② 친환경 농산물로 유기농, 친환경, 무농약, 저농약 문구를 부정사용시 처벌을 받는데, 친환경 농업육성법 제17조 5항 2에 의거 3년 이하 징역 또는 3천만원 이하 벌금에 처해진다.

라) 화장품, 향수

① 판매가 명시로 물품 발송시 포장용기 또는 제품케이스에 판매금액을 스티커 등을 이용하여 반드시 부착·판매해야 한다.

② 기능성화장품은 미백에 도움, 자외선 차단, 주름개선 문구는 사용 가능하지만 식약청에서 기능성화장품 심사승인을 받아야 한다.

③ 수입화장품은 제품포장용기에 반드시 한글표기가 되어 있는 제품인지 확인하고 무신고 수입제품은 판매가 불가능하다.

마) 가구·주방·건강·자동차용품

품질경영 및 공산품 안전관리법 시행규칙 제4조에 의거 안전검사(검 마크부착)를 받은 물품인지를 확인해야 하며, 위반시 동법 제21조에 의거 3년 이하 징역 또는 3천만원 이하의 벌금에 처해질 수 있다. 본 건에 대해서는 한국생활환경시험연구원 홈페이지(www.kemti.org)를 참조하면 된다.

바) 초상권·상품권·저작권 등

① 초상권 침해로 유명연예인 사진 무단도용 금지

② 상표권 침해로 수입명품 및 유명 브랜드 위조품 판매(형사처벌)

③ 유명상표 유사문구는 부정경쟁방지 및 영업 비밀에 관한 법률, 상표법에 의거 처벌

④ 저작권 침해로 다른 사이트의 웹페이지를 무단 복제하거나 링크하여 이미지, 설명문구를 그대로 사용하는 것은 금지

사) 가전, 컴퓨터 등

전기용품 안전관리법에 의거 안전인증 대상이 전기용품인 경우 인증 받은 제품인지 확인 후 등록해야 한다. 자세한 사항은 한국전지전자시험연구원 홈페이지(www. keeti.re.kr)을 참조하면 된다. 위반시에는 동법 15조에 의거 20년 이하 징역 및 2천만원 이하의 벌금에 처해질 수 있다.

성공창업학

돈, 권력 그리고 명예가 없어도 인생역전을 이룰 수가 있는 것은 바로 인터넷의 힘이라고 할 수 있다. 인터넷을 이용한 창업은 초창기의 인터넷쇼핑몰로 시작되어 다양한 형태로 빌전할 수 있는데, 자신의 장점과 경험 그리고 노하우를 잘 살린다면 자금이 거의 없어도 월급 이상의 수익을 올릴 수 있다. 다만, 저자의 경험으로 볼 때에 한두 가지 분야를 특화하는 것이 필요하며, 충성도 높은 고객(혹은 회원)들이 모일 수 있는 커뮤니티의 운영이 필수 조건이라고 할 수 있다. 그렇기 때문에 막연히 인터넷쇼핑몰 일변도의 획일적인 사고에서 벗어나서 자신의 참신한 아이디어를 사이버 공간에 접목을 시켜 본다면 의외의 성공을 맛볼 수 있을 것이다.

제 15 장

외식창업

1. 외식산업과 창업

외식창업을 준비하기 위해서는 먼저 외식산업을 이해하는 것이 필요한데, 외식산업은 "사람이 음식에 대한 기본적인 욕구(식욕)를 요리나 음료, 주류를 통해서 그 욕구를 직접 충족시켜 주기 위한 인적서비스(주방의 요리사, 홀의 서빙 등)가 연출되어지고, 때로는 분위기가 있는 휴식공간(장소)까지 제공되어 생활에 새로운 활력을 얻게 해 주는 것"이라고 할 수 있다(유영진 · 임현철, 2003). 즉, 외식산업은 다양한 식재료를 이용하여 요리를 제조하는 기능, 고객에게 직접 판매하는 소매업의 기능, 그리고 요리를 맛있게 즐겁게 먹을 수 있는 부가서비스 기능을 제공하는 복합산업이라고 할 수 있다. 위의 정의에서 보면 외식산업은 단순한 서비스업으로만 생각하기보다 제조기능을 갖춘 산업으로 생각해야 한다는 것이다.

이러한 외식산업역사의 시작은 1950~60년대 미국의 경제전반에 따른 식생활의 변화와 함께 미국에서 'Food Service Industry'라는 용어로 정착되기 시작했으며, 일본에서는 1970년에 '마스꼬미'라는 잡지에서 지금 우리가 사용하고 있는 외식산업이라는 용어를 처음 쓰기 시작하였다(최재희, 2003). 한국에서는 1979년 국내 롯데리아가 일본 롯데리아의 기술지원을 통해 도입되면서 1980년대 초 외식산업이란 용어를 사용하기 시작하여 기존의 요식업, 식당업, 음식업의 명칭이 외식산업으로 보편화되어 왔다. 그 이후 한국에서의 외식산업시장은 1980년대의 성장기를 지나 1990년대에 접어들면서 햄버거시장, 피자시장, 패밀리레스토랑시장, 치킨시장, 그리고 단체급식시장 등으로 형성되고 있다. 최근에는 체인경영기법을 도입한 패밀리레스토랑의 등장으로 외식산업이 새로운 시장을 형성하기에 이르렀다.

또한 IMF 이후 실직자들이 대량으로 쏟아져 나오면서 예비창업자들을 겨냥한 외식창업의 붐이 일어났으며, 다양한 형태의 외식 프랜차이즈 본사들이 우후죽순처럼 생겨났다. 하지만, 외식창업에 대한 지나친 쏠림 현상으로 과당경쟁이 일어나게 되었고, 최근에는 벤처대란에 이어서 외식 프랜차이즈 본사들의 연쇄도산으로 이어지게 되었다. 사실, 먹는장사가 쉽다고 생각할 수도 있지만 고난도의 음식기술이 필요한 분야인 동시에 육체적으로 힘든 노동을 필요로 하는 3D(difficult, dirty, dangerous)분야라고도 생각되는 분야이기도 하다. 또한 외식산업은 단기간에 많은 돈을 벌 수도 있지만, 가장 빠른 시간 내에 망할 수 있는 업종이기도 하다. 그렇기 때문에 외식산업에서 창업을 하려는 예비창업자들은 단순히 음식을 판매하는 먹거리 장사라는 생각에서 벗어나서 고부가가치를 창출할 수 있는 제조기능에 서비스 기능을 더한 산업이라는 생각을 가져야 한다는 것이다.

2. 외식산업의 특징과 문제점

다양한 창업분야 중에서 외식산업은 분명하게 차별되는 특징들이 많다고 할 수 있다. 무점포로는 불가능하다는 점, 아이디어만으로는 안 되고 기술이 있어야 한다는 점, 각종 인허가 사항이 많다는 점, 1인 창업이 매우 힘들다는 점 외에도 다양한 특징이 있다. 이와 더불어 국내 외식산업은 너무 급속하게 발전된 탓으로 인해 많은 문제점을 안고 있다.

2.1 외식산업의 특징

가) 유영진 · 임현철(2003)은 외식업의 특징을 다음과 같이 제시하고 있다.

① 생산(혹은 제조)과 판매가 함께 이루어지는 서비스산업이다.

② 고객, 종업원, 경영주가 하나가 되어 고감도 서비스연출(인간관계)로 이루어지는 사람 중심의 인재산업이다.

③ 상권분석을 통해 경제성을 고려하며, 점포의 입지에 의존하는 입지산업이라 할 수 있다. 외식산업에서 점포의 입지는 매출에 가장 중요한 영향을 미치는 요소라고 할 수 있다.

④ 단순화(simplification), 표준화(standardization), 그리고 전문화(specialization) 등의 시스템을 체계적으로 기본화하는 매뉴얼 산업이다.

⑤ 식당 운영에 대한 경험과 고도의 노하우 등을 통해 한 개 이상의 점포전개에 따른 규모의 경제와 표준화가 가능한 프렌차이즈 산업이다.

⑥ 식당의 기본요소(품질, 청결, 서비스)에 분위기를 가미시켜 고객 만족의 가치를 추구하는 가치판매산업이다.

⑦ 복합산업(식품, 식재료, 급식, 조리, 제조, 호텔, 관광, 레저, 유통, 부동산, 패션, IT산업 등)의 최종산물인 종합예술첨단산업이다.

나) 또한, 최재희(2003)는 외식업의 특징을 다음과 같이 5가지로 요약하고 있다.

① 입지산업이라 불릴 정도로 점포의 입지가 중요하다. 그렇기 때문에 외식창업을 할 때에는 점포의 입지(위치)에 대한 결정을 다양한 데이터의 수집에 근거한 과학적 방법에 의해 수행해야 한다.

② 서비스 지향적인 산업이다.

③ 인적자원 활용도가 높은 산업이다.

④ 소비자의 기호에 영향을 미치는 산업이다.

⑤ 체인화(프랜차이즈화)가 가능한 산업이다.

다) 이 외에도 저자의 경험에서 보면, 외식산업은 단순히 먹고 마시는 산업

이 아니라 고부가가치를 창출할 수 있는 벤처산업이라 할 수 있다는 것이다. 즉, 외국의 경우를 보더라도 외식산업에서 성공을 하기 위해서는 높은 수준의 요리기술이 필요할 뿐만 아니라 다른 산업과 비교해서 보더라도 부가가치가 매우 높은 산업이라는 것이다. 또한 서비스업으로만 생각할 것이 아니라 여러 가지의 식재료를 이용하여 음식을 만드는 제조업으로 생각할 수 있다는 것이다.

이렇게 외식산업에 대한 관점을 달리해 보면, 누구나 창업할 수 있는 것이 외식산업이 아니라는 것을 알 수 있다. 사실 한국에서 가장 많이 창업을 하면서도 가장 많이 망하는 것이 외식산업인데, 어쩌면 그것은 외식산업의 본질을 제대로 이해하지 못하는 데서 출발한다고 볼 수 있다. 특히 집에서 하는 음식솜씨에 조금 더 보태면 할 수 있는 것이 외식산업이라는 생각은 버리는 것이 좋을 것이다.

2.2 외식산업의 문제점

가) IMF 이후 실직자들이 외식업으로 몰리면서 음식점들이 우후죽순처럼 개업하였다. 하지만, 불과 6개월도 되지 않아 도산하는 업소들이 증가하는 등 사회적으로도 많은 문제들을 낳았다. 이에 대해 유영진 · 임현철(2003)은 외식산업의 문제점을 다음과 같이 지적하고 있다.

① 복합산업인 데도 불구하고 경영에 관한 지식이 부족하다. 운영에 관한 문제는 점차 향상되고는 있지만 타 업종에 비해 외식산업에 대한 직업관(occupational view)이 결여되어 있다.

② 식당업종사원의 직업윤리관이 정립되지 않아 잦은 이직과 교육 및 훈련부족 등으로 외식산업을 발전시킬 수 있는 우수한 인재의 부족현상을 들 수 있다.

③ 고객의 욕구파악이나 기존메뉴, 신규메뉴의 분석능력 부족과 POS(point-of-sale) 등의 미설치에 따른 데이터 자료 부족, 고객지향적인 메뉴가치 창출미비 등의 여건과 이를 극복하고자 하는 노력이 절대적으로 부족하다.

④ 품질수준의 문제로서 레시피(recipe)에 의한 품질기준과의 차이가 발생되는데, 규정에 맞는 식재료를 사용하며 당도계, 염도계 등을 사용한 과학적이고 보다 체계적인 레시피에 의한 품질관리가 필요하다.

⑤ 원가관리 의식의 결여에 따른 손익계산에 의한 최적원가 산정능력과 의식이 결여되어 있다.

⑥ 고품질의 상품가치를 만들기 위한 주방의 설비와 기기가 필요한데, 이에 대한 전문지식 부족과 기기의 소량 소비에 따른 소량 생산, 수입 통관비용 등의 발생으로 인해 고가라는 점 때문에 구입이 쉽지 않다.

⑦ 입지의존성이 높은 업종으로 투자비가 높아 문제점이 있는데, 식당은 입지가 성패를 좌우하므로 성공시 점포의 확장이전이 쉽지 않고, 입지선정 잘못으로 실패할 경우 원상복구가 어려운 업종이다.

⑧ 열악한 근무환경과 중간관리자의 부족, 능력의 한계, 외식업관련 법률, 세무, 행정상의 어려움이 있다.

⑨ 여유자금 없이 외식업을 창업하는 경우가 대부분이라 한계자금에 의해 장기계획수립보다는 단기계획수립으로의 한계점과 금융비용부담 등으로 인한 운영상의 문제점이 발생하고 있다고 하겠다.

나) 이밖에도, 외식산업분야에서의 문제점들을 좀더 살펴보면 다음과 같다.

① 외식산업분야에서 아무런 경험이 없는 상태에서 프랜차이즈에 뛰어드는 일부 몰지각한 본사 창업자들에 의해 외식산업의 본질이 왜곡되고 있다.

② 집에서 하는 음식 솜씨에 조금 더 보태면 누구나 외식창업을 할 수 있다고 생각하는 예비창업자들이 많다.

③ 외식산업을 마치 패션 유행처럼 생각하는 경향이 강하다. 그 결과, 외식산업분야에서의 기술, 경험과 노하우가 제대로 축적되고 발전되지 못하고 있다. 조금 하다가 안 된다고 생각해서 자꾸 다른 것으로 바꾸면 경험과 노하우가 절대로 남지 않는다는 것이다. 그러면 무엇을 해도 되는 것이 없게 된다는 것이다.

④ 독창적인 아이디어와 기술로 창업을 하기보다는 잘 되는 점포를 모방하거나 베끼기를 너무 많이 한다. 국내에서 유사한 브랜드가 얼마나 많은가를 생각해 보면 된다. 나중에 베끼는 사람이 오히려 더 잘 되는 경우가 많으며, 이로 인해 외식산업 전반에 불신의 풍조가 만연되어 있다는 것이다.

⑤ 너무 소자본으로 창업을 하려고 하다 보니 변화하는 고객의 욕구를 제대로 충족시켜 주지 못하고 있다. 특히 이제 막 창업을 하면서부터 소상공인지원

센터 등에서 자금을 지원 받아서 시작하다가 정작 변화가 필요할 때에 빠르게 적응하지 못하고 그만 주저앉게 된다는 것이다.

3. 외식산업의 분류와 업종선정

3.1 외식산업의 분류

외식업의 분류에 있어서 가장 혼동되고 있는 부분이 업종·업태의 구분인데(유영진·임현철, 2003), 먼저 업종(業種)이란 판매할 메뉴의 대분류상의 종류로 한식이냐, 일식이냐, 양식이냐, 중식이냐, 단란주점이냐, 유흥주점이냐 등으로 분류할 수 있듯이 영업이나 사업의 종류라고 할 수 있다. 또한 업태(業態)는 업종에 대한 소분류를 나타내는 것으로 취급하는 상품의 분류 및 가격, 질, 운영매뉴얼, 특정의 영업방법, 서비스를 제공하는 방법, 점포분위기 등에 따라 차별화를 한 것으로, 예를 들면 양식의 경우는 패밀리레스토랑, 스페셜레스토랑, 디너레스토랑 등으로 구분하는 것을 말하며, 한식의 경우에는 우동·김밥 등의 분식점, 탕이나 찌게류, 돼지갈비 등의 일반음식점, 호텔 등과 같은 고급한정식 전문점 등으로 구분하는 것을 말한다. 이러한 외식업의 대표적인 분류를 살펴보면 다음과 같다.

(1) 식품위생법상 식품접객업에 의한 분류

① 휴게음식점업: 음식류를 조리, 판매하는 영업으로서 음주행위가 허용되지 않는 영업(주로 다류를 조리 판매하는 다방, 빵·떡·과자·아이스크림류를 제조 판매하는 과자점 형태의 영업을 포함한다)

② 일반음식점업: 음식류를 조리, 판매하는 영업으로서 식사와 함께 부수적으로 음주행위가 허용되는 영업

③ 단란주점업: 주로 주류를 조리, 판매하는 영업으로서 손님이 직접 노래를 부르는 행위가 허용되는 영업

④ 유흥주점업: 주로 주류를 조리, 판매하는 영업으로서 유흥종사자를 두거나 유흥시설을 설치할 수 있고 손님이 직접 노래를 부르거나 춤을 추는 행위가 허용되는 영업

(2) 한국표준산업 및 기타 분류

가) 한국표준산업 및 기타 분류(www.nso.go.kr)란, "국내경제활동의 구조분석에 필요한 통계자료의 생산과 그 생산된 자료간의 국내·외 비교분석 목적에 모든 기관이 통일적으로 사용하도록 국내의 산업구조 및 실태하에서 각 생산단위가 수행하고 있는 모든 산업활동을 일정한 분류기준과 원칙에 따라 일반적인 형태로 유형화한 것"이라 할 수 있는데(네이버 용어사전, terms.naver.com), 음식점업을 다음과 같이 분류하고 있다.

① 일반음식점업(5521): 한식점업, 중국 음식점업, 일본 음식점업, 서양 음식점업, 기관 구내식당업, 기타 일반 음식점업

② 기타 음식점업(5522): 피자/햄버거/치킨전문점, 분식/김밥전문점, 이동 음식점업, 그 외 기타 음식점업

③ 주점업(5523): 일반유흥주점업, 무도유흥주점업, 간이주점업

④ 다과점(5524): 제과점업, 찻집

이 밖에도 외식산업은 다양하게 분류할 수 있다. 예를 들어, 연합뉴스(www.yna.co.kr)에서는 외식산업을 한식/고기류, 치킨, 도시락/돈까스, 커피/음료, 패스트푸드, 족발/보쌈/순대, 제과/제빵, 일식/횟집, 우동/면류, 스파케티/피자, 전통음식, 아이스크림, 호프/주점, 레스토랑, 아시아/세계요리, 닭갈비/오리, 해산물/장어, 김밥/분식, 양식/중식의 19가지로 분류하고 있다.

나) 한편, 최재희(2003)는 업종선정을 유형별로 다음과 같이 구분하고 있다.

① 음식재료에 따른 업종선정: 게요리전문점, 낙지전문점, 오리고기전문점, 복요리, 생고기전문점, 산채요리전문점, 껍데기전문점, 보양탕 등

② 국적에 의한 업종선정: 한식, 일식, 중식, 양식, 기타 국적요리

③ 주방기물에 의한 업종선정: 화로구이전문점, 자연석 돌구이전문점, 맥반석구이 등

④ 요리방법에 의한 업종선정: 철판구이, 석쇠구이, 꼬치구이, 징기스칸요

리, 전골요리전문점, 바비큐전문점, 숯불구이전문점 등

⑤ 서비스 방법에 의한 업종선정: 뷔페전문점, 카페테리아, 정통레스토랑, 배달전문점 등

⑥ 시설 컨셉트에 의한 업종선정: 비행기레스토랑, 기차레스토랑, 보물선, 랭귀지카페 등

⑦ 영업시간에 따른 업종선정: 24시해장국, 야식전문점 등

3.2 창업할 업종 및 업태의 선정

가) 앞에서도 살펴보았듯이, 외식업은 매우 다양한 업종들로 구성이 되어 있다. 이러한 외식산업 내에서 어느 업종을 선택하는가 하는 것은 또 다른 고민이 될 것이다. 이에 대해서 최재희(2003)는 업종 및 업태 선정을 위한 10가지 키워드를 다음과 같이 제시하고 있다.

① 적성, 경험, 능력을 고려하여 잘 아는 업종을 선택하면 불경기를 타개할 수 있다.

② 영원한 유망아이템도 없고, 독점아이템도 없다는 점을 인식한다.

③ 작으면서도 실속 있는 아이템을 선정한다.

④ 현금회전이 빠른 아이템을 선정한다.

⑤ 체인점 가맹은 신중을 기하고, 본사의 능력을 확인한다.

⑥ 업종 선택시 경쟁점포의 수와 수요 및 공급 측면을 고려한다.

⑦ 초보창업자일수록 도입기 업종을 피하고 보편적인 성장기 업종을 선정한다.

⑧ 법적 규제가 따르는 업종인지 검토한다. 규제가 있다면 충족시킬 가능성을 확인한다.

⑨ 가족의 동의를 얻을 수 있는 업종인지 고려하여 본다.

⑩ 전문적인 기술이나 지식을 필요로 하는 업종 여부를 검토하고 선정한다.

나) 한편, 유영진·임현철(2003)은 창업할 업종 및 업태의 선정시 체크해야 할 사항들을 다음과 같이 제시하고 있다.

① 본인의 자금규모에 맞는 음식점을 창업해야 한다.

② 본인의 생각인 가치관, 나이, 성별, 체력조건 등 적성에 맞는 업종과 내가 좋아하는 메뉴를 고려해야 한다.

③ 도입기를 거쳐 성장기에 접어든 업종·업태인가를 체크해야 하며, 최근에 반짝하다가 사라지는 유행아이템이 너무 많다는 사실도 인지해야 한다.

④ 점포의 입지에 적합한 업종·업태인가 체크가 필요하다.

⑤ 가맹점이나 회원점으로 창업할 것인가, 독립점포로 할 것인가 결정해야 한다.

⑥ 유능한 식당경영주나 식당전문가, 외식전문컨설턴트에게 자문을 받아서 한다.

⑦ 내 주변에서 나에게 도움을 줄 수 있는 연관성이 있는 업종이면 더욱 좋다.

⑧ 가족의 찬성과 협조를 얻을 수 있는 업종이어야 한다.

⑨ 식재료 공급이 원활하고 또 가격변동이 심하지 않아야 한다.

⑩ 개인조직이냐 법인조직이냐를 생각해야 하는데, 동업이 아니라면 우선은 개인조직으로 창업하는 것이 바람직하다.

⑪ 중저가나 단품메뉴 중심으로 구상해야 효과적이다.

⑫ 사전에 창업할 업종·업태에 근무를 해보는 것이 좋으며, 철저히 수익성을 분석해야 한다.

다) 위에서 창업하고 싶은 업종 및 업태를 선정하는 여러 기준들에 대해 살펴보았는데, 가장 중요한 기준 중의 하나라면 그것은 바로 본인이 즐기면서 할 수 있는 분야라는 것이 될 수 있다. 몇 년 전에 교수의 직위에서 사표를 내고 식당을 창업한 사례를 신문에서 읽은 적이 있는데, 본인이 좋아하고 열심히 할 수 있는 분야라는 것은 바로 본인이 다른 사람에 비해 더 많은 경험과 노하우 그리고 기술을 갖고 있는 분야라야 가능할 것이다.

4. 외식창업의 성공요소

4.1 외식창업의 형태

외식업의 경영형태는 독립과 체인, 그리고 프랜차이즈 등 크게 세 가지의 형태로 구분된다(이준혁, blog.daum.net/fcgkorea). 먼저 독립경영이란 투자에서 운영까지 그 모든 영업활동상의 권한과 책임이 경영자에게 부여되는 형태로 대부분의 외식업소가 독립경영의 형태를 띠고 있다. 체인경영이란 본사가 여러 매장을 직영으로 운영하는 방식이며, 프랜차이즈는 프랜차이즈 본사가 가맹점을 모집하여 브랜드 및 경영기술을 제공하고 체인화하여 운영하는 형태이다. 사실, 대부분의 창업자들은 체인경영보다는 독립경영 또는 프랜차이즈의 가맹점으로 경영을 하게 될 것이므로 이들의 장단점을 비교하여 신중하게 결정하여야 한다.

독립경영은 프랜차이즈 수수료와 같은 비용부담이 없어 프랜차이즈 방식보다 수익성이 높으며 자기만의 독특한 방식의 영업이 가능하다. 또한, 고객변화나 경기침체 등과 같은 시장에 대응하여 메뉴를 변경하든가 가격을 올리든가 하는 정책의 결정이 빠르다. 반면, 본사의 기술지원이나 영업지원이 없어 초보자로서는 사업에 대한 위험도가 높다는 단점이 있다.

반면, 프랜차이즈 방식의 가맹점(franchisee)의 측면에서는 체인의 시스템을 따르므로 경험의 부족에서 오는 위험을 줄일 수 있으며, 그에 따른 체인의 상호, 상표, 상품의 사용과 경영노하우를 전수 받을 수 있다. 또, 통합된 영업, 광고, 판촉 등의 지원으로 영업효과를 높일 수 있고, 재고의 부담을 덜 수 있으며, 품질의 균일화를 이룰 수 있다. 반면, 표준화된 통일방식을 따르므로 자기만의 더 나은 방안을 채택할 수 없으며, 본부와의 이해가 상반되는 경우 그 해결방법이 복잡하다. 또, 간혹 본사가 불평등한 계약을 요구하는 경우가 있기도 하며, 본부의 인지도나 브랜드가 약화되는 경우 본인의 능력과 관계없이 영업이 부진해지는 경우가 있다.

4.2 성공요소

일반적으로 외식창업에서 성공하기 위한 요소로 다음의 세 가지 요소를 꼽고 있는데, 영어의 첫 글자를 따서 QSC라고도 한다.

① 맛(quality)

② 서비스(service)

③ 청결(cleanness)

한편, 이준혁(blog.daum.net/fcgkorea)은 청결(cleanness) 대신에 분위기와 컨셉트(concept)를 제시하고 있다. 즉, 식당의 외관이나 홀 내부가 음식을 먹기에 좋은 분위기를 유지하고 있는가 하는 분위기와 컨셉트가 중요하다는 것이다.

성공창업학

외식업의 3가지 경영원칙(박규성, 2004.6)

① 음식점의 기본은 맛이다. 누구나 쉽게 또는 맛있다고 느낄 수 있는 대중화된 맛을 만들어야 한다. 또한 요리를 만들어 놓고 혀끝으로 느껴지는 미각 외에 눈으로 보여지는 시각적인 부분도 중요하기 때문에, 서비스나 매장의 분위기 등도 각별히 신경을 써야 한다.

② 손님이 찾아 올 수 있는 요소를 만들어라. 식당을 개점하면 먼저 방문 고객에 대한 분석을 하고 단골 고객으로 만들 수 있도록 자신의 매장만의 요소를 개발해야 한다.

③ 아무리 어려운 상황이 닥쳐도 극복할 방법은 있다. 시련이 닥치기 전 미리 대비하고 어느 정도 계획을 앞서 세워 놓는다면 갑자기 어려운 상황이 오더라도 쉽게 자포자기하지 않고 이겨낼 수 있다는 것이다.

외식업의 '3-5-2-12-8의 법칙'(문화일보, 2006.04.05)

창업의 목적은 수익극대화이며, 이 때문에 매장을 운영할 때 가장 중요한 점이 인력수급과 고정비 지출이라고 할 수 있다. 특히 외식업의 경영원칙에는 이른바 '3-5-2-12-8의 법칙'이 존재하는데, 30일 영업기준으로 매출액은 3(월세), 5(인건비), 2(경비), 12(원·부재료 구입비), 8(순수익)로 배분되는 것이 좋다는 것이다. 즉 3일 매출의 합계로 월세를 충당해야 하며, 5일 매출로 직원과 아르바이트의 급여를 충당해야 한다는 이야기이다. 또 2일 매출액이 수도·가스·전기 등 경비내역이며, 12일 매출의 합이 영업을 위한 원·부재료 구입금액을 넘어야 하며, 이를 충실히 이행했을 경우에는 8일 매출의 합이 이익금으로 남게 된다는 것이다. 입지나 상권 아이템에 따라 위의 공식이 맞지 않을 수도 있으나, 위의 공식과 같이 매장 운영시 전체 매출 대비 고정비, 변동비에 대한 지출 항목과 규모를 정한 후 이를 맞추기 위한 운영전략은 반드시 필요하다고 할 수 있다.

4.3 외식업의 원가관리

유영진 · 임현철(2003)은 외식업의 중요한 성공요소로서 원가관리를 들고 있다. 즉, 원가관리가 제대로 되지 못했을 때에는 앞에서 벌고 뒤로 밑지는 장사가 될 수 있다는 것이다.

(1) 표준원가와 실적원가

① 표준원가는 점포가 지켜야 할 기준원가로서, 표준적인 식재료의 사용원가에 의한 표준 레시피에 의해 작성된 원가이다. 같은 의미로 표준적인 조리 매뉴얼 작업에 의해 작성된 기준원가, 개별 품목원가와 메뉴판매액 백분비에 의해 산출된 기초원가, 점포 관리 및 식재료 관리의 기준과 장기간 점포의 경험과 합리적 작업에 의해 정리된 식재료 사용수율에 기초한 작업원가이며, 이 표준원가의 정확도는 점포 노하우 수준으로 평가한다.

<table>
<tr><td>이론원가</td><td>표준손실</td><td></td></tr>
<tr><td colspan="2">표준원가</td><td>실제 작업손실</td></tr>
<tr><td colspan="3">실적원가</td></tr>
</table>

자료: 유영진 · 임현철(2003).

② 실적(실제)원가는 점포단위의 실제작업에 의해 작성된 표준원가와의 차이의 원가로서, 표준원가와 최소의 차이일 때 우수한 품질관리가 되었다고 할 수 있다.

(2) Food + Labour cost(FL cost)

식재료 원가 + 인건비로 구성된 원가로 보통 60~70%로 점포 이익관리라고도 하는데, FL cost를 낮추기 위해서는 식재료의 합리적인 수율 관리와 노동생산성을 향상시킴으로써 가능하며 관리가 가능한 원가이다. 최근에는 이 FL cost가 어느 정도인가 할 정도로 중요시되고 있으며, 이 FL cost를 잘 관리하지 못하면 점포운영의 어려움에 직면하게 된다.

(3) 표준원가 작성방법

각 메뉴별로 정확한 레시피와 작업수율을 작성하여 이 작업수율에 의한 매뉴별로 실제 사용된 식재료량을 산출한다. 이때 메뉴별로 실제 사용된 사용량×단위당 구입단가를 해서 전부 합하면 그 메뉴의 원가가 나온다. 메뉴원가÷순판매가(VAT 별도의 매출액)×100%=메뉴원가율이 된다. 전 메뉴를 이런 방법으로 메뉴별 원가를 구해서 그 메뉴별로 판매량을 곱해 주면 메뉴별 총원가가 나오고 총원가에서 총매출액 중 VAT를 제외한 순매출을 나누어 100%를 곱해주면 그 점포의 표준원가가 된다. 즉 메뉴별 원가에 메뉴별로 판매량을 곱해서 나온 메뉴별 총원가를 전부 더해서 나온 합계로 순매출액을 나누어 100%를 곱하여 주면 그 점포의 표준원가가 된다.

(4) 표준원가를 틀리게 하는 요인들

재고조사나 검수관리를 정확하게 하지 않았거나 카운터 계산의 실수, 분실 등과 잘못된 조리나 서빙에 따른 로스(loss)로 폐기처분 규정을 무시했다든가, 금전사고, 허락이나 기록없이 지인에게 무료제공 등을 들 수가 있겠다.

5. 메뉴 개발 및 선정시의 고려사항

요즈음 외식창업자들의 고민은 바로 무엇인가 차별되는 메뉴를 개발하는 것이라고 할 수 있다. 또한 많은 돈을 투자하여 메뉴를 개발하여도 금방 다른 창업자들이 베껴서 좀더 차별되는 아이템으로 만들기 때문에 메뉴의 수명이 너무 짧다는 것이다. 이로 인해서 외식업을 창업하는 경우에 메뉴 개발에 많은 애로를 겪고 있는 것이 사실이다.

5.1 메뉴의 종류

먼저 유영진·임현철(2003)은 외식업을 창업할 때에 고려해야 하는 메뉴의 종류를 다음과 같이 6가지로 제안하고 있다.

① 간판메뉴: 차별화·개성화하여 고객에게 어필하는 수단으로 자기 점포만이 갖고 있는 개발 메뉴로 특히 테이크아웃(take-out)이 많은 점포는 이용률을 높이기 위해 필요하다.

② 판촉전략 메뉴: 비용(cost)이 낮으며 조리를 간편하게 할 수 있고 주방의 능력과 객석 수를 고려해서 판촉전략(할인쿠폰, 전단지, DM 등)을 전개할 수 있는 메뉴이다.

③ 런치타임 메뉴: 회전율을 높이고 고객의 부담을 덜어 주기 위해 중식시간에만 판매하는 한정메뉴이다.

④ 티타임 메뉴: 가볍게 할 수 있는 간식음료로 여성고객이 많은 헬스클럽이나 스포츠시설 주변에 한정되어 판매되는 메뉴이다.

⑤ 계절메뉴: 계절의 미각을 자극시키기 위해 개발된 1~2가지 메뉴이다.

⑥ 디너메뉴: 일과 후 가족이나 회사동료 또는 회식 등으로 이용할 수 있는 메뉴로 단품보다는 10~15% 정도 할인된 코스메뉴가 좋으며, 이때 전략적인 차원에서 음료나 디저트를 최대한 배려하여 후미를 장식해야 한다.

위에서 여러 가지 메뉴의 종류에 대해 언급을 하였지만, 문제는 언제 새로운 메뉴를 개발하여 추구할 것이며, 기존 메뉴 중 어떤 메뉴를 없앨 것인가 하는 것이다. 늘 같은 메뉴만을 제공한다면 고객의 입장에서는 싫증이 날 것이며, 더 이상 방문하지 않을 것이라는 것이다. 또한 각 메뉴별로 요일별·계절별로 판매수량을 관리하거나 고객의 반응을 조사한 후에 주문이 많이 없는 메뉴는 신속하게 삭제하고 새로운 메뉴를 첨가해야 한다.

5.2 메뉴의 선정 및 개발

가) 최재희(2003)는 메뉴를 선정할 때에 고려할 사항으로 다음과 같은 것들을 지적하고 있다.

① 자신이 좋아하는(관심 있는) 메뉴를 선택한다.

② 독립점인가 혹은 프랜차이즈인가 고려해 본다.

③ 가격과 소비층, 소비수준을 고려해 본다(업종과 입지의 조화를 고려한다).

④ 주메뉴와 보조메뉴를 생각해 본다(전문점에서도 보충메뉴는 필요하다).

⑤ 지역정서를 고려한다.

⑥ 전문가의 조언을 받아 본다.

⑦ 메뉴 수와 품질수준을 결정한다.

⑧ 조리 레시피(recipe)를 작성한다.

⑨ 경영주의 주관보다 소비층에 알맞은 객관성이 있어야 한다.

⑩ 세트, 오리지널(창작메뉴)런치, 디너스페셜 등 고객의 선택의 다양성을 고려한다.

⑪ 메뉴의 브랜드화를 고려한다(향후 체인본사가 될 것을 염두에 둔다).

⑫ 요리와 기물의 조화를 고려한다(기물에 따라 음식이 날라 보인다).

⑬ 가격은 경쟁업소와 비교하여 결정한다.

⑭ 자기점포만의 독특한 음식을 판매한다.

⑮ 주류 판매시에는 안주메뉴에 충실한다.

여기에서 한 가지 언급할 것은 바로 향후 프랜차이즈 본사로의 전환을 고려한 메뉴의 브랜드화가 중요하다는 것인데, 메뉴의 브랜드화를 위해서는 레시피의 표준화가 가능해야 한다는 것이다. 또한 본사에서 제공하는 식재료를 이용하여 개별 가맹점에서 맛의 표준화가 가능한가를 고려해야 한다.

나) 또한 최재희(2003)는 메뉴를 개발할 때의 고려할 사항으로 다음의 일곱 가지를 제시하고 있다.

① 고객층에 알맞은 메뉴 개발: 누가 고객이 될 것인가에 따라 메뉴개발의 전략이 달라야 한다. 예를 들어, 신세대를 대상으로 하느냐, 30~40대 혹은 여성이 주고객이냐에 따라 고객층에 맞는 메뉴를 개발해야 한다.

② 마케팅을 고려한 메뉴 개발: 요즈음은 고객이 보는 앞에서 음식을 조리하는 이벤트 메뉴가 많다. 즉, 메뉴 마케팅이라고도 하는데, 고객의 앞에서 직접 조리를 하면 시각적인 맛을 더하여 고객으로 하여금 맛을 창출할 수 있으며 조리되는 시간의 지루함을 잊게 하고 위생에 관하여 신뢰할 수 있게 된다는 것

이다.

③ 재고관리를 고려하여 개발한다: 같은 재료를 사용하여 다양한 메뉴를 개발하게 되면, 식자재 재고를 현저하게 줄일 수 있고 아울러 경영에도 많은 도움을 준다. 또한 원재료 구매가 지속적으로 조달 가능한지 혹은 조달이 어려운 원재료가 있는가를 파악하는 것도 중요할 것이다.

④ 기획메뉴 상품개발: 기획메뉴 상품은 개발된 메뉴에서 판매를 촉진하기 위하여 전략상으로 만든 메뉴를 말한다. 기획메뉴 상품은 가격 측면에서 저렴하게 하는 것이 좋다.

⑤ 건강메뉴 개발: 저칼로리 혹은 다이어트 메뉴를 한 가지 이상 개발하거나 청정 원재료를 사용한 메뉴 개발에 중점을 두어 고객의 욕구에 부응하는 것이 좋다. 건강메뉴의 경우에는 과학적으로 입증이 되어야 고객으로부터 신뢰를 받을 수 있을 것이다.

⑥ 주방설비를 고려하는 메뉴 개발: 주방설비가 제대로 되어야 음식의 맛을 제대로 낼 수 있는 법이다. 그냥 무턱대고 메뉴만 개발하다가는 오히려 고객의 실망만 커질 수 있다는 것이다.

⑦ 메뉴 북: 메뉴 북(menu book)은 바로 메뉴의 가치를 결정할 수도 있다는 것을 생각해야 한다. 성의가 없는 메뉴 북은 고객으로 하여금 메뉴에 대한 가치를 낮게 평가하는 선입관을 갖게 할 수도 있다.

6. 음식점의 점포설계

6.1 공간분석

음식점에 있어서 공간은 크게 접객서비스공간, 주방설비공간, 동선으로 이어지는 통로의 세 부분으로 나누어진다. 이렇게 세 가지 존(zone)으로 나누어 놓으면 집기의 위치가 금방 드러나고 쉽게 접근할 수 있다는 이점이 있다. 그리고 주방설계를 시작한다. 주방이 설정된 후 객석설계가 이루어지고 그 다음 설비설계가 이루어지는 것이 순서다. 외식창업에 있어 공간분석을 위한 기초 설계를 할 때에 참조해야 할 사항은 다음과 같다(blog.naver.com/jaju09).

① 판매하고자 하는 상품 결정(주방기기 종류와 주방규모 설정의 핵심)

② 앞으로 개발할 메뉴의 종류도 고려

③ 주방 면적에 가능한 한 일정부분 여유

④ 주방 뒤편에 종업원의 휴식공간(탈의실 등)이 마련되도록 조정(중·대형점포)

⑤ 창고공간은 3일 정도의 매출물량의 넓이 확보

⑥ 건축도면이나 기존 인테리어 도면이 아닌 실측에 의한 평면도면으로 점포설계

⑦ 의자, 탁자의 배치문제의 의견 제시

6.2 주방설계

일반적으로 주방공간은 식품보관장소, 다듬기실, 가열조리구역, 메뉴차림대, 식기세척지역으로 나누게 된다. 최재희(2003)는 주방을 설계할 때 고려할 사항으로 다음을 제시하고 있다.

① 메뉴 수, 메뉴종류 먼저 결정

② 메뉴 조리방법 결정

③ 주방기기의 종류와 규격, 수량 결정

④ 예상 최대판매량 결정

⑤ 냉장·냉동고, 가스레인지 등 공간확보(열발산 기구는 한쪽으로 배치, 가급적 냉장·냉동고와 멀리한다)

⑥ 주방기기별 생산능력 체크

⑦ 작업동선 확보(1.2m~1.8m)

⑧ 조리속도가 신속하도록 효율적인 기기를 선정(주방면적을 위와 같은 제 조건에 맞추어 설정한 뒤 객석 확보)

⑨ 주방위치는 객석으로 서빙하기 편리한 위치에 설정

⑩ 주방은 점포모양에 따라 합리적으로 설정

⑪ 주방바닥 및 주방벽체 마감재의 설정

⑫ 온수 공급라인 확보

⑬ 배수시설의 확보(배수로는 경사지게)

⑭ 전기(전압 및 전력)용량의 합리적 설정을 위해 에어컨과 간판용량을 연계하여 설정, 필요하면 승압 공사를 해야 함.

⑮ 도시가스 설비지역과 비설비지역 구분

⑯ 후드설비

⑰ 닥터설비(공기의 흐름을 원활하게 하기 위하여 천장은 객석보다 조금 높게 공사)

⑱ 주방기기의 레이아웃(배치)

⑲ 주방기기 규격 및 리스트 작성

⑳ 주방기물 선정(메뉴가격과 알맞은 품질을 선정해야 하며, 피크시간에 설거지에 신경 쓰지 않을 정도의 수량 확보 [객석의 1.5배 정도])

한편, 주방설계는 음식점의 점포설계에 있어서 가장 우선적으로 진행되어야 한다. 그것은 각종 주방기기, 가스기기 등의 경우에 규격품이 많거나 형식승인을 받은 제품이기 때문에 변형제작이 어렵다는 것이다. 따라서, 주방설계를 한 후에 객석설계 등이 진행되어야 할 것이다. 하지만, 많은 예비창업자들의 경우에는 객석에 대한 설계 및 통로에 대한 부분을 먼저 고려한 나머지 주방, 화장실 등을 등한시하고 이로 인해 고객 서비스에 상당한 불편을 초래하는 경우가 많다는 것이다.

6.3 접객서비스 공간설계

최재희(2003)는 접객서비스 공간설계에서 있어서 고려해야 하는 사항들을 다음과 같이 제시하고 있다.

가) 의자와 테이블

음식점의 종류와 고객에 따라 의자와 테이블은 달라지게 된다. 또한 같은 종류의 음식점이라고 할 경우에도 가격, 분위기 연출 등에 따라 달라지는 것은 당연한 것이다.

나) 의자와 테이블의 배치형태(cafe.naver.com/painthouse)

① 세로형: 직사각형의 가게에서 안길이에 긴 벽에 따라 배열되기도 하고 파티션이나 스크린과 병행해서 놓이는 경우가 많다. 객석의 구성이 단순 명쾌하므로 가벼운 음식 업태에 적합하며 이용객은 객석을 쉽게 선택할 수 있다. 종업원도 서비스를 하기 쉬우며 서비스 효율도 크지만, 구성이 단순해서 열차의 의자와 같은 거북하고 딱딱한 이미지를 주기 쉽다.

② 가로형: 벽 또는 주요 통로에 직각으로 배치된 것으로 벽측의 의자를 벤치시트로 한 예가 많다. 다른 형과 복합하여 사용하는 경우가 일반적이다.

③ 세로형과 가로형의 조화: 네모진 평면 형에 어울리는 레이아웃으로, 객석 구성을 다채롭게 변화시킬 수 있다. 또 실제로 배치 효율을 높이고, 빈 공간을 없앨 수 있다. 한편 객석 통로가 복잡해지고 서비스 동선이 생각보다 길어져서 손님에 대한 응대에 불쾌감을 주는 경향도 있다.

④ 변형 부스형: 곡선형, 원형, 예각 · 둔각의 고너형 등 자유로운 변칙석 객석 형식을 생각할 수 있다. 변화가 풍부한 객석 구성을 할 수 있어 디스플레이나 파티션을 복합한 개성적인 공간연출이 가능하다. 한편 취급방식에 따라 번거로운 객석이 되거나 손님 수에 맞지 않는 불편이 발생한다.

⑤ 점재형: 이 형태는 식사 중심의 점포나 매점 등의 점포구성에 많이 보이며 비교적 대형 홀을 확보한 점포에 많다. 한 공간에 자유로이 배치하는 방법과 일정한 간격으로 배열하는 경우가 있다. 독립된 형식으로 여유 있고 차분한 객석 구성이 되는 반면, 다른 배치와 비교해서 면적마다의 객석수는 줄어든다.

다) 객석 세트의 필요치수

한 세트의 객석치수는 점포의 크기나 형태, 업종, 객층, 입지 등에 따라 차이가 있지만, 음료 중심의 경우는 최소한의 치수로, 식사 중심의 가게는 큼직하게 생각하는 것이 일반적이다.

라) 테이블과 객석 수

마주 보고 앉는 경우에는 테이블에 대한 한 사람당의 필요 간격을 450~600cm로 산정하면 필요 객석에 대한 테이블 치수가 결정된다. 그러나 보통 큰 테이블은 직각으로 인접한 양 사이드에도 객석을 설치하므로 코너부분에 한 사람 당 필요한 테이블 공간의 오버랩이 생긴다. 이런 상태의 코너에서 250~

300cm 정도 여유를 두어 계획할 필요가 있다.

마) 동선계획과 통로

손님에게는 순서에 따라 빨리 요리가 나와서 스스럼없이 음식을 먹거나 대화할 수 있도록 하고, 종업원은 원활하게 서비스를 할 수 있도록 하는 통로의 구성이 필요하다. 서비스는 주방과 객석 사이의 왕래이므로 종업원의 1일 보행거리는 상당히 길 것이다. 따라서 서비스 동선을 단순화하고 보행거리를 단축하기 위해 주방의 위치를 고려해야 한다.

7. 외식사업의 인 · 허가관리

음식점 등과 같은 외식사업을 하기 위해서는 수많은 인가 혹은 허가 사항들이 있는데, 많은 예비창업자들의 경우에 소홀히 생각하는 경향이 많다는 것이다. 외식업을 하기 위해 반드시 알아야 하는 각종 인·허가에 대한 사항은 다음과 같다(유영진·임현철, 2003).

7.1 식품접객영업자 준수사항과 시설기준

일반음식점, 휴게음식점 등을 경영하는 경영주는 식품위생법 및 관련 법규에서 규정하고 있는 식품접객영업자 준수사항을 지켜 나가야 하며 이를 위반시에는 행정제재, 과징금, 벌칙, 과태료 등이 부과된다. 식품위생법 및 관련 법규에 대한 자세한 사항은 로앤비(www.lawnb.com)에서 살펴볼 수 있다.

7.2 식품접객업(일반음식점 영업의 경우)의 영업허가(신고제)

식품접객업에 대한 영업신고(허가)를 받기 위해서는 법령에 규정하고 있는 업종별 시설기준에 적합한 시설을 갖추어야 한다. 또한 식품위생 수준의 향상을 위하여 모든 식품접객영업자 또는 종업원은 보건복지부 장관이 지정·고시한 위생교육전문기관에서 실시하는 교육을 영업개시 전 또는 후에 받아야 하는데, 이 위생교육을 한국음식업중앙회에서 위탁실시하고 있다.

7.3 건강진단증(보건증)

식품위생법에서는 식품을 채취하거나 제조, 가공과 조리, 저장, 운반 또는 판매하는 데 직접 종사하는 자(영업자 및 종사자)를 건강진단 대상자로 하여, 업종마다 차이는 있지만 휴게나 일반음식점인 경우는 1년에 1회씩 정기적인 건강진단을 받도록 하고 있다.

7.4 식품접객영업 관련행위 제한 법규

식품위생법, 풍속영업법, 미성년자보호법, 공중위생법, 근로기준법, 청소년보호법, 주류판매업(주세법) 등에 의해 행위 제한을 받고 있다. 그렇기 때문에 이러한 법령을 숙지해 두는 것이 필요할 것이다.

7.5 소방검열 및 가스설치

지하에 식당을 설치하거나 일정규모 이상의 식당에는 일정수의 소화기를 설치하여 화재 등의 사고에 대비하게 하고 있다. 이것은 소방기본법 시행령(2005. 10. 20 개정)에서 살펴볼 수 있다.

7.6 신용카드 관련규정

일반적으로 공급대가가 연간 2,400만원 이상인 경우에는 의무적으로 신용카드 조회기를 가입·설치해야 한다. 그렇지 않은 경우에는 세무조사까지 받을 수 있다.

7.7 간판허가

간판의 경우에는 허가 혹은 신고로 구분되어 있는데, 간판허가증을 교부 받지 않고 임의로 부착하는 경우에는 행정처분, 과태료, 간판 탈착 후 재부착 등의 피해를 입을 수 있다. 하지만, 최근 정부에서는 현재 허가를 받아야만 설치할 수 있는 소형 돌출간판을 신고 대상으로 바꾸도록 하였다(서울경제, 2006. 3.14).

7.8 가설건축물 사용신청

아직도 많은 외식업소에서는 객석 위주로 인테리어를 진행하다 보니 주방이 협소하여 주방을 넓히려고 벽면에 가설건축물을 설치하는 경우가 많은데, 건물 임차시 이 가설건축물로 인해 영업신고가 반려되거나 허가증이 발급되지 않는 경우가 있으므로 주의를 요해야 한다. 그렇기 때문에 사전에 시장·군수·구청장에게 가설건축물축조신고서를 제출해야 한다.

7.9 전문관광식당과 모범음식점 허가

(1) 관광식당업

관광식당으로 승인 받으면 관광식당으로서 일반식당과의 차별성 부각, 관광관련 매체물(관광안내도, 관광지도 등)에 광고게재 효과, 관광(통역)안내소 등에서 안내 및 홍보가능, 원자재 등을 한국관광용품센터로부터 공급받을 수 있는 이점, 외국인 관광객유치의 용이, 그리고 관공서 등에서 이용권장 등의 혜택을 거둘 수 있다. 하지만, 회비납부와 사후관리 의무이행도 하여야 하기 때문에 담당기관으로부터 충분한 설명을 듣고 관광식당업으로 지정을 받을 것인지를 판단하는 것이 좋다.

(2) 모범음식점과 향토음식점 허가

먼저, 모범음식점의 경우에는 보건복지부장관, 시장, 군수, 구청장은 보건복지부령이 정하는 위생등급기준에 따라 위생관리상태 등이 우수한 식품, 식품첨가물의 제조업자, 가공업자, 식품접객업소를 모범업소로 지정할 수 있다고 했는데, 좋은 식단제, 맛, 시설, 종업원의 서비스 등을 종합적으로 평가해서 모범업소로 지정되기도 한다. 또한 향토음식점의 경우에는 5년 이상 상호를 바꾸지 않고 향토음식을 전문적으로 취급하는 식당 중에서 향토음식점을 지정한다.

성공창업학

쉽게 창업을 할 수 있다는 것은 쉽게 실패할 수도 있다는 것을 의미한다. IMF 이후 한국에서는 유독 창업이 외식업에 집중되는 현상이 있는데, 그것은 창업이 쉽다는 생각에서 출발했다는 것과 다른 것을 하자니 전문지식이 부족하여 할 수가 없기 때문이라고 할 수 있다. 즉, 아직도 많은 예비창업자들은 새로운 분야(혹은 아이템)에 대해 배우는 것을 좋아하지 않는다는 것이며, 그저 현재 여건에서 할 수 있는 것을 찾아서 창업을 한다는 것이다. 설사 외식업에 적성이 맞고 경험이 있다고 하더라도 자신이 직접 메뉴를 개발하기보다는 프랜차이즈 본사에 의존하는 경향이 지나치게 높다는 것이며, 그저 여기저기 기웃거리면서 살펴본 후에 대충 생각해서 식당을 개업한다는 것이다. 그 결과 6개월도 넘기지 못하고 가게를 내놓게 된다는 것이다. 외식업에 관심이 있다면, 적어도 3~6개월 정도는 요리 교육을 받아야 하며, 대표 메뉴분야의 자격증 하나는 취득해야 할 것이다. 또한 처음부터 사장이 되겠다는 생각보다는 다른 업소에 취업해서 경험을 쌓은 후 창업을 하는 것이 실패의 위험을 줄일 수 있다는 것이다.

참고문헌

강현순, "인터넷비즈니스 창업실무," 2006 부산광역시 창업강좌 책자, 2005

______, "인터넷비즈니스 창업실무," 2006 부산광역시 창업강좌 책자, 2006

경기지방중소기업청, 소상공인! 알아야 성공한다, 2003

국민일보, "나는 창업하면 성공할 수 있는 사람일까? …적성검사 해보세요," 2005.12.13

김갑 · 한상설, "산업구조, 벤처전략, 기업가 특성이 벤처성과에 미치는 영향," 「벤처경영연구」, 제2권 제1호, 1999, pp. 51 - 75

김병성 · 박대윤 · 조주연, 인터넷창업, 절대로 하지 마라, 정보문화사, 2006

김성수, "사업계획은 고객과의 약속이다," 창업&프랜차이즈, 2004.1

______, "경쟁우위 전략과 사업계획 수립실무," 창업&프랜차이즈, 2004.2

김영환, "마케팅 달인으로 만들어주는 마케팅 게임," 창업&프랜차이즈, 2004.2

김종철, "창업자가 반드시 알아야 할 세무상식," 계명대학교 유망 창업아이템 설명회 및 성공창업교실 강좌교재, 2004

김진영 · 유명철 · 고정소 · 권태형 · 박승민, 창업지식과 경영정보, (사)한국창업경영컨설팅협회, 2003.

김철교 · 곽선호 · 강길원 · 김성권, 창업론, 삼영사, 2005

김효정, "프랜차이즈 가맹점들의 본사에 대한 만족도," 2003, working paper

노기엽, "입지선정과 상권분석을 하기 전에 해야 할 것들," 창업&프랜차이즈, 2004.1

______, "입지선정에는 예행연습이 없다," 창업&프랜차이즈, 2004.2

______, "입지에도 명당이 있다," 창업&프랜차이즈, 2004.3

______, "명당 입지의 특징," 창업&프랜차이즈, 2004.4

노영란, "프랜차이즈 사업 시작하기," 창업&프랜차이즈, 2003.11

______, "이메일 마케팅을 활용한 홍보전략," 창업&프랜차이즈, 2003.11

대구테크노파크, 테크노폴리스, 2003.12

동아일보, '책' 안 들고 다녀도 언제 어디서나 읽을 수 있어요, 2006.1.25

디자인정글 아카데미, academy.jungle.co.kr

매경이코노미, "고객맞춤형 세일즈맨," 2004.10.20

매일경제, "창업ABC/통행량과 유동인구 조사," 2003.4.13

문화일보, "고객 마음부터 열어야 지갑도 열린다," 2006.2.8

_______, "이상헌의 돈버는 창업," 2006.4.5

박경환, "실전 입지선정 Q&A," 창업&프랜차이즈, 2003.11

_____, 장사는 목이고 목은 돈이다, 상상예찬, 2006

박규성, "당신만의 경영전략은 무엇인가?," 창업&프랜차이즈, 2004.6

박두진, "창업자를 위한 세무회계 실무교육," 특강자료, 2006

박미란, "해외기업의 사례를 통한 경쟁정보," 경영과 컴퓨터, 2005.8

박영만, "방송을 타게 만들어라," 창업&프랜차이즈, 2003.8

_____, "웹사이트 홍보," 창업&프랜차이즈, 134 - 135, 2003.10

박영배 · 윤창석, "벤처기업 경영성과의 영향요인에 관한 탐색적 연구," 「벤처경영연구」, 제4권 제1호, 2001, pp. 3 - 33

박이동, "좋은 가맹본부 가려내는 안목," 창업&프랜차이즈, 2003.9

박주관, 창업컨설팅, 체인사업 당신도 성공할 수 있다, 더난출판, 2000

백경래, "신생모험기업의 전략유형 및 성과결정요인에 대한 연구," 한국과학기술원 석사학위논문, 1996

부산일보, "인터넷 쇼핑몰 '10조 시대'," 2005.12.20

부산광역시, 2004 부산광역시 소자본 창업강좌, 2004

브라이언 트레이시, 판매의 원리 1, 2, 씨앗을 뿌리는 사람, 2004

서울경제신문, 소형 돌출간판 신고제로 전환, 2006.3.14

__________, "외식창업 성공 5대 트렌드," 2005.4.5

선린대학 창업보육센터, 성공지수를 높이는 창업스쿨, 2004

성해용, "폐업신고를 반드시 해 두자," 창업&프랜차이즈, 2004.2

스포츠조선, "2005년 인터넷쇼핑몰 '오픈마켓' 급성장," 2005.12.26

식품외식경제, '가맹사업 진흥법' 만든다, 2006.7.19

신재정, 경영학원론, 법경사, 1998

안경주, "맨손창업과 지적재산권 전략," 세무회계와 지적재산권 세미나 자료집, (사)한국소호진흥협회, 2006.7.20

안준모 · 김종인, "한국정보통신 벤처기업의 성공요인에 관한 연구 : 창업자의 경험, 지식요인을 중심으로," 「벤처경영연구」, 제2권 제1호, 1999, 31 - 49

연합뉴스, "인터넷 사용 인구비율 64.4%," 2002.10.25

_______, "내달부터 부가세 과세유형 사업규모 따라 변경," 2004.6.14

_______, "대학 창업보육센터 창업기업도 공장등록 가능," 2005.7.22

염규석, "가맹금 반환은 절대불가?," 창업&프랜차이즈, 2003.10

오상열, 점포 인테리어 : 시공계약 및 실시설계, blog.naver.com/js5645js

원승교, 나 혼자 꾸리는 인터넷 상점 처음부터 성공까지, 제우미디어, 2006

원종화 · 이도화, "벤처기업 네트워킹 활동이 경영성과에 미치는 영향," 「벤처기업연구」, 제4권 제1호, 2001, 35 - 61

유영진 · 임현철, 외식창업실무포인트, 한올출판사, 2003

유재은, 한국시장의 프랜차이즈 전략, 한국생산성 본부, 2000

육외수, 사업계획서 작성요령, 2004 부산광역시 소자본 창업강좌 책자, 2004

윤석철, 사업타당성 검토분석, 2004 부산광역시 소자본 창업강좌 책자, 2004

이강원, 상권분석과 좋은 점포입지 고르기, 2004 부산광역시 소자본 창업강좌 책자, 2004

이데일리, 가맹사업진흥에 관한 법률, 국회본회의 통과, 2007.11.26

이상윤, "매장조직관리," 창업&프랜차이즈, 2004.2

이장우, "성공 벤처기업의 특성," 「벤처경영연구」, 창간호, 1998, 101 - 127

_____ · 장수덕, "벤처기업 성공요인에 관한 이론적 고찰," 「벤처경영연구」, 제1권 제2호, 1998, 69 - 95

_____ · 장수덕, "벤처기업의 성장단계별 성공요인에 관한 탐색적 연구," 「인사조직연구」, 제9권 제2호, 2001, 79 - 92

이송철, "프랜차이즈 성과의 결정변수에 관한 연구," 숭실대학교 중소기업대학원 석사논문, 2003.6

이준혁, 외식업의 분류와 경영형태, blog.daum.net/fcgkorea

이진주 · 윤정환, "신기술 개발촉진과 모험사업의 활성화를 위한 연구," 한국과학기술원, 과학기술처, 1987

전병영, 상권분석 및 입지선정, 뉴트렌드 성공창업 강좌 교재, 2003

정성교, "나에게 알맞은 비즈니스 옵션을 선택하자!," 창업&프랜차이즈, 2004.6

정성한 · 김해룡, "소상공인 창업성공요인에 대한 탐색적 연구," 「벤처경영연구」, 제4권 제2호, 2001, 3 - 29

조미재, "브랜드 네이밍 기법," 창업&프랜차이즈, 2003.11

_____, "고객을 끌어들이는 상호 네이밍," 창업&프랜차이즈, 2004.3

조혁근, "상표출원이 중요한 까닭," 창업&프랜차이즈, 2004.2

조형래, "창업인의 특성, 제품혁신성과 벤처기업 성과간의 상황적 관계," 한국과학기술원 박사학위논문, 1995

주간조선, "인터넷 쇼핑 시장 10년 만에 10조원 넘어," 2006.6.13

중소기업청, 창업절차, 1999.10

_________, 소점포경영론, 2002.4

_________, 홈 비즈니스 창업과 경영 매뉴얼, 2003

창업&프랜차이즈, "예비창업자들이 가장 알고 싶어하는 6가지," 96 - 97, 2003.10

____________, "점포선정 체크포인트," 2004.4

창업전략연구소, "점포창업 실패사례 요인분석," 창업&프랜차이즈, 2003.8

최재희, 소자본 창업, 어떻게 할까요?, 중앙경제평론사, 2003

쿠키뉴스, 소규모 돌출간판 광고 허가제 → 신고제, 2006.3.14

프랜차이즈연구모임, www.seri.org/forum/franchise, 2001

한국경제TV, "2009년 초고속가입자 1671만명," 2006.1.25

한국일보, "국내 프랜차이즈 '해외로 해외로'," 2006.1.16

한연희, "울리고 웃기는 다양한 얼굴의 권리금," 창업&프랜차이즈, 2003.8

_____, "매물, 점포개발의 시작과 끝," 창업&프랜차이즈, 2003.9

_____, "점포계약에서 오픈까지," 창업&프랜차이즈, 2003.10, 110 - 111

_____, "점포매출의 허와 실," 창업&프랜차이즈, 2003.11

허시명, 두 배로 벌면 열 배는 즐겁다, 오늘의책, 2002

헤럴드경제, "특허청 기술금융지원 사업," 2006.5.24

홍성근 · 김동희, 대박터진 쇼핑몰 노하우 훔쳐보기, 렉스미디어, 2003

Bass, B. M., *Leadership and Performance Beyond Expectations,* New York: Free Press, 1995

Baum, J. R., "The Relation of Traits, Competencies, Motivation, Strategy, and Structure of Venture Growth," *Frontiers of Entrepreneurship Research,* 1995, 547 - 561

Baumback, C. M., *How to organize and operate a small business,* 7th ed., Prentice Hall, 1985

Begley, T. M. and Boyd, D. P., "Psychological Characteristics associated with Performance in Entrepreneurial Firms and Smaller Business," *Journal of Business Venturing,* Vol. 2, 1987, 79 - 93

Birley, S. and Norburn, D., "Owner and Manager: The Venture 100 vs. the Fortune 500," *Journal of Business Venturing,* Vol. 2, 1987, 351 - 363

Budner, S., "Intolerance of Ambiguity as a Personality Variable," *Journal of Personality,* 36, 1962, 50 - 58

Cooper, A. C. and Bruno, A., "Success among High Technology Firms," *Business Horizons,* Vol. 20, 1977, 16 - 22

Gartner, W. B., "A Conceptual Framework for Describing the Phenomenon of New Venture Creation," *Academy of Management Review,* Vol. 10, 1985, 696 - 706

Herron, L. and Robinson, R. B., "A Structural Model of the Effects of Entrepreneurial Characteristics on Venture Performance," *Journal of Business Venturing,* Vol. 8, 1993,

281 - 294

Hollenbeck, J. and Whitener, E., "Reclaiming Personality Traits for Personal Selection," *Journal of Business Venturing,* Vol. 8, 1988, 281 - 294

Naffziger, D. W., Hornsby, J. S. and Kuratko, D. F., "A Proposed Research Model of Entrepreneurship," *Entrepreneurship Theory and Practice,* 18(4), 1994, 24 - 47

Roure, J. B. and Maidique, M. A., "Linking Prefunding Factors and High - Technology Venture Success: An Exploratory Study," *Journal of Business Venturing,* 1(3): 1986, 295 - 306

Sandberg, W. R. and Hofer, C. W., "Improving New Venture Performance: The Role of Strategy, Industry Structure and the Entrepreneur," *Journal of Business Venturing,* Vol. 2, 1987, 5 - 28

Sexton, D. L. and Bowman, N., "The Entrepreneur: A Capable Executive and Morse," *Journal of Business Venturing,* Vol. 1, No. 1, 1985, 129 - 140

Smith, N. R. and Miner, J. B., "Type of Entrepreneur, Type of Firms, and Managerial Motivation: Implications for Organizational Life Cycle Theory," *Strategic Management Journal,* Vol. 4, 1983, 325 - 340

Stuart, R. and Abetti, P. A., "Start - Up Venture: Towards the Prediction of Initial Success," *Journal of Business Venturing,* Vol. 2, 1987, 215 - 230

Van De Ven, A. H., Hudson, R., & Schroeder, D. M., "Designing New Business Start - Ups: Entrepreneurial, Organizational and Ecological Considerations," *Journal of Management,* 10(1), 1984, 87 - 107

cafe.naver.com/bizdocs(경영, 기업, 벤처)

dvic.dgu.ac.kr(동국대학교 창업보육센터)

www.napoleon21.com(나폴레옹)

krdic.naver.com(네이버 국어사전)

terms.naver.com(네이버 용어사전)

kin.naver.com(네이버 지식검색)

www.lawnb.com(로앤비)

www.bizforms.co.kr(비즈폼)

search.empas.com(엠파스 지식검색)

www.yesform.com(예스폼)

www.yunhap.netblog.daum.net/tosama(한국소자본창업컨설팅협회)

blog.naver.com/666dbsrl
blog.naver.com/bea1116
blog.naver.com/ellie01
blog.naver.com/idahoya
blog.naver.com/inetchun
blog.naver.com/jaju09
blog.naver.com/kawaiijy
blog.naver.com/kyh1335
blog.naver.com/reom777
blog.naver.com/yuph
cafe.naver.com/jing5
cafe.naver.com/makehope
cafe.naver.com/meden
cafe.naver.com/painthouse
kin.naver.com/knowhow
terms.naver.com
www.adic.co.kr
www.macademy.co.kr
www.maketkorea.com
www.msn.co.kr/career/license
www.reportworld.co.kr

용 어 정 리

• 공개문서(disclosure statement)

정보공개서(UFOC/Uniform Franchise Offering Circular)라고도 하는데, 정보공개서는 가맹을 원하거나 예상되는 사람에게 가맹본부와 가맹시스템에 관한 정보를 밝히는 공개서류이다.

• 공부(公簿)

관공서가 법령의 규정에 따라 작성·비치하는 장부를 말한다.

• 공시지가(公示地價)

건설교통부 장관이 조사·평가하여 공시한 표준지의 단위면적(㎡)당 가격을 말한다. 공시지가는 양도세, 상속세, 증여세, 토지초과이득세, 개발부담금(작수시섬), 택지초과소유부담금 등 각종 토지 관련 세금의 과세기준이 된다. 이는 기존 행정자치부의 과세시가표준액, 건설교통부의 기준시가, 국세청의 기준시가, 감정원의 감정시가 등을 1989년 7월부터 일원화시켜 시행한 것이다.

• 공증(公證)

공증은 일상생활에서 발생되는 거래에 관하여 증거를 보전하고 권리자의 권리실행을 용이하게 하기 위하여 특정한 사실이나 법률관계의 존부를 증명하여 주는 제도로서, 이를 이용하면 생활주변에서 생기는 여러 가지 거래나 분쟁을 예방하거나 분쟁발생시 유력한 증거로 활용할 수 있고, 나아가 재판절차를 거치지 않고 간편하게 권리를 실행할 수도 있다.

• 래디컬 마케팅(radical marketing)

급진적인, 과격한의 뜻을 포함하고 있는 소위 튀는 마케팅 기법을 말한다. 최근에는 튀지 않으면 고객이 열광하지 않는다. 즉, 튀는 것은 그 자체로 훌륭한 마케팅 수단이 되는 것이다.

• 로열티(royalty)

가맹점사업자가 가맹본부에 정기적으로 지급하는 수수료, 통상 가맹점사업 총매출의 일정 비율로 정한다.

• 벤치마킹(benchmarking)

벤치마킹이란 어느 특정분야에서 우수한 상대를 표적 삼아 자기 기업과의 성과 차이를 비교하고 이를 극복하기 위해 그들의 뛰어난 운영 프로세스 등을 배우면서 부단히 자기혁신을 추구하는 기법이다.

• 비즈니스 시스템 프랜차이즈(business format franchise)

상품, 서비스, 상표뿐만 아니라 비즈니스 그 자체를 펼칠 수 있는 마케팅 계획과 운영 매뉴얼과 같은 전체적인 방법을 제공하는 것이다.

• 사채발행(bond issue)

주식회사에서 사업자금을 조달하기 위하여 상법 또는 다른 법률에 의하여 직접 또는 간접으로 부담하는 채무를 표시하는 유가증권인 사채를 발행하는 것을 말한다. 사채발행의 형태로서는 기채회사가 직접 공중에게 발행하는 직접발행의 방법과 중개인을 거쳐서 간접으로 공중에게 발행하는 간접발행의 방법이 있다. 직접발행의 방법에는 직접모집과 매출발행의 방법 등이 있고 간접발행의 방법에는 위탁모집·인수모집·총액인수의 방법 등이 있다. 사채의 발행에는 먼저 이사회의 결의가 있어야 하며 특히 전환사채의 발행시에는 정관의 규정 또는 주주총회의 특별결의가 있어야 한다.

• 상품유통 프랜차이즈(product distribution franchise)

가맹점사업자가 가맹본부로부터 비즈니스를 진행하는 방법에 대한 지원 없이 단순히 상품만 판매하는 프랜차이즈를 말한다.

• 세계지적재산권기구(世界知的財産權機構, World Intellectual Property Organization)

1967년 지적소유권의 국제적 보호의 촉진과 국제협력을 위하여 설립한 국제기구.

① 설립연도: 1967년

② 목적: 지적소유권의 국제적 보호의 촉진과 국제협력

③ 주요활동: 조약의 체결이나 각국 법제의 조화 도모, 개발도상국에 대한 지적재산권에 관한 법제·기술면의 원조 실시

④ 가입국가: 170개국(2000)

⑤ 본부소재지: 스위스 제네바

약칭은 WIPO이다. 1886년 저작권 문제를 위해 베른조약, 1883년 산업재산권 문제를 위해 파리조약을 발효하였다. 이 두 조약을 관리하고 사무기구 문제를 처리하기 위하여 1967년 스톡홀름에서 체결하고 1970년에 발효한 세계지적재산권기구 설립조약에 따라 이 기구를 설립하였다.

1974년 UN(United Nations:국제연합) 전문기구가 되었으며 정책결정기관인 총회를 3년마다 개최하고 회의를 연다. 발명·상표·디자인 등 산업적 소유권과 문학·음악·사진 및 기타 예술작품 등 저작물의 세계적인 보호를 목적으로 한다.

지적재산권이란 발명·상표·의장 등에 관한 공업소유권과 문학·음악·미술 작품 등에 관한 저작권의 총칭이다. WIPO는 지적재산권의 국제적 보호 촉진, 국제협력을 목적으로 하며, 이를 위하여 조약의 체결이나 각국 법제의 조화를 도모하고, 개발도상국에 대해서는 지적소유권에 관한 법률 제정이나 기술 등에 대하여 원조한다.

음반·비디오 등 음악·시청각 재료의 해적판 범람을 규제하기 위하여 각국에 입법 조치를 강구하는 등의 결의를 채택하였다. 한국은 1973년에 옵서버로 참석하였다가 1979년에 가입하였다. 북한은 1974년에 가입하였다. 2000년 현재 회원은 170개국이며 본부는 스위스 제네바에 있다(네이버 백과사전, 100.naver.com).

• **CMO**

Chief Manager Organization의 약어로서 프랜차이즈 사업을 총괄 지휘하는 야전사령관인 가맹본부장을 말한다.

• **아웃소싱(outsourcing)**

일반적인 의미의 아웃소싱의 개념은 어떤 조직이 그 조직의 활동, 서비스 및 기능의 전부 또는 일부를 제3자에게 이전하는 것을 말한다. 다시 말해서 외부의 제3자가 조직 자신보다 특정업무를 더 효율적이고 경제적으로 수행할 수 있을 경우에는 그 업무를 외부의 당사자에게 맡겨서 처리함을 의미한다.

• **운전자본(working capital)**

임금지불, 원료구입 등 기업이 사업을 추진하는 데 있어 필요 불가결한 자금으로, 설비증설이나 확충에 소요되는 설비자금과 대조되는 개념이다. 설비자금은 자금의 회수기간이 길어 고정적·장기적 성격의 자금인 데 반해 운전자금은 단기적·

유동적인 점이 특색이다. 운전자금은 일반적으로 1년 이내에 회전되는 것으로 여겨지고 있으며, 효율적으로 운전자본을 관리하기 위해서는 유동자산에 대한 관리가 중요하게 된다.

• 의제매입

의제매입세액은 부가가치세와 관련하여 나오는 개념이다. 우리나라 부가가치세는 거래징수한 매출세액에서 거래징수당한 매입세액을 차감하여 신고납부하게 되는 것으로 원칙대로 하자면 부가가치세를 면제받은 농산물 등을 가지고 부가가치세 과세 재화를 공급하거나 용역을 제공해도 거래징수 당한 매입세액이 없기 때문에 매입세액 공제를 받지 못하지만 부가가치세는 소비행위에 대해 매기는 세금으로 소득세와는 달리 역진성이 있어 이러한 부가가치세의 역진성을 완화해주기 위해 소정의 금액을 매입세액으로 간주(의제)하여 매입세액 공제를 해주고 있다. 과세사업자가 면세로 농축수산물 등을 구입하여 부가가치세 과세재화를 생산하거나 용역을 창출하는 경우에 면세로 구입한 농산물 등의 매입가액에 소정의 율(2/102, 단 음식업은 3/103)을 곱한 금액을 매입세액으로 의제하여 매출세액에서 공제받는데 이를 의제매입세액공제라고 말한다. 이는 세금계산서가 없어도 매입세액을 공제받을 수 있는 예외적 조항이다.

• 지상권

타인의 토지에 건물, 기타의 공작물이나 수목(樹木)을 소유하기 위하여 그 토지를 사용할 수 있는 물권(物權)을 말한다.

• 차변과 대변(借邊과 貸邊)

부기에서는 기장할 때 왼편을 차변이라 하고 오른편은 대변이라 하는데 이것은 부기의 기호이다. 이것은 로마시대에 주인이 노예에게 금전을 대여하고 이것을 오른쪽에 기입하였는데 대여해준 것을 기록하는 곳이라 하여 대변이라 하였고, 차입하는 사람은 왼쪽에 기입하였는데 차입해온 것을 기록하는 곳이라 하여 차변이라고 부른데서 유래된 것이다. 즉 주인이 재산의 관리를 위임하기 위하여 노예에게 재화를 공급하고 후일에 재화를 회수하는 것을 기록하면서 생긴 것들이다(출처: Hmall).

• 프랜차이저(franchisor)

가맹점사업자에게 상표 혹은 상호를 사용하여 비즈니스를 할 수 있도록 권리를 주는 회사 혹은 개인, 가맹본부를 말한다.

• **프랜차이즈(franchise)**

가맹점사업자와 가맹본부간의 상표, 수수료, 지원과 통제에 관한 사항들에 있어서 쌍방이 서로 인정 또는 허가하는 것을 말한다.

• **프랜차이즈 협약서(franchise agreement)**

가맹점사업자와 가맹본부 쌍방이 서로 해야 하는 것과 하지 말아야 하는 것을 법적인 효력이 발생하도록 문서에 의하여 계약을 하는 것이다.

• **프랜차이지(franchisee)**

가맹본부로부터 가맹본부의 상표 혹은 상호를 사용하여 비즈니스를 할 수 있도록 권리를 받는 개인 혹은 회사를 말한다.

• **프랜차이징(franchising)**

상표 사용의 허가, 수수료의 지급 그리고 상당한 정도의 지원과 통제를 주고받으면서 비즈니스를 확장, 확대하는 방법을 말한다.

• **POP(point of purchase) 광고**

일본 학자들을 중심으로 POP광고에 대한 견해를 살펴보면, 고바야시타사부로(小林太三郎)의 저서인 「효과적인 구매시점 광고」에서 "POP는 제조업자, 생산자 또는 상품의 배급기관 등이 각각의 상품의 구매와 증대화를 겨냥하고, 소매업자에 배포하는 상점진열(store-display)의 모두를 포함하는 것이다. 때로는 광고상품 자체 또는, 그 상품용기가 중요한 부분이 되는 경우도 보여진다"라고 하였으며, 야마키도시오(八卷俊雄)의 「광고소사전」에서는 "구매시점, 즉 소매점의 내외에서 하는 광고로 디스플레이의 일종이다. 매스컴으로 하는 광고가 넓고 일반적으로 주지시켜 욕망을 환기하는 광고라 하면, POP광고는 직접구매로 연결시키는 광고로 상승적 효과가 큰 것이다"라고 하였다(네이버 오픈사전, http://opendic.naver.com).

• **트레이드마크(trademark)**

가맹점사업자에게 부여될 법적으로 보호받을 수 있는 가맹본부 고유의 마크, 브랜드 네임, 로고 등을 말한다.

[저자소개]

김영문(金榮文, Kim, Young-Moon, 少月)

좌우명: 꿈이 있는 아름다운 도전 그리고 후회하지 않는 삶!!

영남대학교 경영학과 졸업
경북대학교 대학원 경영학과 수학
미국 캔사스주립대학교 경영학 석사학위(MBA) 취득
미국 미시시피주립대학교 경영학 박사학위 취득
(경영정보시스템 전공, 컴퓨터과학 및 계량경영학 부전공)

현, 계명대학교 경영대학 경영정보학과 교수
사랑나눔회(대구시 인가 비영리민간단체) 회장
사단법인 한국소호진흥협회 설립자(1999년)
네이버/다음 창업길라잡이(cafe.daum.net/isoho2jobs) 운영자
대구경북창업카페연합회 회장
사회복지사 자격증 및 ISO(9001/14001) 국제심사원 자격증

e-Mail: soho@kmu.ac.kr

창업입문

2015년 2월 16일 초판인쇄
2015년 2월 25일 초판발행

저 자 김 영 문
발행인 위 호 준
발행처 도서출판 **집현재**
121-130 서울특별시 마포구 토정로
198번지 204호
전화 (02)332-4922 Fax (02)3142-4922
홈페이지: www.jhjbook.co.kr
e-mail: jyp4922@naver.com

출판등록 2010년 10월 25일
등록번호 제105-91-57581호

정가 22,000원 ISBN 978-89-97304-44-8

이 도서의 국립중앙도서관 출판예정도서목록(CIP)은 서지정보유통지원시스템 홈페이지(http://seoji.nl.go.kr)와 국가자료공동목록시스템(http://www.nl.go.kr/kolisnet)에서 이용하실 수 있습니다.
(CIP제어번호: CIP2015004919)